- 精品课程新形态教材
- 21世纪应用型人才培养规划教材
- "双创"型人才培养优秀教材

大学生职业生涯规划与就业指导

主编 徐洪灿 朱振飞

DAXUESHENG
ZHIYE SHENGYA
GUIHUA YU JIUYE
ZHIDAO

湖南大学出版社·长沙

内 容 简 介

本书分为上、下编和附录部分:上编是大学生职业生涯规划,包括大学生学业规划、职业与职业规划、职业生涯规划的基本理论与方法、职业生涯规划的自我认知、职业环境分析、职业生涯规划实施、大学生职业生涯规划书的设计与撰写共7章内容;下编是大学生就业指导,包括就业形势与就业政策、求职全过程指导、毕业流程与就业指导、国家公务员考试与录用、升学深造、职业适应与可持续发展共6章内容;附录部分主要是节选的相关法律法规,包括《中华人民共和国劳动法》《中华人民共和国就业促进法》《中华人民共和国社会保险法》《中华人民共和国劳动争议调解仲裁法》《女职工劳动保护特别规定》等。

本书适合作为高等院校的教材。

图书在版编目(CIP)数据

大学生职业生涯规划与就业指导/徐洪灿,朱振飞主编. — 长沙:湖南大学出版社,2022.6
　ISBN 978-7-5667-2533-2

　Ⅰ.①大… Ⅱ.①徐… ②朱… Ⅲ.①大学生-职业选择 Ⅳ.①G647.38

中国版本图书馆 CIP 数据核字(2022)第 096365 号

大学生职业生涯规划与就业指导

DAXUESHENG ZHIYE SHENGYA GUIHUA YU JIUYE ZHIDAO

主　　编:	徐洪灿　朱振飞
责任编辑:	张建平
印　　装:	北京俊林印刷有限公司
开　　本:	787 mm×1092 mm　1/16　印　张:19.5　字　数:487 千字
版　　次:	2022 年 6 月第 1 版　印　次:2022 年 6 月第 1 次印刷
书　　号:	ISBN 978-7-5667-2533-2
定　　价:	47.80 元

出 版 人:李文邦
出版发行:湖南大学出版社
社　　址:湖南·长沙·岳麓山　邮　编:410082
电　　话:0731-88822559(营销部),88820006(编辑室),88821006(出版部)
传　　真:0731-88822264(总编室)
网　　址:http://www.hnupress.com
电子邮箱:371771872@qq.com

版权所有,盗版必究
图书凡有印装差错,请与营销部联系

《大学生职业生涯规划与就业指导》

编委会

主　编：徐洪灿　朱振飞

副主编：唐　钰　于　璐　王亚娜　庄怀军
　　　　常大清　王立峰　李　丹

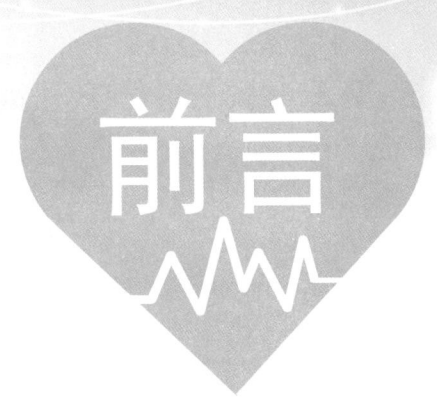

前言

"就业是民生工程",就业事关千百万家庭,自 2020 年新冠疫情爆发以来,经济形势复杂,就业形势严峻,教学秩序被打乱。2022 年全国毕业生人数突破千万,达到 1076 万人,规模和增量均突破历史新高;《国务院关于印发"十四五"就业促进规划的通知》(国发〔2021〕14 号)指出,"就业难"与"招工难"并存,结构性就业矛盾更加突出,将成为就业领域主要矛盾。"就业难"实际上并不只是难在岗位的缺乏,还有难在毕业生对未来方向、社会需求以及自我认知等存在的偏差从而产生的迷茫。作为大学生应该在思想上树立竞争意识,在行动上加强专业知识的学习和职业能力的提升,使自己的履历更加丰满,提升自己在未来职场上的竞争力。

本书以 2007 年《教育部办公厅关于印发〈大学生职业发展与就业指导课程教学要求〉的通知》精神为指导,根据当代大学生的特点,围绕宏观就业形势和求职就业过程中暴露的问题,按照高校大学生职业生涯规划与全程就业指导课程的需要编写而成。本书分为上、下两编和附录部分:上编是大学生职业生涯规划,包括大学生学业规划、职业与职业规划、职业生涯规划的基本理论与方法、职业生涯规划的自我认知、职业环境分析、职业生涯规划实施、大学生职业生涯规划书的设计与撰写共 7 章内容;下编是大学生全程就业指导,包括就业形势与就业政策、求职全过程指导、毕业流程与就业指导、国家公务员考试与录用、升学深造、职业适应与可持续发展共 6 章内容;附录部分主要是节选的相关法律法规,包括《中华人民共和国劳动法》《中华人民共和国就业促进法》《中华人民共和国社会保险法》《中华人民共和国劳动争议调解仲裁法》《女职工劳动保护特别规定》等。

本书的特点:

(1) 视野开阔,指导面广,内容充实,针对性强,语言平实,理论联系实际,案例丰富,可读性强。

(2) 在体系结构上,本书按照大学生从努力完成学业任务、规划个人职业生涯、参与社会招聘求职,到正式得到单位录用、实现角色转换和适应、再到依法维护自身权益等环节循序渐进。

（3）各章节脉络清晰，指导详细具体，可读性强，基本涵盖了大学生在制定自己的职业生涯规划和求职就业方面所需掌握的知识和技能。

本书在编写过程中得到了我校相关领导的悉心指导和帮助，且提出了建设性的修改意见，并为本书的撰写提供了很多有价值的参考素材。同时，本书在编写过程中参考了大量同行的文献资料。在此，对所有支持本书编写、出版、发行的各界人士表示由衷的感谢！在本书编写过程中，我们也深感大学生职业生涯规划与全程就业指导这门课程，无论是从理论上，还是从实践上，仍然都有许多值得探索和研究的空间，需要不断地丰富和发展。

由于编者水平有限，书中定有不妥之处，敬请广大读者批评指正。

编　者

2022 年 5 月

目录

上编　大学生职业生涯规划

第一章　大学生学业规划　/2
　　第一节　大学生学习与学业规划　/3
　　第二节　大学生活与素质拓展规划　/9
　　第三节　大学生社会实践规划　/19

第二章　职业与职业发展趋势　/24
　　第一节　职业的概念与分类　/25
　　第二节　职业发展的特点及趋势　/33
　　第三节　职业资格制度　/40
　　第四节　职业成功分析　/43

第三章　生涯规划的基本理论与方法　/47
　　第一节　职业生涯规划概述　/47
　　第二节　职业生涯规划的基本理论　/50
　　第三节　大学生职业生涯规划的重要性　/60
　　第四节　职业生涯规划的基本方法和步骤　/64
　　第五节　职业生涯规划的误区分析　/69

第四章　职业生涯规划的自我认知　/73
　　第一节　大学生自我认知主要内容及现状　/73
　　第二节　自我认知偏差表现及其分析　/75
　　第三节　大学生自我认知的主要方法　/76

第四节　自我认知在大学生职业生涯规划中的具体运用　　/77

第五章　职业环境分析　　**/80**
　　第一节　职业环境的概述　　/80
　　第二节　职业环境分析的方法　　/86
　　第三节　职业期望与职业声望　　/89
　　第四节　专业与职业　　/92

第六章　职业生涯规划实施　　**/98**
　　第一节　明确职业生涯规划目标　　/99
　　第二节　职业定位　　/101
　　第三节　职业生涯目标的分解与组合　　/103

第七章　职业生涯规划书的设计与撰写　　**/108**
　　第一节　职业生涯规划书的制作　　/108
　　第二节　职业生涯人物访谈报告　　/113
　　第三节　职业生涯决策　　/115

下编　大学生就业指导

第八章　就业形势与就业政策　　**/123**
　　第一节　就业形势分析　　/123
　　第二节　就业政策分析　　/125
　　第三节　就业定位分析　　/133

第九章　求职全过程指导　　**/136**
　　第一节　求职信息的搜集与整理　　/136
　　第二节　求职简历的撰写　　/141
　　第三节　求职基本礼仪　　/146
　　第四节　笔试、面试的类型与技巧　　/149

第十章　毕业流程与就业指导　　**/157**
　　第一节　毕业流程　　/157
　　第二节　就业指导　　/159

第十一章　国家公务员考试与录用　　**/174**
　　第一节　公务员考试概况　　/174
　　第二节　公务员考试的形式和内容　　/176
　　第三节　如何备战公务员考试　　/190

第十二章　升学深造　　**/192**
　　第一节　国内硕士研究生升学深造　　/192

第二节	考研报名及确认	/212
第三节	初试及初试技巧	/222
第四节	复试及复试原理	/234
第五节	调剂及注意事项	/237
第六节	考研心态	/240
第七节	国外硕士研究生升学深造	/245

第十三章 职业适应与可持续发展 /259

第一节	职业适应与角色转换	/260
第二节	职业适应能力提升与职业发展	/270

附录 /277

附录一	中华人民共和国劳动法	/277
附录二	中华人民共和国就业促进法	/280
附录三	中华人民共和国社会保险法	/281
附录四	中华人民共和国劳动争议调解仲裁法	/284
附录五	女职工劳动保护特别规定	/285
附录六	人力资源和社会保障部办公厅关于简化优化流动人员人事档案管理服务的通知	/286
附录七	国务院办公厅关于提升大众创业万众创新示范基地带动作用进一步促改革稳就业强动能的实施意见	/289
附录八	中共中央组织部　中共中央人力资源社会保障部等十部门关于实施第四轮高校毕业生"三支一扶"计划的通知	/293
附录九	公务员录用规定（试行）	/296

参考文献 /301

上编

大学生职业生涯规划

- ❖ 大学生学业规划
- ❖ 职业与职业发展趋势
- ❖ 生涯规划的基本理论与方法
- ❖ 职业生涯规划的自我认知
- ❖ 职业环境分析
- ❖ 职业生涯规划实施
- ❖ 职业生涯规划书的设计与撰写

第一章　大学生学业规划

> **案例导入**

王明的大学学业规划

总体目标：成为一名优秀的企业财务管理人员。

阶段目标：攻读会计学专业硕士学位。

自我 SWOT 分析

优势：兴趣广泛、做事稳重、善于交际、有自主意识、乐于付出、有奉献精神。

劣势：缺乏自信、耐心；以自我为中心；自觉能力差。

机遇：学校财务管理专业优势给自己提供了一个很好的学习平台。

威胁：全球疫情严峻形势下，大学生就业难的问题，不知四年之后所学专业能否适应社会需求。

目标规划

勤学：坚持刻苦学习，持之以恒，学好专业课，多方面涉猎知识以充实自我。

修身：诚信当头，培养团队精神和沟通能力，提升人格魅力。

享受大学生活：珍惜大学四年的美好时光，广交朋友，享受在校每一天。

大一：小荷才露尖尖角。

学习篇：专业成绩优秀，提高英语口语，加强翻译、写作能力，熟练掌握各种办公软件。

发展篇：担任班级干部、学生会干事，加入一个社团，发展一项艺术兴趣。

身心健康篇：坚持锻炼身体，养成良好的饮食、作息习惯，保持心情愉悦。

生活篇：做好每天的时间规划，坚持写日记，记录每天开支情况，坚持每周给父母至少打一次电话。

大二：咬定青山不放松。

学习篇：通过大学英语四级考试、计算机二级考试，学习一门外语。

发展篇：进入学生会担任部长职务，踊跃参加各科学科类比赛。

身心健康篇：保证身体健康，学习心理学方面的知识。

生活篇：每天两小时自由活动时间，节假日外出游玩，开阔眼界。

大三：衣带渐宽终不悔。

学习篇：加强英语笔译练习，通过大学英语六级考试，自学 CPA 专业课程知识，着手准备考研公共课程。

发展篇：成为老师助理，学习社交和礼仪方面的知识。

身心健康篇：深入学习心理学，保持良好心态。

生活篇：科学规划时间，提高理财能力。

大四：路漫漫其修远兮。

学习篇：完成专业学习，系统备考考研政治、英语及专业课程。

发展篇：把握实习机会，学以致用，提高能力。

身心健康篇：坚持锻炼身体，坦然面对挫折。

生活篇：合理安排时间，珍惜本科阶段的最后时光。

存在的问题及对策分析

学习、工作与时间上的冲突：做好规划，矛盾时择优舍次。

学习压力大，信心动摇：学会减压，适当调整心态。

各种诱惑：坚定信念，为自己的目标坚持不懈地努力。

大学生应树立远大的理想，做好学业规划，探索高效学习方法，合理安排大学生涯时间，积极参加社会实践活动，才能更好地充实大学生活，提高自己多方面的能力和素质，为就业时刻做好准备。大学生做好学业规划不仅可以把握现在，而且可以受益终身。

第一节　大学生学习与学业规划

一、大学生学习的概念与特点

大学生是社会的一个特殊群体，是指接受过高等教育但还未完全走进社会的人。作为社会新技术、新思想的前沿群体，国家培养的高级专业人才，大学生代表年轻有活力的一族，是推动社会进步的栋梁之材，是社会发展的主力军。

学习是一个古老又常新的话题，也是学生的天职。特别是对于大学生来说，学习架起校园和工作的桥梁，更是至关重要。大学阶段是学生学习知识的黄金时期，是提高能力的重要阶段，知识掌握、能力和素质的提高程度甚至直接关系着学生未来的发展趋势。

大学生的学习是在老师的指导下进行的，以接受学习为主要方式。相比中小学的学习，大学生的学习又具备一些新的特点，主要概括为以下几个方面：

（一）自主性

与中小学生相比，高校对大学生的管理更加宽松，学生有大量的时间可以自由支配。在这种环境下大学生的学习自觉性与自律性显得尤为重要，大学生必须主动学习，充分挖掘自己在学习中的潜力。在自主学习状态下，大学生应积极主动设定学习目标，正确选择学习内容，通过对自身能力的了解把握，制订学习计划，选择适合自身发展的学习方法，监控学习效果，并根据反馈调节学习进程，最后对学习成果进行评估。自主学习是一种能力，具有自主学习能力的人自信心强、目标明确、对知识有强烈的求知欲，且善于发现问题和解决问题。

（二）专业性

专业的划分是由不同职业对知识的不同分类而形成的，具有明显的职业倾向和社会分工的目的，所以专业是以职业和社会需求为导向的，专业是职业的基础。高校专业被系统化为学科和课程，并根据相关职业需求选择相关学科的课程组成专业，作为教育教学的管理形式。大学教育是一种专业教育，大学生都是围绕专业知识进行学习。专业学习是大学生学习最重要的内容，大学生要通过多种途径了解自己的专业，进而产生认同感，围绕专业学习制订计划并付诸实施。

（三）开放性

大学生学习的开放性，包括学习内容和方式上的开放性。科学技术的迅猛发展使多学科交叉融合、综合化的趋势日益增强，大学教育的目标不仅仅是使大学生学到专业知识和专业技能，更重要的是让大学生学会如何适应新的环境并具备在新环境中不断学习、创新、自我发展的能力。从学习内容上来说，大学学习的知识是多层面、多维度的，不仅包括专业知识，还包括诸多课外知识的拓展学习。从当前人才市场的需求趋势分析，企业对复合型人才的需求将日益提高，复合型人才是时代发展的需要。大学生要在专业知识的基础上，不断丰富和拓展自己的学习内容，构建合理的知识体系。

法国思想家和教育家卢梭曾说过："形成一种独立的学习方法，要比获得知识更重要。"科学的学习策略与方法是实现学习目标的桥梁，有利于提高学习能力和学习质量。学习方式上的开放性，对于大学生来说，就是突破教师、专业、教材、学校和课堂的限制，以自身独有的方式，主动、灵活、高效地投入更广阔的学习领域和多样化的学习活动中去。

二、学业规划的目标与意义

（一）学业与学业规划的概念

大学生的学业，是指大学生在高等教育阶段所进行的一切以学习为主的活动，包括在校期间思想道德修养、专业知识、创新能力、集体意识、心理健康、身体锻炼等综合概念，涵盖大学生在校学习和生活的方方面面，是广义的学习阶段，是获取职业和事业发展的准备。

大学生学业规划是大学生学业生涯规划的简称，是指大学生根据自身情况，在分析和认识自我和社会需要的基础上，结合现实条件和制约因素，确定职业发展的方向，制定大学学习的阶段目标和总体目标，拟定实现目标和步骤及具体行动方法的过程。

（二）学业规划的目标与意义

"凡事预则立，不预则废"，这句古训对今天加强大学生学业生涯和职业生涯规划有着深刻的现实意义。大学是人生中最为关键的阶段之一，科学制定并有效实施大学生学业规划，使大学生涯更加富有意义，对于大学生个人、学校和社会来说都有十分重要的意义。

1. 有利于大学生进行合理的自我定位，更好地适应大学生活

许多大学生从高考的压力中释放之后，走进大学校门，面对陌生的环境，容易出现角色转换的不适应，往往会陷入自我迷失的状态，失去人生目标，缺乏学习动机，对学习过分放松或盲目紧张。大学新生只有做好学业规划，才能走好大学生活的第一步。目前，高校都将大学生职业生涯规划课程纳入新生入学教育体系中，目的在于让大学生更好地认识自我，明确学业目标和计划，以便能更快、更好地适应大学生活。大学生学业规划确立的过程是一个弹性动态的循环过程，也是将理想付诸实践的过程，大学生进行合理的自我定位是学业规划的基础。

2. 有利于大学生提高学习效果，增强自我管理能力

学业规划的核心是明确自己的学业目标和制订学业计划。大学生学业规划会让大学生看到完成学业的清晰图画，对实现规划的过程有透彻的认识，自然会产生学习的热情和动力，从而化被动学习为主动学习，提高学习效率，挖掘自我潜能。大学生学业规划是大学生努力的依据，也是对大学生日常学习和生活的鞭策，给他们一个看得见、摸得着的未来。通过阶段性的学业目标，强化大学生珍惜时间、达成目标、获得成就感的意识，从而增强目的性、计划性和自我约束力，进而不断提高自我管理能力。

3. 有利于大学生增强实力，为职业生涯的成功奠定基础

大学生学业规划是职业规划的重要组成部分。根据美国职业生涯规划专家舒伯的生涯发展理论，大学时代是职业生涯中极其重要的一个阶段。换句话说，大学这几年的努力，将会对未来的人生发展产生深远的影响。一份有效的学业规划，能够引导大学生增强主体意识，认识自身的个性特质、现有和潜在的资源优势，帮助其将综合优势与劣势进行对比分析，从而有助于其树立明确的学业发展目标与未来职业理想，评估个人目标与理想的差距，学会运用科学的方法采取可行的步骤和措施，不断提高各方面的能力，促进全面发展与提高，同时增强学业竞争力，为成功实现学业目标和职业理想打好基础。

4. 有利于提高人才培养的质量，增强高校内涵建设

素质优良的学生和良好的学风，是高校内涵建设的重要内容。高校的学生培养工作应该更加注重学生成长和发展的目标导向，帮助学生进行成长路径设计，并协助学生完成能力和素质的储备。当同学们认识到学习不再是为了应付考试，知识的获取是一个逐渐内化的过程时，学习能力也就随之逐渐提升，学习氛围自然得到改善。

三、学业规划的制订与实施

大学生的生涯并非单一的静态事件，而是一系列的动态过程。学业目标亦不是一蹴而就的，而是大学生根据自己的特点和社会需求情况不断调整的。总体来说，大学生制订学业规划主要包括以下几个步骤：

（一）自我剖析

1. 充分认识自我

正确的自我定位需要全面地认识自己，一切学业规划也需要对自己有充分的了解。大学生要从兴趣、能力、特长、性格、学习动机等各方面了解自己，结合自己目前所学专业、家庭环境和社会环境，分析对什么感兴趣、自己适合做什么、最想做什么，并对自己现有的学

业水平进行合理评估，评估时要客观，不能盲目自信，亦不可妄自菲薄。

2. 正确分析自我

可以运用 SWOT 分析方法来进行自我分析，如表 1-1 所示。大学生学业规划的 SWOT 分析，要求学生先评估自己的优势与劣势，分析自己具有的能力和资源，找出自己在学业方面喜欢做的事情和优势所在，也找出自己不是很喜欢做的事情和劣势，再找出自己的学习机会和威胁；大学所要学习的课程中，哪些是比较容易掌握的，哪些又是比较难以学会的。优势与劣势的分析不可仅限于课程学习、专业知识的掌握方面，还应包括各方面能力的获得，特别是学习能力、沟通能力、人际交往能力、组织协调能力等，以利于与未来的职业能力特性需求相对接。

表 1-1 自我 SWOT 分析

	优 势	劣 势
内部因素	指个体可控并可利用的内在积极因素： 良好的教育背景 家庭条件 个人能力 个性特点 专长方面 ……	指个体可控且通过努力可改善的内在消极因素： 缺乏学习动力 自学能力差 缺乏自我认知 不善于表达自己 自信心不足 ……
	机 会	威 胁
外部因素	指个体不可控但可以利用的外部积极因素： 创业机会增加 教育和培训机会多 学校学风、教风好 ……	指个体不可控且威胁到个体存在的因素： 专业发展受限 能力提高途径较少 专业的同质性较高 ……

（二）确定目标

1. 选定目标时将个人特点与社会需求结合起来

在对自身正确认识和分析的基础上，结合所学专业和发展方向，确立包括工作、学习、生活、休闲等各方面的生涯目标。确定的学业生涯目标要符合外部环境和个人特长，大学生制定学业目标应把个人志向与国家和社会需求有机结合起来，既充分考虑社会需求，又要适合自己的性格、兴趣和特长等特点。当然还可以征求他人的意见，但不能失去自己独立的判断。

2. 设定目标时坚持 SMART 原则

S 是指明确（specific），即目标不应该是宽泛的，应该是明确的。明确的学习目标能催人奋进，产生为实现这一目标而奋斗的力量。比如说，有的学生会说自己的学业目标是各方面能力的提高，但根本没有明确各方面能力到底具体包括哪些能力，目标就显得非常宽泛。如果一个学生对自己现在的情况进行分析，认为现在自己的口头表达能力需要提高，明确一学期阅读相关书籍、参加辩论赛、增加课堂讨论的次数，每天早上醒来都想到自己的目标任务，这就是明确的、可操作的、能促进进步的目标。

M 是指可度量（measurable），可度量的目标就是指学习目标要便于对照和检查，不能只是停留在思想上的口号。制定目标是在明确自己的方向，必须把抽象的、不可衡量的大目标转化为切合实际的、可以度量的一个个小目标。如果一个学生说学业目标是今后要努力学习，争取更大的进步，那么这一目标就很不明确，如何努力，哪些方面需要取得进步，如何才算是进步都很不具体。如果一个学生的目标是一个学期背诵多少四级或六级词汇、阅读多少英语课文、做多少套四级或六级模拟试卷，甚至细化为每周、每天的小目标，每周、每天都可以对照检查目标任务的完成情况，这就是可度量的目标。

A 是指可实现（attainable），即目标是可以实现的。如果目标定得过高就是空想，最终无法实现，反而容易使人丧失信心，所以要根据自己的实际情况提出经过努力能够达到的目标。考察一个目标是否可实现的方法是：问问自己是否有达成目标的技能、知识和资源，是否需要他人的帮助。

R 是指结果导向（result-based），即强调聚焦目标和高度关注结果，应该基于结果而并非行动本身或过程，所有的资源、安排等都是指向目标的达成，所有行动、努力都必须是对目标达成有高度贡献的。在结果导向的引导下，目标清晰、执行力强，能有效克服惰性。

T 是指实效性（time-based），即目标应该有时间的限制。目标的实效性要求必须明确目标完成的期限。目标要在恰当的期限内完成，时间太短，目标容易完成不了，目标没有可操作性；时间太长，目标就缺乏引领成长和进步的意义。制定有时间限制的目标时，要定期对目标完成情况进行评估和适当调整。

（三）目标分解

目标分解是将目标清晰化、具体化的过程，是将目标量化成可操作的实施方案的有效手段，是实现目标的重要方法。

学业生涯总目标制定后，要进行目标分解，制订相应的行动计划。可以按照以下思路进行：大学的总学习目标→1 年的学习目标→1 学期的学习目标→1 月的学习目标→1 周的学习目标→1 天的学习目标，目标分解可以把学业规划落实到学习生活的每一天，确保严格执行。

规划大学第一年目标。

步骤 1：选出这一年里对你最重要的 4 个目标，如表 1-2 所示。

表 1-2　4 个最重要的目标

最重要的 4 个目标	实现目标的重要性	实现目标的把握

步骤 2：目标要达成的结果，必须注意 5 个方面的要求，请核对你的 4 个目标，如表 1-3 所示。

表 1-3　目标要达成的结果

要求＼目标	目标 1	目标 2	目标 3	目标 4
用肯定的语气来描述你的结果				
结果要尽可能具体和生动，要有完成的期限和项目				
要掌握现实过程中的资源				
把握主动权，能全盘掌握				
是否对自己有利，为社会所需				

步骤 3：列出你实现目标过程中已有的各种重要的有利条件和不利条件以及你的对策或措施。如表 1-4 所示。

表 1-4　对策或措施

对策＼目标	目标 1	目标 2	目标 3	目标 4
有利条件				
不利条件				
对策或措施				

步骤 4：回顾过去，总结经验，如表 1-5 所示。

表 1-5　总结经验

案例	成败原因	经验启示
案例 1		
案例 2		
案例 3		

步骤 5：为自己找一些值得效仿的模范人物。

（1）在你的目标领域中找出有杰出成就的人，简单地写出他们的成功事迹。

（2）闭上眼睛想一想，仿佛他们每个人都会给你提供一些实现目标的建议，记下他们每一位建议的重点。

（3）记下他们的名字，即使你不认得他们，但透过这种过程，他们就好像成为你追求成功的最佳顾问。

步骤 6：好好地计划每一天的生活。每日清晨，想一想：

（1）我要做什么？

（2）我要如何开始这一天？

（3）我要朝着哪个方向努力？

（4）我想得到什么结果？

（四）评估与调整

学业规划是通过短期目标的达成来支撑总目标的，一方面，要对学业规划目标完成情况进行定期评估，一般以一个学期为一个周期进行规划的具体执行和效果评估，进而分析障碍和原因，找出改进的方法和措施，总结调整目标。另一方面，由于现实生活中存在种种不确定因素，有些变化是无法预测的，因此要求学业规划具有一定的弹性。大学生要及时对环境和条件的变化及自己的执行情况进行评估，不断修订和完善学业目标与计划。

第二节　大学生活与素质拓展规划

一、大学生理财规划

（一）理财的概念及意义

理财是对有形财产和无形财产的经营，一般是指个人或机构根据个人或机构当前的实际经济状况，设定想要达成的经济目标，在限定的时限内采用一类或多类金融投资工具，通过一种或多种途径达成其资产增值目标的计划、规划或解决方案。实际上，现在人们越来越倾向于认为，资产升值并不是理财的最终目的。理财的目的在于学会赚钱、花钱和管钱，使个人与家庭的财务处于最佳运行状态，从而提高生活质量和品位。

财富的实现源于良好的理财习惯，美国理财专家科特·康宁汉说过："不能养成良好的理财习惯，即使拥有博士学位，也难以摆脱贫困。"大学时代是从学生步入社会的过渡阶段，也是培养大学生社会适应能力的关键时期，在这个阶段，培养大学生形成良好的理财观念和习惯，具备一些理财常识，有助于大学生更好地进行人生规划和未来职业生涯设计，更好地融入社会和提高生活质量。

（二）大学生理财问题分析

随着经济的发展和科技的进步，大学生的消费支出逐年增加，且增幅越来越大，大学生已成为不容忽视的特殊消费群体。但是大学生在理财方面还存在一些问题，如理财认识不足、存在非理性消费倾向、普遍缺乏金融理财知识等。

1. 大学生对理财的认识比较片面

一方面，很多学生对理财感到非常陌生，认为理财是有钱人的事情，自己现在的金钱主要来源于父母，没有收入来源，钱都不够用，更别提拿来理财了。另一方面，也有不少学生认为，理财就是赚大钱、买股票、买基金等。实际上，从更广泛的意义来说，理财是运用一些投资理财的知识和工具，对现在的自己进行一个长期的、综合的、个性化的、专业的金融服务，理财是贯穿人一生的事情。对于大学生来说，对生活消费支出的计划、日常生活中的记账行为、注意生活的开源节流等都属于理财的范畴。

2. 大学生的非理性消费倾向

随着社会物质财富的增加和消费习惯的改变，人们的消费行为日益多样化和超前化。大学生进入大学校园，离开父母开始独立生活，往往缺乏理财意识，容易受到社会的物质诱惑，经常产生盲目消费和随意消费现象。比如，经不起商家打折宣传等诱惑，产生冲动性购买行为；为了面子而发生消费攀比、跟风等现象，频繁更换手机、穿戴讲究名牌等，这些现象是大学生消费心理不成熟、消费行为不理性的表现。大学生超前的消费习惯和滞后的消费能力之间的矛盾使大学生的非理性消费倾向扩大。

3. 大学生普遍缺乏金融理财知识

大学生普遍缺乏金融理财知识，主要是社会、家庭和学校三方面原因共同造成的。我国传统观念认为"君子喻于义，小人喻于利"，对金钱、财富一直采取鄙视、贬低的态度，这严重削弱了人们的理财积极性。从家庭角度来说，学生的衣食住行都是由父母安排，学生的主要任务就是学习，对于家庭的财务情况不甚了解，甚至对于金钱没有什么概念。而占据青少年大量时间的学校教育，也很少会涉及理财方面的知识，到了大学，仅金融、会计等相关专业可能会接触到理财相关的内容，其他的专业仍然很少有机会学习理财的知识。

（三）大学生理财规划的内容

大学时期是一个人独立消费和支出的开始，是走向社会和开始理财的起步阶段，也是学习理财的黄金时期。大学生自觉提高财务规划意识，养成良好的理财习惯，可受益终身。

1. 学会记账，增强对财务的敏感度

记账是最基础、最简单、最有效的理财方法，大学生要学会记账，建立好个人现金流量表，弄清自己钱财的来龙去脉。大学生可以将每月生活费按照需要分成三个主要部分：一份是生活费、一份是投资经费、一份是应急资金。按照简单的"收入-支出明细表"的要求，如表1-6所示，每天临睡前记录每天的开支情况，月末进行分析整理，就可以看出，每月主要收入来源和支出方向，进而思考哪些支出是必需的，而哪些又是可以节约的，主要的支出是不是与现在最主要的学习目标任务有关，从而改变不良的消费习惯。

表1-6 大学生收入-支出明细表

日期	收入	支出	结余	备注

2. 遵守节约原则，培养良好的消费习惯

由于对每月生活费没有做到科学合理安排等原因，在大学生群体中，容易出现盲目消费和随意消费以及"月初宽裕，月底拮据"现象。而大学生不具备赚钱的能力和条件，主要经济来源是父母给付的生活费，没有办法实现经济独立，这更要求大学生在日常开支中必须遵守节约原则。养成节俭这个良好的消费习惯，有助于大学生有意识地控制自己的消费，自觉抵制盲目消费倾向，把握恰当的消费时机，以最少的消费获得最大的收益。

3. 合理规划消费结构，增加精神文化方面的支出

大学生要"把钱花在刀刃上"，大学阶段最主要的任务是学习，除最主要的生活支出外，要适当增加精神文化方面的消费支出。大学生可以通过购买专业学习书籍与视频、参加学习培训、报名考试等方式增加精神文化方面的支出，这样既可以充实自己，不断增强自身实力，也是对未来的一种长远投资。

4. 拓宽理财途径，提升理财能力

大学生可以充分利用时间，拓宽理财途径。一是努力学习，获得奖学金。每个学校都设有奖学金，以奖励学生在某个方面的突出表现，其金额从几百元到几千元不等。奖学金是投资回报最直接、风险最低、最受推崇的方式，可以激发学生学习的积极性。从另外一个方面来说，将时间和精力投入学习中，消费也相应地减少了。二是勤工俭学。大学生在不影响学业的前提下，可以从事校内或者校外兼职，比如协助图书馆工作、做家教、到企业兼职等，既可以锻炼多方面能力，还可以积累一定的工作经验，赚得人生的第一桶金。三是储蓄或投资增值。理财从储蓄开始，大学生在有结余的情况下，可以学会与银行等金融机构打交道，比较银行理财产品等线上储蓄方式，选择最适合的方式进行储蓄，还可以对比债券、基金、股票等投资方式，尝试投资理财，以提升理财能力。

二、大学生时间管理规划与休闲规划

（一）大学生时间管理规划

1. 时间管理及发展阶段

时间具有公平性、不可再生性、不可逆转性、不可增减性、不可替代性和不可蓄积性，这些特性决定了它是世界上最为稀缺、最宝贵的一种资源。我们无法左右时间，但可以通过管理时间来提高时间的利用率和有效性。时间管理是对时间进行合理的计划和控制、有效安排与运用的管理过程，它是以高效完成预定目标和避免浪费时间为目的的自我管理活动。时间管理的有效性与个人的生活质量密切相关，直接影响着一个人的工作、学习和生活效率。

人们从认识到时间管理的重要性，到开始进行时间管理的过程中，也经历了管理方式和管理重点的转移。时间管理的发展经历了以下四个阶段，各阶段的侧重点有所不同。

（1）第一阶段：时间增加和备忘录。

时间的增加是指当时间不够用，而工作任务比较多的时候，通过加班加点，增加人员来完成工作。备忘录就是把所有要做的项目列出来，制作成一个工作任务清单，做完一件就勾选掉一件，以保证不遗忘某项工作，并合理安排现有工作，避免引起混乱，以这种方式进行时间的分配和使用管理。

（2）第二阶段：时间计划和时间表。

时间计划和时间表时间管理法，有时候也称为行事时间管理法，它强调利用一些管理工具来安排时间，如制订长期、中期和短期计划，在每项工作完成之前，合理安排时间。例如，上午8点到9点做什么，9点到10点做什么，下午1点到2点做什么，每一项任务都有开始和结束的时间，在这个时间段中完成规定的某项任务。这一阶段的时间管理，已经注意到对未来时间的规划。

（3）第三阶段：排列优先顺序以追求更高效率。

第三阶段的时间管理体现了人们对时间效能的重视和追求。由于需要完成的工作很多，在规定的时间内，可能无法完成，这时，就要按照事情的轻重缓急进行排序，合理分配和利用有限的时间，提高工作效率。

(4) 第四阶段：个人价值的实现。

第四阶段的时间管理，已经不仅仅局限于利用一些工具和方法对时间进行管理，更强调个人的自主管理和个人价值的实现。一切以价值作为评定标准，优先完成创造价值多的工作项目，以角色为导向，帮助人们平衡在工作和生活中扮演的不同角色，实现自我价值。

2. 大学生时间管理存在的主要问题

大学生时间管理的现状并不尽如人意，主要存在以下几个方面的问题。

(1) 大学生时间管理能力欠缺。

当代大学生都能认识到时间是有限而宝贵的资源，意识到时间对于个人、社会发展的重要性。但是很多大学生的学习和生活，并没有把时间作为一个重要因素考虑，有的学生忙忙碌碌却碌碌无为，有的学生悠闲自在却虚度光阴。根据调查，51.5%的大学生不善于根据自己的实际情况有计划地安排好每天、每周的日程；不到50%的大学生能按任务的重要性来安排自己做事的先后顺序；仅有42.8%的大学生能较为有效地分配时间。也就是说，大学生的时间管理能力存在欠缺。加之现在信息技术和网络的盛行，直接导致的后果是，学生容易将大量时间倾注在网络上，成为"低头族"和"游戏迷"。

(2) 大学生时间管理主动性差。

学生是学习的主体，也是时间管理的主人。但是学生在应试教育的模式下，时间管理一直是被动的。进入大学之后，当学生们有了充足的可供自由支配的时间时，他们依然习惯性地等待接受别人的安排。对于整个大学生活，很多大学生没有明确的目标、具体的计划，并不主动去安排自己的日常学习和生活，多数时候是被动性地参与。大学生缺乏时间管理的主动性，总是忙于各种应付，诸如课程学习、课外活动、社会活动等，特别是大学生刚跨入大学校门，对什么都感到新鲜，很多大一新生参加多个学生社团，还有各类比赛，加上学业压力，忙得不可开交。一学期结束后，很多学生在回顾的时候，都感到时间的齿轮匆匆转动，就算疲于应对也无计可施，不能充分有效地利用时间。

(3) 大学生时间安排不合理。

中学时期，特别是高中时期，学生们都有明确的目标，即考上大学。进入大学，学生们目标缺失，开始放纵自己，网上流传了很多关于大学的"段子"："上课梦境化，逃课普遍化，寝室网吧化，代课专业化，论文百度化"。很多学生怀着梦想来到大学，对未来充满希望，但是很多大学毕业生却说，毕业时的自己和当时设想的自己相去甚远。究其原因是在大学期间，学生们对于学习时间和课余时间，对于该做什么不该做什么，没有一个全面、科学的规划。

3. 大学生如何做好时间管理规划

时间管理看起来毫无新意，其实它的意义远大于字面上的管理时间。时间若利用不当，压力就接踵而来，而生命，也就杂乱无章。所以时间管理是压力管理，更是生命管理。现代管理之父彼得·德鲁克曾说："时间是最高贵而有限的资源，不能管理时间，便什么都不能管理。"作为大学生，时间管理得是否恰当直接影响着学业成绩、大学生活质量，甚至会影响个人人生目标与社会价值的实现。

(1) 要有明确的发展目标。

一个人如果没有目标，犹如在汪洋大海中随波逐流，不知道停泊在哪个港口。大学生在刚刚进入大学之际，往往有一段时间的目标盲期，这是因为考上大学的目标已经达成，大学的目标又尚未确立。大学生要做好步入大学的心理、学习、生活和职业发展的准备，尽快适应大学生活，确立明确的发展目标。

（2）灵活应用阿尔卑斯山时间规划法。

阿尔卑斯山时间规划法是德国著名的时间管理大师洛塔尔·丁·赛威特在《把时间花在刀刃上》一书中提出来的。因为这个方法共有五个步骤，每个步骤的首写字母拼起来，是德文的阿尔卑斯山，所以称为阿尔卑斯山时间规划法。它主要包括五个步骤，具体如表1-7所示。

表1-7　阿尔卑斯山时间规划法实施步骤

步　骤	注意事项
A 列出任务	每日工作任务的类型包括：1. 每周计划或每月计划列明的任务；2. 前一日未完成的转移任务；3. 新下达的日常任务；4. 需要应付的约会和参加的会议；5. 常规性任务
L 预估时间	1. 根据经验值预估时间；2. 预估时间是一个经验累积的过程
P 预留机动时间	预留总时间的40%给意外事件
E 排序、合理分配时间	重要事情优先分配
N 检查回顾	检查目的：了解自己时间运用的规律；有针对性地加以改进 检查步骤：核对清单任务是否完成；分析各任务花费的时间

第一步：列出所有工作任务。罗列任务的时候，我们经常会想到什么就写什么，这样很容易遗漏某项任务。我们每日的工作任务一般会包括：①每周计划/每月计划列明的任务；②前一日未完成的任务；③新下达的日常任务；④需要应付的约会和会议；⑤常规性任务。

第二步：估计每项任务需要的时间。列出了任务清单，接下来就要开始估计每项工作需要的时间了。在这一步中，精准地估计每项任务花费的时间是不可能的，但是可以把经验值作为时间规划的依据。这里的经验值是指：在通常的情况下，处理该项任务花费的时间。预估时间是一个经验累积的过程。对于常规性、重复性任务，要适当缩短计划时间，这样有利于提高效率；而对于不熟悉、没接触过的或者需要合作的任务，可以适当多预留一些时间。在刚开始的时候，可能需要不断地修正它们，一段时间过后就会得心应手了。

第三步：为意外情况预留机动时间。时间规划中要考虑的一个很重要的问题就是，我们可以规划多少工作时间？如果把工作安排得太满，或者把所有的时间都安排了任务的话，当工作出现计划之外的事情时，就将分身乏术，不知道应该做哪件事好，情况会变得一团糟。一定要预留一些时间给意外事情，要将总工作时间的40%预留出来作为处理临时性、突发性的工作任务。如每天学习8小时，则应预留2~3小时作为机动时间，而不应该将每天的工作都安排得满满的。

第四步：排序并合理分配时间。规划时间的初衷就是为了真正提高每日效率，所以接下来就要进行阿尔卑斯山时间规划法中最为关键的一个步骤：确定优先顺序，并对某些任务进行删减和授权。这可以帮助合理分配精力，完成最重要的任务，达到事半功倍的效果。

第五步：事后检查——将未完成的任务转移。事后检查是阿尔卑斯山时间规划法的最后一步，也是很重要的一步。因为事后检查可以回顾一天的工作和时间安排，看是否完成了事先规划的任务，如果没有完成，就需要把未完成的任务进行转移。不过需要注意的是，检查的主要目的是了解个人时间运用方面的规律，找出每日浪费时间的因素，并有针对性地进行改进，提高时间的效能。这样就能逐渐减少需要转移的事务，将每日的工作效率最大化。

事后检查大致分为两个步骤。首先核对一下清单上的各项任务是否完成，是否需要移到明天。其次分析一下各项任务具体花费的时间，是否有哪些地方浪费了时间；如何在今后避免；是否有更好的改进方案。实际上，事后检查也是一项积累经验的过程。在这个过程中，会对各项任务实际耗费的时间有一个更清晰的认识，从而在制订第二天的工作计划时更准确地预估时间。

（3）遵循生活规律。

大学生在分配各自的时间时，要结合各自的生理规律，合理安排休闲、学习和工作时间，这样就会较为轻松地控制和管理时间。已有研究表明，人的体力和脑力有一个由低潮到高潮、再由高潮到低潮的周期变化，人不能无时无刻都保持较高的学习工作效率。由于人的差异性，每个人最佳的学习工作时间有所不同。大学生对自己的生活规律要准确把握，关心身心能量水平在一整天中的规律性波动，并使之成为一种习惯。大学生要注意提高时间效率，在适合的时间做适合的事，在持续一段时间后，换换学习的内容和形式，让身体处于休息和轮流活动中，可以延长高效的学习和工作时间。

（4）学会创造时间。

鲁迅曾说过："时间就像海绵里的水，只要愿意挤，总还是有的。"大学生要学会创造时间，一是用好零碎时间。零碎时间经常"隐身"于睡前和醒来、上厕所、乘车等车、课间等时间中，看似微小，但不可忽略不计。我们先来算一笔账，假设你每天比别人多利用了 30 分钟，那么一周下来就是 210 分钟，一个月就是 900 分钟，一年就是 10950 分钟，也就是 1825 个小时，这是一个庞大的数字。大学生要养成良好的习惯，积少成多，实现量变到质变的飞跃。二是学会说"不"。在平时的生活中，大学生希望融入集体生活，也缺乏沟通技巧，往往不会拒绝别人，有时候毫无顾忌地接受他人的提议或者请求，有时候不是自己的意愿，也很难推辞，有种计划赶不上变化的尴尬和无奈。大学生要根据自己的情况，学会适当拒绝，不要被无关紧要的人和事所累。

（二）大学生休闲规划

1. 休闲的概念及重要性

当今时代，休闲与人们关系密切，休闲时间的多少和休闲质量的高低，不仅直接影响人们生活的幸福感，也是衡量社会文明程度的一个重要标志。党的十九大报告指出："中国特色社会主义进入新时代，我国社会主要矛盾已经转化为人民日益增长的美好生活需要和不平衡不充分的发展之间的矛盾。"

休闲是人的一种活动方式，人们自主选择进行偏好性的活动，在这些活动中，人不仅可以使身体得到放松，心情感到愉快，同样还可以得到精神上的满足，实现自我的发展。马惠娣在《休闲：人类美丽的精神家园》一书中提到："休闲就是以欣然之态做欣然之事，真正的休闲包括两个方面，一是消除体力上的疲劳，二是获得精神上的慰藉，是抚慰心灵的驿站。"

　　大学生是重要的休闲群体，拥有充足的休闲时间，包括课余、双休日、寒假、暑假等时间，这是实现休闲的首要前提。据调查，无论双休日还是工作日，大学生的休闲时间都超过了他们的学习时间。在工作日，大学生的学习时间为5.6小时，而休闲时间为6.8小时，而在双休日里，大学生的学习时间为1.5小时，休闲时间为10.1小时。这都说明，大学生的休闲时间在他们的大学生活中占有非常大的比重。大学生对于休闲时间的合理利用，有助于大学生诸多方面素质的培养和全面发展，是大学生继续社会化的重要组成部分，同样也有助于教育目标的实现。

2. 大学生休闲特点

　　大学生休闲总体上丰富多彩、积极向上，休闲热情比较高，休闲时间有所增加，休闲方式多元化，网络休闲逐渐成为一种习惯。但是在休闲生活的结构、层次和计划性方面仍存在欠缺。

　　（1）休闲娱乐时间有所增加。

　　一方面，大学生课程在学分制的背景下越来越人性化，给大学生提供了更多的时间选择。另一方面，当前大学生的经济条件普遍较过去有较大提高，为更好地开展休闲娱乐提供了经济保障。根据调查显示，在周一到周五的正常上课时间，80%以上的同学会选择部分时间用于休闲娱乐，平均每天用于文体活动和消遣外出的时间占3~4小时；而在双休日，超过93.2%以上的学生会选择参与部分娱乐项目，平均每天用于休闲的时间为6小时左右。这一数据与前几年的有关调查对比有明显的增加。

　　（2）休闲娱乐方式更加多元化和个性化，休闲活动层次不高。

　　调查显示，当前大学生选择休闲娱乐方式的TOP10分别为：上网（网络社交类网站）、网络游戏、桌面游戏、KTV、摄影、打扑克、看电影、逛街、旅行、运动。网络休闲已经成为一种生活习惯。几乎所有的大学生都会利用网络平台参与休闲娱乐活动，上网已经是所有学生的一种生活习惯，部分同学甚至出现了网络依赖症。社交、游戏、购物是大学生上网所从事的最多的活动。网络游戏让更多的同学沉迷，87%的大学生认为玩网络游戏很正常，超过60%的大学生玩过网络游戏，有10%左右的大学生对网络游戏有沉迷状况。

　　（3）大学生休闲活动的计划性差、满意度低。

　　调查显示，只有12%的学生表示会认真计划休闲活动，64%的学生是偶尔计划，18%的学生则是基本无计划。由此可以看出大部分学生有时会预先安排自己的闲暇活动，而一直安排计划的学生则很少，总体呈现出计划性不足的放任自流状态。大学生对休闲活动安排的无计划性和随意性随之带来的一个问题是，精力充沛、活泼好动的大学生会在休闲时间选择玩游戏、聊天和睡觉。不少大学生都有这样的感叹："毕业了才知道大学应该怎么上。""在大学期间没有完整的目标和计划。""满足于对考试成绩的追求，却没有形成时代社会对人才定位的概念。"这些都反映了大学生对休闲活动缺乏计划性，进而导致对自己的休闲活动安排的满意度较低。

3. 大学生休闲规划

　　不同的休闲方式会产生截然不同的休闲结果。高品质的休闲活动可以促进人际交流、精神陶冶和身心放松，还可以有效提高学习效果，实现人的全面发展。高品质的休闲离不开对休闲时间和休闲活动的合理规划，大学生要珍惜自己的休闲时间，在有限的时间里有计划、有目的地去养成一些有益于身心健康发展的习惯。

（1）坚持目标导向，树立远大的人生理想。

荀子在《劝学》中指出"无冥冥之志者，无昭昭之明；无惛惛之事者，无赫赫之功"，是说缺乏深沉志向的人，就难有明察的智；不在默默无闻中孜孜不倦地努力，就不会获得赫赫的丰功伟绩。只有志存高远，人的行为才有明确的方向，才能具有战胜一切艰难险阻的勇气和信心。树立远大的人生理想，能指引人生的奋斗目标，为大学生成长成才提供人生导向；能为大学生成长成才提供精神动力；能提高人的精神境界，有利于大学生成长成才过程中的人格完善。也就是说，大学生坚持以远大的人生理想为目标，就有了前进的方向和力量。

休闲时间和学习时间一样，都是宝贵的资源和财富。对我国现阶段通过应试教育进入大学的大学生而言，休闲时间越多，越需要理性看待。因为进入大学相对宽松的学习环境之后，大学生的独立性和自由度都有了很大的提高，大学生心理尚不成熟，如果没有明确的目标，就更容易受享乐主义等不良思想的影响，使休闲活动陷入"吃喝玩乐"当中。大学生是朝气蓬勃、充满活力、受高等教育的年轻群体，他们的休闲不能仅停留在消磨时间的层次，应该更注重自身素质的全面提升、亲近自然、发展自我、寻求生命的意义和价值，提高生活质量。

（2）树立科学的休闲观，积极看待休闲。

受多重因素影响，相当多的大学生缺乏科学合理的休闲观念。这主要表现在：一是休闲观念陈旧，认为休闲活动就是精神和身体上的放纵，就是"吃喝玩乐"，停留在感官和生理性需求的满足上。二是休闲观念的盲目性，缺乏明确的意识和目标，具体表现在休闲活动上，就是临时性活动较多、随意性大。

真正的休闲不但有助于我们自身个性的发展，而且还能推动我们在未来更好地学习、工作和生活。从某种角度说，只有擅长休闲的人才能擅长学习，因为，一方面，只有劳逸结合、科学用脑，大学生才能更好地开发心智；另一方面，休闲本身能够开阔大学生的眼界，促使大学生发现兴趣、开发潜能和发展自我。只有端正对于休闲的态度，才能更有效地学习、更愉快地生活、更好地实现自身的全面发展创造出更好的条件和平台。比如大学生可以利用休闲时间参与社团，培养自己的人际交往和动手能力；可以阅读感兴趣的书籍，提升自己的艺术修养；可以参加志愿活动，观察和感知社会，履行一个公民的责任。大学生必须建立科学的休闲观，充分发挥休闲的功能，主动加强多方面休闲技能的培养和强化，使学习、生活与休闲三者相互配合、相得益彰。

（3）科学安排休闲时间，合理规划休闲活动。

大学生休闲方式大致可分为以下几种类型：①延伸性学习活动。包括学习专业性知识，阅读专业书籍，参加辅导班与培训班、学术专题讲座、研讨会等。在闲暇时间里，部分大学生继续从事与专业学习有关的活动，丰富自己的知识，提高文化素质，提升未来就业的竞争力。②社会实践活动。包括勤工俭学、公益活动、公司兼职等，这类活动已经不再仅仅是家庭困难的学生所为，越来越多的学生希望通过此种活动熟悉社会、实现经济独立、拓展能力，为未来人生发展奠定基础。③娱乐休闲活动。包括户外漫步、旅游、看电影等。在闲适与轻松中，大学生的身心得到放松与舒展，人际关系更加融洽。④体育健身活动。包括球类活动、体操、跑步等，体育休闲与大学生活泼好动、表现欲强的个性相吻合，受到普遍青睐。在体育休闲活动中，大学生能够展现活力，结交朋友，强身健体。⑤社团活动。包括由各种大学生社团组织的文化、运动、科技、艺术和社会交往等活动。这类活动能够提供一种有益的环境和氛围，激发大学生的创造力，开发大学生的潜能，让大学生的自由意志得到发挥，不断超越自我。⑥消极活动。包括睡觉、打牌、沉迷网络、放纵自我等。这部分学生对休闲时间缺乏科学合理的规划，一味跟着感觉走，从事休闲活动只是为了消磨过多的闲暇时间与过剩的精力。

大学生要珍惜休闲时间，合理规划休闲活动，结合个体自身的特性，安排好延伸性学习活动、社会实践活动、娱乐休闲活动、体育健身活动、社团活动的比重，尽量减少消极活动，最大限度地发挥休闲的作用。

(4) 培养兴趣爱好，养成良好的习惯。

从幼儿园、小学到中学，很多学生只负责学习，不知道、也没有人问自己的兴趣爱好是什么。其实若一个人有广泛的兴趣爱好，人生就会更加丰富多彩。有些兴趣是学术性的，如对历史、哲学等专业领域的探索；有些兴趣则与艺术相关，如欣赏并理解音乐、画作、歌曲等，或者亲自弹唱、画画、赋诗，并将其作为业余爱好；有些兴趣可以是一生钟爱的体育运动，如羽毛球、篮球、跑步等。喜欢读书或画画的人，不仅自己能身心愉悦，还能创造出艺术的美供大家欣赏；爱好厨艺的人，还可以让别人也品尝到各种美食，这种成就感会激发出自己更浓厚的兴趣。

在大学校园里会发现，兴趣爱好广泛的学生，他们的休闲活动表现得丰富多彩；而兴趣爱好比较单一或者没什么兴趣爱好的同学，他们的休闲时间就会过得比较枯燥，更容易沉迷于网络游戏中。可见，培养广泛的兴趣爱好，对提高大学生休闲生活质量和自身素质有很大的促进作用。当然，拥有广泛的兴趣爱好的作用不仅如此，它还可以拓展学生看问题的视角，避免过分专业化的危险，增强抗压能力，提升心理素质。甚至，兴趣爱好还可以发展为职业兴趣，帮助大学生提高就业质量。兴趣爱好更为简单却是最重要的意义在于，兴趣使生活更加有趣。

三、大学生职业能力提升规划

(一) 大学生职业能力的内涵

职业能力是人们从事某种职业必须具备的并在该职业活动中表现的多种能力的综合。能力是职业适应性的首要的和基本的制约因素，而职业能力则是决定一个人在职业活动中能否获得成功的基本条件。大学生职业能力，不仅仅是获得工作的能力，还包括适应工作和在工作中进一步发展的能力。

高校是大学生完全进入职业系统的最后一个环节，是大学生获取未来职业能力的重要场所之一，大学生在管理自己的职业生涯过程中要积极树立职业意识和培养职业能力。特别是在当前就业形势下，用人单位对就业能力需求由单一的专业需求开始转向了综合需求，大学生在校期间单一的专业知识学习已经不能满足用人单位的需要，这就对即将步入职场的大学毕业生提出了更高的要求，即除了具备扎实的专业技术能力，还要具备跨专业、会迁移、可转换的核心职业能力。

(二) 大学生职业能力提升规划

一般来说，不同的学科和专业对毕业生有不同的能力要求，即要求具有从事本专业活动的某些专门能力。但是无论什么专业的毕业生，要想顺利就业并尽快有所作为，都必须具备一些共同的基本能力。

1. 自主学习能力

学习分为狭义与广义两种。狭义的学习，是通过阅读、听讲、研究、观察、理解、探索、实验、实践等手段获得知识或技能的过程，是一种使个体可以得到持续变化（知识和技能，方法与过程，情感与价值的改善及升华）的行为方式。广义的学习，是人在生活过程中，通过获得经验而产生的行为或行为潜能的相对持久的行为方式。所谓自主学习，是指学生是学习活动的主人，自己主宰学习生活，积极主动参与每一个过程、探求科学文化知识，不断提高自学能力，养成自主、自觉、自律和自强的习惯。

大学学习并非局限于上课和阅读教材，听学术报告、讨论交流、参加社会实践等都是学习。大学生要掌握学习的方法，学会主动学习，自己安排时间，发现、提出和解决问题。新时代的大学生要适应未来社会发展的需要，养成自学的习惯，树立终身学习的意识。

2. 沟通表达能力

在现代社会，由于经济的迅猛发展，人们之间的交往日益频繁，沟通表达能力的重要性也日益增强，好口才越来越被认为是现代人所必须具备的能力。

良好的沟通表达能力是大学生顺利就业、适应职业岗位的基础保证，是从业者成功就业的敲门砖。有效的沟通和表达可以促进双方有效沟通，化解矛盾，形成良好的人际关系圈。用人单位在招聘、录用的过程中对求职者的沟通表达能力非常重视，有的企业在专业成绩相近的条件下优先录用沟通表达能力强的大学生，也有企业对专业知识要求不高但要求求职者一定有良好的沟通与表达能力。哈佛大学的研究人员曾对500名被解雇的员工进行调查，发现因人际沟通不良而导致工作不称职被解雇的占比高达82%，由此也可以看到，良好的沟通表达能力是从业者适应职业岗位的有力保证。

大学生应积极参加集体活动，树立自信心，不卑不亢，主动表达自己的观点，同时要善于倾听别人的观念，尊重对方。在人际交往的过程中，要坚持平等、真诚、宽容、诚信和互助互利的原则。

3. 团队协作能力

随着社会的发展进步，社会分工日益精细化，仅仅依靠个人的力量难以获得成功，需要集思广益、博采众长，形成团队的合力对组织高效率运作具有重要作用，团队协作同样也可以挖掘个人潜力。但是随着独生子女逐渐进入大学走向工作岗位，他们不擅长分享与协作，缺乏集体观念，没有相互帮助和协作的意识，导致团队协作能力发展不成熟。

大学生可以积极参加一些能够锻炼团队协作能力的文体活动，比如拔河比赛、合唱比赛、辩论赛等一些群体类协作活动，增强大学生的集体荣誉感以及团队协作能力。同时可以参加素质拓展训练，在高校中，拓展训练已成为培养与提升大学生团队协作能力以及社会适应能力的新途径。

4. 组织管理能力

组织管理能力是指为了有效地实现目标，灵活地运用各种方法，把各种力量合理地组织和有效地协调起来的能力。组织管理能力是一个人的知识、素质等基础条件的外在综合表现。

尽管不是每个大学生以后都会从事管理工作，但是每个人在将来工作中都不同程度地需要组织管理才能，这是现代社会对人才提出的要求。

大学生在学校期间，要抓住机遇。学校有各种类型的学生干部，大到学生会主席，小到宿舍舍长，还有众多的学生社团干部等，任何一个职位都可以在一定程度上锻炼组织管理能力。当然学生干部的职位并不是人人都有机会承担的，即使没有机会，也要注意向别人学习，并以积极的态度配合集体活动。有机会时，可以积极主动地倡议组织一些活动，如组织一场足球赛或宿舍之间组织友谊竞赛活动等。

5. 创新能力

习近平总书记在党的十九大报告中指出："创新是引领发展的第一动力，是建设现代化经济体系的战略支撑。"创新对于我国发展具有特别重要的意义，我国把创新提升到国家层面，提出建设创新型国家的发展战略，更需要大批的创新型人才来保证社会各项事业的发展。从个人成长来说，创新是潜能的发挥，可以改变个人命运，开创更大的事业。

创新能力包括多方面的内容，如强烈的好奇心、细微的观察力、深刻的洞察力、大胆设想、勇于探索的精神以及提出问题、研究问题和解决问题的能力。大学生要养成独立思考的习惯，积极参加团队合作学习，合理利用网络资源，拓宽自己的视野，自觉培养创新能力。学校和社会也要创造良好的鼓励创新的环境，为大学生创新能力的培养创造条件，为现代社会的发展注入活力。

第三节 大学生社会实践规划

一、大学生社会实践的概念及发展

马克思在《资本论》中明确指出："生产劳动同智育和体育相结合，它不仅是提高社会生产的一种方法，而且是造就全面发展的人的唯一方法。"人的全面发展，也就是思维能力与操作能力、体力劳动和脑力劳动的和谐一致。

社会实践，是指大学生在校期间，利用假期或其他课余时间到学校、企业或社会上参与的一些经济、文化、公益等实践活动。社会实践，一方面能够促进学生了解社会、了解国情，提高学生将理论应用于实践的能力；另一方面可以培养其坚毅的性格和艰苦朴素的生活作风，促进大学生更好地适应社会。

组织大学生参加社会实践，是我国高等教育的重要内容，是全面贯彻党的教育方针，推进大学生素质教育的重要措施。国家层面也对社会实践在大学教育中的应用十分重视，曾多次在教育发展规划和一些重要讲话中指出。中共中央、国务院《关于进一步加强和改进大学生思想政治教育的意见》（中发〔2004〕16号）指出："社会实践是大学生思想政治教育的重要环节，对于促进大学生了解社会、了解国情，增长才干、奉献社会，锻炼毅力、培养品格，增强社会责任感具有不可替代的作用。"中宣部、中央文明办、教育部、共青团中央《关于进一步加强和改进大学生社会实践的意见》（中青联发〔2005〕3号）明确提出，要引导大学生走出校门、深入基层、深入群众、深入实际，开展教学实践、专业实习、军政训练、社会调查、生产劳动、志愿服务、公益活动、科技发明和勤工助学等，在实践中受教育、长才干、做贡献，树立正确的世界观、人生观和价值观，努力成长为中国特色社会主义事业的合格建设者和可靠接班人。

为全面落实《国家中长期教育改革和发展规划纲要（2010-2020年）》教育部等部门于2012年1月联合下发了《关于进一步加强高校实践育人工作的若干意见》（教思政〔2012〕1号）提出要充分认识高校实践育人工作的重要性，社会调查、生产劳动、志愿服务、公益活动、科技发明和勤工助学等社会实践活动是实践育人的有效载体。各高校要把组织开展社会实践活动与组织课堂教学摆在同等重要的位置，与专业学习、就业创业等结合起来，制订学生参加社会实践活动的年度计划。2017年，习近平回信勉励第三届中国"互联网+"大学生创新创业大赛"青年红色筑梦之旅"活动的大学生："希望你们扎根中国大地了解国情民情，在创新创业中增长智慧才干，在艰苦奋斗中锤炼意志品质，在亿万人民为实现中国梦而进行的伟大奋斗中实现人生价值，用青春书写无愧于时代、无愧于历史的华彩篇章。"

二、大学生社会实践的意义

社会实践是学生走向社会的必由之路，对于大学生个人、学校、用人单位和社会都有非常重要的作用。

（一）从大学生个人角度看

从小学到中学，再到大学，学生一直是从学校到学校，与社会生活、生产劳动的接触不多也不深入，对社会的了解多数来自书本、报刊、广播，或是师长、亲人、朋友，这种对社会的间接了解，往往比较片面和肤浅，从而导致大学生认识问题、解决问题总习惯从自己的角度出发，很少从社会和他人的角度进行思考。

社会实践作为学生参与社会生活的一条主要途径，可以让大学生充分融入社会、观察和了解社会，有效培养主人翁意识和社会责任感，实现"学生"到"公民"的过渡。大学生有相对扎实的理论知识，通过安排专业实习、多方面能力锻炼等社会实践活动，将所学知识应用到社会中，帮助学生巩固和深化在课堂上学到的知识，锻炼实际动手能力。通过社会实践，还可以锻炼学生的生活能力、知识应用能力、团队协作能力等多方面职业能力，增加学生毕业后的就业竞争优势。在实践过程中，大学生也慢慢意识到，课堂教学和自身知识、能力结构的缺陷，从而主动调整知识和能力结构，激发学习积极性和主动性，不断完善自己的学业规划。

（二）从学校角度看

学校一直是人们认为的"象牙塔"，一方面是指学校的纯洁性，但另一方面也指学校与现实社会在一定程度上脱节。现代社会经济发展变化风起云涌，但是学校里却风平浪静，学校的专业内容、课程设置、教育与管理相对比较滞后，不能适应社会发展的需要。大学生的社会实践，是学校拓展校企合作、校地合作的功能发挥的结果，架起了学校与社会沟通的桥梁，使教育走出封闭，走向更广阔的舞台。大学生的社会实践经历，又可以反映高校与社会要求不相适应的地方，可以推动高校主动深化教育教学改革，促进形成教学、科研和实践相结合的新型教育体制，进一步端正办学方向，提高人才培养质量。

（三）从用人单位角度看

据新闻媒体报道，相当多的用人单位明确表示不招聘应届毕业生，他们认为应届毕业生动手能力差，要花费相当多的精力进行培训，因此，只招聘具有两年以上工作经验的大学生。现在，有不少实力雄厚的企业实现与学校的深度合作，热衷于通过实习计划、管理委培生等方式招募在校学生参加工作实践，积极为大学生实践提供便利的条件，要把培养人才和选用人才结合起来，为大学生提供更多的实习机会和培训指导。这种"早期发现人才"的机制可以使优秀学生提前接触企业工作环境，及早培养企业需要的职业素养，减少企业用人成本，已经越来越受到现代企业的重视。

（四）从社会角度看

大学生参加社会实践，了解社会、认识国情、增长才干、奉献社会、锻炼毅力、培养品格，对于实现中华民族伟大复兴的共同理想和信念，增强历史使命感和社会责任感，具有不可替代的重要作用，对于培养中国特色社会主义事业的合格建设者和可靠接班人具有极其重要的意义。同时，社会实践有利于劳动力市场供需双方的相互选择和自动配置，解决大学生就业难和企业招工难的问题。提高人才利用效率，培养大学生勇于探索的创新精神、善于解决问题的实践能力，对于服务于加快转变经济发展方式、建设创新型国家和人力资源强国有不可替代的作用。

三、大学生社会实践的分类

根据大学生实践的地点，可以将大学生社会实践分为校内社会实践和校外社会实践。

（一）大学生校内社会实践

大学生校内社会实践，以学生的成长性实践为目标，以丰富的校园资源为依托，以学生缤纷多彩的校园活动为载体。

根据大学生的成长需求和校园生活的特点，可以把校内社会实践活动归纳为以下六种基本方式：①文明修身类活动，围绕营造学校素质教育的软环境，提高学生思想道德素质和精神文明素质，引导和激励同学们奋发有为。如"系列纪念活动""团建活动"等。②班级与社团类活动，是指学生通过担任学生干部或加入社团，在校园范围内进行"自我教育、自我管理和自我服务"的综合性社会实践活动。③学术类活动，是学生将书本和课堂上学到的知识应用到实践中再学习的系列活动，如"竞赛活动""科技文化节""科研参与活动"等。④文体艺术类活动，是全面提升学生人文素养、身体和心理素质以及艺术品位等方面的系列活动，如演讲比赛、校园十佳歌手比赛、素质拓展训练、校园荧光夜跑活动等。⑤勤工助学类活动，是指学生通过一定的劳动，并获得相应的报酬，以帮助其顺利完成学业的实践活动。如教学楼文明监督员、图书馆借阅书、食堂计时工等岗位。⑥职业发展活动，是旨在培养大学生创新精神和创新能力，使大学生早日成为社会需要的人才、服务社会、奉献社会的系列活动。具体形式有诸如"挑战杯"全国大学生课外学术科技作品竞赛、"大学生创业计划大赛""大学生职业生涯规划大赛"等。

（二）大学生校外社会实践

大学生校外社会实践，以学生的成长性实践为目标，以广阔的校外资源为依托，以校外调查性实践活动、服务性实践活动、生产性实践活动为主要载体。大学生校外社会实践是人们最为熟悉、普遍接受的社会实践类型，它是按照党的教育方针和学校的培养目标，有目的、有计划、有组织地引导大学生走出校园，走进社会，联系群众，深入实际，了解国情社情的一系列物质与精神活动过程的总称。大学生校外社会实践在各个高校广泛开展，日趋成熟。

大学生校外社会实践的实现方式主要有：①社会调查类。大学生围绕经济社会发展的重要问题，开展调查研究，提出解决问题的意见和建议，如农民工的社会满意度调查、女性职业压力调查等。②志愿服务类。狭义的志愿服务，是指大学生在国家、学校、社团等组织领导下，组建志愿服务团队，以志愿者的身份参与完成特定的志愿服务项目。如"中国青年志愿者扶贫接力计划""大学生志愿服务西部计划"活动。广义上的志愿服务不限于由国家、社会组织发起的活动，学生个人也可以以多种形式参与或组织开展志愿服务活动。如养老院、敬老院的服务活动，青年奥林匹克运动会志愿者等。③专业认知类。这类活动是指本着理论联系实际的原则，利用校外资源完成的实践性教学环节。各高校纳入教学计划的有专业实习、生产实习和毕业设计活动。④校外勤工助学，是指大学生利用业余时间从事有利于培养学生劳动观念、自主意识和吃苦耐劳精神的兼职工作，并通过合法劳动服务获取一定报酬，具体如"家教""促销员"等。

四、制订全程化的社会实践规划

大学生社会实践项目，种类丰富、形式活泼，大学生在大学期间，要积极主动参加社会实践活动。根据自己的个性特点、专业倾向、能力特长、兴趣爱好等制订全程化的社会实践规划，可以使社会实践的作用最大限度地发挥。

（一）全面分析自己，确立职业发展目标

社会实践规划是大学生学业生涯规划的一个部分，同样需要全面分析自己，确立职业发展目标。每个人都有自己的天赋优势、个性特点、能力特长、兴趣爱好等独特之处，正如世界上没有两片相同的树叶，各人的家庭背景、成长环境、生活条件也不尽相同，职业发展目标必须在认清自我的前提下进行设计才是科学可靠的。大学生制订社会实践规划，要先明确自己想成为哪方面的专业人才，并据此明确自己的职业理想和人生方向。

（二）坚持目标导向，选择合适的社会实践项目

在社会中，职业不仅是生活的基础，更重要的是它体现出每个人存在的价值。职业目标是人们对未来职业的追求和向往，确立目标可以成为追求成功的精神动力。如果一份工作，能让人发挥出自己的特长，符合自己的兴趣，这样的工作是最适合的，这样的人才是最幸福和最快乐的，他们最容易在事业上取得最大的成功。

社会实践活动有校内和校外之分，也有社会调查、生产劳动、志愿服务、公益活动、科技发明和勤工助学等多种类型。大学生要坚持目标导向，根据制定的职业发展目标，明确所需的职业能力，从而选择相应的社会实践活动。值得注意的是，社会要求大学生的职业能力是综合的、全面的，大学生在选择实践类型时，既要充分考虑社会实践的时间、内容和要求，也要充分考虑自己所要达成的目标，做到相互匹配，有所侧重。

（三）制订实践计划，稳步推进

大学生在选定要培养的实践能力和要参加的社会实践项目后，要制订实践计划，包括资源获得、时间过程和实践能力转化等方面。在参加社会实践活动的过程中，有些大学生只是为了完成学分，就走过场。制订了科学实践规划的大学生，要把实践目标贯彻整个过程中，细致观察、积极参与、善于思考、做好记录，在每个实践项目结束后，要做好总结与评估，总结目标达成情况、能力培养情况、突发因素等，并注重将实践能力转化为职业能力。

（四）适应变化，不断评估调整

世界上唯一不变的就是变化。一份科学的规划不是一成不变的，不可因追求稳定性而陷入僵化死板的风险中，要随着实际情况的改变而适当调整，只有这样，规划才能经得起实践的检验。一个具有良好职业素质的大学生，应该善于让自己的计划迎接实践的考验，并在实践中发现问题和不足，明确下一步改进和提高的思路，让自己的规划动态地适应实践的要求。

复习思考题

1. 大学学习相对于中学的学习，有哪些特点？
2. 谈一谈你对大学生理财规划的理解。
3. 大一的学习生活你将如何进行时间管理？
4. 制订一份你的学业规划。

案例讨论题

大学生活应当如何度过

一想到离大四毕业找工作还早，李荃就觉得不用着急，所有事情得过且过。于是，一天的生活就从不得不起床开始。穿过宿舍区，经过食堂买上早餐，一边吃一边去教室，磨磨蹭蹭直到铃声响起才到教室，"犯困睡觉一、二节，精神抖擞三、四节"。老师讲到有趣的就多听几句，不感兴趣时就做一名"低头族"，聊聊微信，看看朋友圈，刷刷微博，上午就这样结束了。转眼到中午，吃完午饭又畅畅快快睡一觉，醒了之后到教室，老师讲课他看着窗外，窗外的美景让他浮想联翩，时不时地回忆起抖音里有趣的内容，下午就在迷迷糊糊的白日梦中缓缓过去。晚自习开始了，翻翻这，看看那，聊会儿天，听听音乐，看看球赛，不知不觉下课铃响了。晚上回宿舍，打开电脑，看看视频，聊聊天，就已经晚上12点了。这才发现时间真是来也匆匆去也匆匆，一天过得很快，人却很空虚和彷徨。

讨论问题：

面对李荃一天的"流水账"，有些同学一定不会陌生，你认为大学生活应该如何度过。

第二章　职业与职业发展趋势

案例导入

未来可能出现的新职业

职业是人类社会发展到一定阶段的产物，是随着社会出现分工而产生的，并随着社会生产力的发展而不断发展变化。随着社会与科技的进步，人们工作的性质和所需的职业技能将发生改变。新知识、新技术层出不穷，相应的产业结构将加快调整和升级，人类社会已经进入知识经济时代，产业结构、行业结构、社会结构以及由此决定的职业结构将发生巨大变化。职业也因此表现出一些新的发展趋势，传统的职业种类逐渐消亡，新职业不断涌现。AI（人工智能）的兴起受到全世界关注，机器人可能在未来进入每个人的生活和工作。科幻小说照进现实的同时也引起不少担忧。牛津大学近期一份报告预测，未来25年内，人类高达47%的岗位将消失，就业率噩梦就此来临。不过，美国高知特（Cognizant）咨询公司未来工作中心发布了一份乐观的报告，介绍了未来10年可能出现的21种新职业。

报告中的一些新职业听起来就像出自科幻小说，如"基因组合管理者""个人记忆管理者""数字化裁缝"和"AI辅助保健技术人员"等。在纽约举行的专题报告会上，Cognizant未来工作中心主任本杰明·普林说，这些工种的名字来源于他和同事们的灵感。

在介绍21种新职业的演讲中，Cognizant未来工作中心的助理副总裁罗伯特·H. 布朗说，所有这些新职业分属三大概念：教导技能、连接人机和关照他人。"新技术可以帮助我们很多，但人类终究需要他人，"布朗说，"比如需要有人向你解释，你的健康数据可以怎么运用，或者根据你的需要为你整理经历。"

报告把21种新职业按出现时间由快到慢和依赖科技从少到多进行划分，其中最快出现且最"低阶"的职业叫作Walker/Talker（陪走陪聊师）。这个工作主要满足越来越多孤寡老人的陪伴需求，这也是最能直接体现"关照"理念的未来工作。据介绍，还会有一个AI平台帮助"陪走陪聊师"倾听并分析。

本杰明·普林还是新书《当机器能做任何事情时我们做什么》的作者之一。书中称新职业将在美国产生2100万个新岗位子，以抵消同时期可能有1900万个就业岗位（美国劳动力的12%）被自动化机器淘汰的影响。

这个数字看上去夸张，但本杰明·普林强调，对比一个数字：美国金融危机后，从2010年至今，已经创造出1500万个就业岗位。因此2100万并非是不可能的，只是维持这一趋势而已。"美国今后几年将出现老龄化趋势，我们定义的'陪走陪聊师'或许能创造几百万就业岗位。"

本杰明·普林认为职业不是固化的，不能简单认为一项工作不是由人做，就是由AI做。

工作岗位和 AI 的关系是发展变动的——本杰明·普林和他的团队估算出，被替代的职业占 12%，新创造出的职业占 13%，最关键的是将有高达 75% 的职业属于"叠加型"。在"叠加型"工作中，人类和机器将各司其职并密切配合。人类负责工作的艺术性，机器负责工作的科学性。本杰明·普林解释，因为人类比机器更擅长判断和表达情感，机器的长处在于数据处理和模式识别，对于大多数具有感情依附和评判因素的工作，人机组合有望增加产出，进而保护就业。

展望 AI 对未来工作的改变，本杰明·普林认为"贝丁效应"可作类比。艾德文·贝丁在发明锄草机后，尽管锄草的工人失业了，但开辟出了一片新的天地：草坪。此后，人们发明了在草坪上进行的各种游戏，比如足球和橄榄球。如今美国 6200 亿美元规模的体育市场和数以万计的周边产业岗位，都是从锄草机发端的。

尽管"与机器"的各种争论必将存在很长一段时间，但有一种观点不容忽视：自动化带来的失业增长，对于以人力资源占很大比例的发展中国家来说更加严峻，并且无论在发达国家还是发展中国家，这种情况很容易使社会贫富差距扩大。

卡内基·梅隆大学工程学院特聘研究员维维克·瓦多瓦认为本杰明·普林的观点过于乐观。维维克·瓦多瓦在出版的新书《无人驾驶时代的司机》中指出，新技术也有黑暗的一面，失业率就是其中之一。此外，还有基因优生、隐私丧失和经济不平等的恶性循环等。"这个 Driver（司机/掌握方向的人）可以是我们每一个人。"瓦多瓦认为，政策制定者应该选择新技术该朝什么方向前进，如果只是简单地让变化发生，放任自流，未来新技术的黑暗面可能将控制一切。

对此，本杰明·普林指出，就经济成本而言，目前完全使用 AI 替代人工代价仍然过高。尤其对于劳动力高密集的发展中国家，人们仍然会考虑两者的成本比，在今后一段时间内优先使用人工。"即使在发达地区，比如在纽约，无人驾驶要完全代替 25 万辆出租车，目前在经济上也不可行。"

本杰明·普林认为，对高中生、大学生而言，他们很容易转向新的技能，成为新创造出来的职位的主力。挑战最大的是那些技能相对单一的中年人，但是 AI 完全替代人工不会一夕之间发生，一二十年的时间窗口足以延缓和调整。此外，人们仍然喜欢和人打交道。阿尔法围棋（AlphaGo）水平已经远远超越人类，但人与人之间的围棋职业比赛仍在进行，业余爱好者对弈的乐趣也没有减少，AI 的作用只是提高了水平。

"正如我们报告所指出的，新科技将开发出新的领域，产生新的工作，人们不会完全失业。"本杰明·普林说，"这是一个不可逆转的趋势，人类社会需要知道如何应对和运用。"

第一节 职业的概念与分类

职业是人们经常运用的词语。不论年长还是年幼，不论家庭背景、个人志向如何，在人的一生中，都要遇到职业问题。可以说，职业是关系到每一个社会成员一生的重大问题，职业活动是每个人社会生活中的重要组成部分，是人的一种生活方式，对于怀揣梦想的大学生，选择一份适合自己的职业是事业成功的第一步。人的社会生活和工作领域是非常广阔的。职业门类极其繁多，如何在其中选择一份适合理想的职业呢？对职业基本知识的了解毫无疑问地成为我们的第一课。

一、职业的概念及其社会意义

（一）职业的概念

什么是职业？众说纷纭，从不同的角度可以有不同的理解。从直观上看，在现实生活中，人们总是要在一定的工作岗位上实现就业。而人们对"职业"一词有着许多不同的理解。有的人认为，职业就是"某一种工作"，如医生、教师、律师等；有的人认为职业是一种"生活来源"；有的人则认为职业是一种"专业类别"或是一种"等级身份"。

从词义的角度看，"职业"一词，由"职"与"业"构成，所谓"职"，是指职位、职责，"业"是指行业、事业；也有人认为"职"包含着社会职责、天职、权利和义务的意思，认为"业"包含着从事业务、事业、事情、独立性工作的意思。

对于职业的确切含义，不同的人有不同的看法和认识。我国有学者认为，职业是参与社会分工，利用专门的知识和技能，创造物质财富和精神财富，获得合理报酬，满足物质生活、精神生活的工作。美国社会学家塞尔兹认为，职业是一个人为了不断取得收入而连续从事的具有市场价值的特殊活动，这种活动决定着从事它的那个人的社会地位。日本职业问题专家保谷六郎认为，职业是有劳动能力的人为了生活所得而发挥个人能力，向社会做贡献而连续从事的活动。

职业是人们在社会中所从事的作为谋生手段的工作；从社会角度看职业是劳动者获得的社会角色，劳动者为社会承担一定的义务和责任，并获得相应的报酬；从国民经济活动所需要的人力资源角度来看，职业是指不同性质、不同内容、不同形式、不同操作的专门劳动岗位。

根据中国职业规划师协会的定义，职业是性质相近的工作的总称，通常指个人服务社会并作为主要生活来源的工作。在特定的组织内它表现为职位，我们在谈某一具体的工作时，其实也就是在谈某一类职位。每一个职位都会对应着一组任务，这组任务就是任职者的岗位职责。而要完成这些任务就需要这个岗位上的人，即从事这个工作的人，具备相应的知识、技能、态度等。

综上所述，所谓职业是指人们为了谋生和发展而从事相对稳定的、有收入的、专门类别的社会劳动。它是对人们生活方式、经济状况、文化水平、行为模式、思想情操的综合反映，是一个人的权利、义务、职责，也是一个人的社会地位的一般性表征。由此也可以说，职业是人的社会角色的一个极为重要的方面。在《中华人民共和国职业分类大典》里，我国人力资源和社会保障部明确规定了职业的五个要素：一是职业名称，它是职业的符号特征；二是工作的对象、内容、劳动方式和场所；三是特定的职业资格和能力；四是职业所提供的各种报酬；五是在工作中建立的各种人际关系。

（二）职业的社会意义

在原始社会初期，并无职业可言。随着社会的进步和发展，人类在长期生产活动中产生了劳动分工，职业由此产生和发展。也就是说，社会职业存在于社会分工之中，人们的社会角色是不一样的，一定的社会分工或社会角色的持续实现，就形成了职业。职业是人类社会发展到一定阶段的产物，是随着社会出现分工而产生的，并随着社会生产力的发展而不断发展变化。职业在实质上实现了劳动者与生产资料的结合，体现着人与人的社会关系，人们通过职业不仅满足了自身的需要，而且通过各自劳动成果的交换，也满足了彼此的需要。因此，职业及职业活动对于个人和社会都有非常重要的意义。

对个人而言，职业生活是人生的重要组成部分，职业问题解决得好坏，对个人一生是否顺利发展具有重要的意义。第一，职业活动为人们提供物质生活的基本条件，是人们赖以生存的手段，是个人收入的主要来源。生产劳动是人类社会发展中最重要的活动，而人们的职业和生产劳动是紧密相连的，这是因为人们总是通过一定形式的职业来进行劳动，以获取生存和发展所必需的生活资料，维持个人和家庭生活的基本需要。在现实生活中，人们从事职业活动是为了取得一定的报酬，职业活动区别于其他活动的重要标志就是，职业是以获取经济收入、取得报酬为目的的。而人们在职业活动中取得个人经济利益的同时，也为社会创造了财富，实现了社会物质财富和精神财富的积累。因此，职业是经济性和社会性的统一。第二，职业能满足人们的精神需要，促进个性的健康发展。马斯洛认为，人的需要有五个层次，即生理的需要、安全的需要、社交的需要、尊重的需要和自我实现的需要，后三种需要为精神需要。职业是个人获得名誉、地位、权利以及友谊、交往等精神需要的重要来源。同时，在人们按照一定的社会规范从事特定的职业时，由于每种职业都有不同于其他职业的活动内容和形式，因此必然对从业者的生理和心理产生重大影响。当这种工作能够使个人的才能得到发挥、个性得到不断发展与完善时，就成为促进个性健康发展的途径。而随着个性和才能的逐步提高，人们自我实现的需要得到满足。

对社会而言，职业是人类在劳动过程中的分工现象，它体现的是劳动力与劳动资料之间的结合关系，其实也体现出劳动者之间的关系，劳动产品的交换体现的是不同职业之间的劳动交换关系。这种劳动过程中结成的人与人的关系无疑是社会性的，他们之间的劳动交换反映的是不同职业之间的等价关系，这反映了职业活动、职业劳动成果的社会属性。职业和职业活动构成了人类社会生活，是社会存在和发展的基础，一方面职业的存在及活动本身就构成人类社会存在和社会活动的一项丰富内容；另一方面通过职业劳动生产出的物质产品极大地丰富了人们的物质生活。因此，职业及职业活动对社会都有非常重要的意义。

二、职业的特征

职业是个人在社会中所从事的作为主要生活来源的工作，职业具有如下特征：

（一）社会性

职业充分体现了社会分工，是社会生产力发展的产物，每一种职业都体现了社会分工的细化，体现了对社会生产和社会进步的积极作用。

（二）经济性

职业活动是以获得谋生的经济来源为目的的，劳动者在承担职业岗位职责并完成工作任务的过程中要索取经济报酬，既是社会、企业及用人部门对劳动者付出劳动的回报和代价，也是维持家庭和社会稳定的基础。

（三）专业性

任何职位，都有相应的职责要求，要求从业人员具备一定专业技能知识，包括较长时间专业知识的学习或技能培训。

（四）稳定性

职业产生后，总是保持相对稳定，不会因为社会形态的不同和更替而改变。当然这种稳定性是相对的，随着现代化的快速发展，特别是科学技术的日新月异，促使原有职业活动产生变化，一些新的职业应时代需要而产生，原有职业或在时代的大发展中岿然挺立，或被时代的潮流淹没。

（五）群体性

职业的存在常常和一定的从业人数密切相关。凡是达不到一定数量从业人员的劳动，都不能称其为职业。更重要的是从业者由于处于同一企业、同一车间或同一部门，他们总会形成语言、习惯、利益、目的等方面的共同特征，从而使群体成员不断产生群体认同感。

（六）规范性

从事职业活动必须遵从一定的规范，即职业规范，它主要包括人们在就业活动中应遵守的各种操作规则及办事章程、职业道德规范和职业活动中养成的种种习惯。

三、职业分类的概念及意义

（一）职业分类的概念

所谓职业分类，是指采用一定的标准和方法，依据一定的分类原则，对从业人员所从事的各种专门化的社会职责所进行的全面、系统的划分与分类。职业分类是对社会全体从业人员所从事的各类类型划分和归类的工作。职业分类对于国家合理开发、利用和综合管理社会劳动力，提高劳动者的素质有着重大的意义，对高校毕业生了解职业分类也很有意义。大学生应了解社会职业领域的总体状况，增强职业意识，做好职业认知，为自我的生涯发展规划打下坚实的基础。

职业分类的体系通过职业代码、职业名称、职业定义、职业所包括的主要工作内容等来进行确定，描述出每一个职业类别的内涵与外延。社会分工是职业分类的依据，在分工体系的每一个环节上，劳动对象、劳动工具以及劳动的支出形式都各有特殊性，而这种特殊性就在一定程度上决定了职业之间的区别。世界各国国情不同，其划分职业的标准也有所区别。

（二）国外的职业分类

经济发达的国家，对职业分类的问题都比较重视，因为这是形成产业结构、产业组织以及产业政策的重要前提，也是从业者了解职业、认识职业特点并根据其对人的要求，结合自身情况切合实际选择职业的基本条件。各国国情不同，划分职业的标准也有所区别。国外的职业分类一般有以下三种类型：

1. 按脑力劳动和体力劳动的性质、层次进行分类

这种分类方法把工作人员划分为白领工作人员和蓝领工作人员两大类。白领工作人员包括：专业性和科技性的工作，如会计、建筑师、计算机专家、工程师、法官、医生、教师、社会科学家、作家等；农场以外的经理和行政管理人；销售人员；办公室工作人员。蓝领工作人员包括：手工业及类似工人，如木匠、砖瓦匠、建造工人、油漆工等；运输装置工；农场以外的工人，如饲养人员、建筑工人、垃圾工、伐木工等；服务性行业工人，如清扫服务工、洗碗工、私人服务人员等。这种分类方法明显地表现出了职业的等级性。

2. 按心理的个别差异进行分类

这种分类方法是根据美国著名的职业指导师霍兰德（John Holland）创立的人格-职业类型匹配理论，把人格类型分为六种，即现实型、研究型、艺术型、社会型、企业型和常规型。与人格类型相对应的是六种职业类型。这种分类把个性心理特征与职业类型两者有机统一起来，便于实现职业指导，也可以促使大学生根据自身的人格类型和职业兴趣来合理选择未来的职业。

现实型的职业主要是指通常运用工具或机器进行的熟练的手工，如木匠、铁匠、机械工人等；研究型的职业主要是指科学研究和实验室工作，如自然科学家、计算机程序员、电子技术工作人员等；艺术型的职业是指艺术创作方面的职业，包括音乐、文学等方面；社会型的职业是指为别人服务办事的工作，包括教育和社会福利等方面；企业型的职业是指那些指派领导他人去做某事的工作，包括管理、销售等方面；常规型的职业通常指各部门主管日常事务的办公室工作。

3. 依据各个职业的主要职责或从事的工作进行分类

这种分类方法比较普遍，现以两种示例为代表。其一是国际标准职业分类。国际标准职业分类把职业由粗至细分为四个层次，共 8 个大类、83 个小类、284 个细类、1506 个职业项目，详细列出了 1881 个职业。其中 8 个大类分别是：专家、技术人员及有关工作者，政府官员和企业经理，作者和有关工作者，销售工作者，服务工作者，农业、牧业、林业工作者以及渔民猎人，生产和有关工作者、运输设备操作者和劳动者，不能按职业分类的劳动者。这种分类方法便于提高国际上职业统计资料的可比性和国际交流。

其二是加拿大《职业岗位分类词典》的分类，它把属于国民经济中主要行业的职业划分为 23 个主类，主类下分 81 个子类、489 个细类、7200 多个职业。此种分类对每种职业都有定义，逐一说明了各种职业的内容以及从业人员在普通教育程度、职业培训、能力倾向、兴趣、性格以及体质方面的要求，有较大的参考价值。

（三）我国的职业分类

我国是世界上最早出现职业和职业活动的国家之一。2000 多年前的儒学经典就记录过当时的职业和职业活动。

中华人民共和国成立以来特别是改革开放近 40 年来，随着国家工农业、国防科技及服务业的飞速发展，我国职业的类别发生了巨大变化。20 世纪五六十年代制定了工人技术等级标准；20 世纪 80 年代中期，颁布了国家职业分类和代码；《中华人民共和国职业分类大典》（以下简称《大典》）于 1999 年 5 月向社会发布，《大典》将我国职业划分为 8 个大类，66 个中类，413 个小类，1883 个（细类）职业。《大典》的问世，反映了我国职业管理工作达到了一个新的高度。

2015 年，国家职业分类大典修订工作委员会审议并颁布 2015 版《中华人民共和国职业分类大典》。新修订的《大典》适应了我国经济社会发展和人力资源管理的新需要，在分类上更加科学规范，在结构上更加清晰严谨，在内容上更加准确完整，全面客观地反映了现阶段我国社会的职业构成、内涵、特点和发展规律，标志着我国职业分类管理工作进入了一个新的发展阶段。调整后的《大典》职业分类结构为 8 个大类、75 个中类、434 个小类、1481 个职业。

1. 分类原则

（1）大类的分类原则。大类是职业分类结构中的最高层次。类的划分和归类是根据工作性质的同一性进行的，并考虑我国政治制度、管理体制、科技水平和产业结构的现状与发展等因素。

（2）中类的分类原则。中类是大类的子类，是对大类的分解。中类的划分和归类是根据职业活动所涉及的知识领域、使用的工具和设备、采用的技术和方法，以及所提供的产品和服务种类等的同一性进行的。

（3）小类的分类原则。小类是中类的子类，是对中类的分解。小类的划分和归类是根据从业人员的工作环境、工作条件和技术性质等的同一性进行的。

（4）细类（职业）的分类原则。细类是本大典最基本的类别，即职业。细类的划分和归类是根据工作对象、工艺技术、操作方法等的同一性进行的。一般情况下，第一大类的细类（职业）主要是按照工作业务领域和所承担的职责划分和归类；第二大类的细类（职业）主要是按照所从事工作的专业性与专门性划分和归类；第三和第四大类的细类（职业）主要是按照工作任务、内容的同一性或所提供服务的类别、服务对象的同一性划分和归类；第五和第六大类的细类（职业）主要是按照工艺技术的同一性、使用工具设备的同一性、使用主要原材料的同一性、产品用途和服务的同一性，并按此先后顺序划分和归类。

2. 分类

《大典》在按上述原则分类的同时，还参照了我国的组织机构分类、行业分类、学科分类、职位职称分类、工种分类以及国际标准职业分类等。

（1）第一大类。党的机关、国家机关、群众团体和社会组织、企事业单位负责人，包括 6 个中类、15 个小类、23 个职业。

（2）第二大类。专业技术人员，包括 11 个中类、120 个小类、451 个职业。

（3）第三大类。办事人员和有关人员，包括 3 个中类、9 个小类、25 个职业。

（4）第四大类。社会生产服务和生活服务人员，包括 15 个中类、93 个小类、278 个职业。

（5）第五大类。农、林、牧、渔业生产及辅助人员，包括 6 个中类、24 个小类、52 个职业。

（6）第六大类。生产制造及有关人员，包括 32 个中类、171 个小类、650 个职业。

（7）第七大类。军人，其中包括 1 个中类、1 个小类、1 个细类。

（8）第八大类。不便分类的其他从业人员，其中包括 1 个中类、1 个小类、1 个细类。

与 1999 版《大典》相比，维持 8 个大类不变，增加 9 个中类、21 个小类、减少 357 个职业。新增职业包括网络与信息安全管理员、快递员、文化经纪人、动车组制修师、风电机组制造工等。收购员、平炉炼钢工、凸版和凹版制版工等职业则被取消。2015版《大典》将部分社会认知度较高、具有显著绿色特征的职业标示为绿色职业，这是我国职业分类的首次尝试。此举旨在注重人类生产生活与生态环境的可持续发展，推动绿色职业发展，促进绿色就业。2015版《大典》共标示127个绿色职业，并统一以"绿色职业"的汉语拼音首字母"L"标示，如环境监测员、太阳能利用工、轮胎翻修工等职业。

（四）职业分类的意义

职业分类对于国家合理开发、利用和综合管理劳动力，提高劳动者的素质，以及民族的兴旺、国家的昌盛意义重大。首先，职业分类是一个国家形成产业结构概念和进行产业结构、产业组织及产业政策研究的基础，对于社会各个行业的发展具有重要意义。其次，职业分类是开展就业指导的前提，科学的职业分类将为国家职业教育培训事业确定目标和方向，我国相继通过的《劳动法》和《职业教育法》等从立法高度明确规定了国家确定职业分类，并以此指导职业教育培训工作和职业资格证书制度建设，这充分表明，职业分类在国家人力资源开发体系中具有重要的基础性地位。最后，职业分类的发展也是职业自身发展的需要。职业分类的发展使得从业者了解社会职业领域的总体状况，增强人们的职业意识，促使从业者不断提高职业素质。

科学技术的进步引起职业发展，不仅仅限于新产品的开发、新设备的应用和新工艺的出现。科学技术发展、进步的本身，也会增加新职业种类，或使原有职业的数量发生变化。这主要体现在：新科学的出现，往往会产生相应的新的专业和职业。比如环境科学的产生就需要专门的环境科技工作者，由此便形成了环境科技职业。因为社会发展的需要，某些已有的科学技术必须有突破性的发展，于是这类专门职业的职位数便会增加，造成社会职业结构中不同职位比例的变化，甚至其社会地位的变化。

（五）新职业及热门职业

职业是随着社会的发展变化而变化的，人类社会已经进入知识经济时代，产业结构、行业结构、社会结构以及由此决定的职业结构将发生巨大变化。我国目前还处于传统农业社会向现代工业社会的转型时期。与社会转型相匹配，我国的职业特点也有了相应的变化。一批新兴的职业不断涌现，为我们创造了大量的就业机会。这些新兴的职业主要集中在第三产业，包括财经业、保险业、信息业、居民服务业、文化传播业等。

新职业是指社会经济发展中已经存在一定规模的从业人员，具有相对独立成熟的职业技能《大典》中未收录的职业。国家劳动和社会保障部自2004年8月建立新职业信息发布制度，从首批发布形象设计师、锁具修理工、呼叫服务员、水生哺乳动物驯养师、汽车模型工、水产养殖质量管理员、汽车加气站操作工、牛肉分级员、首饰设计制作员9个新职业以来，到2007年11月第十批发布劳动关系协调员、安全评价师、玻璃分析检验员、乳品评鉴师、品酒师、坚果炒货工艺师、厨政管理师、色彩搭配师、电子音乐制作师、游泳救生员10个新职业。截至目前，国家劳动和社会保障部已分10批发布了共106个新职业信息，其中已完成制定88个国家职业标准。

从以上的新职业不难看出，随着社会经济和文明程度越来越高，新职业层出不穷，而其中的许多职业正在日渐成为新兴热门职业，有的还跻身于高收入职业行列。劳动保障部的官员认为，这些新职业的产生，说明我国职业结构正在发生变化，从传统的以第二产业生产制造业为主，逐渐向以第三产业为主发展。特别是现代服务业的策划设计等创意领域新职业发展较快，从业人员增加较多，这些新职业的确立也反映了我国劳动力市场的需求方向，对于促进就业很有意义。

新职业未必热门，热门的职业又未必是新职业。那么，哪些是今天人们通常认为的热门职业，而这些职业的发展前景又将是怎样呢？

热门职业是指从事这一职业的人员数量增长最快的职业，是人们比较希望从事的职业。就普通公众而言，人们总是希望从事收入高、工作环境好、社会地位高而又相对稳定的职业。在一定的社会发展阶段，这些职业是相对集中和稳定的，于是成为人们津津乐道的"热门职业"。

随着社会以及教育的大力支持，在一段时间内，由于这些行业发展很快，需求的单位多，需求的人才多，能吸收大量的就业人口，因此从事这一职业的人数大量增长。

由于人们对热门职业的看法不一，根据不同的标准可从以下三方面来确定不同热门职业：

1. 以人才紧缺程度来确定热门职业

在经济发展过程中，产业结构的调整或重大经济发展契机的出现，往往会使某些行业出现人才紧缺从而带动相关职业的发展，使其成为热门职业。

据国家人力资源和社会保障部预测，今后几年中国急需的人才主要有8大类：以电子技术、生物工程、航天技术、海洋利用、新能源新材料为代表的高新技术人才以及信息技术人才、机电一体化人才、农业技术人才、环境保护技术人才、生物工程研究与开发人才、国际贸易人才和律师。具体情况为："电脑软件"受人追捧。互联网将成为名副其实的"富翁制造工厂"，网络人才将更加走俏，其中风头最劲、最能赚钱的是软件工程师、游戏工程师和网络安全师。一份最新数据显示，从2016年至2026年，中国需要100多万个软件专业人才，目前尚有10万至40万个电脑软件职位的空缺。建筑专业大受追捧，随着国家加强基础设施建设和推进西部大开发，建筑业成为国民经济的支柱产业之一，导致该行业对人才的需求大增。汽车产业的发展将带动零部件制造、售后服务、汽车美容等相关产业的发展，为社会提供大量工作岗位。营销人才越来越走俏，市场营销、国际贸易招生情况理想，毕业生近年的就业情况也不错。随着国外企业本土化及国内企业国际化的步伐加快，高素质营销人才与国际贸易人才将越来越走俏。外语专业就业前景乐观，从近几年的高校招生情况可以看出，外语专业或外语院校的报考热度长盛不减。随着中国融入全球经济一体化步伐的加快，国家对外语类人才的需求逐年攀升。

2. 以社会不同领域对人才的需求来确定热门职业

据国家有关部门近期统计，在不同领域，以下专业的毕业生更受欢迎。

（1）流向国家机关前10名的专业：法学、经济学、侦查学、国际经济法学、英语、会计学、国际贸易、行政管理学、行政法学、临床医学。

（2）流向高校任教的前10名的专业：英语、体育、教育、临床医学、计算机及其应用、计算机科学与技术、通信工程、建筑学、运动训练、法学。

（3）流向国家科研部门的前10名的专业：建筑学、通信工程、建筑工程、机械工程、自动电子工程、计算机科学与技术、计算机应用、计算机自动化、电气工程及自动化、工业自动化。

（4）流向国有企业的前9名的专业：会计学、计算机、通信工程、建筑工程、机械设计及制造、工业自动化、电气工程及自动化、电力系统自动化、机械电子工程。

（5）流向金融单位的前10名的专业：国际金融学、货币银行学、会计学、计算机及应用、投资经济、经济法学、经济学、信息管理、保险学、国际贸易学。

（6）流向三资企业（中国境内设立的中外合资经营企业、中外合作经营企业、外商独资经营企业三类外商投资企业）的前10名的专业：会计学、计算机科学与技术、机械工程自动化、通信工程、英语、计算机应用、国际金融、电气工程、市场营销、机械设计与制造。

（7）出国留学受欢迎的前10名的专业：化学、计算机科学与技术、英语、国际金融、生物化学、应用物理、国际经济、无线电技术学、信息学、计算机。

3. 以收入高低来确定热门职业

收入水平高是热门职业的重要特征之一。人们在选择职业的时候，往往也很重视收入的高低。据有关部门统计，我国近几年最赚钱的十大职业为：计算机软件开发商、建筑承包商、律师、体育明星、注册会计师、证券经纪人、广告人、特种养殖（种植）主、整形医生及美容师、公关人。我国目前界定的高收入行业包括：电信、银行、保险、证券、石油、石化、烟草、航空、铁路、房地产、足球俱乐部、外企、高新技术产业等；高收入个人包括私营企业主、个人独资企业和合伙企业投资者、建筑工程承包人、演艺界人士、律师、会计师、审计师、税务师、评估师、高校教师等。

第二节　职业发展的特点及趋势

一、职业发展的特点

职业是随着社会的发展变化而变化的，人类社会已经进入知识经济时代，产业结构、行业结构、社会结构以及由此决定的职业结构将发生巨大变化。由于体制的改革，以及经济结构、产业结构的变化，传统的职业种类逐渐消亡，新职业不断涌现。据统计，现在每年平均有600多种新职业产生，同时有500多种传统职业被淘汰。比如，电话、传真、电子计算机技术的发展，使得诸如话务员、信件投递员等传统职业逐渐销声匿迹，但计算机出现以后，有了操作员、程序员、计算机销售员、维修工等多种职业岗位。

从总体上看，职业发展呈现出以下几种特点：

（1）社会职业种类越来越多，职业出现的频率逐渐加快。随着社会生产力的发展，社会的分工，职业的种类也越来越多，现在职业已远远超过"三百六十行"。据有关资料，我国隋朝有100个行业，到宋朝达220个，到了明朝增至300多个。中华人民共和国成立后，全国各种岗位的总和已发展到10000种左右。近年来，物流师、心理咨询师、项目管理师、舞台灯光师、茶艺师等各种新型职业也不断涌现。

（2）职业分工由简单到精细。以农业为例，早期农业是指种植业，后来随着生产力的发展，种植业又细分为粮食作物种植业、经济作物种植业、蔬菜瓜果种植业、果树种植业等。再如建筑业，从原始的单一职业发展到现在的建筑设计、土建、装修等。

（3）社会职业结构变迁的速度越来越快。从农业革命到工业革命经历了数千年，而工业革命到新的产业革命，仅用了两百多年。电子行业从产生到发展成为一个主要行业，只用了几十年时间。

（4）职业活动的内容不断更新。同样的职业，在不同的时代，内容发生了变化。如设计院的工程师以前设计图纸时，使用图板、丁字尺、画笔，而现在运用 CAD 软件画图。再如邮政业，古代靠骑马传送邮件，而现在除了用飞机、火车、汽车等交通工具传送邮件外，还使用电话、网络、传真等手段传送信息。

（5）脑力劳动职业增加。随着教育、文化、科学技术等的发展，脑力劳动者逐渐多了起来。在我国，脑力劳动者和专业技术人员的比重也在不断增大。我国 1982 年和 1990 年两次人口普查的各职业人口构成资料表明，白领人员占各职业的比例由 9.7% 上升到 11.8%。

（6）职业的专业化越来越强。若不具备一定的专业能力，达不到专业要求，则不能从事该职业。如现在的研究人员，不光是研究者，还有可能是市场开拓者或是管理者。

（7）职业活动自由化。主要表现在三个方面：a. 职业活动场所自由化，如网上上班。b. 时间自由化，像记者、律师、设计师等，没有严格的上下班时间限制，以完成一定的工作任务为目标。c. 自由职业者，如自由撰稿人、作家等，他们没有具体的工作单位，以完成某项工作、任务的形式来履行职业职责。

（8）第三产业的职业数量大幅度增加。随着科技水平的提高，第三产业的职业数量大幅度增加，其就业人数在发达国家已超过 50%。第三产业所具有的就业容量大、流动性大及弹性高的特点，将会吸引更多的高职院校毕业生从事第三产业的职业。

二、职业发展的趋势

职业发展到今天，进入了一个新的时期，新知识、新技术层出不穷，相应的产业结构将加快调整和升级，职业也因此表现出一些新的发展趋势。

（一）面向第三产业类的职业、与高新技术有关的职业更加发达

随着社会的发展，以服务为主的第三产业类职业将得到全面发展，在产业结构中的比重将得到很大提高。根据统计，在发达国家第三产业的产值占 GDP 的比重已达 60% 到 70%，而我国第三产业的产值仅占 GDP 的 40% 左右，这说明我国的第三产业的发展空间非常大。

科学技术突飞猛进，高新技术产业、高效益产业、轻型产业、洁净型产业的比重越来越大，大量新技术、新工艺、新设备运用到各产业领域，这也必将带动相关职业得到突飞猛进的发展。

（二）职业的综合化、智能化、专业化程度越来越高

从职业的专业化程度方面分析，职业中的知识要求越来越丰富、技术含量将越来越高。现代教育之所以要普及，要与生产劳动相结合，人的平均受教育年限越来越长，都是因为职业需要越来越多和越来越新的知识、技术；而高新技术产业的相关职业更是离不开强大的智力、技术、人才支持。而且，一个职业所需要的知识、技术已经不是单一的了，而是越来越

丰富和复杂，需要从业者具备综合职业能力。

（三）传统职业将萎缩，新的职业将不断涌现

任何一个职业都要不断发展，甚至消亡，新的职业也会不断涌现。在当前，职业的发展、变化及更替将更加迅速。现代大生产的显著特点之一是市场竞争激烈，产品更新换代速度加快，必将不断催生新的职业。

三、21世纪职业展望

（一）21世纪的职业需求

21世纪知识经济在世界领域将全面推进，形成经济全球化、一体化的格局。在这种形势下，各国的经济、社会面貌都会迅速发展，发达国家将全面完成新经济的改造，发展中国家也将在迅速完成工业化、城市化的同时，从多方面与国际接轨，实现经济社会生活的现代化。

在经济社会的发展形势下，经济产业将呈现以下面貌：第一产业的数量比例很小，劳动生产率很高，产品出现高科技、深加工等特点，职业岗位少而精，其知识技术含量高，对从业者——现代农民的技能素质层次要求更高。第二产业的结构随着社会需要变化而不断变化、更新，其产品和技术工艺的种类繁多，职业岗位的数量与层次也很多。第三产业目前在美国、欧洲、日本等发达国家和地区发展变化非常迅速，其就业者占就业总量的大部分。第三产业职业的发展趋势是数量和比例进一步加大，岗位种类与层次众多，许多老职业脱胎换骨，新职业迅速出现，职业层次提高，形成若干高新第三产业职业群，以至于人们提出第四产业、第五产业的概念。结合我国的情况看，21世纪将获得迅速发展的行业主要有：

1. 信息产业

包括计算机硬件和软件业、通信设备生产业、通信服务业、网络服务业及其他信息技术等。

2. 生物工程业

包括相关的制药业与保健品生产业。

3. 金融业

包括银行、证券、保险三大行业，并进一步扩大到风险投资、资本运作领域。

4. 经贸行业

包括国内贸易业、对外贸易业、物流业、广告业、经济服务业。

5. 房地产开发与建设行业

包括大型设施建筑业、居民住宅业、房地产开发业、装饰业、绿化园林事业等。

6. 现代生活产品制造业

包括汽车、家用电器、时装服饰、工艺美术与艺术收藏品等现代生活用品的制造业。

7. 科学技术业

包括自然科学、人文社会科学的各种学科领域的基础理论研究、信息技术、生物技术、生命科学技术、航天技术、海洋工程、核利用技术等各技术领域的研究和开发。

8. 环境科学行业

包括环境保护行业、资源再利用行业，节能行业，新材料与新能源。

9. 教育产业

包括幼儿学前教育、普通学校教育、职业资格教育、就业培训教育、继续教育、老年大学、远程教育、网上学校等。

10. 健康产业

包括医疗卫生业、保健行业、体育业及心理咨询行业。

11. 社会服务业

包括各类社会生活与民事服务、社区服务业、老年服务业、物业管理、法律服务等。

12. 社会管理业

主要指政府机构以及相关的公共服务和社会工作。

13. 文化与社会休闲业

包括出版业、大众传播业、旅游业、餐饮业、宾馆业、娱乐业等。

14. 知识产业

专门从事知识的生产、搜集和管理的部门，以及进行专门知识的训练和对知识信息进行加工的部门，构成需求旺盛的知识产业。

（二）21世纪的职业模式

21世纪的社会经济结构，对于人的职业生活，既创造了机遇，又提出了挑战。21世纪的职业模式呈现出以下趋势：

1. 就业自主化

随着全球经济社会的进一步发展，人的就业自主选择权越来越得到重视和承认。我国提出的劳动者自主就业、市场调节就业、政府促进就业的新就业方针，将全面落实。

2. 流动加速化

在21世纪，个人寻求自身发展的动机和行为大大强化，高度民主竞争条件下的用人单位的人力资源优化配置的动机和行为也进一步加强，这将从供给和需求两方面使社会职业的流动加速起来。

3. 工作灵活化

21世纪社会经济组织数量众多，形式多样，其劳动内容、劳动形式、劳动关系也随之多样化、灵活化，既有大量参加到经济组织中来就业的各类员工，又有大量自己创业的自我雇佣和合作经营的劳动者。

4. 知识为本化

21世纪的经济是知识经济，21世纪的社会是人才社会。21世纪的劳动的知识含量大大增加，这就要求人们具有相当高的知识水平。

5. 劳动人本化

在21世纪，随着经济社会的进步，职业劳动条件越来越改善，劳动组织越来越考虑员工的利益，劳动生产率不断提高，单位劳动投入所产出的成果越来越多，职业劳动的内容越来越丰富。

6. 国际接轨化

21世纪是全球化的时代，经济全球化是不可逆转的趋势。发达国家的职业种类、职业劳动技能、职业工具手段以至于职业管理模式会大量渗透到我国，影响到我国，在我们的社会职业领域产生巨大的示范和导向作用。国际经济的全球化以及跨国公司合资企业大量存在于我国，为我们直接提供了许多国际规范的职业岗位。

（三）21世纪的热门职业

1. 贸易人

21世纪初，电子贸易和网络贸易将成为全球贸易的主流，全球从事贸易工作的人员将达到4亿，中国也将达到3600万人。从事贸易业务的人员可以分为经理、高级经营人员、中级经营人员和一般工作人员几个层次。

2. 经纪人

据统计，我国经过考试由工商部门批准具有经纪人经营资格的人员已有120多万，而具有经纪性质的公司、经纪人事务所和经纪公司则有80多万家，经营额约达1.2万亿元。经纪行业已成为我国第三产业中最大的服务行业之一，未来的经纪人行业发展将十分迅速。

3. 房地产开发

随着我国经济持续增长和住房市场化改革，房地产业的产业化发展已成为未来趋势。在我国，房地产业总值已超过商业和运输业之和，在六大产业部门中仅次于工业和农业。到2021年，我国房地产总产值占国内生产总值比重同比增长5.2%，直接从业人员将增加到900万左右。

4. 律师

随着我国律师业迅猛发展，律师从业人数越来越多。根据司法部2022年发布的《全国公共法律服务体系建设规划（2021—2025年）》，到2025年，全国律师总数将达75万人，未来律师行业必将成为我国一大知识产业和就业热点。在今后的20年当中，我国律师需求量预计为300~350万人。近年来，在全国各大高校硕士研究生招生中，法律类专业报考人数持续飙升，由此反映了我国未来法律行业对从业人员的需求。

5. 教育

据调查，这几年一些特殊专业的教师的从业行情一直被看好，尤其是高校教师，如音乐、美术、电脑等学科的教师：一是因为从事这方面教学的教师人数少；二是音乐、美术、电脑等正逐渐成为现代社会的热点，需求量越来越大。随着中国教育事业的发展和壮大，在今后的20年当中，中国教育行业这部分人员的数量将增加一倍，整个教师队伍将达到1700~2100万人。教师的社会声誉与薪金将大幅度提升，真正成为人们羡慕的社会热门职业。

6. 医疗保健

目前，我国从事卫生医疗和保健医疗以及生物医学工程开发的就业人数达1200万，根据国务院《"十四五"全民医疗保障规划》（国办发〔2021〕36号），十四五期间，我国基本医

疗保险将覆盖 13.6 亿人，覆盖率稳定在 95% 以上。在今后的 20 年当中，我国从事医疗保健业的人员数量将增加一倍，整个行业将达到 2100 万人，成为我国从业人数较多、收入较高的行业之一。

7. 新闻出版

我国有 13 亿多人口，随着教育事业日益发展，人民文化水平逐步提高，他们需要增长知识和获得新的信息的需求也越来越强烈，这就需要新闻出版供给人民健康的、有价值的读物。在今后的 20 年当中，我国新闻出版业所需人员为 200~220 万人，将是中国第三产业就业人数较多的一个行业。

8. 服装设计制造

我国是世界上最大的服装销售生产消费国之一。预计在未来的消费品市场上，我国服装市场将进一步扩大化和高档化，就业人数也将不断增加。

9. 公关及策划

这是一门新兴的行业，目前，在一些经济发达的国家公关及策划人员占就业总人数的 2%。在中国从事公关及策划业务的人数达 50 万。根据中国国际公共关系协会（CIRRA）发布的《中国公共关系业 2021 年度调查报告》，2021 年中国公共关系全行业营业规模约为 745.9 亿元人民币，年增长率达 8.3%。

10. 旅游业

随着人们生活水平的提高，旅游将成为人们休闲的主要方式，该行业的优势也将逐渐显露出来。21 世纪，中国经济的迅猛发展，将会吸引越来越多的目光，世界的旅游大国名次将更换为中国、美国、西班牙、意大利、法国、俄罗斯和瑞士。根据文化和旅游部网站发布的 2021 年国内旅游情况，2021 年国内旅游人次 32.46 亿人，旅游总收入 2.92 万亿元。在今后的 20 年当中，我国的旅游业所需人员将达 2700~3000 万人，是中国服务业就业人数较大的行业之一。

11. 公务员

专家们认为公务员仍然是炙手可热的阳光职业。当前国家整个就业形势紧张，当公务员仍然是个很好的选择，工作稳定，待遇好，受人尊敬。当然，考取公务员门槛高，要求的素质和条件也高。

12. 注册会计师

一个国家的市场经济越发达，它自身的社会监督机制就越健全，而实现这一点的一个基本条件，便是大量合格的注册会计师进入经济领域。如果没有一支数量充足、业务过硬的注册会计师队伍，市场经济的健康发展是难以实现的。

13. 涉外文秘

从事涉外文秘工作的大多是年轻貌美的知识女性，她们多被人们认为是靠着外语闯荡天下的人。的确，外语是她们经营人生、获取名利的重要资本，她们与普通文秘相比，优势就在于一口流利的外语。随着改革开放的深入，涉外文秘必将成为更加热门的职业，工作的重要性决定了她们待遇的超群性。

14. 建筑设计师

知识经济时代的来临加深了人们对知识产权的重视程度，建筑设计师开始为自己的设计图明码标价了。有关专家认为，一旦建筑设计师的图纸有了法定价码，他们的职业价值便将不断升高。房地产的发展不仅需要开发商们的资金投入，更需要建筑设计师们的智力投入。可以说，房地产有多"热"，对建筑设计师的需求就会有多"热"。建筑设计不仅是一门科学，而且是一门艺术。建筑设计师在今后的经济发展中，必将凭借自己的设计优势，在中国筑起一道奇妙的职业风景线。

15. 农业技师

农业技师在西方一些发达国家被称为是"点土成金的人"，是人们向往的热门职业。农业是我国的支柱产业，随着社会主义市场经济逐步完善和农业产业化的实现，在未来几年内，专门从事农业技术研究的农业技师将成为社会瞩目的风云人物，农业技师也将成为令人羡慕的热门职业。

16. 心理医生

对于大多数中国人来说，心理医生是一个新鲜而又陌生的职业，更难以想象它会成为一门相对独立的热门职业。现代生活节奏的加快，人际关系的复杂多变，工作压力日益增大，越来越多的人出现心理上焦躁、抑郁等问题，需要得到外界科学的帮助、引导，这都预示着心理医生将成为我国未来的热门职业。

17. 市场营销

根据我国有关资料统计，从 20 世纪 80 年代中期至今，我国企业界自办或协办的人才交流会约 2000 场次，而每次人才交流会上，市场营销人员都是最受欢迎和供不应求的人才。未来市场营销人员的工作是最具有挑战性的，国内未来学家断言，任何职业都不会像营销策划一样保持恒久的火热势头。

18. 新材料、新能源开发

随着世界能源危机的日益加重，以及我国新材料、新能源的开发和扩大，在今后的 20 年当中，这部分从业人员的数量将有所增加，整个行业人数将达到 180 万，成为我国高新技术产业就业人数较多的行业之一。由于新材料、新能源开发是一个崭新的职业，因此对从事该事业的人员的知识结构层次要求较高，其收入也较高。

19. 网络服务

进入 21 世纪，我国将大力发展网络技术和开展网络服务。网络服务职业在 21 世纪初期的 20 年中是收入较高的职业，特别是网络设计开发及高级管理人员。在我国，信息服务业的发展已有 20 多年的历史了，但从业人员数量还不多。工信部相关负责人表示，截至 2021 年，中国已建成全球规模最大的信息通信网络，固定宽带和移动网络端到端用户体验速率较 5 年前增长约 7 倍。中国 5G 发展取得领先优势，已累计建成 5G 基站超 81.9 万个，5G 手机终端连接数达 3.1 亿户，未来从事网络信息服务的人员需求量将会激增。

第三节 职业资格制度

一、职业资格制度的含义

职业资格制度是指按照国家制定的相关法规，在必要设置的行业中建立资格标准，以一定的程序和方式评价与规范社会从业成员达到从事某种职业活动所具备的基本条件的制度。职业资格制度包括以考试方式对专业技术人员和以技能鉴定方式对各个职业工种技能人员的职业资格认证活动，还包括以学历认定、专家评估等办法进行的其他认证形式。

职业资格制度作为人才评价制度，是世界各国普遍采用的人力资源开发管理的一项基本制度。这项制度对于加强职业教育培训，提高劳动者素质，增强就业创业能力，促进人员合理流动，推动经济社会发展都具有积极意义。

二、职业资格的类型

职业资格是对从事某一职业所必备的学识、技术和能力的基本要求，反映了劳动者为适应职业劳动需要而运用特定的知识、技术和技能的能力。职业资格包括从业资格和执业资格。从业资格是指从事某一专业（工种）学识、技术和能力的起点标准。执业资格是指政府对某些责任较大，社会通用性强，关系公共利益的专业（工种）实行准入控制，是依法独立开业或从事某一特定专业（工种）学识、技术和能力的必备标准。职业资格分别由国家相关部门通过学历认定、资格考试、专家评定、职业技能鉴定等方式进行评价，对合格者授予国家职业资格证书。从业资格通过学历认定或考试取得，执业资格通过考试方法取得。

专业技术人员的职业资格，分为从业资格和执业资格。从业资格制度就是专业技术职务评聘制度；执业资格就是准入资格，即开业或从事某一职业必须取得的职业资格。技能型人才的职业资格，也包括从业资格和执业资格，从业资格就是职业资格证书制度，执业资格就是国家对一些技术工种要求必须取得职业资格证书才能上岗就业。从人才评价的角度来看，从业资格是一种水平性评价，执业资格是一种准入资格标准评价。相比较而言，专业技术人员的职业（执业）资格社会影响力和影响面更大，因为不取得从业资格就难以开业或从事某一职业；而技能型人才的从业资格社会影响面、影响力更大，涉及每个技能型人才。

三、职业资格证书制度

国家职业资格证书制度是劳动就业制度的一项重要内容，也是一种特殊形式的国家考试制度。它是指按照国家制定的职业技能标准或任职资格条件，通过政府认定的考核鉴定机构，对劳动者的技能水平或职业资格进行客观公正、科学规范的鉴定，对合格者授予相应的国家职业资格证书。

国家职业资格证书是表明劳动者具有从事某一职业所必备的学识和技能的证明。它是劳动者求职、任职、开业的资格凭证，是用人单位招聘、录用劳动者的主要依据，也是境外就业、对外劳务合作人员办理技能水平公证的有效证件。

《劳动法》第八章第六十九条规定："国家确定职业分类，对规定的职业制定职业技能标准，实行职业资格证书制度，由经过政府批准的考核鉴定机构负责对劳动者实施职业技能考核鉴定。"《职业教育法》第一章第十一条明确提出："实施职业教育应当根据经济社会发展需要，结合职业分类、职业标准、职业发展需求，制定教育标准或者培训方案，实行学历证书及其他学业证书、培训证书、职业资格证书和职业技能等级证书制度。"

（一）职业资格证书的类型

职业资格证书分为从业资格证书和执业资格证书。职业资格证书在中华人民共和国境内有效。证书由人力资源和社会保障部统一印制，各地人事部门具体负责核发工作。

1. 执业资格证

国家对特殊行业规定资格准入的凭证，即无此证书不能从事这一行业，这种资格归行业主管部门管理，比如注册会计师（CPA）归财政部，医师执业资格归卫生部。

2. 专业技术人员职业资格证

传统的"职称"是口头的说法，标准的说法是"专业技术职务任职资格"，是国家职业资格证的一种。过去，国家职业资格证书主要是国家人事部（面向专业技术人员）及国家劳动和社会保障部（面向社会人员）负责管理。目前，国家人事部及国家劳动和社会保障部已合并，成为国家人力资源和社会保障部，"国家职业资格"开始回归其本意。故目前的职称实质上就是专业技术人员职业资格，专业技术人员职业资格证与职称的对应关系是：高级职称相当于国家一级职业资格证，中级职称相当于国家二级职业资格证，初级职称相当于国家三级职业资格证。政策上需要先取得资格，单位才聘任。

3. 技能人员职业资格证

我国技能人员的职业资格证书分为五个等级：

（1）高级技师（一级/高级职称）。要求能够熟练运用专门技术和特殊能力在本职业的各个领域完成复杂的、非常规性的工作；熟练掌握本职业的关键操作技术，能够独立处理和解决高难度的技术难题；在技术攻关方面有创新；能组织开展技术改造、技术革新活动；能组织开展系统的专业技术培训；具有技术管理能力。

（2）技师（二级/中级职称）。要求能够熟练运用基本技术和专门能力完成较为复杂的工作，包括完成部分非常规性的工作；能够独立处理工作中出现的问题；能指导他人进行工作或协助培训一般人员。

（3）高级（三级/助理职称）。要求能够熟练运用专门技术和特殊能力完成复杂的、非常规性的工作；掌握本职业的关键技术；能够独立处理和解决技术难题；在技术方面有创新；能组织指导他人进行工作；能培训一般人员；具有一定的技术管理能力。

（4）中级（四级）。要求能够熟练运用基本技能独立完成本职业的常规工作；在特定情况下，能运用专门技能完成技术较为复杂的工作，能够与他人进行合作。

（5）初级（五级）。要求能够运用基本技能独立完成本职业的常规工作。

(二) 职业资格证书与学历证书的区别

职业资格是对从事某一职业所必备的学识、技术和能力的基本要求，反映了持证者为适应职业劳动需要而运用特定的知识、技术和技能的能力。与学历文凭不同，学历文凭主要反映学生学习的经历，是文化理论知识水平的证明。职业资格与职业劳动的具体要求密切结合，更直接、更准确地反映了特定职业的实际工作标准和操作规范，以及持证者从事该职业所达到的实际工作能力水平。

四、职业技能鉴定

职业技能鉴定是国家职业资格证书制度的重要组成部分，是一项对职业技能水平的考核活动，属于标准参照型考试。它是由考试考核机构对劳动者从事某种职业所应掌握的技术理论知识和实际操作能力做出的客观测量和评价。

开展职业技能鉴定，推行职业资格证书制度，是落实国家提出的"科教兴国"战略方针的重要举措，也是我国人力资源开发的一项战略措施，对于提高劳动者素质，促进劳动力市场建设以及深化国有企业改革，促进经济发展都具有重要意义。

我国的职业技能鉴定实行政府指导下的社会化管理体制，即按照国家法律政策，在政府相关部门的领导下，由职业技能鉴定指导中心组织实施，依托职业技能鉴定所（站）对劳动者技能水平实施的评价和认定的工作体制，包括政策法规、组织实施、质量保证和监督检查四个系统。

个人可自主申请参加职业技能鉴定。申报职业技能鉴定，首先要根据所申报职业的资格条件，确定自己申报鉴定的等级。如果需要培训，要到经政府有关部门批准的培训机构参加培训。职业技能鉴定分为知识要求考试和操作技能考核两部分（满分 100 分，60 分为合格）。知识要求考试一般采用笔试，技能要求考核一般采用现场操作、生产作业项目、模拟操作等方式进行。

五、国家职业资格目录管理制度

2017 年，根据国务院推进简政放权、放管结合、优化服务改革部署，为进一步加强职业资格设置实施的监管和服务，人力资源和社会保障部研究制定了《国家职业资格目录》。

建立国家职业资格目录是转变政府职能、深化行政审批制度和人才发展体制机制改革的重要内容，是推动大众创业、万众创新的重要举措。建立公开、科学、规范的职业资格目录，有利于明确政府管理的职业资格范围，解决职业资格过多过滥问题，降低就业创业门槛；有利于进一步清理违规考试、鉴定、培训、发证等活动，减轻人才负担，对于提高职业资格设置管理的科学化、规范化水平，持续激发市场主体创造活力，推进供给侧结构性改革具有重要意义。

国家按照规定的条件和程序将职业资格纳入国家职业资格目录，实行清单式管理，目录之外一律不得许可和认定职业资格，目录之内除准入类职业资格外一律不得与就业创业挂钩；目录接受社会监督，保持相对稳定，实行动态调整。设置准入类职业资格，其所涉职业（工种）必须关系公共利益或涉及国家安全、公共安全、人身健康、生命财产安全，且必须有法律法规或国务院决定作为依据；设置水平评价类职业资格，其所涉职业（工种）应具有较强的专业性和社会通用性，技术技能要求较高，行业管理和人才队伍建设确实需要。今后职业资格设置、取消及纳入、退出目录，须由人力资源和社会保障部会同国务院有关部门组织专家进行评估论证，新设职业资格应当遵守《国务院关于严格控制新设行政许可的通知》（国发〔2013〕39号）规定并广泛听取社会意见后，按程序报经国务院批准。人力资源和社会保障部要加强监督管理，各地区、各部门未经批准不得在目录之外自行设置国家职业资格，严禁在目录之外开展职业资格许可和认定工作。对资格资质持有人因不具备应有职业水平导致重大过失的，负责许可认定的单位也要承担相应责任。推行国家职业资格目录管理是一项既重要又复杂的系统性工作，是职业资格管理一项改革，对各类人才和用人单位以及促进经济社会持续健康发展有重大意义。

第四节 职业成功分析

一、职业成功的含义

职业成功是指一个人所累积起来的积极的与工作相关的成果或心理上的成就感。西方学者一般将职业成功分为客观成功和主观成功两部分。客观的职业成功指标包括总体报酬、晋升次数和其他能表示个人成就的外部标志，主观的职业成功被认为是个人感觉到的对工作和职业发展的满意程度。

职业成功标准是人们对职业成果意义的认识和评价，它取决于人们自身的需要和愿望。既然人的需求是多种多样的，人对职业成功的评价就必然是多元化的。当我们越关注职业成功的主观标准时，多元化的特点就越明显。职业成功标准体现的是一个人的职业价值观，因而它具有时代性、多元性和社会比较性的特点。我们至少可以将职业成功的标准概括为以下几种：

（一）财富标准

认为通过工作获得更多的经济回报，发财致富就是现代人的成功标志。

（二）晋升标准

认为职业成功就是晋升到组织等级体系高层或者在专业上达到更高等级。

（三）安全标准

渴望长时间的稳定工作，以获得职业上的安全。

（四）自主标准

强调职业成功就是在工作中自主自由，对职业和工作有最大限度的控制权。

（五）创新标准

标新立异，做出别人没有做出的事情。

（六）平衡标准

在工作、人际关系和自我发展三者之间保持有意义的平衡。

（七）贡献标准

对社会、组织、家庭做出贡献。

（八）影响力标准

在组织中、行业内、社会上有足够的影响力，能够改变他人的心理和行为。

（九）健康标准

在繁重工作的压力下依然保持身心健康。

以上几种职业成功的标准不是完全独立、相互排斥的。在每一个人的心目中，职业成功的标准是一个有层次的结构，与其内在的需求体系相对应。职业成功标准的多元性还体现在个体职业成功标准的阶段性上。

在职业生涯发展的不同阶段，人们所面临的任务不同，其追求也不一样，评价也会有变化。在职业生涯的早期，养家糊口、成家立业都需要财力物力，人们可能更注重财富标准；到了中期，人们可能会更关注职业发展的机会、家庭工作平衡、自我价值的实现；而到了晚期临近退休，人们可能更强调安全、有保障，当我们研究职业成功标准时，一定不能忽略这种复杂性。

总之，职业成功很难用一个绝对的标准来衡量。但是，职业成功作为一个评价性的概念，不论从哪个角度对成功做出评价，都与评价者的职业价值观紧密连在一起，或者毋宁说它是职业价值观的重要组成部分。因此，讨论职业成功的标准问题，实际上是在探讨职业成功价值观问题。所以，我们对职业成功标准研究的目的不是去寻找一种人人认同的客观标准，而更多去关注不同的人们是怎样定义职业成功的，这种定义又怎样影响着他们的行为。从个人的角度而言，认清自己的内在需要，定义自己的职业成功标准而不是盲目攀比、追求时尚，才不至于在职业生涯的旅途中迷失方向；对于组织来说，了解员工的职业成功定位，有针对性地采取因人而异的激励方案，是留住员工的有效措施。这就是我们反思、探讨职业成功标准的目的所在。

二、影响职业成功的因素

影响成功的因素有很多，《才经》的作者费洛迪认为影响职业成功的因素有四种：先天因素、后天学习、职业决策、人际/人才决策。

（一）先天因素

先天因素持续扮演着重要角色。你的遗传构成决定了为什么有些事对你来说一学就会，而对其他人却异常困难，遗传因素会限制你某方面的能力，也会在另一方面为你打开一扇门。但遗传因素也不是绝对静止不变的。

（二）后天学习

后天学习是指一个人终其一生所进行的正式与非正式的学习，这是促进职业成功的强有力工具。显然，在职业培训方面投入一定时间和精力能够显著提高你的能力，从而加大成功的可能性。良好的学习体验会产生巨大的影响。

（三）职业决策

我们不应低估职业选择对于个人成功的影响。许多人在初入职场时，大家水平可能相差无几，但选择了迥然不同的工作环境，最终他们在职业成就上却有天壤之别。从长远职业发展角度来讲，置身于一个培育创新的温床中总比置身于毫无生气的一潭死水中要好。简而言之，明智的职业选择可成倍增大一个人自我教化的努力成果，从而成为决定职业成功的关键因素。

（四）人际/人才决策

对大多数人来说，人际决策在一个人20多岁时开始变得重要。人们会在大学里、在研究生院、在街坊邻里结交一生挚友，会遇见一生的伴侣，和他/她步入婚姻，而在工作场所，人们也开始对"人"做出决策，例如同事、客户和供应商等。

一个人成为一个部门的经理后，开始管理部门员工，此时人才决策便成为决定其所领导部门的工作绩效的关键因素。随着肩头的责任日渐加重，从管理一个部门到管理一家企业，利害关系也越来越大，因此只能通过自己所建立的手下团队来施加对企业的控制和影响。随着一个人从小经理一路升到CEO或董事长，人才决策逐渐成为最大的挑战和最大的机遇。

复习思考题

1. 什么是职业资格？
2. 职业资格证书、职业资格证书制度分别是什么？
3. 职业资格证书与学历证书的区别是什么？
4. 国家职业资格分为几个等级？
5. 解释就业准入制度。

案例讨论题

学历证书是就业的基础，职业资格证书是就业的必要条件

瞿倩就读于本省一所独立学院的审计学专业，在接到学校录取通知书的那一刻，她就通过学校教务处官网了解到审计学专业的人才培养方案。通过对人才培养方案的熟悉，瞿倩了解到审计学专业对毕业生的知识、能力、素质目标的具体要求。瞿倩结合本专业的人才培养方案，为自己制定了较为详细、可行的学业规划目标，其中职业资格证书的目标为：大学第三学期在学好"会计学基础""经济法"等学科基础课程的同时，购买初级会计师职业资格证书考试的两门网课："初级会计实务""经济法基础"，同时报名参加5月份的初级会计职业资格证书考试，并一次性通过。从第四学期到第七学期，在学好"审计学基础""财务管理""成本会计""公司战略与风险管理""税法""CPA审计学""公司治理""审计舞弊"

"内部控制学"等专业课程的同时，精心准备 CPA 考试的"会计学""审计学""公司战略与风险管理"3 门专业课程，并购买相应 CPA 课程的网课，努力在本科四年学习生涯的后三年时间里，在每年的 CPA 考试中通过 CPA 的这 3 门专业课程。在研一或本科毕业后的第一年的 CPA 考试中一次性通过剩余另 3 门专业课程："财务成本管理""经济法""税法"，来年通过 CPA 综合阶段的《职业能力综合测试》的考试，并顺利成为一名 CPA 注册会员，为未来的职业竞争打下扎实基础。

讨论问题：

1. 阅读上述材料后，结合所学专业谈谈你对职业资格证书的获得有什么样的规划。

2. 为拓宽就业面，结合学校现有专业，你认为还可以跨学科获得哪些职业资格证书以及应该如何进行规划？

第三章 生涯规划的基本理论与方法

案例导入

施瓦辛格的职业生涯规划

出生于1947年的施瓦辛格早在他10岁时，就有三个梦想：成为世界上最强壮的人、成为电影明星、成为成功的商人。通过自己的艰苦努力和奋斗，他的三个梦想已全部成为现实了。施瓦辛格善于创造条件来完成自己的职业生涯规划。自18岁获得欧洲健美冠军以后，施瓦辛格怀揣20美元到好莱坞闯荡天下，意图做个电影明星。演员生涯的成功，为他成功进军商业打下了坚实的基础。他在维斯康星大学攻读商业和经济学，更是让他快速成为拥有20亿美元身价的富翁。

成功不易，但也并非想象中的那么难。施瓦辛格用自己的经历向我们诠释了职业生涯规划的真谛所在，职业生涯并不仅仅是规划就可以完成的，若简单地认为规划便是所有，那便陷入了错误的思维模式之中。在职业生涯中，个体应当根据自身的情况和实际环境进行自我调适，不断弥补不足之处以适应变革的时代。另外，职业生涯是脚踏实地走出来的，而如何走自然需要有所指导，否则像"无头苍蝇"般乱撞只是白费力气。所以无论是学生、家长还是老师，都应当认识到职业生涯规划的重要性，学生要有所思考并对自己的职业生涯有所规划，而家长和老师要帮助孩子完成适合他的职业生涯规划。只有这样，个体才能够在人生这场单程旅行中饱览绚丽的风景。

大学生涯从规划自我开始，成功靠日积月累实现。职业生涯规划是个人在分析影响职业发展主客观因素的基础上，为实现职业目标所做出的行之有效的安排，其不同于简单的人生设计，更不同于成功学。职业生涯规划有着完备的学科知识体系，掌握一些基本理论、规律，能够很好地帮助和指导我们进行正确的人生规划，唯有如此，人生才能够过得更加精彩。

第一节 职业生涯规划概述

职业生涯规划就是"人生职业战略设计"。针对目前大学生就业的激烈竞争形势，大学生要尽早树立危机意识，以科学的态度规划自己的职业生涯，确定自己的职业理想，化"被动就业"为"主动择业"，赢在职场起跑线。通过职业生涯规划，大学生在充分认识自己、客观分析环境的基础上科学树立职业发展目标，正确选择职业并运用适当的方法，采取有效的措施克服职业生涯中的困难和阻力，避免人生陷阱，就有可能获得事业的成功。所以，职业生涯规划是大学生的必修课，是大学生人生事业成功的起点。

一、生涯的概念与形态

（一）生涯的概念

理论界对于"生涯"一词有诸多解释，目前较为通用的是美国生涯理论指导专家萨珀的观点。"生涯"是生活中各种事件的方向。它是个人一生中各种职业和生涯的角色，由此表现个人独特的自我发展形态；它也是人生自青春期至退休所有有报酬或无报酬职位的综合；除了职位之外，还包括与工作有关的各种角色。生涯发展是以人为中心的，只有个人在寻求它的时候，它才存在。萨珀认为，生涯是个人终其一生所扮演角色的整个过程，由三个层面构成：一是时间，即个人的年龄或生命的时程，它又可细分为成长、试探、建立、维持、衰退等时期；二是广度或范围，即每个人一生所扮演的各种不同的角色；三是深度，即个人投入的程度。

（二）生涯的形态

人生在世，每个人都有独特的生涯形态，而这种形态的不同，对人的发展影响极大。好的生涯形态，能使事业获得成功；不好的生涯形态，将使事业一事无成。

日本生涯专家高桥宪行将人的生涯形态作了如下 18 种归纳与概述。

1. 超级巨星型

具体体现为知名度极高，一举一动常常在无形之中牵动许多人的利益，乃是众所周知的知名人士。

2. 卓越精英型

具体表现为品行端正，知识丰富，具有敏锐的观察力，常常适时化险为夷，扭转乾坤。

3. 劳碌奔命型

即安分守己，每日过着既定的程式化的安定生活。

4. 得过且过型

即缺乏理想、抱负，很少为工作奋斗和拼搏。凡事只求过得去即可。

5. 捉襟见肘型

机会来了不知把握，机会走了又怨天尤人，自暴自弃。

6. 祸从口出型

集中体现在喜欢批评，常在言语之中将过错推卸给别人，喜欢标新立异，而自己又常常提出一些根本无法实现的计划。

7. 中兴二代型

即继承可观家产，并能兢兢业业，把家族发扬光大。

8. 出外磨炼型

将第二代接班人到外公司去工作，他们从基层做起，靠自己的能力、关系发展自己，磨炼成长。

9. 家道中落型
具体表现为面对困境时，常常束手无策，欲振乏力。

10. 游龙翻身型
能充分运用人生的蛰伏期，深刻思考自己的未来，并重新规划自己的人生，终至飞跃。

11. 转业成功型
面对生涯困境，能迈开步伐，解脱束缚，另谋出路，闯出一番天地。

12. 一飞冲天型
其能力与经营才华出众，又有冲劲，如有赏识者提供必要的资源，就能一跃而起。

13. 强力搭档型
在人生旅途中幸遇知音，志趣相投，在能力互补的强力搭档的配合下，开创成功的生涯。

14. 福星高照型
相当幸运，往往随着时势的推移，在风云际会中成就美好的事业前程。

15. 暴起暴落型
人生多舛，起伏不定，崛起、衰败往往均在一夕之间。

16. 随波逐流型
常见的是目标不够明确，策略不够坚定，行动也常三心二意，因此只有随波逐流，难有创进。

17. 强者落日型
能够呼风唤雨，才能出众，但常因人生的际遇，虎落平阳，以致聊度残生。

18. 一技在身型
专精于某一领域，专心钻研，始终不懈，特别踏实。

二、关于职业生涯规划

（一）职业生涯及职业生涯规划的含义

职业生涯是一个人一生中所有与职业相联系的行为和活动，以及相关的态度、价值观、愿望等连续性经历的过程，也是一个人一生中职业、职位的变迁及工作理想的实现过程。

职业生涯是一个动态的、发展的概念，即把个人的职业生活看作一个动态的发展的过程。一个人从20岁左右参加工作，到60岁左右退出职业，职业生涯的时间约占人生的二分之一，而这段时间也是人生精力最旺盛、创造力最强的一段时间。

职业生涯规划，是指个人发展与组织发展相结合，对决定一个人职业生涯的主要因素进行分析、总结和测定，确定一个人的事业奋斗目标，编制相应的工作、教育和培训的行动计划，对每一步骤的时间、顺序和方向做合理的科学的安排。

概括地讲，职业生涯规划是指个人根据社会的需要和自己的个性特征，结合自己人生不同的发展阶段，而自行设计带有个性化色彩的个人职业生涯的一种中长期发展计划和设想。它包括如何在一个职业领域中得到发展，打算取得什么样的成就等问题。

合理规划自己的职业生涯，是迈向成功的第一步。职业生涯规划不仅能帮助个人实现目标，更重要的是有助于个人真正了解自己，从而规划出合理、可行的职业生涯发展方向。尤其是在市场竞争激烈和人才济济的今天，只有掌握个人的竞争优势，才能把握稍纵即逝的机会，充分发挥个人的潜能，实现预期的目标。

（二）良好的职业生涯规划应当具备的基本特性

判断职业生涯规划是否科学、合理，要看其是否具备以下几个特性：

（1）个体性。职业生涯规划的主体是个人，职业生涯是个人的行为经历，而非群体或组织的行为经历。随着社会的发展，一个人并非终身都待在一个行业或组织中，个人的职业生涯更多地受其职业兴趣与职业动机的影响。

（2）可行性。职业生涯规划要依据事实，而并非美好的幻想或不着边际的梦想，否则将会延误生涯良机。

（3）适时性。职业生涯规划是预测未来的行动、确定将来的目标，因此各项主要活动何时实施、何时完成，都应该有时间和时序上的妥善安排，以作为检查行动的依据。

（4）适应性。职业生涯规划是在规划未来的职业生涯目标时，牵涉到多种可变因素，因此规划应有弹性，以增加其适应性。

（5）持续性。良好的职业生涯规划要求人生职业的每个发展阶段都应该能持续、连贯、衔接，融为一体。

第二节 职业生涯规划的基本理论

职业生涯规划理论起源于20世纪初的美国，以1909年美国著名职业指导先驱弗兰克·帕森斯（Frank Parsons）的著作《选择职业》的出版为标志。20世纪50年代开始，西方学者提出了职业生涯规划的新概念。它从促进人生健康发展和组织协调的角度，使职业指导更加贴近社会经济发展的需求。职业生涯规划的理论于20世纪90年代进入我国，并逐渐从组织者管理领域迅速扩展到学校教育领域。

一、生涯发展阶段理论

萨柏是美国一位有代表性的职业管理学家，其生涯发展阶段理论综合了差异性心理学、发展心理学、人格心理学以及职业社会学的长期研究结果，系统地提出了有关生涯发展的观点。作为著名的职业学家，萨柏在职业研究领域的贡献举足轻重。其中，职业生涯发展理论被大多数职业学家所推崇，这一理论也是萨柏在职业研究领域最重要的贡献。现如今，大学生的就业问题已经成为一个不可忽视的严重的社会问题，高校也应当重视对大学生就业的指导工作。

萨柏把人的职业生涯发展划分为成长、探索、建立、维持和衰退五个主要阶段，每个阶段都有其独特的发展任务。

（一）成长阶段（0~14岁）

成长阶段属于认知阶段。在这一阶段，个人通过对家庭成员、朋友、老师的认同以及与他们之间的相互作用，逐渐建立起了自我的概念，并经历对职业从好奇、幻想到感兴趣，再到有意识培养职业能力的逐步成长过程。这一阶段又具体分为以下三个成长期：

（1）幻想期（10岁之前）：儿童从外界感知到许多职业，对于自己觉得好玩和喜爱的职业充满幻想，并进行模仿。

（2）兴趣期（11~12岁）：以兴趣为中心，理解、评价职业，开始做职业选择。

（3）能力期（13~14岁）：开始考虑自身条件与喜爱的职业是否相符合，并有意识地进行能力培养。

（二）探索阶段（15~24岁）

在这一阶段，个人将认真地探索各种可能的职业选择，对自己的天资和能力进行显示性评价，并根据未来的职业选择做出相应的教育决策，完成择业及就业。这一阶段具体又可以分为以下三个时期：

（1）试验期（15~17岁）：综合认识和考虑自己的兴趣、能力与职业社会价值、就业机会，开始对未来职业进行尝试性选择。

（2）转变期（18~21岁）：正式进入劳动力市场，或者进行专门的主业培训，由一般性的职业选择转变为特定目标的选择。

（3）尝试期（22~24岁）：选定工作领域，开始对从事某种职业发展目标的可行性进行试验。

（三）建立阶段（25~44岁）

建立阶段属于选择、安置阶段。在这一阶段，人经过早期的试探与尝试，最终确立稳定职业，并谋求发展。此阶段是大多数人职业生涯周期中的核心部分，一般又分为以下三个时期：

（1）尝试期（25~30岁）：对最初就业选定的职业和目标进行检讨，如有问题则需重新选择、变换职业。变换次数各人不等，重点是寻求职业及生活上的稳定。

（2）稳定期（31~44岁）：最终确定稳定的职业目标，并致力于实现这些目标。

（3）危机期：在30~40岁中的某一时期可能会发现自己并没有朝着职业目标靠近或者发现了新的目标，因而重新确立自己的需求和目标。

（四）维持阶段（45~64岁）

维持阶段属于升迁和确立阶段。这一阶段的劳动者长时间从事某一职业工作，在该领域已达到常言所说的"功成名就"，已不再考虑变换职业，只求力保这一位置，维持已取得的成就和社会地位。重点是维持家庭和工作之间的和谐关系，传承工作经验，寻求接替人选。

（五）衰退阶段（65岁及以上）

衰退阶段属于退休阶段。人超过65岁，临近退休时，其健康状况和工作能力逐渐衰退，即将退出工作，结束职业生涯。因此，这一阶段要学习接受一种新的角色，适应退休后的生活。

以上各阶段可简要概括，如表3-1所示。

表3-1 生涯发展阶段表

阶段	年龄	特点	发展任务
成长阶段	0~14岁	敢说敢做，逐渐从不切实际的幻想接近成年人的想法	发展适合自己的概念，发展对工作的正确态度，了解工作的意义。逐渐认识到自己的兴趣所在，学习与职业相关的最基本的技能
探索阶段	15~24岁	青春期逐步形成自己的人生观、价值观。通过学校生活、社团活动、工作对自己进行全面的探索，开始有自我追求的方向	职业观念与学习紧密联系，发展相关的技能，使职业偏好逐渐具体化。开始将一般性的职业偏好转化为具体的职业选择
建立阶段	25~44岁	尝试选择适合自己的职业领域，逐步积累自己的社会知识、能力和经验，形成自己的职业核心竞争力。从原来的依赖性强逐渐走向独立和具有创造性	在适当的职业领域稳定下来，巩固地位，并力求晋升。这个阶段如果发展得好，则能在特定的领域建立长久的地位，生涯发展处于上升期；如果发展得不理想，则会选择跳槽，直至找到合适的领域
维持阶段	45~64岁	维持已经获得的成就和职业地位，对家庭和社会有责任心、义务感，形成完整的人生观、价值观，开始与衰老作斗争	通过不断努力获得生涯的发展和成就，维持既有的成就和地位，按照既定方向工作，更新知识与技能，不断创新
衰退阶段	65岁及以上	心理上迈入返璞归真的新时期，退出工作岗位，安享晚年	职业角色逐渐减少，社会角色增多，工作投入减少，计划安排退休生活，为退休做准备

生涯发展理论认为，阶段之间可能有交叉重叠，并不完全受年龄的限制，也不存在严格的界限。同时，在个人生涯的不同时期，都可以经历由这五个阶段构成的"小循环"。

二、人职匹配以及人组织匹配理论

（一）人职匹配理论

人职匹配理论由美国波士顿职业局创始人弗兰克·帕森斯提出。帕森斯依据自己的经验和直觉提出了选择职业的原则：了解自我的人格特征，掌握职业因素的内容和要求，对照分析二者适配程度。20世纪30年代，帕森斯的择业原则逐步发展成为"人格特征-职业因素匹配"理论，简称人职匹配理论或特质因素理论，该理论被公认为职业指导的创始经典理论，在职业指导史中占有重要的地位。

人职匹配是指个体在清楚地认识、了解自身主客观条件和职业岗位特性要求的基础上，将自身人格特性与职业因素要求进行对照分析，最后选择一种个人特性与职业需求相适应的职业岗位。

帕森斯认为，择业者选择职业时，首先要利用测验或量表等对自我个性进行评价，包括对自我各种生理、心理条件，如人格、能力、兴趣、价值观等进行全面的评估。其次要对职业因素进行分析和调查，包括各种职业的环境和条件、薪金福利情况以及对个人的生理、心理文化等特质的要求。最后整合自我与职业的信息，通过比较分析选择一种个体特质与职业因素相匹配的职业，实现"人职匹配"，达到职业者和社会同时获益的目的。

帕森斯的人职匹配理论强调个人特质的差异和职业的不同因素，并把个人特质适配职业特性作为职业指导和职业选择的目的。该理论至今仍被职业实践所证明，它对职业生涯管理、职业生理学等发展有着重要的指导意义。

当然，与其他理论一样，帕森斯的人职匹配理论也存在一定的局限性。它过分强调个人的特质与职业因素的相互适应，尤其注重个人对职业环境的适应而忽略个体主动进取和改变环境的创造潜能，同时它还忽略了个体特质具有发展和变化的特性以及环境对个体特质的作用和影响。在职业辅导的实践中发现，由于职业选择过程复杂，择业者仅根据此理论比较难以掌握有效的决策技巧。

（二）人与组织匹配理论

人与组织匹配是指个人属性和目标组织的特征之间的匹配。人与组织匹配理论认为，个人对职业和组织的选择与其个性特征之间相互影响：个人特点影响对职业和组织的选择，不同的个人会加入不同的组织，从个人的特点可以预测其对职业和组织的选择。另外，对职业和组织的选择会影响个人个性发展，组织环境会影响个人的特点。人的个性必然受到生活的特定环境和个人独特生活经历的深刻影响。人与组织匹配理论中最具影响力的是施耐德（Schneider）于1987年提出的"吸引-选择-磨合"模型（Attraction-Selection-Attrition模型，即ASA模型）。这个模型认为人在组织中不是偶然随机分布，组织中的员工都是被组织吸引、选择和留用的人。他们会评估组织的目标、结构和文化等因素与自己的态度、价值观等是否符合。模型认为人们总是倾向于选择在组织发展目标上与个人特点相适合的组织，以有利于自身的职业发展。所以这个理论主要是从个体的心理层面来解释组织的吸引力和人们接受工作的意愿，而组织人口统计模型则着眼于组织内人员的同质性对组织运行的影响，认为人际冲突、人际沟通等和离职率有关。因为异质性组织中员工的积极性和工作效率更低，而员工人口统计的相似性会增进彼此间的认同感，促进相互沟通和信任，提高组织工作绩效。

三、学习与决策理论

学习与决策理论也可以归为职业选择理论的一种，它关注影响个体生涯决策的原因，探讨如何选择能够获得最大收益或满意度。该理论认为生涯咨询的目标在于增进当事人对技能、兴趣、信念、价值、工作习惯与个人素质的学习，期待每一个当事人能够在快速变迁的社会中创造出幸福美满的生活。其代表理论为社会学习理论和认知信息加工理论。

（一）克朗伯兹的社会学习论

克朗伯兹（Krumboltz）将班杜拉（Bundura）的社会学习论引用到职业生涯上，提出了社会学习理论。他认为生涯发展是一个了解自身和我们的各种选择可能性的过程，过去的学习以多种方式影响着我们的生涯决策。该理论用以了解在个人决策历程当中，社会、遗传与个人因素对于决策的影响。克朗伯兹在此基础上提出了影响职业选择的四个因素：

1. 遗传特征与特殊能力

遗传因素包括：种族、性别、外表特征、身体健康等。个人的特征能力包括：职业倾向、智力、美术能力、音乐能力、动作协调能力等。

2. 环境条件

外部环境影响个人的教育和职业的选择，非个人所能控制。外部环境有社会、文化、政治或经济的活动，还有自然资源的分布或天然灾害的因素。

3. 学习经验

每个人独特的学习经验，对人生道路上扮演角色起着重要的决定作用。学习经验包括个人作用于环境的经验和环境作用于个人的经验两种。

4. 工作取向技能

前面的三种因素以一种相互影响的方式，形成个人特有的工作取向技能，包括个人解决问题的能力、学习与工作习惯、工作标准、情绪反应、认知的历程等。

克朗伯兹的理论以社会学习的观点来解释人类生涯选择的行为，特别强调社会影响因素和学习经验，对实际的生涯辅导工作的应用提供了不少方法和启示，具有较高的实用价值。

（二）认知信息加工理论

1991年，盖瑞·彼得森（Gary Peterson）、詹姆斯·桑普森（James Sampson）和罗伯特·里尔敦（Robert Reardon）三人合著《职业生涯开发和服务：一种认知的方法》，提出了认知信息加工（Cognitive Information Processing，简称CIP）理论。认知信息加工理论认为生涯发展是个体怎样做出生涯决策，在生涯决策过程中怎样使用信息的过程。按照认知信息加工的特点，该理论构建了一个金字塔模型，即认知信息加工模型图。

金字塔的顶部是执行加工领域，在这里对自身状态进行觉察、监督和调控。金字塔的中部被称为决策技能领域，包含了进行良好决策的五个步骤，即CASVE循环。（1）沟通（Communication）（确认需求）：开始意识到问题的存在。（2）分析（Analysis）（将问题的各组成部分相互联系起来）：对所有的信息进行分析。（3）综合（Synthesis）（形成选项）：形成可能的解决方法并寻求实际的解决方法。（4）评估（Value）（评估选项）：评估每种选项的优劣，评出先后顺序。（5）执行（Execution）（策略的实施）：依照选择的方案做出行动。中部可以思考个体处于CASVE循环中的哪一个步骤。金字塔的底层是知识领域，包含自我认知和职业探索，自我认知包括探索自身的能力、价值观、兴趣和人格，职业探索包括职业、岗位、专业及其工作的方式。

认知信息加工理论重点关注的是如何进行决策，展示了解决职业生涯问题的过程，既能帮助我们认清在制定决策的过程中现在所处的位置和将来的走向，也能够帮助个体提升个人生涯发展的质量。

四、职业兴趣理论

职业兴趣理论（也称人格类型论）由美国约翰·霍普金斯大学心理学教授、职业指导专家约翰·霍兰德于1959年创立。职业兴趣理论是在帕森斯的人职匹配理论的基础上发展起来的，其理论基础是弗洛伊德的人格类型划分及人格、职业两者间的关系。

（一）人格-职业六种类型

霍兰德认为，职业选择是个体人格的展现和延伸，择业者总是努力寻求与自己人格类型相适合的职业。霍兰德称这种人格类型与职业类型相互和谐的状况为"适配"。

为了便于寻找人格类型与职业类型的适配，霍兰德根据择业者的人格特点和择业兴趣将择业者分为六种类型：实际型（或现实型，简称R）、研究型（或学者型，简称I）、艺术型（简称A）、社会型（简称S）、企业型（或事业型，简称E）和常规型（或传统型，简称C）。同时，又依据职业特性和要求将职业划分为六种类型。霍兰德认为，择业者人格类型与职业类型越相近，两者的适配程度越高。

（二）人格职业特点分析

霍兰德将人格、兴趣和职业特点进行了详细的分析，如表3-2所示。

表3-2 人格、兴趣与职业类型表

劳动者类型	劳动者职业兴趣	劳动者人格特征	相对应的职业类型
实际型（R型）	喜欢使用工具从事操作性强的工作 做事手脚灵活，动作协调，不善言辞，不善交际	实际主义的、谦卑的、循规蹈矩的、自然的、直率的、精神健全的、节俭的、坦诚的、有毅力的、固执的、注重实际的	主要指各类工程技术工作、农业工作。通常需要一定体力，需要运用工具操作机械 主要职业：工程师、技术员；机械操作、维修安装方面的工人；矿工、木工、电工、司机、测绘员、描图员、农民、牧民、渔民等
研究型（I型）	抽象思维能力强，求知欲强，肯动脑，善于思考，乐于运用词、符号和观念进行工作 喜欢独立和富有创造性的工作，知识渊博，有学识才能，不善于领导他人	分析型的、独立的、理性的、细心的、谨慎的、冷漠的、善于批评的、内向的、不摆架子的、好奇的、精确的、不合群的	主要指科学研究和科学实验工作 主要职业：自然科学和社会科学方面的研究人员、专家；化学、冶金、电子、无线电、电视、飞机等方面的工程师、技术员；飞机驾驶员、计算机操作人员等
艺术型（A型）	喜欢以艺术形式的创作来表现自己的才能，实现自身价值，具有特殊艺术才能和个性，乐于创造新颖的、与众不同的艺术成果，渴望表现自己的个性	复杂的、不切实际的、直观的、不守常规的、感情冲动的、有独创性的、善于表达的、独立的、敏感的、理想主义的	主要指各类艺术创作工作 主要职业：音乐、舞蹈、戏剧等方面的演员、艺术家编导；文学、艺术方面的评论员；广播节目的主持人、编辑、作家；绘画、书法、摄影家；艺术、家具、珠宝、房屋装饰等行业的设计师等

续表

劳动者类型	劳动者职业兴趣	劳动者人格特征	相对应的职业类型
社会型（S型）	喜欢从事为他人服务和教育的工作 喜欢参与解决人们共同关注的社会问题，渴望发挥自己的社会作用，比较看重社会义务和社会道德	向上的、乐于助人的、有责任心的、合作的、理想主义的、合群的、耐心的、八面玲珑的、友好的、仁慈的、善解人意的、慷慨的、有说服力的、温暖的	主要指各种直接为他人服务的工作，如医务服务、教育服务、生活服务等 主要职业：教师、保育员、行政人员；医护人员、衣食住行服务行业的经理、管理人员和服务人员；福利人员等
企业型（E型）	精力充沛、自信、善于交际、具有领导才能，喜欢竞争，敢冒风险，喜爱权力、地位和物质财富	精力旺盛的、好出风头的、乐观的、大胆的、兴奋的、自信的、外向的、合群的、野心勃勃的、滔滔不绝的、盛气凌人的	主要指那些组织与影响他人共同完成组织目标的工作 主要职业：经理、企业家、政府官员、商人、行政部门和单位的领导人、管理者等
常规性（C型）	喜欢按计划办事，习惯接受他人的指挥和领导，自己不谋求领导职位，不喜欢冒险和竞争，工作踏实，忠诚可靠，遵守纪律	小心的、缺乏灵活性的、有恒心的、遵守常规的、自我约束的、实际的、认真的、有条理的、拘谨的、被动的、顺从的、节俭的、有效率的、守纪律的、缺乏想象力的	主要指各类与文件档案、图书、统计表之类相关的科室工作 主要职业：会计、出纳、统计人员、打字员、办公室人员、秘书和文书、图书管理人员、旅游、外贸职员、保管员、邮递员、审计人员、人事职员等

五、无边界职业生涯理论

（一）无边界职业生涯理论产生的背景

1. 产业结构的调整和技术升级使得职业快速变化

英国《职业名称词典》第三版（1965年）列出21741个岗位，比第二版（1949年）增加8432个。第四版（1977年）又比第三版增加2000个，但第三版中的职业岗位有3500种在第四版中消失了。美国近5年中，有7000个职业消失了，但又新增加了8000多个职业。

在市场经济迅猛发展的中国，随着经济的不断发展和产业结构的不断调整和升级，一些新的职业不断出现，而一些传统的职业也正在不断消失。我国于1998年12月编制完成了《中华人民共和国职业分类大典》，并于1995年正式颁布实施。《大典》将我国职业划分为8个大类，66个中类，413个小类，1838个职业。《大典》颁布后，国家每年都会根据职业实际情况做出增补和调整，如2005年增加了77个新职业，2006年增加了82个新职业，2007年、2008年每年新增职业近100个，到2008年底，我国的职业细类（职业）已超过了2000种。与此同时，近200种职业在近几年消失了。

目前，我国正从传统的农业向工业和服务业转型，同时还面临从计划经济体制向市场经济体制转型。这种"双转型"背景对传统职业生涯理论产生了强大的冲击，职业的变化速度超过历史上任何时期。

当一些职业消失或一些新的职业机会出现时，个人的就业能力（而非专业能力）尤其是核心就业能力就显得非常关键。

2. 组织变革的影响

20世纪中后期以来，企业所面临的竞争环境变化剧烈，尤其是90年代以来，随着信息技术和知识经济的迅猛发展，组织结构正在发生着根本性的变化，从传统科层体制向更具柔性、更扁平的组织形式发展，出现了信息化、分散化、虚拟化、小型化等多元发展趋势。实质上，企业将外界环境剧烈变动的风险通过组织结构与雇佣形式的调整传递给了员工。结构变化促使工业化时代的管理规范、彼此依从的"正规就业关系"变得越来越宽松。这个变化过程正在促进新型就业形式的出现，也称为"非典型"就业。兼职工作、临时短期就业、派遣就业和远程工作带来了工作领域的新兴多样化，企业势必要改变传统的长期雇佣而代之以更具弹性的雇佣形式，如雇佣短期化、员工派遣、裁员等。

在此情形下，从发展的角度看，雇员所具有的企业特定技能（Firm-specific Skills）（主要是指专业能力）将失去市场价值。只有拥有就业能力，尤其是核心就业能力的雇员才能在劳动力市场上生存。菲利普·布朗（Philip Brown）指出取而代之的将是适应型组织，它用弹性范式（Flexible Paradigm）来概括新的组织特征。

3. 服务业发展带来的影响

与传统工业部门的生产流程和生产要求相比，服务业部门的劳动难以一步一步地实行标准化的控制。在服务行业，劳动分工更加模糊，工作分配更为复杂，个人也必须要对工作任务承担更大的责任。在服务业就业迅速增加及非服务业企业流程服务化的状况下，雇员需要更多的人际关系技能和积极的态度来处理与顾客的关系，协调好与其他雇员的工作关系。

当然，并非所有的组织都是扁平化的，都无法进行职业生涯管理。但从总体上看，所有职业生涯的无边界趋势都在增强。扁平化对职业生涯发展的直接影响是：中级岗位减少，职位数量减少，晋升的竞争压力增加。许多过去有希望晋升的人，由于组织结构再造而失去了晋升的机会，保住现有职位的难度增加。对于一些金字塔形组织，比如政府机构、学校、医院以及一些国有非营利性机构，过去的职业生涯成功指标仍然有效。

（二）无边界职业生涯理论

无边界职业生涯（boundaryless career）的概念最早出现于20世纪90年代，是由迈克尔·B. 亚瑟（Michael B. Arthur）在1994年《组织行为杂志》（*Journal of Organizational Behavior*）的特刊上首先提出来的，是指"超越单个就业环境边界的一系列的就业机会"。与传统的职业生涯不同，无边界职业生涯强调以就业能力（employability）的提升替代长期雇佣保证，使员工能够跨越不同组织实现持续就业。就业能力的提升成为无边界职业生涯理论所强调的重要方面。

无边界职业生涯中的"边界"，可以理解为工作的边界、组织的边界、工作关系的边界、雇佣关系的边界、工作角色的边界等。无边界职业生涯理论作为一种职业生涯发展趋势，打破了组织能提供终身雇佣的假设，彰显了个人职业生涯发展的不确定性、不稳定性、易变性和动荡性。

亚瑟用无边界职业生涯的概念描述了许多人的职业生涯不再是"绑定"或者受组织约束的事实。亚瑟和丹尼斯·M. 卢梭（Denise M. Rousseau）于 1996 年对无边界职业生涯理论做了进一步修正和丰富，使其逐渐发展成为一个颇具影响的概念。

继无边界职业生涯概念提出之后，霍尔（Hall）等人提出了易变性职业生涯（Protean Career）概念，以此来描述频繁的工作及组织变化。霍尔将变化视为现代职业生涯的内在特性，他所表达的核心概念与无边界职业生涯如出一辙。沙利文 1998 年开发的职业生涯分类方格，整合了职业生涯发展模型的文献，依据能力的可迁移性和内在工作价值两个维度，对职业生涯类型进行了区分，为研究个体从传统职业生涯向无边界职业生涯的转换和调整提供了有益的借鉴思路。

六、职业锚理论

职业锚理论产生于美国麻省理工学院斯隆管理学院施恩教授领导的专门研究小组，是对该学院毕业生的职业生涯进行研究而演绎成的。斯隆管理学院的 44 名 MBA 毕业生自愿形成一个小组，接受施恩教授长达 12 年的职业生涯研究，包括面谈、跟踪调查、公司调查、人才测评、问卷等多种方式，并根据这些资料进行研究分析，结论是这批人在毕业时所持有的就业动机与职业价值观，与十多年后的实际状况，无论是在心理需求、就业动机、职业价值观还是现实职业岗位等方面，都有一定的出入。前者与后者的差异原因在于，大学毕业生对自己的认识和对外界的认识有盲目之处、不准确之处，要经过相当长的时间，受到客观实践的矫正。薛恩指出，作为"自我概念"中最重要的"人对自身才能的感知"，只有在真正有了职业经历、工作体验后，才能够正确、清楚地估测出来。

职业锚（Career Anchor）是指当一个人面临职业选择的时候，他无论如何都不会放弃的职业中至关重要的东西或价值观。正如"职业锚"这一名词中"锚"的含义一样，职业锚实际上就是人们选择和发展自己的职业生涯时所围绕的中心，是企业和个人进行职业生涯决策时的核心因素，是判断人们是否达到职业成功的标准。

（一）职业锚类型

施恩教授在 1978 年时提出了职业锚概念，并将职业锚确定为八种类型，如表 3-3 所示。

表 3-3 职业锚的八种类型

类型	内涵
技术/职能型	该类型的人追求在技术/职能领域的成长和技能的不断提高，以及应用这种技术职能的机会。他们对自己的认可来自他们的专业水平。他们喜欢面对专业领域的挑战。他们通常不喜欢从事一般的管理工作，因为这意味着他们不得不放弃在技术/职能领域的成就
管理型	该类型的人追求并致力于工作晋升，倾心于全面管理，独立负责一个部分可以跨部门整合其他人的努力成果。他们想去承担整体的责任，并将公司的成功与否看成自己的工作。具体的技术/职能工作仅仅被看作通向更高、更全面管理层的必经之路

续表

类 型	内 涵
自主/独立型	该类型的人希望随心所欲地安排自己的工作方式、工作习惯和生活方式，追求能施展个人能力的工作环境，最大限度地摆脱组织的限制。他们宁愿放弃提升或工作发展的机会，也不愿意放弃自由与独立
安全/稳定型	该类型的人追求工作中的安全与稳定感，他们因为能够预测到稳定的将来而感到放松。他们关心财务安全，如退休金和退休计划。稳定感包括诚实、忠诚及完成老板交代的工作。尽管有时他们可以达到一个高的职位，但他们并不关心具体的职位和具体的工作内容
创业型	该类型的人希望用自己的能力去创建属于自己的公司或创建完全属于自己的产品（或服务），而且愿意去冒风险，并克服面临的障碍。他们想向世界证明公司是他们靠自己的努力创建的。他们可能正在别人的公司工作，但同时他们也在学习并寻找机会。一旦时机成熟，他们便会走出去创立自己的事业
服务型	该类型的人一直追求他们认可的核心价值，如帮助他人、改善人们的安全、通过新的产品消除疾病等。他们一直在追寻这种机会，这意味着即使变换公司，他们也不会接受不允许他们实现这种价值的变动或工作提升
挑战型	该类型的人喜欢解决看上去无法解决的问题、战胜强硬的对手、克服难以克服的困难等。对他们而言，参加工作或职业的原因是工作允许他们去战胜各种不可能。他们需要新奇、变化和困难，如果事情非常容易，这件事情马上会变得非常令人厌烦
生活型	该类型的人希望将生活的各个主要方面整合为一个整体，喜欢平衡个人、家庭和职业的需要，因此，生活型的人需要一个能够提供"足够弹性"的工作环境来实现这一目标。他们将成功定义得比职业成功更广泛。相对于具体的工作环境、工作内容，生活型的人更关注自己如何生活、在哪里居住、如何处理家庭事务等

经过几十年的发展，职业锚已经成为职业发展、职业生涯规划的必选工具。职业锚实际上是人的内心中个人能力、动机、需要、价值观和态度等相互作用和逐步整合的结果。在实际工作中，通过不断审视自我，逐步明确个人的需要与价值观，明确自己的擅长及今后发展的重点，最终在潜意识里找到自己长期稳定的职业定位，即职业锚。

（二）职业锚作用

职业锚作为一个人的自省的才干、动机与价值观的模式，在个人的职业生涯与工作生命周期中，在个人和组织的事业发展过程中都发挥着重要的功能与作用。

（1）选择职业生涯发展道路。职业锚是通过工作经验的积累产生并形成的，能够清楚地反映个人的价值观与才干，也能反映个人进入成年期的潜在需求和动机。个人抛锚于某一职业的工作过程，实际上就是个人自我真正认知的过程，认识自己具有什么样的能力、才干及需要什么。通过对职业锚的认识，可以找到自己长期稳定的职业贡献区，从而决定自己将来的主要生活与职业选择。

（2）确定职业生涯目标，发展职业角色形象。职业锚清楚地反映出个人的职业生涯追求与抱负。例如，技术/职能型职业锚的人，其志向和抱负在于专业技术方面的事业有成，有所贡献。同时，根据职业锚可以判断个人达到职业成功的标准，例如，对于管理型职业锚的人来说，其职业成功在于升迁至更高的职位，获得更大的管理机会。因此，明确自己的职业锚，可以帮助自己确定职业生涯成功的标准、职业生涯成功要求的环境，从而确定职业目标及职业角色。

（3）有助于提高个人的工作技能，提高自己的职业竞争力。职业锚是个人经过长期寻找所形成的职业生涯的定位，是个人的长期贡献区。职业锚形成后，个人便会相对稳定地从事某种职业。这样必然会积累工作经验、知识与技能，随着个人工作经验的丰富和积累及个人知识的拓展，个人的职业技能将不断提高，个人职业竞争力也随之增强。

上述职业规划理论都是成熟的经典理论，但是随着社会文化的变迁、经济结构的演化，职业生涯理论也必须不断地自我更新才能适应外界环境的变化，满足组织和个人对于长期发展的期望。

第三节　大学生职业生涯规划的重要性

毕业在即，如果有人问你，你毕业五年之后、十年之后的工作会在哪里？你是摇头、茫然，还是会自信地告诉别人：我早就定下了毕业后的计划，相信自己一定能达到某个目标。如果你的回答是后者，那么应该恭喜你，因为你已经懂得了做职业生涯规划的重要性，说明你离成功已经不远了。但是，在现实生活中，我们发现更多的人只是在抱怨："五年过去了，十年过去了，可我还在原地踏步。"如果你还在抱怨，如果你希望改变这种现状，那么你真的需要对自己进行职业生涯规划了。

一、职业生涯规划的意义

（一）职业生涯规划在国内悄然兴起

职业生涯规划的兴起，在我国是改革开放后伴随着市场经济的发展而出现的。在此以前，我国的职业市场还是以毕业生国家包分配为主，在工作单位分配上还是以捧"铁饭碗"为主，上大学选专业也是"服从分配"。一个大学毕业生毕业后被国家分配到某一个单位工作，一干就是几十年。在当时的这种环境下，根本谈不上个人的"职业生涯规划"，更多的是国家、社会或者是命运的安排。

随着改革开放后市场化的加快，人才由固定变为流动，个人开始自主选择职业、选择工作地点，开始享受择业的自由和自主，但也开始尝到了职场竞争的压力。这时候，职业生涯规划提上了日程，得到了人们前所未有的关注。

如何充分发挥自己的优势，提升核心竞争力，成了职场中人想得最多的事情。想在竞争激烈的职场中脱颖而出，就需要对自己的优势、兴趣爱好、职业市场的行情及未来职业发展状况等有一个充分的了解，当然还免不了适当地给自己加点儿"包装"。而职业生涯规划正随着人才的需求而不断丰满，从"我将要做什么？"到"我将要怎么做？""我的下一个工作将要做什么？"，以及"当我做现在的工作时，我将为我的下一个工作做什么准备？"等。现在，社会上越来越多的专业机构开始介入职业生涯规划方面的服务。在北京、上海、广州、深圳、青岛等经济发达城市，很多猎头公司或者职业指导中心都有针对性地为求职者提供此类服务。他们引进了欧美职业生涯规划系统，成立"职业生涯规划中心"，希望通过开展这项业务，让更多的职场人士接受系统的、专业的指导，帮助职场中人设立正确的职业目标，有步骤地成就自己理想的职业生涯。

（二）职业生涯规划创造非凡人生

毫无疑问，人生需要规划。或许有人会说，不搞职业生涯规划也能成功。你看那些处长、局长、名人、厂长、经理、专家，他们有的不也不明白职业生涯规划为何物吗？这实在是一个认识误区。设计职业生涯规划不一定都能成功，但没有设计很难成功。如果你做了职业生涯规划，你的事业会取得更快的发展，取得更大的成就。举一个通俗的例子，假如一个人现在住的是平房，他想在院子里盖间小厨房。等他确定了盖厨房这个目标后，他就会注意收集砖块、瓦片等材料，只要走在街上，他就会留意哪里有砖块、哪里有瓦片，碰见砖头捡块砖头，碰见瓦片捡块瓦片，经过一段时间，他就能把原料备全，最终就能把小厨房盖起来。可如果连盖厨房这个目标都没有，那么他走在街上就不会注意是否有砖块，也不会注意是否有瓦片，即使这些材料都摆在他的面前，他也会认为它们是没有用的东西。可见，如果有两个人，一个是有目标意识的人，一个是无目标意识的人，那么即便他们在同一条街上走过，其收获也会大不相同。所以，一个有职业生涯规划、定位和目标的人，和一个没有职业生涯规划、定位和目标的人，走过同样的人生，成就的事业也绝对不会相同。人生如同盖房，也需要有目标。现实中，有太多的事例可以证明，真正能够在职业生涯中取得成功的人，往往是那些有着清晰的科学的职业生涯规划的人。

职业生涯规划是人生事业成功的起点。

随着经济的发展、社会的进步，每个人都渴望实现自己人生价值的最大化。职场中残酷的竞争现实、复杂而多变的工作环境每时每刻都在提醒我们，要想取得事业的成功，要想不被淘汰出局，就必须设计好自己的职业生涯规划。

1. 职业竞争的残酷性

职业竞争的残酷性可以用这样一则寓言故事来说明：

狮子和羚羊

每天，当太阳升起来的时候，非洲大草原上的动物们就开始奔跑了。狮子妈妈在教育自己的孩子："孩子，你必须跑得再快一点，再快一点，你要是跑不过最慢的羚羊，你就会活活地饿死。"在另外一个场地上，羚羊妈妈也在教育自己的孩子："孩子，你必须跑得再快一点，再快一点，如果你不能比跑得最快的狮子还要快，那你就肯定会被他们吃掉。"

这个故事告诉人们：你跑得快，别人跑得更快。羚羊要不被狮子吃掉，唯一的办法，就是比狮子跑得更快。当今社会职业的残酷竞争要求我们，要保证在竞争中赢得胜利，唯一的办法就是不断超越别人。要达到这一目的，首先就要不断地超越自己，每天淘汰自己。否则，你就会被别人淘汰。

2. 人员流动的频繁——个人选择组织

计划经济时代，人们一般没有太强的择业观念，更多的是服从的观念，党叫干啥就干啥："我是革命一块砖，哪里需要哪里搬；盖了大楼不骄傲，盖了厕所不悲观。"因此，大多数人的工作往往是从一而终，在一个单位一干就是一辈子。今天，随着经济的快速发展，人们在转变就业观念的同时，职业和岗位的改变也越来越频繁。经常会发生这种情况，在刚刚毕业的一年内，有的同学竟然调换了六个单位，这其中还横跨三个行业。社会中的每一个人，都试图寻找自己最佳的市场定位，都渴望寻找实现自己人生价值的最佳平台。尽管许多专家反对过于频繁地跳槽，但是从这个角度来看，这种频繁跳槽的现象就可以理解了。当今社会，环境的不确定性是客观存在的，在这种条件下，我们就要通过设计职业生涯规划努力给自己寻找一个确定性。

3. 组织结构的调整——组织选择个人

社会在发展，历史在前进。大浪淘沙，组织结构也在重新整合。随着组织的发展，注定一部分原有的员工不再适合现在的工作要求，要离开组织，新的血液要补充进来。这种现状，无疑对每一位职场中人都提出了挑战。常言道，人无远虑，必有近忧。职业竞争不相信眼泪，只相信能力，唯一的办法就是好好规划自己，每天超越自己，以"己变"应"万变"。

4. 人生中多种层次的需要

人生在世，需要是多种层次的，人生所有层次需要的实现，都要借助工作这个平台。"工作"的含义有很多。人本主义心理学家马斯洛提出了著名的需求层次理论，他认为人的需求分为五个层次：第一层，生理需要。指人们为了生存的目的而对所需的衣、食、住、行、医等方面的生理需要。第二层，安全需要。指人们保护自己身体和情感安全的需求，是对稳定感、安全感、一种有秩序的生活的追求。第三层，社会需求。指被接纳和归属感、友谊、爱情及交流等方面的需求，突出表现在谋求使自己成为某一团队的成员以得到的一种归属感。第四层，尊重的需求。包括内部尊重和外部尊重，内部尊重是指自尊、自主和成就感，外部尊重是指社会地位、认可和关注等。第五层，自我实现需求。指一个人需要从事适合自己的工作，发挥自己最大的潜能，实现自己的事业理想，并能够不断地创造和发展。马斯洛称之为"越来越希望成为原来的自己，即成为自己有能力成为的人"。

二、对于大学生个体成长的重要性

职业生涯规划的目标在于寻找适合自身发展需要的职业，结合自身特点，准确定位，实现个体与职业的匹配，体现个体价值的最大化。每个人要想使自己的一生过得有意义，都应该有自己的职业生涯规划。大学生正处在生涯探索期和生涯建立期的转换阶段，主要的任务是通过生涯探索，明确发展方向，完成具体的职业计划和知识储备。这一阶段对于大学生的职业选择和今后职业生涯发展具有十分重要的意义。

（一）有利于大学生明确人生未来的奋斗目标

只有有了明确的目标，才会激励人们努力奋斗，并积极创造条件，实现目标，从而避免无目标地四处飘浮，随波逐流，浪费青春。事实证明，不少人事业失败，并不是他们缺乏足够的知识和才能，而主要因为没有规划好适合自己成长与发展的职业生涯，缺乏明确的人生奋斗目标。职业生涯规划在学生选择符合自己的兴趣、爱好、特长，适合自己个性特点，同时又能够满足自身需求的职业岗位的努力中，可以为学生提供有效的帮助。学生在经过自己认真选择的职业岗位上工作，利用自己的特长和优势努力创造业绩，取得成功，实现人生理想。在这样的职业岗位上工作，学生将会产生一种发自内心的满足感，他们会在自己的工作岗位上展示自己的人生价值，为社会做出应有的贡献。

（二）有利于大学生的个性发展和综合素质的提高

职业生涯规划是终身教育的一种形式，它是以素质教育为基础的。素质教育又是面向全体学生的教育，要求教师尊重学生的个性，承认学生个人的兴趣和志向的多样性和差异性，创造性地开展教育活动，充分挖掘其潜能，使每一个学生能够自主地、生动活泼地学习，促进学生全面发展。因此，职业生涯规划既要注重发展学生完美的个性，培养创新精神，又要注重把个性发展与社会需求有机结合起来。通过职业生涯规划，学生更加理智地认识自己、认识社会，使自己的人格不断完善，谋求自身发展，适应社会发展的需求，最终实现个人价值。

（三）有利于大学生进行准确职业定位

职业生涯规划的五大要素是：知己、知彼、抉择、目标、行动。其中，知己、知彼是抉择、目标和行动的基础。知己、知彼的实质是学生对于自身的客观认识和对环境的判断。在这一过程中，我们往往运用SWOT分析方法帮助学生了解自己的优势和劣势，并且让学生比较清楚地认识外界的机会与威胁。这些都有助于学生进行人生的准确定位，并根据自身的特点规划自己的大学生活，发扬长处，弥补劣势，针对性地挖掘个体潜力，提高自己，实现个体利益最大化。只有正确地认识了自己，才能对自己的职业做出正确的选择，才能选定适合自己发展的职业生涯路线，才能对自己的职业生涯目标做出最佳选择。

（四）有利于大学生转变就业观念

大学生职业生涯规划往往从学生进入大学就开始了，这种观念的引入，最直接的结果就是引发了学生对于职业与未来的思考——"大学毕业后我能干什么""现在社会需要什么样的人才""现在的就业形势怎么样"。这一思考过程就是学生关注外界就业环境、关注用人单位人才标准的过程，不仅让学生认识了形势，更促使学生用外界的职业需求与职业要求来指导自己的学习生活，提升自身的职业品质。学生通过长时间的关注与思考，对于就业将有全面的认识，有助于学生形成正确的就业观念。目前很多学生没有合理的就业观念，对自己没有正确的定位，这都是缺乏对职业全面认识的结果。社会上的职业多种多样，不同的职业对从业人员的知识、技能、素质等要求不同，而毕业生的自身条件也不一样，不同的个体所具有的素质也是千差万别。因此，要了解社会对不同职业的需求情况，了解自己的经济地位、社会关系，从而根据个人的优势选择自己的职业目标，选择比较适合自己的岗位。同时，要树立"只要依法从事有一定报酬的劳动，对社会发展做出贡献都属于就业"的大就业观，明确择业的标准只有"适合"与否，没有"好""坏"之分。

（五）有利于提高大学生的就业满意度

学生在职业生涯规划中，会评估职业能力倾向、测定职业兴趣爱好、了解性格和性格特点、找出擅长的技能。在不断关注用人标准的前提下，结合个体的职业理想，不断改进个体素质，并适时调整自己的职业目标（更趋实际），在动态中实现个人与职业的匹配，实现学生利益最大化，提高学生的就业满意度。

（六）有利于大学生实现学业与职业的良好对接

大学生职业生涯规划要求学生全面发展，努力提高学习成绩与能力素质，关注自身能力提高与职业要求的变化。以职业的要求规范自己，规划自己的学业与大学生活。努力实现大学生活"职业化"，实现学业与职业的无缝对接，实现人职匹配。

人生最大的快乐莫过于自己被社会接纳、欢迎和认可。所以，如何通过自己的努力为社会创造价值，就成为人生努力的一个方向、一个目标。而所有的这一切，都要借助职业生涯规划来实现。

第四节 职业生涯规划的基本方法和步骤

职业生涯规划的目的不只是协助个人按照自己的资历条件找一份工作，达到和实现个人目标，更重要的是帮助自己真正了解自己，为自己定下事业大计，筹划未来，拟定一生的方向，进一步详细估量内、外环境的优势和限制，在"衡外情，量己力"的情形下设计出各自合理且可行的职业生涯发展方向。主要从以下几个方面实施职业生涯规划，以达到最终目标。

一、了解职业生涯规划的基本要素

职业生涯规划的要素包括五个方面：知己、知彼、抉择、目标和行动。

知己，就是认识自己，了解自己，特别是了解自己的本性，包括了解性格、能力、兴趣、爱好、价值观，父母的管教态度，学校与社会教育对个人产生的影响等；知彼，就是探索外在的世界，包括认识和明了行业和职业的特性、所需的能力、就业渠道、工作内容、发展前景、工资待遇等；抉择，包括抉择技巧、抉择风格以及抉择可能面临的冲突、助力与阻力等；目标即树立目标；行动即采取行动。这五个要素缺一不可，环环相扣，是做职业生涯规划时必须考虑的关键因素。

二、采取切实可行的方法

职业生涯规划的方法有很多，大学生对自己的职业生涯进行规划时，可采取以下方法。

（1）按部就班法。大学生根据自身的学业及技能掌握情况，在不断努力的前提下，一切顺其自然，能够做到"接纳现实，顺应外界要求"，做出最好的选择，来体现自己的人生价值和意义。

（2）专家协助法。专家协助法就是指在有关专家的指导和帮助下制定职业生涯规划。专家的指导可以使职业生涯规划更科学、更有前瞻性。这里的专家既可以是职业生涯规划领域里的专家，也可以是学术研究领域里的专家，还可以是管理领域里的专家，通过他们的指导和帮助，大学生的职业生涯可以得到更科学的规划。一般而言，这种方法不能单独运用，要结合其他方法，因为即使是专家也不可能了解每一个学生的具体情况。专家协助法可以在很多步骤中用到，贯穿职业生涯规划的全过程。例如，对自我和环境的评估、对于有利因素的抉择、对于职业生涯目标的制定、对于具体行动的实施等都可以请教相关的专家。

（3）五W分析法。五个W，一般是指新闻五要素，什么事（what，何事）？谁被牵连到这个事件之中（who，何人）？这个事件是什么时候发生的（when，何时）？是在什么地方发生的（where，何地）？为什么发生这个事件（why，何故）？有的时候还要加上一个H（how，怎么样），即我该怎么做。在这里，大学生可以将五W分析法借鉴过来作为制订职业生涯规划的方法，也就是回答这几个问题：我有哪些优缺点，我学过什么，掌握了什么技能，为什么要做这个规划，什么时候开始实施，要达到什么职业生涯目标，采取什么方法去实现。回答了这些问题，一份职业生涯规划也就出来了。

（4）SWOT分析法。SWOT是优势（strengths）、劣势（weaknesses）、机会（opportunities）、威胁（threats）四个英语单词的首字母，是战略管理最常用、也是最有效的方法。近年来，SWOT分析法已被广泛应用于许多领域，如学校的自我分析、个人能力的自我分析等方面，大学生也可将其作为职业生涯规划的一种方法。首先，评估自己的长处和短处，分析自己独特的技能、天赋和能力。用列表的方式列出自己喜欢做的事情和长处所在，同样，通过列表找出自己的不足和弱势。例如，喜欢什么职业，打算怎么去实现等；同样，不喜欢什么职业，怎么去改进自己的不足等。其次，找出自己的机会和威胁，学过什么、掌握了什么、什么是自己最精通的等。然后，根据自己的情况列出自己争取不同岗位的优势和劣势。最后，根据自己的优势和劣势，结合目标，制订行动计划，这一步主要涉及一些具体的内容。如果需要一些外界帮助，要确定需要什么样的帮助及如何获取这种帮助。

（5）PPDF法。PPDF的英文全称是Personal Performance Development File，中文意思是个人职业表现发展档案，也可译为个人职业生涯发展道路。在发达国家的不少企业里都有一种被称为PPDF的东西，企业将所有员工的个人发展同企业的发展紧紧地联系在一起，为每个员工都设计了一条经过努力可以达到个人目标的道路，使员工明确只要公司发展，个人的目标也就可以实现。这实际上是一种极有效的人力资源开发的方法。PPDF的主要内容包括三个方面：第一，个人情况（个人简历、文化教育、学历情况、曾接受过的培训、工作经历、有成果的工作经历、以前的行为管理论述、评估小结）；第二，现在的行为（现时工作情况、现时行为管理文档、现时目标行为计划）；第三，未来的发展（职业目标、所需要的能力和知识、发展行动计划、发展行动方案）。

职业生涯规划的方法因人而异，可以借鉴以上常用的方法，也可以找到一些适合自己的独特的方法。一般来说，在职业生涯规划的过程中不会只用单一的方法，而是多种方法的有机结合。

三、大学生职业生涯规划的步骤

职业生涯设计基本上可以分为充分认知自我、充分了解职业、确定职业发展目标、确定职业生涯策略、评估与反馈五个阶段。

通常，一份好的职业生涯规划应包括以下五方面内容：

（1）确定职业目标；

（2）确定成功标准；

（3）制订职业发展通路计划；

（4）明确需要进行的培训和准备；

（5）列出你的时间安排。

针对以上五方面内容，职业生涯规划可以从以下几个步骤进行。

（一）充分认知自我

每位设计者都无法避免对自我和外在环境的了解，认知自我的目的是认识自己、了解自己。只有认识了自己，才能对自己的职业作出正确的选择，才能选定适合自己发展的职业生涯路线，才能对自己的职业生涯目标作出最佳选择。认知自我包括自己的性格、兴趣、特长、学识、技能、思维、道德水准以及社会中的自我等。环境评估主要是评估各种环境因素对自己职业生涯发展的影响，每一个人都处在一定的环境之中，离开这一环境便无法生存与成长。所以，在制定个人的职业生涯规划时，要分析环境条件的特点，环境的发展变化情况、自己在这个环境中的地位、环境对自己提出的要求以及环境对自己有利的条件和不利因素等。只有对这些环境因素充分了解，才能做到在复杂的环境中趋利避害，使自己的职业生涯设计具有实际意义。

只有真正充分认知自我，才能找到自己的准确定位。认知自我是设计职业生涯规划的基础，因此一定要全面、客观、深刻，决不回避自己的缺点和短处。在认知自我方面，往往"当局者迷、旁观者清"，我们可以参考家庭、同学、老师和其他专家的意见，力争对自己真正全面地认识。首先，问问自己的优势和弱势。

1. 你的优势

（1）你学习了什么？在校期间，你从专业学习中获取了什么收益？社会实践活动提高和升华了你哪方面的知识和能力？努力学好专业课程是职业设计的重要前提。要注意学习、善于学习，同时要善于归纳、总结，把单纯的知识真正内化为自己的智慧，为自己多准备点儿后备能源。

（2）你曾经做过什么？例如在校期间担任的学生职务、社会实践活动取得的成就及工作经验的积累等。要提高自己经历的丰富性和突出性，你应该有针对性地选择尽量与职业目标相一致的工作项目，坚持不懈地努力工作，这样才会使自己的经历有说服力。

（3）你最成功的是什么？你做过的事情中最成功的是什么？你是如何成功的？通过分析，可以发现自己的长处，如坚强、智慧超群，以此作为个人深层次挖掘的动力之源和魅力闪光点，形成职业规划的有力支撑。

2. 你的弱势

也就是你目前的不足或能力的欠缺。

（1）性格的弱点。人无法避免与生俱来的弱点，这就意味着你在某些方面存在先天不足，是你力不能及的。多安下心来，跟别人好好聊聊，看看别人眼中的你是什么样子，与你的预想是否一致，找出其中的偏差并弥补，这将有助于自我提高。

（2）你的经历中所欠缺的方面。欠缺并不可怕，怕的是自己还没有认识到。正确的态度：认真对待，善于发现，努力克服和提高。

通过以上自我分析与认识，可以解决"我选择干什么"的问题。职业方向直接决定一个人的职业发展，因此需倍加慎重，选错了行业，可能会毁掉自己本该有所作为的人生。其次，再问问自己，你对职业了解多少？

（二）充分了解职业

在认知自我的基础上，进一步认识职业，解决其存在的理想与现实、价值观与兴趣、能力与兴趣、喜好与家庭经济状况之间的冲突。因此，认识职业本身是即将步入职场的大学生作出职业选择的重要前提。认识职业首先应了解某种职业的工作性质和工作内容，工作的主要职责，以及所需的知识和技能等方面的要求。

只有对某种职业有了清晰的认识，在择业时才会考虑将职业与个性匹配。通常情况下，适合自己所从事的职业可能不止一个，在有多个职业可供选择时，则应对比了解职业的就业机会和前景、所在单位的行业性质等，辅助其作出职业选择。

在我国，许多较为专业的人才网站及报刊等媒体，都会定期发布一些职位空缺信息。一般来说，有些职业类别空缺较多，如网络工程师、股票经纪人、风险投资评估人、计算机软件人员、人力资源管理等职位。另外，一些迅速发展的资金密集型和技术密集型行业，如房地产、汽车、保险等领域对人力的需求也存在较大的缺口。从我国的经济发展趋势看，第三产业是发展潜力很大的一个领域，因而从业人员由制造业领域向服务业领域转移是世界性的趋势。大学生只有对职业及职业发展前景有一个正确的认识，才能作出正确的职业决策。当你完成上述两项之后，你就可以确定职业发展目标。

（三）确定职业发展目标

在充分、正确地认知自我、了解职业的前提下，可以进一步确立自己的职业发展目标。那么，如何确定职业发展目标呢？通常，在自我调查、评估、定位之后，根据社会的需要和环境的许可程度，将自我动机和需要以奋斗目标的形式与社会需要相结合，来制定职业发展目标。

概括来讲，职业发展目标的确定有六个步骤，建议大学生分期规划、分段实施，并注意根据环境和条件的变化进行适时的调整。

大学生应当根据个人不同的情况，制订一个整体生涯规划，作为一个纲领性长期规划；或者制订一个3~5年的生涯规划，作为一种发展的中期规划；或者制订一个1年的生涯规划，作为一个可操作性强、变化较小的短期规划。有了规划，生活就有了目标，不会迷失前进的方向。尤其要注意的是，职业生涯规划是人生规划的主体部分，是同个人、家庭和社会生活结合在一起的，是和个人追求幸福生活密不可分的。所以，制订职业生涯规划要和个人人生目标结合起来，要把职业生涯和家庭、社会生活结合起来。

（1）你要在心里确定你希望达到的目标（用目标值量化）。
（2）确确实实地决定，你将付出什么努力和代价去换取你所要达到的目标。
（3）确定一个固定的日期，一定要在这一日之前达到你的目标。
（4）拟订一个实现目标的计划，并马上行动。
（5）将以上四点清楚地写成"成功目标誓词"。
（6）每天早晚各一次，大声地朗读你的"成功目标誓词"。

在设计职业发展规划时，必须关注职业生涯策略，这将有助于你事业的成功。

（四）确定职业生涯策略

1. 制订职业发展通路计划

把职业生涯中的重要方面如发展、调动、晋升等结合在一起，它的第一个步骤是确定组织内部的职业生涯通路。职业生涯通路实际上包括一个个职业阶梯，个人由低至高拾级而上。例如财务分析员—主管会计—财务部主任—公司财务副总裁。可以按照职业生涯通路来安排个人的工作变动，从而训练与发展担任各级职务和从事不同职业的广泛能力。

职业生涯通路计划应该包括以下内容：

（1）描述各种流动的可能性。

（2）反映工作内容、组织需要的变化。

（3）详细说明职业生涯通路的每一职位的学历、工作经历、技能和知识。

2. 明确需要进行的培训和准备

你可以列一个目录：在你的职业生涯与生活中，什么做得好？什么做得不好？你还需要什么（学习或者增加经验）？另外，怎样应用你的培训成果？你拥有什么资源？那么，你现在应该停止做什么？开始干什么？培训和准备的时间如何安排？

3. 确定职业生涯运行方案

这是为实现职业目标而制定的行动方案，需要具有较强的可行性。在制定自己生涯规划时，要确定自己未来职业发展的领域，确定自己何时在企业内部发展，何时重新选择，以及其发展通路是怎样的。职业发展的领域大体有以下两种形态。

（1）技术型

典型特征：性格内向，喜欢独立思考，做事谨慎细致。职业选择时，主要注意力是工作的实际技术。即使提升，也不愿到全面管理的位置，而只愿在技术职能区域内提升。

成功标准：在本技术区达到最高管理位置，保持自己的技术优势。

主要职业领域：财务分析、计划。

典型职业通路：财务分析员—主管会计—财务部主任—公司财务副总裁。在承担主管会计两年后，如果本企业发展不佳，则到大中型企业发展。

培训和准备：两年内取得注册会计师资格，在业余时间进修管理学知识。需要提高处理信息的能力，保持积极的心态。

（2）管理型

典型特征：考虑问题比较理智，善于从宏观角度考虑问题。能在信息不全的情况下，分析解决问题，善于影响、监督、率领、操纵、控制组织成员，善于使用权力。

成功标准：管理越来越多的下级，承担的责任越来越大，独立性越来越大。

主要职业领域：企业组织或部门的主要负责人。

典型职业通路：工人—生产组组长—生产线经理—部门经理—行政副总裁—总裁。在公司内部发展。

培训和准备：不断接受先进的专业理论、系统接受人力资源管理的培训。需要在人际交往上做些努力。

以上是制定职业生涯规划的几个步骤。其实，根据未来职业方向选择一个对自己有利的职业和得以实现自我价值的组织，应该是每个人的良好愿望，也是实现自我价值的基础，但这一步的迈出要相当慎重。尤其需要提醒的是，就人生第一个职业而言，它往往不仅是一份单纯的工作，更重要的是它会初步使你了解职业、认识社会，从一定意义上讲，它是你的职业启蒙老师。例如，你欲从事技术工程师工作并想有所作为，你可以设定自我发展计划：选择一个什么样的组织，预测自己在组织内的职务提升步骤，个人如何从低到高拾阶而上；从技术员做起，在此基础上努力熟悉业务领域、提高能力，最终达到技术工程师的理想生涯目标；预测工作范围的变化情况，不同工作对自己的要求及应对措施；预测可能出现的竞争，如何相处与应对，分析自我提高的可靠途径；如果发展过程中出现偏差，如果工作不适应或被解聘，如何改变职业方向。

在事业发展的过程中，随时会遇到诸多改变你职业生涯设计的因素。因此，良好的职业生涯规划一定要随时关注社会和环境的改变对你已有规划的影响，这就需要下一个环节。

（五）评估与反馈

俗话说："计划赶不上变化。"尤其在现代职业领域，只有变化才是永恒的主题。影响职业生涯设计的因素诸多，有的变化因素是可以预测的，而有些则难以预料。人是善变的，环境也是多变的。成功的职业生涯设计需要时时审视内外环境的变化，不断对自己的设计进行评估和修订并调整前进的方向和步伐。

通过以上的简单步骤和原则，个人就可以设计职业生涯规划了。根据个人职业生涯规划的实施情况，根据周边环境的变化，可以进行适时的调整。最后，要提醒的是，人生成功的秘密在于当机会来临时你已经充分地准备好了。机遇只留给有准备的人。

西方有句谚语："鹰有时飞得比鸡还要低，但鸡永远也飞不了鹰那么高。"有识、有志、有恒，我们每一位大学毕业生都应当有这个信念。

国外的一个科研机构对100名大学毕业生进行了几十年的追踪、调查，当这些大学毕业生刚刚大学毕业时，科研机构对他们的人生目标进行了询问，发现只有十几个人有模糊的目标，其中四人有明确的目标。在跟踪了20年以后，科研机构发现，在这100名毕业生中，绝大多数都默默无闻，只有那四位毕业生在事业上取得了巨大的成功——这四人财富的总和远远超过了其余96名毕业生的财富总和。所以，定准一个方向，持之以恒，不懈地努力，这是取得成功的关键。

在每年进入就业市场的庞大的年轻人群中，其中10%是大学毕业生，他们是其中的佼佼者。在昔日的高考中，已表明他们曾是优秀的一群人。在激烈的就业竞争中，他们也不会久居人后。对于绝大多数大学毕业生来说，只要了解自己面临的处境，找准了努力方向，对自己的职业生涯进行科学的设计和规划，并持之以恒地坚持下去，用不了多久，高等教育所培养的潜在素质和优势就会迸发出来，他们很快就会后来居上，用实力证明自己确实很优秀。

第五节　职业生涯规划的误区分析

未来的世界：健康与成绩，方向与努力，能力与知识，生活与文凭，情商与智商都同样重要！实现职业目标有很多的途径，每个途径都是不同的职业因素的组合。虽说"条条大路通罗马"，但如何寻找一条最近最快的道路去罗马，更快地实现我们的职业目标，职业理想是特别需要重视的。个人当在进行职业生涯规划时，往往会因为不够全面了解职业生涯的内涵而存在认识误区。那么对于职业生涯规划存在的误区具体有哪些呢？

1. 错把梦想当目标

在职业发展的道路上，你的心有多大，舞台就有多大。但有些大学生却把职业理想当成了目标。目标应当是可以实现的，是在实现职业理想过程中的阶段划分。只有把宏大的职业理想转化为无数可实现的目标，职业理想才会最终得以实现。

2. 错把手段当目的

把职业理想转化为职业目标后，要看看有哪些手段可以实现职业目标。在这个过程中，不要把实现目标的手段当做做事的目的。很多人在选择操作手段时忘了选择手段是为了什么，从而导致做了事却没有实现目标，或者为了做事而做事。

3. 错把途径当结果

实现职业目标有很多的途径，要结合自己的综合因素去选择一条最适合自己的途径。只有实现了职业目标才是最终结果。例如，有的学生的职业目标是销售总监，他的晋升途径是：销售代表→业务员→销售主管→区域销售经理→销售部经理→销售总监。这个途径的每个阶段都是为实现销售总监这个结果而服务的。有些学生在做了销售主管后，就没有向区域销售经理发展的意识和冲劲了，销售总监的目标自然落空了。

4. 错把行业当岗位

许多大学生的求职简历上写着这样的求职意向：建筑设计院、建筑施工单位、市政工程公司、与建筑相关的公司。显然，这是求职的意向行业，而不是求职的具体岗位。

5. 错把就业当择业

相当多的大学生把就业当做了择业，他们以为做着工作总会学到些东西，其实不然，在职业发展这个层次上，选择方向比努力更重要。如果方向都错了，那走得越远离目标也就越远。

6. 错把择业当专业

在选择职业和就业岗位时，许多大学生把自己所学的专业当做择业的关键因素。其实，只有我们的职业目标与专业高度相关时，专业才是影响择业的关键因素，否则，就不必为专业所限。

7. 错把专业当能力

如果所学的专业并非将来要从事的，无论你的专业知识学得多么好，那都不能完全反映你的能力，因为它对减少你的岗位差距起不到任何作用，更不要指望以专业来提升核心竞争力了。

8. 错把知识当技能

在应聘目标岗位时，许多大学生把自己所学的理论知识当做了岗位要求的操作技能。任何一个工作岗位，除了要求你必须具备一定的理论知识外，还必须掌握相应的操作技能。知识更多地表现你知道什么，你理解了什么，而技能则表示你会做什么，能做好什么。

9. 错把兴趣当工作

有些大学生把兴趣爱好作为选择职业的关键因素，或者为兴趣爱好所左右，这种误区影响着毕业生的择业观。其实，能把兴趣和爱好作为职业的人很少，也很难。兴趣、爱好有时不一定适合职业。

10. 错把经历当能力

一些大学生确实有一些社会实践的经历，如做过家教、促销员、服务员等。事实上，经历并不代表能力，每个人都有经历，但并不是每个人都能在此基础上形成能力。

人们总是习惯于低估自己，结果往往弄假成真。对此，心理学家罗洛·梅总结道："许多人觉得，在命运面前，自己的力量微不足道，打破现有的框架需要非凡的勇气，因而许多人最终还是选择了安于现状，这样似乎更舒适些。所以在当今社会，'勇敢'的反义词已不是'怯懦'，而是'因循守旧'。"许多人的脑子里总有这样一个专门唱反调的旁白，这个旁白总是在各种场合给你泼冷水。这个小精灵永远是一副和蔼可亲的、言之有理的样子，它打消你的自信心、鼓励你自我克制，警告你不要冒险，结果使你永远在原地踏步。你得善于识破它的小花招，不然的话，它就会得逞，让你永远一事无成。在进行职业生涯规划时，对自我认知以及环境认知要有充分的了解，切合实际的目标，包括个人的价值、兴趣、能力及期望的生活形态，使用正确的方法，才能避免陷入误区。

复习思考题

1. 良好的职业生涯规划需要具备哪些特性？
2. 职业生涯规划主要包含哪些基本理论？
3. 简述职业锚的作用。
4. 职业生涯规划时主要采取的方法有哪些？
5. 职业生涯规划存在的误区主要有哪些？

案例讨论题

迷 茫

事件一：

2018年年底的一天，学生小王的本科生毕业论文指导教师，约见小王来讨论毕业论文的选题，并提醒，毕业论文选题尽量与自己的学术兴趣、未来的职业取向以及现有的学科优势等方面结合。小王显得有些不知所措，无从着手，最后道出一句令笔者困惑不已的话："老师，让我回家和我妈商量一下好吗？"

事件二：

一位迷茫的大学生来信说："我是一名大一的本科生，即将升入大二。听老师和高年级的同学讲，现在大学生就业竞争十分激烈，既需要各种证书，也需要实际工作能力和工作经验，因此，我很担心毕业后找不到理想的工作，于是下决心考研，但是又担心考不上，我该怎么办？"

事件三：

2019年的秋天，笔者收到一封来自美国的电子邮件，发件人是笔者所在学校的一名本科毕业生小胡，在笔者教授的"大学生就业与职业生涯发展"课程中，小胡曾与笔者进行过交流。小胡同许多学生一样，毕业后选择出国深造。在邮件中，小胡诉说了他在美国学习生活的种种不愉快与对未来的茫然。对于小胡出现这种情况，笔者并不感到惊讶，因为在当时课程交流过程中，笔者在问小胡为何选择出国时，小胡竟说不出具体原因，只如此回答："我就知道美国很好，家里人又负担得起我出国的费用，所以我选择出国，将来如何再说吧。"

事件四：

小李是北京某985高校的大学生，来自农村的她，凭借着自己的努力以优异的成绩来到北京上大学，成为十里八乡的骄傲。在大学里，小李同样延续着之前的状态，一门心思全放在学习上，不喜欢与同学交往，大学四年甚至连一个朋友也没有。当笔者与小李深入交流时，得知小李家中由于兄弟姐妹多，家庭负担重，因此家庭经济条件非常不乐观，并且在父母的观念里，身为女孩子的她应当早点像大姐她们那样出去打工供弟弟上学，但是小李不甘心于此。为了摆脱这种命运，她一味地努力学习，就想着尽快逃离，期望以成绩向大家证明自己，并做出点儿什么事情让众人刮目相看。在这一过程中她不断压制自我，缺乏对自己的客观认知，总而言之就是缺乏内心建设，更多的是急功近利地只重视结果导向。对此，笔者十分担忧：无法看清自己的起点，忽视家庭的她，当结果好的时候，小李的这种状态不会有大的问题，但倘若结果与期望相左，只怕对于她会是一场灾难。

事件五：

笔者在进行学生就业调研的过程中，遇到了所在学校的一位毕业生小陈。在访谈过程中笔者了解到，小陈的父母都是公务员，从小无论什么事情父母都为小陈安排妥当，上哪个学校、学什么专业、去哪里工作，一切都在父母的计划里，而小陈也已经习惯于听从父母的安排，对于为什么要工作甚至人生的意义是什么，小陈是云里雾里的，最后只剩下"父母安排我做什么就做什么"的观念，而自己没有任何想法。

讨论问题：

1. 请分析几则事件产生的原因有哪些？
2. 你周边是否存在案例中的类似情况？思考遇到这样的情况应该如何应对？

第四章　职业生涯规划的自我认知

案例导入

认识自我是关键

小王是个乖巧的女孩子，圆圆的脸庞，可爱的大眼睛，流露聪慧内秀的气质。她的爱好有很多：媒体采编、形象设计、企业培训，还希望当歌星。然而她现在是一个国有单位的科员，负责管理项目技术资料。用她的话说，这是一份"沉闷至极，且没有发展前途"的工作。

"这些年我一直在努力，希望找一份我感兴趣的工作，但我只是一个民办本科生。""父母帮我找到了现在这个工作，他们觉得很好、很稳定，但是我们单位是搞地质勘探的，我没有专业技术，一点儿兴趣也没有。""我想重新找个工作，但是爱好太多了，而且我学得也都不精，家里也没有多少钱可以供我试水。我考虑过开一个形象工作室，但是资金不够；我还想去外企工作，可我学历低，很可能应聘失败；我也打算去媒体应聘，但我没有专业经验，去了之后会不会不合适？""另外，我现在享受体制内的各项福利，收入在当地是中等水平，假如辞职，估计一时很难达到这个水平，工作也失去了保障……"

你了解自己的兴趣吗？是否应该为了自己的兴趣有所坚持呢？你是否也存在同样的困惑呢？

第一节　大学生自我认知主要内容及现状

一、自我认识

对于学习、生活、工作，很多大学生会感到迷茫和困惑，究其原因主要是对自己不了解。人本主义心理学家罗杰斯曾表达过一个精辟的观点：一个人只有深深地理解和接受自己，才会深深地理解和接受他人和世界。每一个人都有一个主观的现象世界，并且生活在变化的主观经验世界里，个人对自己的态度、感情和其他内在状态主要就是通过这个主观世界去感知，从而形成对自我的一种感知。

具体说来，自我认识可以用"两面三点"来描述。所谓"两面"，是指自我知觉所反映的对象包括两个方面，一面是个人的各种特点和能力，另一面则是自己与他人以及环境的关系。所谓"三点"，则是指对上述两个方面的反映性质，包括知觉、评价和理想。自我认识的核心是对个人特点以及个人所处环境关系的知觉和评价。而人的发展总是在不断地自我认识的过程中实现的，"认识自我"作为人生的一个特定命题和终身任务，总是伴随着我们的一生。作为终将会开启自己的职业生涯的大学生，在进行自我认识的时候尤其要关注职业自我。

二、职业认知

了解职业自我、接纳职业自我、发展职业自我，是个人职业生涯通向成功的前提。规划职业生涯的第一步，就是投入精力好好地认识自己，发现自己的所爱、所想、所适、所能、所重和所需。确定了自己的位置，才能确定自己的职业目标和行动方向。那么，何为职业自我呢？美国职业心理学家舒伯认为，职业自我概念是一个人整体自我概念的重要组成部分，是整体自我概念在职业选择和职业发展上的反映。职业自我是指个人对自己的职业爱好、能力、价值观及人格特征等方面的熟悉，在青春期前形成，然后逐步明朗，并于成人期由自我概念转化为职业生涯概念。职业自我是其职业发展理论中的核心概念。也有学者将职业自我综合起来，分为六大类，即表现自我、发展自我、动力自我、个性自我、品德自我和背景自我，如图 4-1 所示。

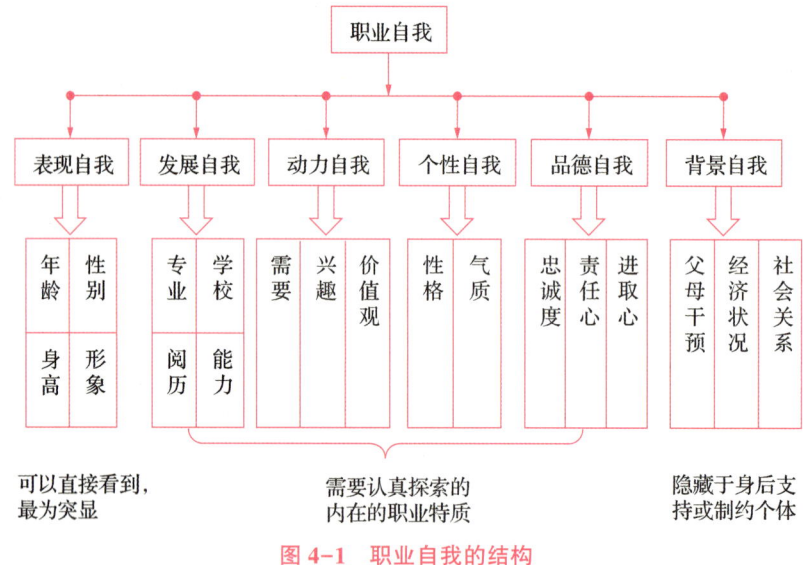

图 4-1 职业自我的结构

三、当代大学生自我认知现状

通常而言，自我认知伴随着生存经验和差异性比较，直接的结果就是明确"自我"和"他我"，并不断探索个性发展的生存之道。目前，国内大学生的自我认知水平总体较高，但年级差异明显，大一学生容易以高考分数和学习成绩作为自我认知的核心衡量标准，较易产生过高或者片面的自我认知。进入较高年级，学生面临升学、求职等方面抉择的迷茫与压力，容易产生焦虑、急躁的心理，在自我认知上表现出较强的矛盾性。最终，多数大学生经过完整和系统的高校职业发展教育，对自身的兴趣爱好、性格特长、价值取向等方面进行探索，能够拥有客观且全面的自我认知水平。从职业发展角度而言，自我认知水平的高低将影响工作定位，良好的自我认知水平会为大学生的职业发展夯实基础，实现成功的职业生涯规划。

第二节　自我认知偏差表现及其分析

正确的自我认知是成熟人格的标志，也是通往成功职业生涯的必由之路。但是，大学生由于自我意识尚在发展过程中，心理尚未完全成熟，往往会出现自我认知的偏差。与其他群体相比，大学生表现出较高的自尊与自信，他们渴望成功、不甘落后、对成功的渴望与预期高，特别是当小小的成就来到身边时，很容易表现出骄傲自大、唯我独尊、自我中心的倾向，好像世界尽在手中掌控。当遭遇失败与挫折时，有时甚至只是小小的失利，如考试失败、求职失败等，他们便开始怀疑自己的能力，进而产生自我否定、自我怀疑甚至自暴自弃，陷入深深的自卑之中。这些都与大学生自我认知不良、自我定位不准确有关。正确地了解自我认知偏差及其深层次原因将有助于大学生更好地认识自我并规划自身的职业生涯，正所谓"知己知彼，百战不殆"，常见的自我认知偏差表现为以下几类。

一、自我贬损型

由于总是积累失败与挫折的经历，有的大学生对自我的评价较低，时常伴有没有价值感、缺乏信心、自我排斥、自我否定。拥有这种心理的人遇事总会胆怯、心虚、逃避、退缩，没有主见。他们不但不接纳自己，甚至自我拒绝，自我放弃，表现为没有朝气、随波逐流、缺少激情、生活没有目标，其结果是更加自卑，从而失去进取的动力。

二、自我夸大型

这一类大学生对自我的评价非常高，往往脱离客观实际，常常以理想自我代替现实自我，盲目自尊，虚荣心强，心理防御意识强，缺乏自知之明，往往以为自己对而别人错，把自己的意志强加给别人，不能与人和睦相处。其行为结果要么表现为缺乏理智，情绪冲动，忘记现实自我而沉浸于虚无缥缈的自我设计中；要么自吹自擂，自我陶醉，却不去为实现自我做出努力。自我贬损型与自我夸大型的共同特点是对自我认知不正确，理想自我不健全，缺乏实现理想自我的手段，都是不健康的自我整合。大学生中这种类型的人虽然较少，但严重者可能用违反社会规范或违法犯罪的手段来谋求自我意识的整合。

三、自我冲突型

自我冲突型表现为自我认知或高或低、自我体验或好或坏、自我控制时强时弱、心理发展极不平衡。有时显得自信而成熟，有时又表现出自卑而不成熟，让人无法评估。自我冲突的人表现为两种类型：自我矛盾型与自我萎缩型。自我矛盾型的大学生内心冲突激烈、持续时间长，自我认识、自我体验、自我控制不稳定。例如，有的大学生可能既是一个自信的人，也是一个自卑的人；既是一个诚实的人，也是一个骗子；既是一个性格孤僻的人，也是一个善于交际的人。自我萎缩型的大学生缺乏理想自我，但又对现实自我深感不满，他们消极放任、自怨自艾，甚至麻木、自卑，以至于越来越消沉，对自己丧失信心，严重的还可能会导致精神分裂症或绝望轻生。因此，自我冲突型的大学生要逐渐调整自己的自我认知，客观认识自己与他人，客观看待成功与挫折，这样才能使自我意识在良性轨道上循环。

四、自我迷茫型

大学生心中承载着无数的梦想，每个人都渴望登上成功的天梯。他们有抱负、有追求、有理想，成功欲望强烈，特别是当市场经济将人们的成就意识凸显时，很多大学生心中有着像比尔·盖茨般成功的梦想，他们为自己设定了一个美丽的"理想我"，也对大学生活进行了理想化的设定。但在他们踏入大学后，现实与心中的理想形成了巨大的反差，使他们出现了"理想真空带"与"动力缓冲带"，一时间找不到自己生活的方位。对理想自我的渴望与对现实自我的不满构成了这一时期大学生自我认知迷茫的来源，这时的他们不知道自己在现实中的位置，不知道到底该怎样定位自己，甚至会怀疑自己原来的积极自我评价和远大理想。当"现实我"距离"理想我"太过遥远时，大学生会产生各种各样的心理不适，变得平庸无为、变得无所事事、变得没有动力。

第三节　大学生自我认知的主要方法

在进行职业生涯规划的过程中，以积极、客观的态度来认识自我是做出正确规划的前提，而能够通过有效的方法来认识自我则是实现这一前提的关键。

一、现实情景检验法

在苦苦地寻觅自己的时候，很多人忘记了一个最质朴的方法，那就是在现实情景的释放中去认识自己。金利来公司在招聘员工的时候，总是在等候大厅里随意地放倒几个拖把，丢弃一些垃圾，甚至有的时候会有突然奔跑的孩子摔倒。在等待面试的人中，有的人聚精会神地背诵着求职的黄金法则；有的人不断地装饰自己的衣着；有的人仔细地阅读关于公司的背景资料；有的人会很自然地扶正放倒的拖把，捡起垃圾，扶起摔倒的孩子。最后的结果是扶正拖把，捡起垃圾，扶起孩子的人会被录用，因为他们在没有任何矫饰和防御的情况下，自然地释放着对人、对事和对周围环境的一种态度。

二、从过去的成长经历中去认识自己

北野武这位享誉国际的日本籍导演曾经以《坏孩子的天空》《菊次郎的夏天》等多部电影赢得了广泛的赞誉，他对20世纪90年代的日本电影有着深远的影响。有一次在接受电台的采访时，他自己坦言其实在他的潜意识里，总希望通过暴力引起别人的注意和关怀，他最想引起父母对他的注意和关怀，正是这个情节成就了他的创作基调。每个人的成长都是有积累的，每个人都是背负着成长的经历走到了今天，你的过去一定给你的今天抹上了一缕特殊的色彩。有一位心理学家形象地说："你现在的人际关系是你过去人际影响的全部总和的再现。"从这个角度去认识自己也是一个很好的方法。人格的发展和其生命中重要的他人之间的关系息息相关。生命中重要的他人不仅可以造成一个人的心理情绪失调和心理病理状态，他（她）也可以塑造一个人的正常心理功能、领导力和天才发展。

三、适当地利用心理投射测验

在信息传播如此迅速的今天，也有一些学生选择网络上的一些投射测验，或者短信上的一些投射测验来了解自己，一部分同学对杂志上的投射测验也非常感兴趣。但是投射测验应该是很严肃地去选择、应用和解释的，所有的心理测验都应该是中国心理测量委员会正式出版和声明有效的才可以去运用。再者，心理测验的解释很重要，解释不当会给人带来负面的暗示。

四、通过镜像自我来了解自己

著名的社会心理学家库利提出，"别人的存在就像是你的镜子"。通过别人对自己的态度和行为方式来了解自己、判断自己，给出一个客观和公正的定位。每个人在社会生活中都会有人告诉你真实的声音，这些声音在你的成长中是宝贵的。如果你有10个朋友，他们就像你的10面镜子，从不同的方向照射你，促进你的自我完善。不要怕刺眼，勇敢地正视镜中的自己。

五、通过内省的方法来了解自己

人能够与自己的内心真实地接触，和自己进行对话，来反思和认识自己也是一个很好的方法。《论语》中，孔子说要"吾日三省吾身"。人在内心深处整理自己的时候，会发现自己以前不曾发现的领域，甚至有的时候会产生顿悟，心里打开一扇窗，自己会主动地选择积极、建设性的改变。

第四节 自我认知在大学生职业生涯规划中的具体运用

一、认清自我决定择己所长

尺有所短，寸有所长，每个人都有自己独特的气质和优点。按照古希腊哲学家希波克拉底划分的四种气质类型，多血质的人敏捷好动，易于适应环境的变化，性格开朗，善于交际，适合外交、记者、律师、运动员等工作；胆汁质的人属于兴奋而热烈的类型，他们精力旺盛，行动迅速，不愿意受人指挥而愿意指挥别人，适合导游、推销员、节目主持人等工作；粘液质的人缄默而安静，遇事深思熟虑，具有很强的克制力，心境平和，适合从事政治家、商人、教育研究等工作；抑郁质的人羞涩敏感，喜欢独处，遇事三思而行，适合学术、医学等领域。

二、了解自我与择己所能

自我认知不仅要了解自己的优点，而且要正视自己的缺点，选择在自己能力范围之内的工作，避开那些由于自身生理或性格缺陷而不适合的工作，这样更容易获得职业生涯上的成功。如一个具有音乐天赋的人也许很快就能学会弹奏一种乐器，但对于一个乐盲来说，弹奏乐器也许不如学会炒菜轻松，一个空间能力很差的学生也许花费很长时间也不能画好一幅工程设计图，但对于该项能力好的学生来讲却可以轻松搞定。能力对于事情的结果具有相当大的影响，因此是大学生进行职业生涯规划时要考虑的重要因素。

三、透视自我、择自所求与择己所乐

价值观是潜伏于我们内心最深处的东西，它对我们生活的影响是全方位的、非常深远的。美国著名的职业指导专家埃德加·h·施恩将个人的职业价值观形象地称为职业锚，所谓职业锚实际就是人们选择和发展自己的职业时所围绕的中心，是指当一个人不得不作出选择的时候，他无论如何都不会放弃的职业中的那种至关重要的东西或价值观，这其实就是人自身对于精神层面的探索和认知。人的最高需求是自我价值的实现，但只有先明白自己内心最需求的究竟是什么，才能最终获得精神上的满足。在进行职业生涯规划时，出发点和最终达成的目标都应该以内心追求价值的实现为出发点。

复习思考题 ▶

1. 大学生自我认知的主要内容有哪些？
2. 了解了主要方法，请谈谈自己该如何加强自我认知？
3. 结合小张的求职经历，谈一谈如何运用自我认知合理规划职业生涯？

案例讨论题 ▶

小张的求职之路

小张，23岁，是今年的应届毕业生。在校期间，为了考上研究生，小张经常泡图书馆，极少参加班级活动。在考研失败后小张又匆忙开始参加招聘会，结果已错过招聘的"黄金期"，结果自然是两头空。一时间，小张陷入了迷茫……

在老师的引导下，小张开始对自我的职业生涯进行规划，根据霍兰德职业心理测试表初步确定自己的职业类型属于常规型，较适合从事会计、银行出纳、核算员、统计员，明确了职业方向。

根据设定的职业发展目标确定职业探索方向。对可能从事的职业进行更深入的分析，具体包括行业类别、企业文化、工作内容、能力和技能要求、从业人员共有的人格特征、未来发展前景、薪资待遇、对生活的影响等，并将其列成表格，内容包括：企业发展方向、企业核心价值、企业用人要求和标准、自身在企业的职业发展规划等。通过对这几个行业以及当前相关行业就业形势进行分析，小张最终找出了最符合自己兴趣的职业是银行出纳员。

根据各大银行的招聘要求，小张了解到了进入各银行的门槛：本科及以上学历、经济类专业、不错的学习成绩、基本英语能力，初步确定自身外在条件符合银行所需的硬需求后，再深入研究各银行部门所需的软需求，包括自身的性格特征、思维模式、气质类型等更符合哪几家银行的企业文化氛围，筛选出成功率最大的 5 家银行，最终小张成功入职。

讨论问题：

通过小张的案例，你对职业生涯规划有什么样的自我认知？

第五章　职业环境分析

案例导入

我该如何选对"行"

王明是一位来自农村的大学生，高中时期成绩优异，高考也取得了高分。在填报志愿时，他却犯难了：什么专业比较热门呢？我适合什么专业呢？他很希望得到父母的帮助，但父母由于文化水平有限也无法给出有针对性的建议。后来，听同学说会计专业比较吃香，将来就业也有保障，于是他便填报了某高校的会计专业。大学期间，随着对所学专业的逐渐了解，他越来越觉得自己并不喜欢这个专业，而且他自身的能力和性格特点也不契合这个专业。大四上学期，王明凭着优异的成绩保送为本校本专业研究生，身边的同学羡慕不已，觉得他研究生毕业以后一定能够顺利找到一份高薪的会计类工作。但是王明又一次遇到了专业选择的难题，他十分苦恼：是继续在本校就读还是放弃保研跨专业考研呢？如果跨专业考研，那我应该选择什么专业呢？他对于其他专业领域所知甚少，认识的朋友对各种职业的评价也众口不一。正所谓"三百六十行，行行出状元"，但前提是选对"行"才能在相应的职业领域有出色的发展。王明对未来充满迷惘，他该怎么办？

第一节　职业环境的概述

探索职业环境是大学生进行职业生涯规划的重要环节，旨在引导学生正确认识社会形势、客观分析职业环境、了解所处环境中的各种资源和限制，结合实际认识自我，积极进行职业生涯的规划。职业环境探索是进行职业生涯规划的必然命题，起着承上启下的作用。进行自我认知之后，必然要认识职业环境，对职业环境有了基本的了解之后，才能进行个人的职业选择。

我们对于职业环境的认知主要分为四个层面：即社会环境、组织环境、岗位环境、自身环境。这四个层面分别从宏观、中观到微观帮助大学生深入地了解所身处的大环境、小环境，对职业的充分认知有助于为职业选择打下扎实的基础。

一、职业环境分析概述

（一）职业环境分析的含义

职业环境分析是指我们需要认清所选定的职业在社会环境中的发展过程和目前所处的社

会地位，以及社会环境、行业环境和组织内部环境对此职业的影响。社会经济的发展和科技的进步，必定会影响社会职业结构的变化。新的职业会出现，还有一些职业会衰退，或是有些职业虽然存在，但其相关属性或内涵已经发生了变化。

（二）职业环境分析的意义

能否预测一种职业的发展趋势，能否预测职业内涵的演化，对一种职业是否有深刻的认识将关系到我们能否在把握社会环境变化的基础上，为自己人生的发展找到或创造适宜的职业平台，有效地规划职业生涯。抓住机遇，建立明确的职业目标，有效降低机会成本和降低选择的风险，进行深入的职业环境分析是必不可少的重要一环。

（三）职业环境分析的要求和内容

进行职业环境分析的要求是，通过职业环境分析弄清楚职业环境对职业发展的要求、影响及作用，对各种影响加以衡量、评估并做出反应。关注当前的热点职业有哪些？发展前景怎样？社会发展趋势对所选职业有什么影响？要求如何？总的来说，职业环境分析包括四个方面的内容：社会环境分析、组织环境分析、岗位环境分析及自身环境分析。

职业环境可以从地区、内容、时间等不同的维度来进行分析。从地区上来讲，可以从职业的国际环境、国内环境和本地区环境等方面进行分析；从内容上来讲，可以从社会环境、行业环境、企业环境、校园环境、岗位环境、家庭环境等方面进行分析；从时间上来讲，可以从过去的历史、目前的现状和未来的发展趋势等方面进行分析。

二、社会环境分析

所谓社会环境分析，就是对我们所处的社会政治环境、经济环境、法制环境、科技环境、文化环境等宏观因素的分析。在进行职业生涯规划时，个体必须了解所处社会环境中的相关政策法规、经济形势等，以探索其对个人职业发展的意义和价值。通过对社会环境包括国际、国内与所在地区三个层次的分析，个体可以了解和认清国际、国内和自己所在地区的政治、经济、科技、文化、法制建设、政策要求及发展方向，以更好地寻求各种发展机会。在社会环境的影响当中，政策法规和经济形势的影响最为直接、明显，应重点进行分析和探索。

（一）政治法律环境分析

我们生活在一个有政治制度和法律制度的社会中，这种政治法律环境对我们的职业选择和职业发展有着重要的影响。

1. 政治环境

政治因素主要涉及国家的方针、政策，影响职业的政治因素包含教育制度、政治体制、经济管理体制、人才流动的政策等。

2. 法律环境

法律因素是指中央和地方的有关法规和规定，如政府有关人员招聘、工时制、最低工资等强制性法规。现行的户籍制度、住房制度、人事制度和社会保障制度，这些因素都会对职业选择和发展产生重要影响。

（二）经济环境分析

经济环境是进行职业选择和职业发展的重要因素。

1. 经济形势

具体来说，经济形势的变化对职业的影响是最为明显、复杂的，当经济处于萧条时期，企业的效益降低，对人力资源的需求减少，因而职业选择和职业发展的机会减少。当经济处于高速发展时期，企业处于扩张阶段，对人力资源需求量增加，职业选择和职业发展的机会增多。

2. 劳动力市场供求状况

劳动力市场的供求状况对职业选择和职业发展产生重要影响。如果某类职业的人才供不应求，则职业选择和职业发展机会增多，相反，如果人才供过于求，机会则大大减少。

3. 收入水平

社会对人力资源的需求是一种派生需求。当人们的收入水平提高时，对商品消费的需求会增加，企业扩大生产，从而增加人力资源的需求。职业选择和职业发展的机会增多，相反，职业选择的机会会减少。

4. 经济发展水平

在经济发展水平高的地区，企业相对比较集中，优秀高端企业也比较多，个人职业选择的机会就会相对多，有利于个人的职业发展。相反，在经济落后的地区，个人职业发展也会受限。

（三）文化环境分析

社会文化环境包括教育条件和社会文化设施等。在良好的社会文化环境中，个人能受到良好的教育和熏陶，从而为职业发展打下更好的基础。社会文化环境还会影响人们的行为、道德等，反映着个人的基本信念、价值观和规范的变动。我国是一个文化大国，社会文化的复杂性也决定了个人职业选择和职业发展要考虑所在企业的文化因素。

1. 价值观念

一个人生活在社会环境中，必然会受到社会价值观念影响，大多数人的价值取向，甚至都是为社会主体价值取向所左右的。一个人的思想发展、成熟的过程，其实就是认可、接受社会主体价值观念的过程。社会价值观念正是通过影响个人价值观而影响个人的职业选择。

2. 人口环境

人口环境尤其是个人所在地区的人口因素，对职业选择和职业发展也有重要影响。其主要包括以下几个方向：人口规模、年龄结构、劳动力质量与专业结构、人口的城市化与人口老龄化等。

三、组织环境分析

现代社会是一个组织起来的社会，每一个人都在一定的组织内活动。组织的目标、性质、规模以及组织的发展变化趋势，对个人职业生涯目标和规划及其实施有着直接重要的影响。

因此全面的组织环境分析是我们"知彼"的核心。组织环境分析包括行业环境分析、企业环境分析和校园环境分析。

（一）行业环境分析

行业环境分析是对目前从事或拟从事的目标行业的环境进行分析，包括行业的发展状况、国际、国内重大事件对该行业的影响，目前行业的优势与问题、行业发展趋势等。

在分析行业环境时，必须结合社会环境的发展趋势。行业的发展与社会环境密切相关。由于科学技术的飞速发展，某些行业如同夕阳坠落，逐渐萎缩、消亡，更有许多极具发展前途的朝阳行业不断出现并发展起来。同时还要注意国家政策的影响，要了解国家对某一行业是支持、鼓励和引导，还是限制、控制和制约，要尽量选择那些有前景、发展空间较大的行业。例如，我国近年来狠抓环境保护，推行可持续发展战略，保护生物多样性，在农业生产中控制化学制品的使用，开发"绿色食品"等。

好行业是什么样的？

从工作的角度可以解释为，一个好的行业就是给予你：

(1) 喜欢的工作内容
(2) 平衡的生活方式
(3) 接触所喜欢和仰慕的人群（包括内部的同事、行业的同仁和外部的客户）
(4) 自己所期望的社会地位和荣誉
(5) 理想的收入
(6) 能够实现最核心的理想和使命

每个人潜意识里都是对这六个方面有要求和期望的，只不过有的时候你只会表露出某一些，或者出于现实的状况，六个方面并不能同时满足的时候，每个人会有所取舍。让自己一个一个把这六项排序，才有可能选择一个让人感到幸福的行业。

（二）企业环境分析

企业环境分析尤为重要，这将是我们求职成功后最直接的工作环境。在选择组织时，我们有必要通过各种渠道来分析企业环境。企业环境分析包括：用人单位的声誉和形象是否良好？企业实力怎样？在本行业中的地位、现状和发展前景怎样？所面对的市场状况如何？产品和服务中市场上的发展前景怎样？能够提供哪些工作岗位，是否与自己适合对路？有无良好的培训机会？企业领导人怎样？企业管理制度怎样，是否先进开明？企业文化是否与自己吻合？福利待遇是否完善等若干方面。

企业环境分析包括四个方面的内容，我们可以从以下四个方面较为全面地把握该企业的各项特征。

1. 企业实力分析

企业的发展实力如何关系到个人将来的职业发展道路是否能取得较高的成就。在分析企业实力时，需要回答以下问题：企业在社会中的地位和声望如何？企业的发展领域在哪些方面？发展前景如何？战略目标是什么？在本行业中是否具备很强的竞争力？有没有长久的生命力？企业的组织结构是怎样的？是扁平的还是等级制的？等等。

2. 企业领导人分析

企业主要领导人的抱负及能力是企业发展的决定性因素，个人在职场的运气很大一部分来自老板，很多成功的大企业都有一位出色的企业家作为掌舵领航人。因此，要了解企业主要领导人是否真心要干一番事业，还是想捞取名利？管理是否先进开明？他有足够的能力带领员工开创新天地吗？他有没有战略眼光和措施？他尊重员工吗？

3. 企业招聘要求及福利待遇

在进行企业环境分析的过程中，要注意了解企业对拟招聘人才规格的要求，包括专业知识、能力、性格等。例如，你最擅长的技能是否能够在这个企业得到施展？同时还要了解企业的薪酬标准、工资福利待遇等情况。例如，起点工资预计是多少？是否有五险一金？

选择一个企业的目的，不仅仅是要让自己有一份工作，拿到一份薪酬，更重要的是寻求实现个人价值和社会价值的机会。因此，在了解企业的过程中还要关注企业提供给员工的培训和发展机会。

4. 企业文化和企业制度

除了很好的福利、吸引人的薪酬、舒适的工作环境和出色的管理之外，优秀的企业更会创造积极的企业文化，使员工感到快乐和受尊重，使员工工作更有创造性。员工与企业相互配合是否良好的关键在于企业文化，因此在求职时选择什么样的企业文化氛围让你最舒服，才是至关重要的。

企业制度涉及的范围比较广，包括管理制度、用人制度、培训制度等，尽可能了解这些信息，了解企业在组织结构上的特征与发展变化趋势，分析这种安排给自己的将来可能带来什么样的影响。尤其要注意企业用人制度如何？能否提供教育培训机会？提供的条件是什么？自己将来有没有可能在该企业担任更高级的职务或担负的责任？个人待遇提升的空间有多大？是基于能力还是工作年限？企业的标准工作时间怎样？当然也要考虑企业提供的薪酬和福利待遇与行业内其他公司比较如何。

总之，通过以上分析，应该整理出一条清晰的线索，确定自己的职业生涯中在这个企业中有没有足够的发展空间，衡量自己的目标是否能够在该企业得以实现、实现的可能性有多大。通过对企业环境的分析还应明确自己是否认同企业发展战略、企业文化和管理制度，组织结构发展的变化趋势如何，与自己有关的未来职务的发展预计是怎样的，等等。

（三）校园环境分析

所谓校园环境分析，是对大学生个体成长过程中所受学校教育的分析，是对个体成长环境中所受教育环境分析。所谓教育，是按照一定的要求，对受教育者的德、智、体、美等方面施以积极影响的一种计划的活动。实际上，社会上的一切教育活动都会给受教育者产生某种积极或消极的影响。教育是影响个人职业生涯的重要因素。

从目前的学校教育来看，从小学、初中到高中，一定程度上都因为高考指挥棒的作用变成了一种应试教育，学生的知识结构不够合理、学习主动性不够、学习习惯偏依附性。

大学教育是按照专业门类来培养学生，进入大学阶段后，学生从某一专业的逻辑起点达到能够理解该专业一定问题的理论和技术修养水平，从而形成适应某类或某种职业所需的专业特长。由于大学毕业生就业结构性矛盾的存在，社会对不同学科专业和不同学校的学生需求程度也不一样。同时，院校之间，"985""211"等重点大学、名牌学院、名牌专业的"名牌"效应具有一定优势，社会需求增长，而一般院校、一般专业的需求则较弱。这种情况会直接影响大学生的职业选择和规划。

因此，大学生中制定职业生涯规划时，要了解本学校、本专业的定位，要认识到自己成长的环境与受教育的条件对个性形成的影响。大学生应当通过主观努力，改变自身的不利因素，终身学习和接受教育，全面提高素质，为求职择业和职业发展创造更加有利的条件。

四、岗位环境分析

所谓岗位环境分析，就是对组织中某个特定工作职务的目的、任务或者职责、权利、工作条件、任职资格等相关信息进行收集与分析，以便该职务的工作做出明确的规定，并获得工作描述和工作规范的过程。

（一）工作描述

工作描述时关于任职者所从事工作的基本信息和工作的具体性，如岗位名称、工作目的和工作责任、工作中所使用的设备和工具、工作联系、工作权限等，主要包括：做什么？为何做？由谁做？何时做？何处做？为谁做？如何做？

（二）工作规范

工作规范是指特定岗位对任职者的胜任特征的基本要求，包括任职者应具备的知识、能力、教育背景、工作经历、性格特征等。工作规范可以让员工更详细地了解其工作的内容要求，也可以看到什么样的人可以从事此项工作，以及有意愿从事此项工作的人应该着手从哪些方面进行训练和提高。

（三）不同背景下的岗位要求

岗位的通用要求加上不同背景下的岗位理解构成了一个岗位的最终描述。大学生在求职时特别要考虑以下因素，因为这些因素才是制约个体在公司发展的关键，包括三个方面：不同行业对这个岗位的理解是什么（行业背景下的岗位要求）、不同类型企业及企业所处发展阶段对这个岗位的理解是什么（企业背景下的岗位要求）、不同领导和上司对这个岗位的理解和要求是什么（人为背景下的岗位要求）。

（四）个人与岗位的差距

大学生综合了解了岗位的需求之后，就可以进行差距量化和差距补充了。全面、准确地了解自己，是量化与岗位差距的前提和基础，差距是可以被量化的，如组织能力的强弱、英语口语的好坏、计算机能力的强弱等。只有进行了岗位差距的量化，才能为自己的职业规划和职业道路设计找到目标和方向，自己的努力也才会更有针对性。

五、自身环境分析

人的职业生涯发展有着不同的可能，每个人最终都会有自己的职业归宿，而最直接影响个人职业选择的莫过于自身的生存成长环境。因此，在制定自己的职业生涯规划时必须考虑和分析自身的环境，分析自己生涯规划发展的内在因素。

(一) 家庭环境分析

职业选择与家庭背景有着非常密切的关系，家庭是人们生活的重要场所，人们的价值观、行为模式都会受到家庭生活和家庭成员潜移默化的影响。大学生在做职业生涯发展规划的时候，应当充分考虑自己的家庭生活背景，分析家庭状况可能给自己提供的机会、以及可能会给自己造成的负担，以免今后的工作与家庭产生冲突。

此外，进行职业生涯规划时，不应该只把目光停留在现有家庭状况之上，还应该充分考虑变化因素。例如，现在家里需要负担的人多，而挣钱的人少，但几年后挣钱的人可能就多了，经济状况就会大大改观。

(二) 个人情况分析

个人因素在个人的职业生涯中起着基础作用，决定着个人的发展方向和前景。

1. 心理特质

每个人都有其独特的心理特征和个性，如个人的兴趣、爱好与特长，个人的情商和智商、个人的性格与气质、个人的需求、动机与价值观等。

2. 生理特质

包括性别、身体状况、身高、体重以及外貌等。

3. 学历与能力

学习经历包括所接受的教育程度、训练经历、学业成绩、社团活动、工作经验、生活目标等。

能力是顺利完成某项工作的必需主观条件。

4. 价值理念

每个人特定的价值观或价值标准的具体体现，包括人生观、就业观等。

为了使自己的个人职业生涯规划更加合理、更具有可行性，必须在求学阶段尽可能地增加自己的社会阅历和人生经历，在规划的时候能充分结合自身与社会环境、组织环境、岗位环境的匹配度，做出合理、合适的职业生涯规划。

第二节 职业环境分析的方法

职业环境由宏观到中观到微观有各个层次，从社会环境、组织环境、岗位环境到自身环境，需要我们对每个层次的职业环境都有一定的了解和熟悉。在进行职业环境分析的过程中，最基本的工作就是想方设法占有更多的有关职业环境的信息。信息越多、质量越高、内容越详尽，就越能帮助个人进行全面深入的职业环境分析，就越有助于个人做出最适合自己、最正确的职业选择和职业规划。

一、行业环境分析方法

行业环境分析包括行业的确定、行业历史和发展趋势分析、行业结构分析、行业内企业行为及行业关键成功因素等五个方面的分析内容。

（一）SCP 分析

SCP 分析是一种产业组织分析方法，也是进行企业外部环境分析的基本方法，主要用于对企业所处的行业、行业环境中影响战略的因素进行静态和动态分析。S 代表结构（Structure）、C 代表行为（Conduct）、P 代表绩效（Performance）。结构是指行业结构，以行业中的竞争者数量、产品的异质性，以及进入和退出行业的成本为衡量标准。行为指行业中具体的企业活动，包括价格接受产品差异化、串谋和利用市场势力等。绩效指企业的绩效水平。

SCP 模型分析指行业或企业受到外部经济环境、政治、技术等外部冲击，可能产生战略调整和行为变化。一方面，企业所在行业的结构特性限定了企业所面临的选择和约束的范围，并最终对企业的绩效产生影响；另一方面，行业中企业的行为和绩效水平又对行业结构产生重要影响，并使行业结构不断发生动态变化。此外，外部的冲击也会对行业结构产生重大影响。对企业进行 SCP 分析时，通过对行业结构中供给、需求和行业链的分析，对行业结构的变化做出评估；通过对行业中各战略群组企业的营销、容量变化、垂直整合情况和内部效率分析，对它们的行为做出评估；通过对各战略群组企业的财务技术、人员等方面的分析，对绩效水平做出评估。经过上述评估过程，将会对企业所处行业和企业的现状有一个基本判断，但还需要考虑行业结构、各战略群组企业行为、绩效水平以及与外部冲击间的相互影响和作用，再对行业结构的未来变化、战略群组企业未来的行为变化和绩效水平的变化做出动态评估。

（二）关键成功因素法

丹尼尔（Daniel）于 1961 年首次提出关键成功因素法可作为确定决策者信息需求的方法，他认为任何组织都有一些特定的因素对其获得成功非常重要，如果同这些因素相关的目标没有实现的话，组织将面临失败。行业关键成功要素是指对企业成功起关键作用的因素，是指竞争中取胜的关键环节，可以通过判别矩阵的方法定性识别行业关键成功因素，然后设计出行业关键成功要素分析表。首先要根据企业的战略目标识别所有的成功因素，主要分析影响战略目标的各种因素和影响这些因素的子因素，然后确定关键成功因素。不同行业的关键成功因素各不相同，具体操作过程是采用集中讨论的形式对矩阵中每一个因素进行打分，一般采用两两比较的方式，如果 A 要素比 B 要素重要则打 2 分，同样重要打 1 分，不重要打 0 分。在矩阵中所有格子打分后，横向相加，以此进行科学的权重分配，一般权重最高的要素就是行业关键成功因素。

二、职业描述

大学生在求职时作为一个择业者，了解职业描述的内容有助于他更好地了解和认识相关的职业。

（一）职业描述的原则

1. 完整性

对职业的描述应该完整表达职业的所有要素，包括职业名称、职业主体、职业内容、职业报酬、职业技术等。

2. 特征性

对职业的描述应该具体反映该职业所具有的典型特征，从而体现某一职业区别于其他职业的特点。

3. 应用性

对职业的描述应为不同人员的应用服务，作为求职者，使用职业描述的目的就是为了实现有效的就业和职业生涯发展。

4. 辩证性

任何职业对从业者都存在利与弊，对职业的描述应全面反映该职业对从业者的利弊，帮助求职的大学生更全面、客观、辩证地了解某一职位。

（二）职业描述的内容

对职业进行描述的文件通常我们称为职业描述，也就是通常我们所见的招聘简章。

职业名称：指职业的符合特征，它一般是由社会通用称谓来命名。

职业定义：即对使用工具、从事的工作活动的说明。

受教育程度：指职业对从业者接受正规教育程度和年限的要求。

职业资格等级：反映职业胜任程度，每个职业的资格等级都有所不同。

职业能力特征：指从业者需要具备的能力素质。

职业人格特征：指从业者需要具备的人格特质。

技能技术：即从业者所必备的知识、技能基本要求，需要掌握的基本操作技术。

职业环境：即工作场所的条件。

职业报酬：通常是指工资、福利等。

针对某一特定职业，从业者如果能够了解这些职业描述内容，就能够有目的地选择职业目标，实现就业、选择培训和职业发展的机会。

三、职业探索

个人进行职业探索是为了更好地了解行业、企业和某一具体岗位，从宏观、中观、微观各个层向去对职业做深入了解，为未来职业生涯规划打下基础。一般大学生进行职业探索的主要方法有以下五种：

（一）查阅

将个人希望了解的职业方向通过网络、书籍、期刊及有关声像资料进行初步查阅，选定各种典型职业，进一步对其入门所需的基本条件如学历、资格证书、身体条件等进行查阅。

通过查阅使自己对做好职业所需要的各种知识、技能、生理条件及个性特征有一个初步的认识，对该职业的生存环境及发展前途以及个人循此发展可能取得的职业成就等形成初步印象。

查阅方法的优点：方便、快捷、信息量大、成本低。

查阅方法的缺点：查阅的信息可能与现实感受差距较大。

(二) 参观

即到相关职业场所进行短时间的观察、了解。通过参观可以了解相应各种职业的性质、内容、职业环境及氛围，获得实质的职业感受。

优点是能得到切身的感受；缺点则是无法对职业的实质深入了解，易被短时营造的氛围所迷惑。

(三) 实习

即到职业场所进行一定时间的打工或教学实习、实践。实习是一种比较全面地了解职业的方法，实习可以更深入、更真实地对职业的工作任务、工作要求、工作环境及个人的适应情况进行了解、判断，可以了解工作的程序、报酬、奖罚、管理及升迁发展的各种信息，还可通过与工作人员的实地接触，感受职业对人的影响及人职匹配的情况。

(四) 讨论

讨论意味着与别人分享对职业探索的结果，"真理越辩越明"。个人的探索总是有局限性的，与别人一起讨论感兴趣的职业问题，共享职业探索成果，共同发现一些更好的东西、更多的前进道路。

讨论需注意的要点是：不要把个人已经拿定主意、不会改变的事情进行讨论，也不要把自鸣得意的结果拿出来炫耀，应该把正在探索、有些迷茫、值得探讨的问题与别人共同讨论分享。

(五) 访谈

通过和相关从业人员交流了解相关职业的知识、技能、需求、待遇和发展前景，更重要的是与已有相关工作经历的人员交流，获悉他们对于工作的直观感受，能够帮助自己有更真切的感受。

访谈的优点：结果比较客观，对工作的要求也比较客观。

访谈的缺点：由于访谈对象的不同结果可能差异较大，有的人对职业比较积极，赞誉较多；有的人则对职业比较消极，可能评价较低。这就需要大学生用自己的认知和判断去判断，获取对自己有意义、有价值的信息。

第三节 职业期望与职业声望

一、职业期望

期望是一种心理倾向，职业期望则是从业者对所从事的工作抱有的心理倾向。例如，有人希望找到一份工作压力小、待遇条件好、工资高、成就机遇大、名声好、环境舒适的工作。这是一种职业期望，但很显然这种职业期望是不可能实现的，因为它不合理，任何一种职业的选择都要受到社会需求、自身素质以及其他社会因素的制约。

由此可见，人们在进行职业选择的时候，应该实事求是地对自己的职业期望进行客观的分析评估，分清哪些是合理的，哪些是不合理的。放弃那些不合理的、根本实现不了的职业期望，可以避免遭受不必要的心理创伤；对那些合理的职业期望进行规划调整，锲而不舍地追求，完成职业期望的实现。

（一）什么是职业期望

职业期望，又称职业意向，是劳动者对某项职业的向往，也就是希望自己从事某项职业的态度倾向。职业期望直接影响人对职业的选择，并进而影响人的整个生活。

（1）职业期望来自劳动者个体方面的行为；

（2）职业期望不是空想、幻想，而是劳动者的一种主动追求，是劳动者将自身的兴趣、价值观、能力等与社会需求、社会就业机会不断协调，力求实现的个人目标；

（3）职业期望不同于职业声望。职业声望是职业地位的反映，是社会的人们对某种职业的权力、工资、晋升机会、发展前景、工作条件等社会地位资源情况，亦即社会地位高低的主观评价。其含义完全区别于职业期望，二者不可混淆。同时，二者也有联系，劳动者个体所追求和希望从事的职业，当然多是社会声望高的职业。

（二）职业期望的实质

职业期望属于个性倾向性的范畴，是职业价值观的外化，也是个体人生观、世界观的折射。每种职业有各自的特性，不同的人对职业特性可能有不同的评价和取向，这就是所谓的职业价值观。

（三）什么是合理的职业期望

举例来说：某个企业同时招收了两名职员，一名是名牌大学毕业生，一名是大专毕业生，两人承担相同的工作。三个月后，名牌大学毕业生辞职了，而大专毕业生提前一个月转正了。分管领导对他俩的评价是：工作心态不一样，工作表现不一样，工作成绩不一样。究其根源就是职业期望不一样。

名牌大学毕业生对这份工作的期望是：由于我是这个企业里为数不多的名牌大学毕业生，企业一定会重视重用我，薪酬待遇应该高于其他人，领导会特别重视我。但是实际情况并非如他所想，自己竟然和大专毕业生做相同的工作，而且直接领导也仅是一个比自己大不了两岁的普通大学毕业生。薪酬待遇没有特殊化，工作内容没有特殊对待。不懂的地方不愿问人，因为他自认是名牌大学毕业生、高人一等，不能让同事们小看。试用期结束前，他发现领导竟然让那个大专毕业生提前转正了，却没有自己的份。他觉得领导有眼无珠、同事嫉妒排挤，干脆辞职另谋高就。

大专毕业生对这份工作的期望是：身为大专毕业生，这份工作来之不易，我要好好学习，争取早日独立工作。他想拥有这份工作，首先就是让同事和领导看到自己的工作成绩。在这样的专业环境中必须不断提升自己的能力，迅速学到本事。所以他工作踏实、不懂就问，工作能力提升迅速，很快就能独当一面，获得领导和同事极好的口碑。

这个案例告诉我们，合理的职业期望不仅有我们的主观意愿，还应考虑个人素质、专业能力、企业需求、环境条件、企业文化、机遇等条件。像这个例子中，企业唯工作能力、唯工作态度和与企业文化的融合性选用员工，与哪位名牌学校的毕业生以个人荣誉为条件提出的职业期望有相悖之处，所以，他的期望是不合理的、达不到的。

（四）如何实现职业期望

每个人都有自己的职业梦想，这个梦想将引导你所做的每一个决定。人们在展望未来职业生涯的时候，不能仅为赶时髦仓促决定，而是首先要做到内省，明确做什么能给你带来最大的满足和快乐。人人都想拥有一份好工作，但究竟什么是好工作，每个人的理解和定义是不同的。毕竟每个人的兴趣、爱好、经历、能力、家庭背景、受教育程度、所处的环境、经济地位、宗教信仰等等都是有差异的，这些都显著地影响着求职者对职业的追求和期望。职业期望决定了人们对求职的表达、动机和目标。

一个人的职业期望能否变成现实，主要是看其是否合理。任何一种职业的选择都要受到社会需求、自身素质以及其他社会因素的制约。有研究显示，许多求职者的尴尬境遇都是由一些心态上的误区造成的，大部分人并不了解他们真正想要的是什么，而是选择摆在他们面前的道路或采纳周围亲朋好友的意见；也有的人知道他们想做什么，但却往往不知如何去实现自己的梦想；还有的人害怕失败，不敢去追求他们真正想要做的事业。即使那些表面上风光无限的成功者，有时也会察觉到他们职业上的自我和真正的自我相差甚远，每每会有在自己的生活中存在着一种格格不入的感觉。哲学家查尔斯·汉迪花了很多年实践才弄清楚自己真正想要的是什么，他在《未来的工作》一书中写道："我在我的前半生，花费了很大的力气，想努力成为另一个人。在中学读书的时候，我想成为一个伟大的运动员；在大学期间，我想成为一位备受尊敬的社会名流；大学毕业后，我努力做着一个成功的商人；再后来，我当上了一家企业的主管。但我很快发现，在上述任何一种身份上我都不会成功。但这样的认知不会阻止我一试再试，同时我对自己沮丧无比。问题就在于我努力成为另一个人，却忽略了我可能成为的那个人。我只是跟随时代的大潮和惯例，用金钱和地位来衡量成功，在别人已经界定好的社会阶梯上努力攀爬，在此过程中积累物质资料，建立人际关系，而没有努力去表达自己的想法和个性。"汉迪总结了很多人的想法，历史上充斥着无数个这样的故事：某人由于刹那间的顿悟，改变了自己的职业方向，实现了真正的梦想。

因此，人们在职业选择过程中，应实事求是对自己的职业期望有一个客观科学的分析，在求职实践中尤其要防止和摒弃各种不合理的职业期望，以自己的专业特长、个人素质优势以及客观的社会需求为基础，确定合理的职业期望。

二、职业声望

职业声望，指人们对职业的社会评价，它是职业社会学研究的范畴之一。对职业声望的研究始于 19 世纪末，将职业分为产业主级、秘书级、熟练工人级和非熟练工人级 4 个等级。1925 年，康茨第一次使用他自己编制的职业声望量表，对美国的职业声望进行调查。第二次世界大战后，对职业声望的经常性调查，在许多国家已成为惯例。

（一）决定职业声望高低点主要因素

1. 职业环境

职业环境即任职者所能获得的工作条件的便利与社会经济权利的总和，包括职业的自然环境和社会环境，如工作的技术条件、空间环境、劳动强度、工资收入、福利待遇、晋升机会等。

2. 职业功能

一定的职业对于提高国家的政治、经济、科学、文化水平的意义及其在社会生活中对于人民的共同福利所担负的责任。

3. 任职者素质

如文化程度、能力、政治态度、道德品质等。职业环境越好，职业功能越大，任职者素质越强，职业声望越高。人们对职业声望的评价具有相当大的一致性。

4. 社会报酬

职业的社会报酬是指职业提供给任职者的工资收入、福利待遇、晋升机会、发展前景等。一般来说，工资收入高、福利待遇好、晋升机会多、发展前景好的职业，其声望评价也越高。

（二）职业声望的稳定性表现

（1）在不同的社会发展阶段，人们对同一种职业的评价往往很不相同。例如"核物理学"这一职业，在1947年全美职业声望调查中评为第18位，1963年的调查中上升到第3位。

（2）具有不同经济文化背景的群体，对同一职业的评价不同。

（3）不同年龄和性别的群体，对同一职业的评价也有差异。

（三）职业声望的调查与评价方法

1. 自评法

即让被试者评价自己所从事的职业在职业社会地位层级序列中的位置。

2. 民意法

即让一群被试者评价一系列职业。

3. 指标法

即在"职业环境""职业功能"和"任职者素质"三项决定职业声望高低的主要因素中分别选择一些具有代表性的指标，并给这些指标规定一定的分值，然后根据这些指标的总分值来评价某项职业的声望。

第四节　专业与职业

专业现象在欧美国家已经被关注一个多世纪，专业、专业化和专业主义等是工业文明的重要组成部分。学业与职业有很大的关系，例如你想成为一名HR专业人员，那么你必须对企业流程、企业战略、产品营销渠道、客户管理等方面的知识有一定的了解；而想成为领导的你，又必须锻炼自己的人际能力、沟通能力以及影响能力，这些是书本上都没有的，是靠你自己不断培养出来的。科技瞬息万变的时代，竞争愈演愈烈，只求学历而不求学识与能力的人将背负更大的社会压力。近年来一些公司求职门槛的学历要求越来越高，学历越高越有优势。但是有些大学生为了追求学历，放弃了自身能力的培养和提高，为了能考上研究生，除了看考试的书什么都不做，这样是不可取的。

一个人最终能取得成功靠的是能力的高低，所以不管学历高低，重要的是还要将自己的能力提高。当然如果在学历提高的同时将自己的能力进一步提高，那么也就更有竞争力。

一、专业的内涵

专业（profession），即专门职业，最早是从拉丁语演化而来，指的是公开表达自己的观点或信仰。在专业社会学领域内，专业主要指一部分知识含量极高的特殊职业。不同学者对专业有不同的理解（见表5-1）。我国认为，专业是指专门职业，它须具备高度的专门知识和技能。专业不同于一般只依照惯例和常规，无须理论基础及特殊训练的职业或行业。专业工作是提供一种独特、明确且必要的服务；相对于体能和技术，专业更加强调智慧的运用，因而需要长期的专业训练；从事专业的个人或团体，均享有相当的自主权，并且在自主范围内，专业人员对其行为与判断应负全责，她们更加重视所提供的服务，而非报酬的高低；组织自律的专业团体有共同遵守的伦理信条。

我国高等学校的专业设置经历了五次重大的调整与修订，2012年教育部颁布了《普通高等学校本科专业目录（2012年）》新目录的学科门类由原来的11个增至12个新增艺术学门类，专业类由原来的73个增至92个，专业由原来的635种调减至506种，其中基本专业352种，特设专业154种。改变了过去过分强调"专业对口"的教育观念、专业划分过细的弊端，确立了知识、能力、素质全面发展、共同提高的人才观，构建起更加注重素质、传授知识、培养能力和提高素质为一体化的多样化的人才培养模式，较好地适应了当前社会多规格、多类型、多层次的人才需求。随着社会的变迁，职业也呈现出新时代特点。

科学技术的发展，提高了职业的科技含量，对劳动者的科技素质提出了越来越高的要求，加快了职业的新陈代谢。新职业不断产生，旧职业不断衰退，高校专业的设置也随着职业的变化而改变，一些不适应职业市场需要的专业将逐渐被淘汰，一些新兴的专业应运而生。

二、专业与职业

（一）专业和职业的区别

专业是职业，具有职业的五个基本特征，但与一般职业相比，也有显著的不同，主要体现在以下几个方面。

（1）专业是具有"特殊信誉、特殊条件或特殊技能"的职业，从业人员需要接受长期的专业训练，而且这种训练是在大学里进行的，以是否接受过高等专门教育为标志；普通职业的从业人员无须接受长期的专业训练，主要通过个人体验和个人工作经历累积工作经验。

（2）专业人员不仅要提供优质的专业服务，同时为了保证服务品质和服务水平的不断提高，还要在服务中不断进行研究，而且对于专业人员来说，这种研究是一种自觉行为。

（3）专业是高度社会化的职业，从业人员的执业范围、服务方式、职业规范具有公益性，"直接或间接提供公共服务"。因此，专业作为一种职业首先产生于第三产业的发展过程中，之后反映和影响到第一产业、第二产业中已经存在同类职业。这是区分专业与农业、制造业中同样是"经高等教育或系统训练"的从业人员、同样是"应用性研究"的职业的重要标准。

（4）专业服务市场存在严重的信息不对称问题。与普通职业相比，专业更多地提供一种特有的、范围明确的、社会不可或缺的服务，在自主的范围内对于自己的专业行为和专业判断负有责任，以高质量的专业服务获得报酬，并且把服务置于个人利益之上。如果消费者不能有效地了解服务或产品的质量，他们将不愿意为更好质量的服务或产品支付更高的价格。那么市场价格仅能反映平均价格，并且提供高质量服务或产品的专业人员将退出市场。这将导致市场中专业服务平均质量水平下降。随后该循环再次发生，进一步降低价格，导致新一轮质量降低。这一过程称为"逆向选择"，它的反复持续最终会破坏一个有效的市场机制。买卖双方的信息不对称也为卖方的机会主义行为产生了很强的激励，比如恶意欺诈的行为。结果是，一些购买者会被引诱去购买他们在拥有完全信息的情况下不会购买的一些产品或服务。这些机会主义行为造成的潜在福利损失可能非常巨大，特别是当此行为导致消费者购买那些可能对人身健康或安全造成危险的产品或服务。由此引起的机会主义行为必须通过规制加以解决。除了传统的"市场—政府"规制方式之外，自我规制可以减少规制的各项成本，并节约消费者对专业服务提供者的直接考核费用。但是考虑到其潜在制度风险，市场约制、政府规制与自我规制应混合互补。

（二）专业与职业的联系

专业和职业的内在属性相关，从事某项职业强调利用专门的知识和技能，运用所学的专业知识，即专业为职业服务。同时，若想从事好一份职业，需要出色的专业知识，即职业离不开专业。专业需要接受长时间的专业化训练，一般以是否接受过高等专门教育为标志，而职业主要是通过个人体验与个人的经验总结。

三、专业人员与技术人员

在我国的管理实践中，通常把专业人员与专业辅助人员、技术人员归为一类。这一管理方式源于 20 世纪 50 年代中期借鉴苏联的科学技术人员管理模式，把专业技术人员归为"国家干部序列"，采用身份管理，具有明显的计划经济特征。专业人员与技术人员归为一类，造成的问题是管理方式和政策制定的泛化、缺乏针对性。而在表 5-1 国际标准职业分类 ISCO-08 中，则将专业人员与技术人员区别开来。

表 5-1 　国际标准职业分类 ISCO-08 专业人员与技术和辅助专业人员对照

2. 专业人员 Professionals	3. 技术和辅助专业人员 Technicians and associate professionals
21. 科学和工程专业人员 Science and engineering professionals	31. 科学和工程学辅助专业人员 Science and engineering associate professionals
22. 卫生专业人员 Health professionals	32. 卫生辅助专业人员 Health associate professionals
23. 教学专业人员 Teaching professionals	33. 商业和管理辅助专业人员 Business and administration associate professionals

续表

24. 商务及管理专业人员 Business and administration professionals	34. 法律、社会、文化及相关辅助专业人员 Legal social cultural and related associate professionals
25. 信息和通信技术专业人员 Information and communications technology professionals	35. 信息通信技术人员 Information and communications technicians
26. 法律、社会和文化专业人员 Legal social and cultural professionals	

四、成熟专业的标准

罗恩按"技能专业化程度"将职业分为6个层次：非技术性、半技术性、技术性、半专业性、半专业性与管理性、专业性与管理性。我国学者赵康按工作专门化程度指出职业向专业发展的一般模式，即次级专长—准职业—形成的职业—出现的专业—成熟的专业，具体见表5-2。

表5-2 根据工作的专门化程度判断的职业发展程度

发展程度	描述
次级专长 (a sub-specialty)	次级专长意味着存在一个特有的、与其他活动具有实质性区别的活动；然而，人们仅仅偶然或业余地实施这一活动并得到一些收入
准职业 (a semi occupation)	准职业意味着存在一个或整个群落实践者，他们正在实施一个或数个原则上类同的专门活动作为他们收入的重要来源；然而，他们必须同时进行其他职业活动以获得支撑生活来源的另一半或以上的收入
形成的职业 (a full-formed occupation)	形成的职业意味着存在一个或数个群落实践者，他们正在实施一个或数个原则上类同的专门活动作为他们收入的主要来源
出现的专业 (an emergent profession)	出现的专业意味着存在一个形成的职业，且有关这一职业实践所需要的科学知识体系已被系统地整合成大学课程和学位课程计划
成熟专业 (a mature profession)	成熟专业意味着存在着一个出现的专业，且培养这一专业准专业人员的大学学位课程已经普及，国家为这一专业实践设置了市场保护

一些社会学家，如摩尔（Mooe，1970）、加勒西契（Gallessich，1982）、库伯（Kubr，1986）等围绕专业的属性和定义，提出了判定成熟专业的标准，我国学者赵康进一步综合与深化上述学者的意见，概括提炼出充分成熟专业的如下6条标准。

（一）一个正式的全日制职业

一个或数个群落的实践者在全日制的基础上从事着一个与其他职业有着实质性不同的确定的工作活动作为他们谋生的主要手段。专业代表了一个根本、持续而又常常是共同的身份。共同身份隐含着职业次级身份的多样性，如工程师和教师都是复杂的职业，各种类型的工程师或教师（多样化的次级身份）共享工程师或教师的共同身份。

（二）拥有专业组织和伦理法规

专业组织在保护和造就专业人员、推动专业服务产品标准化、保障客户和公众利益、孕

育和维持一个专业特定的知识和服务的意识形态等方面扮演了关键角色。专业组织传播信息和知识、培训成员、监督和纠正成员等非专业行为，通过其成员和专业的意识形态去影响和规范同一领域尚未入会专业人员的行为。专业组织也发起或资助有关的研究发展活动，并通过积极努力去影响国家，以形成保护特许市场、规范专业时间的法律和法规。

（三）知识和教育

成熟专业具有一个经过界定、深奥且实用的知识和技能的科学体系，这一科学知识体系能够通过一个教育和培训的机制、过程传授和获得，而获得知识的过程往往是漫长且困难的。高等学校在发展专业科学知识体系方面扮演了重要角色——专业科学知识体系的系统化（发展成课程）、结构化（组合成专业课程计划）、合法化（课程和课程计划获得确认的过程）和传承（传授给准专业人员——学生）主要在高校完成。

（四）服务和社会利益定向

琼恩·加勒西契认为，"专业承诺通过有效的内部治理和伦理、诚实的职业实践服务于它们的客户和其本身置于其中的社会，保护客户和社会的利益和福利"。专业成员个体服务于客户利益以获得报酬，而专业人员作为一个群体则是从整个社会的角度来看待客户利益，并时刻将整个社会的需要和利益放在首位。为了实现这样一种利他服务，专业往往建立一套专业全体成员一致认可、共同遵守和全面应用的伦理标准，界定恰当和非恰当的专业行为。

（五）社区的支持和认可

专业在其中运作的社会及专业为之服务的客户认可一个专业的社会角色、身份和行为规范，从而导致国家为该专业设置一个特许的市场保护。市场保护通常以一个治理和保护一个专业实践的法律文本形式出现，其中可以包括从事这一专业所需的教育等资格条件及哪些行为被界定为非专业与非法，因而会相应得到的制裁。市场保护的出现，标志着社会对一个专业的明确认可和一个社会工程式的专业化项目的充分成功。

（六）高度自治

专业人员组织起来的最终成果是自治和伴随而生的威信。专业成员不受外行的评价，专业成员自己决定进入该职业所需的教育和培训标准，并影响国家形成规范本专业职业实践的法律。自治专业的成员既可采取自主雇佣的就业形式，也可在公共或私人部门里受雇。

复习思考题

1. 简述职业环境分析的主要内容是什么？
2. 参照本章学习内容，采用多种途径和方法对专业进行探索并形成报告：我的专业可以从事的职业有哪些？我对感兴趣的职业的了解是什么？
3. 运用SCP分析方法，结合自己所处的行业，尝试分析你想从事或者感兴趣职业的行业环境并完成表5-3。

表 5–3 行业环境 SCP 分析表

外部冲击（Shock） 企业外部经济环境、政治、技术、文化变迁、消费习惯等因素的变化	
行业结构（Structure） 外部各种环境的变化对企业所在行业可能的影响，包括行业竞争的变化、产品需求的变化、细分市场的变化、营销模型的变化等	
企业行为（Conduct） 企业针对外部的冲击和行业结构的变化，有可能采取的应对措施，包括企业方面对相关业务单元的整合、业务的扩张与收缩、营运方式的转变、管理的变革等一系列变动	
经营绩效（Performance） 在外部环境方面发生变化的情况下，企业在经营利润、产品成本、市场份额等方面的变化趋势	

案例讨论题

正确面对职业环境的变化

胡宗凯，生于 1982 年，曾就读于上海延安中学，后考入上海外国语大学国际经济与贸易专业。大学期间他学习成绩优异，连续获得一等奖学金，并担任班长一职。大学毕业后他顺利进入普华永道中天会计师事务所工作。

2006 年 4 月 24 日，胡宗凯选择以跳楼的方式结束了自己年轻的生命。胡宗凯跳楼事件令人震惊，引发社会热议。在学校里，他一直都是出类拔萃的好学生，但是普华永道中天会计师事务所里高手云集，让胡宗凯的优越感大受打击。在激烈的竞争环境下，如果个人不能很好地理解和适应，很可能让自己处于比较被动的境地。环境差异带来的落差，会使人产生心理压力。

如果公司能多关注一点新员工的心理变化、行为表现，也许惨剧就不会发生；如果员工能适当地进行自身心理调适，从积极的角度去看待问题，悲剧也不会发生。这一事件给我们的启示是：走出校园的职场新人在面对各方面环境的巨大变化时，应注意及时转换角色、调适心态，特别是当职业生涯发展暂时遭遇"瓶颈"时，更要正确对待。

讨论问题：

1. 结合本章内容及职业生涯相关理论，谈一下如果你是胡宗凯，你将如何面对职业环境的变化？

2. 如果你身边有胡宗凯这样的同事或朋友，你将如何处理？

第六章 职业生涯规划实施

案例导入

计划不是凭空想象

学生："我的目标是想在一年内赚100万元！请问我应该如何计划？"

老师："你相不相信你能达到？"

学生说："我相信！"

老师又问："那你知不知道要通过哪个行业来达到？"

学生说："我现在从事保险行业。"

老师接着又问学生："你认为从事保险行业能不能帮你达到目标？"

他说："只要努力，就一定能达到。"

老师说："我们来看看，你要为自己的目标做出多大的努力。根据我们的提成比例，100万元的佣金大概要做300万元的业绩。一年300万元的业绩，一个月25万元的业绩，每天要有8300元的业绩，大概要拜访多少人？"

学生："大概要50个人。"

老师接着问他："一天要50个人，一个月要1500个人，一年呢？就需要拜访18000个客户。"

这时老师又问学生："请问你现在有没有18000个客户？"他说没有。

老师说："如果没有的话，就要靠陌生拜访。你平均一个客户要谈上多长时间呢？"

学生说："至少20分钟。"

老师说："每个人要谈20分钟，一天要谈50个人，也就是说你每天要花16个多小时在与客户的交谈上，还不算路途时间。请问你能不能做到？"

学生说："不能。老师，我懂了。这个计划不是凭空想象的，是需要凭着一个能达到的措施而定的。"

我们要想在未来职业生涯中获得成功，首先就应该确定一个切合实际的职业目标定位，并且把目标进行分解和组合，然后设计出合理的职业生涯规划图，并且付诸行动，以及不断努力和调整，直到最后职业生涯目标的实现。对于大学生来说，职业生涯规划目标的确定，可以按照先定向后定位的模式。先定向，是指根据现在自己所学专业、兴趣爱好、个性特征，确定自己未来职业发展方向，然后再定位，也就是对自己已确立的职业发展方向进行更为深入的探索，缩小职业选择的范围，确定自己所要从事的具体工作和岗位。

第一节　明确职业生涯规划目标

一、SWOT 分析法

SWOT 分析法是西方战略管理学派在分析企业战略竞争力时所使用的一种方法,用来考察公司内部的优势与劣势、公司外部的机会与威胁,以此决定企业从事市场竞争的战略方法。SWOT 是四个英语单词的缩写,即优势(Strengthes)、劣势(Weaknesses)、机会(Opportunities)和威胁(Threats)。SWOT 分析法通常可以用来进行职业环境分析,其中,优势和劣势因素用来分析个人自身情况,机会和威胁因素用来分析外部环境(包括组织环境和社会环境)。具体说来,主要包括以下内容。

(一)优势分析

与竞争对手相比,自己具有优势的方面,如性格果断、意志坚强、知识丰富等。这些优势的获取通常与自己的经历、成长环境等有关系。

1. 已有的人生经历和体验

如在学校期间担任的职务、曾经参与或组织的实践活动、获得过的奖励等。这些可以从侧面反映出一个人的素质状况。

2. 学习经历

如在学校期间,你从专业课程中获得了什么?接受过什么培训?自学过什么?有什么独到的想法和专长?专业也许在未来的工作中并不起多大作用,但在一定程度上决定你的职业方向。

3. 成功的经历

如对于曾经做过的很多事情,最成功的是什么?为何成功?是偶然还是必然?通过分析,可以发现自我性格优越的一面,譬如坚强、果断,以此作为个人深层次挖掘的动力之源和魅力闪光点,这也是职业规划的有力支撑。

(二)劣势分析

与竞争对手相比处于落后地位的方面,如工作经验不足、人际关系不擅长等。对于一个人的人生成长来说,可能会受到以下两方面的影响。

1. 性格弱点

如不善交际、感情用事等。一个独立性强的人很难与他人默契合作,而一个优柔寡断的人很难担当企业管理者的重任。

2. 经验或经历中所欠缺的方面

也许曾多次失败,就是找不到成功的捷径;也许需要做某项工作,而之前从未接触过。这都说明了经验或经历的欠缺。

(三) 机会分析

指有利于职业选择和职业发展的一些机会。一般可以从以下三方面进行分析。

1. 对社会大环境的认识与分析

要对当前社会大环境有所认识，能够做出分析，如当前社会政治、经济、科技、文化发展趋势有利于所选职业发展吗？具体在哪些方面有利？

2. 对自己所选企业的外部环境分析

如企业在本行业中的地位与发展趋势如何？面对的市场怎样？有无职位空缺？需要具备哪些条件？

3. 人际关系分析

要能够对自己的人际关系进行客观分析，如哪些人可能有助于你的职业发展？作用如何？会持续多久？如何与他们保持联系？

(四) 威胁分析

威胁分析主要是指分析出自己的职业生涯中存在潜在危险的方面，如出现新的竞争对手，原产品不再适应市场变化新需求等。

二、"五WHAT"法

"五WHAT"法，是指以what引导的5个问题，通过问自己以下5个问题，有助于明确职业生涯目标的定位。

(一) What are you?（你是什么样的人？）

这是自我分析过程，分析的内容包括个人的兴趣爱好、性格倾向、身体状况、教育背景、专长、经历和思维能力等。

(二) What do you want?（你想要什么？）

这是目标展望过程，包括职业目标、收入目标、学习目标、成就感等。特别要注意的是学习目标，只有不断确立学习目标，才不会被激烈的竞争所淘汰，才能不断超越自我，登上更高的职业高峰。

(三) What can you do?（你能做什么？）

这是了解自己的专业技能，最好能学以致用，发挥自己的专长，在学习过程中积累与自己的专业相关的知识技能。同时，个人工作经历也是一个重要的经验积累。

(四) What can support you?（环境支持或允许你做什么？）

需要考虑：什么是你的职业支撑点，你具有哪些职业竞争能力，你拥有哪些资源和社会关系等。

(五) What can you be in the end?（你最后的选择是什么？）

通过前面的分析过程，你就会从各个问题中找到对实现有关职业目标有利和不利的条件，从而列出不利条件最少的、自己想做的、而且又能做到的职业目标。

第二节　职业定位

一、职业定位的内涵

定位，是一个理性的审视自我的过程，它反映了一个人对自我的认识，并在此基础上进行的选择。所谓职业定位，就是指人们以具体的知识能力储备、生活重点安排所形成的关于未来职业的意识倾向；是根据自己既有的自然条件、知识结构、兴趣爱好、人文条件，根据有关职业与社会生活对人的知识的要求，参照他人的重要意见，并通过系统的决策思维而建构起来的职业目标。概括而言，职业定位要确定以下5个方面的问题：

我是谁：即分析个人的基本情况。

我想做什么：即明确个人的职业理想。

我能做什么：即了解自己的能力状况。

环境允许我做什么：即考虑客观条件的约束。

我到底应该做什么：即对各因素进行综合比较之后的最终选择。

关于职业定位的类型，美国麻省理工学院人才学教授将其分为以下五类：

（一）技术型

持有这类职业定位的人出于自身个性与爱好考虑，往往并不愿意从事管理工作，而是愿意在自己所处的专业技术领域发展。他们往往愿意从事工程师、工程主管、项目主管等与技术相关的工作，他们认定专业技术工作是自己的职业方向。

（二）管理型

这类人有强烈的意愿去做管理工作，同时以往的经验和自我评价也让他们坚信自己有能力达到高层领导职位，因此他们将职业目标定为要承担相当多职责的管理岗位。从事管理型的工作，要求这类人有相对较强的能力：在信息不充分或情况不确定时，要具有分析、判断、解决问题的能力；在人际关系方面，要具有影响、监督、领导和控制各方面人员的能力；在面对危急事件时，不沮丧、不气馁，并且有较强的应变能力。

（三）创造型

这类人希望建立完全属于自己的东西，或是以自己的名字命名的产品或工艺，或是自己的公司，或是能反映个人成就的私人财产。因为他们觉得只有这些实实在在的实物才能体现自己的价值。

（四）自由独立型

这些人更喜欢独来独往，不愿像在大公司里那样彼此依赖，很多有这种职业定位的人同时也有相当高的技术型职业定位。但是他们不同于那些简单技术型定位的人，他们并不愿意在组织中发展，而是宁愿做一名咨询人员，或独立从业，或与他人合伙开业。还有一些人可能选择成为自由职业者、顾问、学者或者大学老师。

（五）安全型

有些人最关心的是职业的长期稳定性与安全性，他们为了安定的工作、可观的收入、优越的福利与养老制度等付出努力。在很多情况下，这是由于社会发展水平决定的，而并不完全是本人的意愿。

二、职业定位的影响因素

进行职业定位是一个复杂的过程。对于个人而言，职业生涯的选择是一个对人生有着重大影响的决策过程。认真分析这些影响职业定位的因素，有利于大学生更好地把握职业定位的规律，以做出科学的职业生涯规划。

（一）个人因素

1. 个性特征

这里主要考虑性格、能力、兴趣等因素的影响，这些个性特征在前文中都有详细的介绍，不再赘述，只简要说明一下它们对职业定位的影响。

性格本身并无好坏之分，但性格类型与职业类型的匹配度，却决定了一个人职业的成功与否。

能力是顺利完成某种职业活动的必要条件，也是个人职业选择和获得职业成功的基础。进行职业定位时，除了要注意将自身能力与职业匹配外，还要根据自己已达到或可能达到的能力水平来选择与之匹配的职业层次。

兴趣是最好的老师，职业兴趣的差异，也就意味着职业发展的侧重点不同。有研究表明，一个人对某一工作感兴趣，就能较长时间地保持高效率而不感到疲劳；而对工作缺乏兴趣的人，只能发挥其全部才能的20%~30%，同时也容易感到疲劳和倦怠。可见，在职业定位时，确保兴趣与职业的匹配也是非常重要的。

2. 性别

性别因素在职业发展中扮演着重要的角色，虽然随着时代的发展，男女性别差异对职业选择范围的影响越来越小，但在某些特殊的职业领域，男女性别所产生的不同优势还是客观存在的，这就要求人们在进行职业定位时发挥自己的优势，选择适合的职业。

3. 年龄

职业定位和职业发展是一个过程，在这个过程中，每一个阶段都与前后阶段有密切的联系。不同年龄和发展阶段的特征都与职业生涯的选择和发展是一种相互依赖、相互作用的过程。

（二）家庭因素

职业定位与职业选择和个体的家庭背景有着非常密切的关系。家庭是人们生活的重要场所，人们的价值观、行为模式等都会受到家庭生活和家庭成员潜移默化的影响，如父母是否干涉子女的职业选择。有些父母也许更希望子女毕业后回到自己身边工作，所以在子女毕业时就给他们安排好了工作岗位，这个时候自由选择的余地就小了。但这并不意味着自己就不能进行职业定位，求职者还是可以根据父母方面的因素定位自己的职业并早做准备。

（三）社会环境因素

在社会经济日益市场化的背景下，大学生职业生涯发展必然受到社会环境的极大影响和制约，其中包括社会的政治环境、经济环境、文化环境以及教育环境等。社会环境中主流的工作价值观、政治经济形势、社会产业结构的调整与变动、社会劳动力市场的人才需求变化等因素，无疑都会在大学生职业定位的决策上留下深深的烙印。

三、职业定位的程序

职业定位的程序通常包括个体认知、分析评估以及目标确立三个阶段。

（一）个体认知阶段

自我探索的结论作为职业目标确立流程的起始因素，影响着个人对职业目标的判断、结合对职业的认知，对职业类型进行不同划分，即适合的职业、喜欢的职业、能做的职业和可做的职业，这时就确立了职业目标选择的大致方向，可以称之为职业定位的第一个阶段，即个体认知阶段。

（二）分析评估阶段

这个阶段包括个体职业选择策略的明确和优势整合两个部分。职业选择策略指的是在面对众多的职业选择对象时个体所采取的选择方针和选择方法。从效果最大化的角度来看，人们在选择职业时一般希望选择那些适合自身特点而又有发展前途的职业，也就是说该职业应该既是适合自己的，又是自己喜欢的、自己能干的和可干的。这是职业定位的第二个阶段，即分析评估阶段。

（三）目标确立阶段

这是职业定位的最后阶段。在这一阶段，大学生既要考虑到个人实现目标的资源和精力，又要考虑到其中可能面临的风险，因此目标保留的最终数量一般不超过 3 个，但至少应该有 1 个。保留多个目标的大学生，还应考虑协调几个目标之间的关系，争取使它们之间具备互相支撑和相互替代的关系；目标有缺陷的大学生，从确立目标之日起，就应该着手创造条件、弥补缺憾，力争目标的最终实现。

在完成上述各阶段之后，还要注意进行反馈和调整，确保信息反馈的及时性和准确性，适时调整职业目标。

第三节　职业生涯目标的分解与组合

一、职业生涯目标的分解

（一）按性质分解

美国著名职业指导专家沙因（Schein）教授把人的职业生涯分为外职业生涯和内职业生

涯两类，职业生涯目标也可以相应地分为外职业生涯目标和内职业生涯目标两个层次。

1. 外职业生涯目标

外职业生涯目标是指从事职业时的工作单位、工作地点、工作内容、工作职务、工作环境、工资待遇等外在因素的组合及其变化过程。一般来说，外职业生涯目标的这些因素多数都是别人给予的，尤其是在职业生涯初期。

2. 内职业生涯目标

内职业生涯目标是指从事一项职业时所具备的知识、观念、心理素质、能力、内心感受等内在因素的组合及其变化过程。一般这些因素不是靠别人给予的，而是要通过自身努力去获得和掌握的，它主要包括以下四方面：①工作能力目标。如高效率完成本职工作、组织大型活动的能力等。②心理素质目标。心理素质目标主要包括能经受挫折与失败，能够做到临危不惧、宠辱不惊。心理素质可以通过情绪智力的培训加以提高。③观念目标。观念主要是指对人对事的态度和价值观。观念目标是指自己在工作和学习过程中逐步形成一种什么样的观念或态度。④工作成果目标。主要是指发现和应用新的管理方法、创造新的业绩等。外职业生涯目标和内职业生涯目标有着密切的关系：内职业生涯目标的发展可以带动外职业生涯目标的发展，外职业生涯发展目标的实现可以促进内职业生涯目标的实现。

（二）按时间分解

职业生涯目标按时间划分可以分为短期目标、中期目标、长期目标和人生目标。具体方法可以是先将人生目标分解为若干个长期目标，再将每一个长期目标继续分解成各个中期目标，最后将中期目标分解为短期目标。

1. 人生目标

人生目标是指整个人生的发展目标，时间可以长达 40 年左右。短期目标服从于中期目标，中期目标服从于长期目标，长期目标又服从于人生目标。在具体实施目标时，通常都是从具体的、短期的目标开始的。

2. 长期目标

长期目标是时间大概为 5 年以上的目标，通常比较笼统、不具体，可能会随着职业内、外部环境的变化而变化。

3. 中期目标

中期目标一般为 3~5 年，相对于长期目标要具体一些，但要与长期目标保持一致。可以用明确的语言来定量说明；对目标实现的可能性做出评估；有比较明确的实现时间，且可做适当的调整。

4. 短期目标

一般指时间在 1~2 年内的目标，是中期目标与长期目标的具体化、现实化，具有可操作性。短期目标必须清楚、明确、现实、可行；可能是自己选择的，也可能是组织或上级安排的、被动接受的；短期目标要服从于中长期目标。

5. 成功经典

李恕权（David Lee）一方面就读于休斯敦大学主修计算机，一方面在休斯敦太空总署打工。出于对音乐的热爱，稍有空闲他就把所有的精力放在音乐创作上。和他搭档写歌词的是一位十九岁的女孩，名为薇乐莉（Valerie Johnson）。薇乐莉个性朴实、诚恳待人，外人绝对看不出来她出身得克萨斯州的知名石油大亨家族。因为薇乐莉这样的背景，她从小就从长辈的言行中学习到了成功者的成功模式。她的一句话"Visualize what you are doing in 5 years?（想象5年后你在做什么?）"让年轻的李恕权改变了他的一生。

　　李恕权从来没有想过这个问题，他沉思了几分钟，开始告诉薇乐莉："5年后我希望能发行一张很受欢迎的唱片，得到许多人的肯定。而且，我要住在充满音乐的地方，能够天天跟世界一流的乐师工作。"接着薇乐莉用一个奇妙的方式，把这个目标倒算回来，就好像她非常清楚事情是如何发生的。她说："如果第五年，你要发行唱片，那么第四年一定要跟唱片公司签约。第三年一定要有一张完整的作品，可以给很多唱片公司试听，没错吧？那么第二年，一定要有很棒的作品开始录音。也就是说，你第一年就一定要完成所有作品的编曲。再往下看，你第六个月就要把那些没有完成的作品修饰好，可以进行筛选。你第一个月就要把目前这几首曲子完成。你的第一个礼拜就是要先列出一整个清单，看看哪些歌曲需要修改，哪些可以完工。"

　　经过薇乐莉的一番分析之后，李恕权需要做哪些事情就非常清楚了。他按照这些规划认真去执行，想不到往后的发展果真如薇乐莉所说的一一发生了！"清楚知道自己想要什么，一步一步去实施，在期限内完成"（见图6-1），成功者都是这样实现他们的成功的。

　　以终为始——计划是这样形成的。

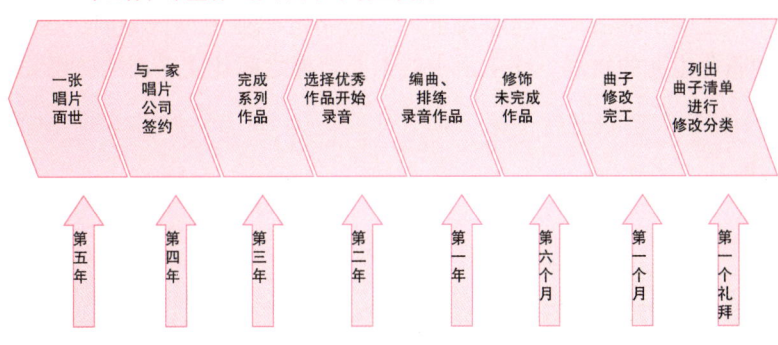

图6-1　李恕权的音乐计划

二、职业生涯目标的组合

　　目标组合是处理不同目标之间相互关系的一种有效方法。在对总目标进行分解后，为了更为有效地处理不同子目标之间的相互关系，还应对具有因果关系与互补性的目标进行组合。

（一）时间上的组合

1. 并进组合

　　并进组合是指同时着手实现两个现行工作目标，或建立和实现与目前内容不相关的预备职业生涯目标。这也是一种居安思危、具有长远眼光的表现，需要具备较强的时间管理能力和学习毅力。如一名财务经理职位，实际上就涵盖了财务专业人员和管理人员两种职业。如果要做好这份工作，就需要在这两份职业上同时学习、共同提高，既要做优秀的财务工作人员，又要做成功的管理人员，这两个职业目标并不矛盾，可以同时进行。

2. 连续组合

连续组合是指目标之间的前后连接，实现一个目标之后再去实现下一个目标最终连续而有序地实现各个目标。职业生涯的阶段目标与职业生涯的最终目标是相关联的：如果将职业生涯的阶段目标连接起来，制定一个时间表，再确定一个衡量目标实现与否的评估方式，便会形成最终目标。

（二）功能上的组合

1. 因果关系组合

有些目标之间有非常明显的因果关系，一般而言，内职业生涯是原因，外职业生涯是结果。如能力目标的实现（原因），将有利于职务目标的实现（结果）；而职务目标的实现（原因），会带来经济收入目标的实现（结果）。

2. 互补关系组合

是把存在互补关系的目标进行组合，如高校教师往往同时肩负教学和科研两项任务，教学为进行科研工作提供理论基础和方法指导，科研又能促进教学内容的丰富更新和质量提高。

（三）方位组合

是指个人事务、职业生涯和家庭的均衡发展，相互促进。全方位组合已经超出了职业的范畴，它涵盖了人生的全部活动。这就要求人们在制定职业生涯规划时，应全面考虑个人发展、家庭生活和职业生涯的发展，在生活中的不同目标之间建立平衡的协调关系。

复习思考题

1. 职业定位的类型包括哪些？
2. 职业定位的影响因素有哪些？
3. 职业生涯目标分解的类型及其具体内容分别是什么？

案例讨论题

小李的及时转向

与不少中学生一样，小李的高考志愿是在家长、高中老师，甚至是在大众传媒的影响下填报的，在"成功"地成为一所医科大学的学生之后，他并不像大多数同学那样对医科大学的学习生活感到充实，在人体解剖学课的骨骼和组织学课上，显微镜下的细胞并不能激起他的兴趣，在各门临床课上与患者的接触更让他怀疑当初所填高考志愿的合理性。不过，一次老乡聚会让他来了精神。他感到与来自各高校、各学科的老乡交谈，比与自己医科大学里的同学交谈要有趣得多。他突然发现自己其实对经济类感兴趣，一种想当会计的想法立即占据了他的整个大脑。他开始与财经类院校的老乡"单线联系",去附近一所大学的会计学院听讲座,并为未来制定了如何成为一个会计的发展规划。按照这个规划,他在大学毕业前报考了会计学专业的研究生,虽然要努力完成医科大学的繁重课程,但是充满激情的他还是顺利地通过了研究生考试,从医科大学的校门跨入一所有会计学专业的财经类大学的校门。如今,他已经是一所著名外企的会计,每天经手的账目金额都很大。他对会计的热爱就像一个孩子对待他心爱的玩具一样,虽然从业时间不长,但在业界已经小有影响,并且他正准备攻读博士学位,因为他的远景目标是成为这一领域的翘楚。

讨论问题:

1. 阅读小李的案例后,试着问自己:我到底要什么?我能做什么?我现在在忙什么?
2. 结合"五WHAT"法,进行自我职业生涯目标的定位。

第七章 职业生涯规划书的设计与撰写

> **案例导入** ▶

张倩云的成功秘籍

张倩云是某财经类学校会计专业的毕业生。她从大一进校开始,就对职业生涯有了一定的规划。她清楚地知道,想要成为一名会计行业的优秀人才,不仅要有很强的本专业理论知识作为支撑,还要有其他学科的知识作为辅助。倩云从刚进大学的时候就参加了本院系职业发展中心组织的职业生涯规划训练营活动,通过这个活动对自己进行了一次彻底的梳理,之后经过深入的思考和实践,她基本确定了进入外企做管理培训生的职业目标。确定这个目标后,张倩云对大学期间需要完成的计划做了一个清晰明确的梳理。

因为希望进入外企工作,那么强悍的外语能力就必不可少。因此,她每天早起,利用早饭和上课之间的时间,在校园的角落里朗读英文,平时吃饭的时候,别人都在看综艺、游戏直播或者电视剧,她却在啃美剧、英剧。与其他人看电视不同,张倩云看完每一集,都会做笔记,听不懂的地方反复听写、背诵。一部剧看完,她的听力、口语、写作水平都得到了极大的提高。最后在毕业季找工作时,张倩云凭借强大的英语运用能力,成功拿到了宝洁公司管培生的录取通知。

第一节 职业生涯规划书的制作

一、职业生涯规划的内容

职业生涯规划是做好职业生涯准备、进行职业生涯规划管理和职业生涯发展的行动纲领,其主要内容包括以下5个方面。

(一)职业目标和路径的确定

职业目标包括短期、中期、长期和人生目标,制定时必须注意目标之间的统一性和协调性,必须在突出挑战性的同时防止过度脆弱性而出现恶性连锁效应,造成人生目标的"多米诺骨牌"坍塌。任何好的职业目标和职业规划,必须有明确的路径规划和具体的措施保证,否则只可能是"空中楼阁"。

(二)制订行动计划

行动计划包括短期、中期和长期计划。它是对职业目标进行的时间阶段划分,也是对目标任务的具体分解，其时效性更强。

（三）动态反馈调整

职业生涯规划仅仅是对现有因素的判断，对未来的预测安排。在具体实施过程中，肯定会遇到无法预见的阻力或助力，有可能延缓或加速，甚至阻碍规划的实施。建立一个动态评估、及时反馈和相继调整的系统是十分必要的。

（四）备选职业生涯规划方案

世界上不存在具有唯一性的生涯规划设计书，职业生涯发展的成败也绝对不完全取决于职业生涯规划书的优劣。由于个人发展过程中主客观因素的变化及各种不可预测因素的影响，一个人的职业生涯发展往往不会一帆风顺、一成不变。

古人云："失之东隅，收之桑榆。"大学生拟订一份备选的职业生涯规划方案来主动把握人生，适应千变万化的职场世界是十分必要的。

（五）生涯准备策略

通常，职业生涯规划书是指即将步入职场的人所做的规划。对于在校大学生，在学习期间应将完成学业作为生涯准备的重要部分，纳入整个职业生涯规划当中，并重视生涯准备策略。

二、职业生涯规划原则

（一）目标导向原则

拿破仑曾经有一句名言："不想当将军的士兵不是好士兵。"对人生而言，需求产生目的，目的具体化就是目标，目标是前进的动力，是行动的灯塔。作为人生目标的一部分，职业生涯目标是指引人行动的方向。只要人们在工作、生活中时刻记住这个目标，其行动就不会迷失方向，始终沿着正确的方向前进，并逐步地实现各种小目标，最终达到理想的彼岸。设定职业生涯目标是职业生涯设计和管理的重要一环，同学们要根据自己的实际，确定职业生涯目标，并逐步实现目标。

（二）可操作性原则

在进行职业生涯规划时，一定要注意目标的可行性或可操作性。职业生涯目标要高远但绝不能好高骛远，要立足于现实，怀抱符合实际的崇高而远大的抱负。有了远大的目标，就能起到激励作用，促进学习，改进工作方法，为达到目标而奋发工作。但是不切实际、盲目过分地提高目标，也会因好高骛远而招致失败。

（三）长期目标和短期目标相结合原则

长期目标指明了发展方向，可以鼓舞斗志，防止短期行为。短期目标是实现长期目标的保证，没有短期目标，也就不会有长期目标。特别是在职业生涯发展过程中，通过短期目标的达成，能体验到达成目标的成就感和乐趣，鼓舞自己为了取得更大的成就而向更高的目标前进。长短结合更有利于生涯目标的实现。

（四）优势原则

每个人各有不同的特点和优势，职业生涯规划要结合自身的特点并建立在自身的优势上，才能使自己的职业生涯处于主动有利的地位，获得发展支持和持续动力。

三、职业生涯规划书的类型

职业生涯规划书通常采用文本型、表格型和档案型 3 种形式。

（一）文本型

文本型职业生涯规划书没有固定的模板，具有较大的创作空间，但要注意，首先是让自己信服，其次是有可操作性。

（二）表格型

表格型职业生涯规划书主要包括两部分，即表头和规划内容栏。其中，表头部分是规划人的基本信息，内容栏以呈现目标和实施要点为主，该内容不是固定不变的，可以根据个人情况进行调整，如表 7-1 所示：

表 7-1　职业生涯规划表

姓　名			性　别		年　龄	
所在部门			政治面貌		婚姻状况	
职业选择					流动意向	
个人经历		教育经历				
		工作经历				
		培训经历				
个人因素分析						
环境因素分析						
职业生涯目标		人生目标	简要文字说明：实现人生目标的战略要点，如岗位目标、职务（职称、技术等级）目标、收入目标、社会影响目标、重大成果目标、其他目标等，下同			
		长期目标				
		中期目标				
		短期目标				
短期规划与措施			任务及拟采取的措施、有利条件、主要障碍等以及可能出现的意外和应急措施；年度目标及年度计划的细节通常另行安排，以保持规划的稳定性和可保存性			
中期规划与措施						
长期规划与措施						
人生规划与措施						
所在部门主管审核意见						
人力资源部门审核意见						

（三）档案型

档案型职业生涯规划书主要是将规划以填写档案的形式进行记录。涉猎内容主要包括前言、扉页、目录等，其中目录部分要清晰呈现个人自我陈述、职业生涯目标，短、中、长期规划与措施等，应依据个人情况进行贴合调整。

四、职业生涯规划书的撰写

（一）职业生涯规划书的涵义

职业生涯规划书是指运用职业生涯规划的相关理论，在全面认识自身素质和职业志向的基础上，通过对未来职业生涯展望的描述制定出职业发展的具体规划。职业生涯规划书既是一份职业生涯的可行性报告，又是一个实施生涯规划的行动指南。

（二）职业生涯规划书的撰写要求

1. 完整性

职业规划书具有个性化特征，内容要求适合自己，要真实、完整，分析透彻，主要包括自我分析、职业分析、职业定位、计划实施、评估调整等方面。

2. 科学性

职业规划书要基本体现人职匹配的思路，目标确定和路径设计要符合自身和外部环境实际，不主观臆想，应科学合理。

3. 操作性

职业规划书要求思维缜密、目标明确，分析有深度，可操作性强，要有一定的分阶段目标，尤其是近期（大学至毕业后五年）目标规划，分析要具有说服力。

4. 逻辑性

职业规划书要求逻辑清晰、组织合理，准确把握职业规划设计的核心和关键。

5. 创新性

创意新颖，充分体现个性而不落俗套，文如其人，充分展示当代大学生朝气蓬勃的精神风貌。一篇职业规划书只有做到完整性、科学性、操作性、逻辑性和创新性，才能称得上是优秀的规划书。

（三）职业生涯规划书的内容

一份具体、完整的职业生涯规划书，应当具备以下内容：

1. 封面与扉页

扉页主要是写清楚"谁"在"哪个阶段"的"多长"期限内的职业规划，简明扼要。可以用表格或文字的形式来反映，旨在反映一些必要的、不易改变的、知会性的有用信息，可以根据自己的状况以及职业的特征适当地进行取舍。

2. 个人情况

个人情况包括个人基本情况和个人经历。个人基本情况主要包括姓名、性别、政治面貌、籍贯、出生年月、毕业学校及专业等。如可以选择一张自己比较喜欢的照片或名人名言作为一种激励和装饰，也可以将撰写规划书的时间置于首页作为标记和警示。个人经历主要是个人的教育经历、工作经历（兼职）和培训经历，通过对这些经历的分析，可以了解向什么方向发展更有利。

3. 自我分析

自我认知的途径主要包括以下几个方面：

（1）自我评价。针对自身特点，重点是对自己的性格、兴趣与能力（重点是特长）进行评价，主要目的是有针对性地进行自身优势和劣势的分析。

（2）社会关系评价。按照社会关系评价表认真填写，如表7-2所示。其中"自我评价"主要是针对社会关系评价的总体评价进行自我总结，可以对存在的偏差部分进行修改，并准确客观地陈述修正意见。

（3）工具测评。工具测评可以通过网络和专业的软件进行，也可以借助各种测评表格进行。需要说明的是，任何测评结果都无法直接体现个体独特的差异，建议最好在专业指导教师和专业培训辅导机构的指导下进行。

表7-2 社会关系评价表

评价人 \ 评价	优点	缺点	举例说明
家人评价			
老师评价			
亲密朋友评价			
同学评价			
其他社会关系评价			
自我评价			

4. 职业分析

对于所希望从事的职业，主要包括以下四方面：

（1）外部环境分析。职业外部环境分析包括家庭环境分析、学校环境分析、社会环境分析和目标地域环境分析，分析哪些是有利因素，哪些是不利因素，哪些因素将阻碍职业生涯发展，哪些因素将为发展提供机遇。

（2）目标职业分析。目标职业分析包括目标职业名称、岗位说明、工作内容、任职资格、工作条件、就业和发展前景。职业选择分两种情况，一种情况是初次选择职业，可根据个人因素和环境因素的分析结果进行选择；另一种情况是已经在业，可将个人因素和环境因素分析结果与自己所从事的职业进行一次比对，如有必要可重新选择。

（3）职业胜任力测评。职业胜任力测评可以通过部分企业为招聘员工专门设计的职业胜任力测评软件进行在线测评，也可以运用SWOT分析表格进行自我测评。通过详细分析自身存在的优势及其可利用价值、弱势及其弥补办法和对策，以及如何利用机会和如何排除面临的威胁这4个方面的情况，得出一系列相应结论，为科学选择职业提供重要依据。

（4）职业认知小结。这是在分析和测试职业环境、职业目标及职业胜任力的基础上进行的职业生涯规划与发展助力和阻力的分析，是职业目标实现的坚实基础，也是职业生涯规划的核心部分。

5. 职业定位

个人的职业目标一定要同自己的能力、个人特质及工作适应性相符合，另外，个人职业目标和职业道路的确定，要考虑到客观环境条件。通过对自我分析及职业分析，结合生涯发展愿望，可初步确立个人的职业发展方向，如具体的行业、领域、职业、职位、希望发展的高度等。良好的职业定位是以自己的最佳才能、最优性格、最大兴趣、最有利的环境等信息为依据的。

6. 差距分析与标准制定

分析自己拟定的职业目标是否与组织经营战略、发展目标一致；分析自己确定的职业定位是否与自己的职业发展理想相一致；并且制定出自己实现职业目标与否的标准和依据，最好能够有完成一定目标的时间期限。

7. 计划实施

通过前文所提到职业生涯目标的分解与组合，具体将自己的职业目标进行分解与组合，确定各阶段目标，并制订相应的行动计划来实现它们，把目标转化成具体的方案和措施，分阶段进行。这里所指的行动是指落实目标的具体措施，主要包括工作、训练、教育、轮岗等方面的措施。如为达成目标，你通过什么途径来实现？在工作方面，你计划采取什么措施提高你的工作效率？在业务素质方面，你计划如何提高你的业务能力？在潜能开发方面，你采取什么措施开发你的潜能？等等。

8. 评估调整

所谓"计划赶不上变化"，影响生涯规划的因素诸多。有的变化因素是可以预测的，而有的变化因素则难以预测。制定的职业生涯规划有时会与实际情况有所偏差，这时就需要不断地对生涯规划进行评估与调整。修订的内容可能包括机会的重新评估、职业的重新选择、职业生涯路线的选择、人生目标的修正、实施措施与计划的变更等。为了方便对照，最好在评估之前就先设立评估的标准，即设定衡量此规划是否成功的标准。

第二节　职业生涯人物访谈报告

一、职业生涯人物访谈定义

生涯人物访谈，是指为了获取职场信息，通过与一定数量的职场人士（通常是自己感兴趣的职业从业者，即生涯人物）会谈而获取关于一个行业、职业和单位"内部"信息的一种职业探索活动。生涯人物访谈是一种获取职业信息的有效渠道，可以检验通过其他方式所获取的信息是否准确，并能帮助人们了解到一些通过大众媒体和出版物不易获得的信息，如潜在的入职标准、工作者的内心感受等。通过生涯人物访谈，在校大学生还能正确认识自己的优势和不足，从而制订更加合理的大学学习、生活和实习计划。此外，人们还可以和生涯人物建立长期的联系。

二、职业生涯人物访谈操作流程

开展一次有效的生涯人物访谈，一般可以按以下流程来操作。

（一）遴选偏好职业

借助一定的工具（如霍兰德职业倾向测试、职业能力测量表、职业价值观自测量表）或测评软件（如朗途职业规划在线测评）分析自己的兴趣、技能和工作价值观。将结果与自己的教育背景、所获得的专业知识相结合，列出未来可能从事的3~5个职业，以便在这些职业领域内寻找在职人士进行生涯人物访谈。

注意：可以使用各种测评工具或软件，但不能迷信。

（二）寻找访谈对象

生涯人物可以是自己的亲人、老师和朋友，也可以是他们推荐的其他人，而更多的可能是借助行业协会、大型同学录或某个具体组织的网页来寻找到的职场人士。

（1）生涯人物的职业应是自己向往的，但不应将生涯人物访谈当成获得与雇主面试的机会。每个职业领域的生涯人物应结构合理，既有初入职场的人士，也有工作了一定年限的中高层人士。

（2）正式访谈前，对生涯人物的信息掌握得越全面越好，姓名、职务和联系方式是必需的，对于可以在生涯人物的讲话、文章或者大众传媒和单位网页上获得的信息要尽可能多地收集和熟悉。

（三）预约生涯人物

预约方式有电话、QQ、电子邮件和普通信件等，其中电话最好。预约时首先介绍自己，然后说明找到他的途径、自己的采访目的、感兴趣的工作类型以及进行采访所需要的时间（通常20~30分钟）。如果生涯人物能和自己见面，就感谢他能够接受采访并确认采访的日期、时间和地点；如果生涯人物不能和自己见面，就问他能否给出五分钟的时间进行电话采访；如果还是不行，就表示遗憾，并请求推荐一位与他所从事工作相似的人，如果得到了被推荐人的名字，就表示感激。

（1）联系前的准备要充分，电话联系时还应备好纸和笔，以备临时电话采访。

（2）联系时一定要有礼貌，时间要短。

（四）设计访谈提纲

（1）各人提的问题要根据自己的具体情况进行设计，通过生涯人物访谈，从生涯人物那里获得对自己有用的信息。

（2）设计的问题应以封闭式为主，既节约时间，又能得到需要的答案。

（3）问题设计要尽量口语化、易懂。

（五）采访生涯人物

采访方式可以是面谈、电话访谈、QQ访谈，最好是面谈。面谈前，采访者一般可以用已经从其他渠道了解的生涯人物的好消息轻松打开话题，之后就可以按设计好的问题开始访谈了。遇到生涯人物谈兴正浓时，采访者要乐于倾听，给生涯人物留出提供其他信息的机会。

在访谈结束时，请生涯人物再给自己推荐其他相关的生涯人物。这样就可以以滚雪球的方式拓展自己的职业认知领域。

（1）采访前为自己准备个"30秒的广告"，因为在访谈过程中生涯人物可能会问采访者的职业兴趣和求职意向。

（2）面谈前，应征求生涯人物的意见，视情况对谈话进行录音或书面记录或不记录。

（3）面谈一定要守时、简洁，不浪费他人时间。

（4）结束时，可以向生涯人物赠送小礼物和一些关于学校和自己所学专业的宣传材料。

（5）访谈结束后，对于不允许访谈现场记录的内容应迅速补记。

（6）采访结束后一天之内，要通过合适的方式表示感谢。

（六）完善访后工作

对于不允许访谈现场记录的内容应迅速补记，回来后将采访的资料整理到生涯人物访谈表，如表7-3所示。采访结束后一天内，通过手机短信或邮件等合适的方式向生涯人物表示感谢。

表7-3　生涯人物访谈表

访谈目的				
被访者基本情况	姓名		性别	
	毕业时间		毕业院校	
	联系方式		所学专业	
	现工作单位		现工作职务	
访谈内容				
访谈总结				
访谈人信息	访谈人		专业	
	班级		学号	
	访谈时间			

在一个职业领域采访2~3个以上的生涯人物后，就可以对照之前自己对该职业的认识进行比较，找出主观认识与现实之间的偏差，确定自己是否适合这一行业、职业和工作环境，是否具备所需能力、知识与品质，进而详细制订大学期间的自我培养计划。如果访谈结果与自己之前的认识出现严重脱节，就有必要进入另一个职业领域开展新一轮生涯人物访谈了！

第三节　职业生涯决策

一、职业生涯决策的原则

（一）全面考虑原则

进行职业生涯决策一定要处理好能力、性格、特长和兴趣之间的关系，如果从事一项自己擅长并喜欢的工作，工作会很愉快，也容易脱颖而出。当然，在现实生活中经常会遇到相互之间的冲突，如能力与兴趣和价值观的冲突，即面对感兴趣的职业，可能由于能力较低甚至不具备这些能力，这时就应该理性选择能力方面更能胜任的，否则会在职业生涯感到困难重重。此外，对具体单位、职业岗位各方面的条件，如职业的劳动强度、劳动时间、工资报酬、福利待遇、单位距离远近等也要综合考虑。

（二）实事求是原则

职业规划不能好高骛远，而要根据自己的实际情况和社会情况，一步一个脚印，层层晋升，最终成就梦想。

（三）可持续发展原则

职业决策在制定阶段性目标的同时，也要有贯穿于自己整个职业生涯的发展远景和展望。如果职业决策过于短浅，对职业生涯的发展没有支撑和发展作用，则不利于职业的长远发展。

二、职业生涯决策的要素

要做出合理职业生涯决策，需要考虑决策的目标、选择、结果、评价等方面，这也被称为职业生涯决策的四大要素。

（一）目标

目标是指所要达到的目的，这是职业生涯决策的根本所在。

（二）选择

选择是指在达到目标的过程中有多种途径，需要对采取哪种途径做出选择。

（三）结果

结果是指在做出选择后，实际产生的结果和影响。

（四）评价

评价是指对形成的结果进行分析和评价。

为了使职业生涯决策的四要素都具有合理性，可以通过回答"我想要做什么？""我能够做什么？""我可以做什么？""我应该做什么？"这几个问题，使得这四要素更加清晰、明了。

三、职业生涯决策存在的误区

（一）只求目前稳定或经济效益，不求长期的发展机会

求职时过于注重选择那些经济效益好，收入稳定的单位，而不愿到那些目前经济效益差，但有发展潜力的企业。他们常偏重眼前利益，忽视长远发展，这也许会使自己的职业生涯失去许多重要的机会。

（二）过于求全，脱离实际

表现在把择业想得十全十美，忽视自身条件和环境因素，脱离实际，片面追求完美。

（三）意气用事，随意跳槽

很多人常常以"不喜欢这份工作"为理由频频跳槽。他们没有分清哪些是自己喜欢的事

情，哪些是自己虽然不喜欢但是应该做好的事情。有能力做好一件事后再换工作，这有助于职业生涯的持续发展。

（四）依赖企业安排，等待上级提拔

制定职业生涯规划虽然会将企业和个人双方都考虑进去，但最终的实现还是要靠自己。因此，自己应主动应对，而不能将未来交给别人来主宰。

（五）认为成功的关键在运气

一部分人认为成功只是由于有好的运气，指望机遇和好运能降临到自己头上，但正所谓"机遇只偏爱有准备的人"，只有不断提高自己的能力、积累实力，才能把握机遇。就像人们常说的那样，"越努力，越幸运"。

四、职业生涯决策的方法

（一）决策平衡单法

在进行职业选择时，有时会遇到需要在两个甚至两个以上的不同职业发展方案之间进行选择的情况。利用决策平衡单法可以具体地分析每一个可能的选择方案，考虑各种方案实施后的利弊得失，最后排定优先顺序，择优而行。职业决策平衡单法是由詹尼斯（Janis）和曼（Mann）在1977年设计的，经常用于问题解决模式和职业咨询中，判断分别执行各选项的利弊得失，然后通过打分的方式，量化各项职业选择的分数，从而排定各个选项的优先顺序，以执行最优先或偏好的选项。其具体实施步骤如下。

步骤1：列出可能的职业选项。

步骤2：判断各个职业选项的利弊得失。主要从这几个方面来考虑：一是自我精神部分，包括自己的能力、兴趣、价值观、心理需求（自尊、自我实现）、生活方式的改变、成就感、自我实现的程度、兴趣的满足、挑战性、社会声望的提高、个人才能的发挥等；二是自我物质部分，包括升迁机会、社会地位、工作环境、工作发展前景、工作内容、休闲时间、生活变化、对健康的影响、足够的社会资源、能提供的培训机会及就业机会等；三是外在精神部分，包括父母、师长、配偶、家人的支持等；四是外在物质部分，包括家庭经济收入、择偶及建立家庭、与家人相处时间、家庭地位等。

步骤3：各项考虑因素的加权计分。详细列出各项考虑层面，再进行加权计分。重要的考虑因素可乘以1~5倍分数，依次递减。

步骤4：给各个职业选项打分。根据第一栏中的职业决策考虑要素给每个职业方案打分，每个方案的得分或失分，可根据该方案具有的优势（得分）、劣势（失分）来考虑，计分范围为1~10分。

步骤5：计算得分、排列顺序。将每一项的得分或失分乘上权数，得到加权后的得分和失分，并分别计算出总和（即加权后合计）；再把加权后的"得失差数"算出来，依据各职业选项在总分上的高低，排定优先次序，并据此做出最终决定。得分越大，说明该职业方案越适合自己。

（二）CASVE 循环法

CASVE 循环法是职业生涯文献中所描述的许多不同的决策模型中的一种，CASVE 是5个英文单词首字母的组合，也指整个过程包含的5个阶段，即沟通（Communication）、分析（Analysis）、综合（Synthesis）、评估（Valuing）和执行（Execution），它体现了职业生涯决

策是一个持续不断的过程，具有循环往复的特点，如图 7-1 所示。

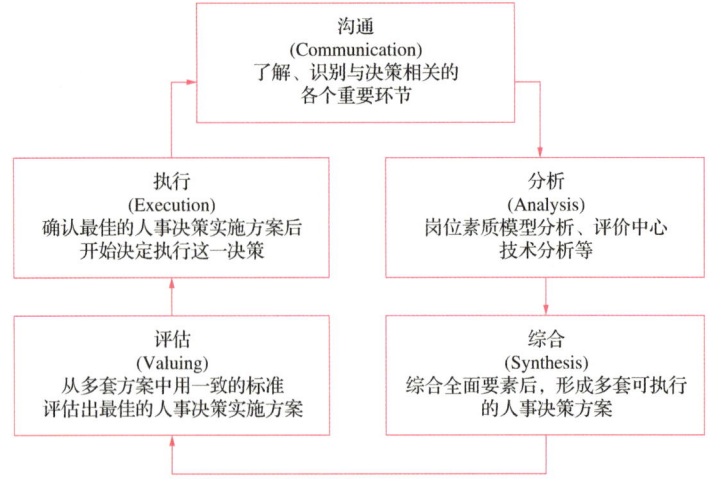

图 7-1　CASVE 循环模型

1. 沟通

在这个阶段，已经收集到一定的职业信息，并且在自我认知的基础上，意识到理想和现实情境之间存在的差距，需要做出选择。其中，内部沟通是自己对于职业信息发出的情绪信号（不满、厌烦、焦虑和失望等）和身体信号（昏昏欲睡、头痛、胃部疾病等）所做出的反应；外部沟通是自己对于学校、家庭和社会等外部信息所做出的反应，包括各种招聘信息对于自己专业的需求程度，老师、父母、媒体传递给自己的有关就业不容乐观的信息等。

2. 分析

在沟通阶段，往往容易感到压力和痛苦，如果自己不认真分析问题或差距，职业生涯决策往往是盲目而冲动的。为避免这种情况，就需要将问题的各个组成部分相互联系起来，对现状进行评估，对已有的职业信息进行分析。在这一阶段，需要进行自我对话和自我觉察，问问自己"我确实需要做些什么才能解决这个问题？""做出选择的压力从何而来？"等。

3. 综合

这一阶段就是要把分析阶段提供的信息进行加工和综合，找出解决问题的行动方案。要找出解决问题的各种可能性，扩展解决问题的选项，对每一个选项进行思考，然后在此基础上适当压缩，逐步缩小选项的范围，保留最佳决策方案。

4. 评估

在评估中，要从以下几个方面进行思考：对个人而言，哪个选择是最好的；对父母亲友而言，哪个选择是最好的；对社会而言，哪个选择是最好的。从可行性和满意度两个方面评估信息，并按照评估结果对所有选择进行排序，得出最终的选择。

5. 执行

根据自己最终的选择制定职业生涯决策，付诸积极行动。需要注意的是，决策是一个循环的过程，也就是说，在行动之后，还需要对自己的决定及其结果进行评估，由此可能进入新一轮的决策过程。

（三）PLACE 方法

这种方法是指进行职业生涯决策时，从 5 个要素和 6 个步骤来考虑每个职业。5 个要素分别为：P——职位（Place），一般责任、工作内容和有关单位；L——位置（Location），工作的地理区域和物理环境；A——晋升（Advancement），升迁机会和工作保障；C——雇用条件（Condition），薪酬、奖金、工时、着装规范等；E——准入资格（Entry），相关的教育和培训经历等。

6个步骤分别为：

步骤1：将正在考虑的职业填写在职业名称中。

步骤2：按PLACE对该职业进行客观描述。

步骤3：用文字表达自己对于该职业PLACE五要素的评价。

步骤4：以0~5进行评分，从"完全没有吸引力"到"有绝对的吸引力"，表示各要素满足个人需要的程度。

步骤5：算出该职业方案的总分。

步骤6：依次对各个职业进行分析、评分、总得分排序、比较，选择得分最高的一个。

根据这五要素和六步骤，就可以制作一个简单的职业评价工作单，如表7-4所示。

表7-4 职业评价工作单

职业目标		
职业特点 （客观描述）	评 价 （主观看法）	评 分 （完全没有吸引力-绝对有吸引力）
P（职位）		0　1　2　3　4　5
L（位置）		0　1　2　3　4　5
A（晋升）		0　1　2　3　4　5
C（雇用条件）		0　1　2　3　4　5
E（准入资格）		0　1　2　3　4　5

复习思考题

1. 职业生涯规划的内容及其原则分别包括哪些？
2. 职业生涯人物访谈的步骤有哪些？
3. 职业生涯决策的误区有哪些？
4. 选择合适的职业生涯规划书类型，撰写一份属于你的职业生涯规划书。

案例讨论题

一名初中教师的生涯访谈

一、访谈前的准备：人物背景

姓名：南飞雁（化名）

工作单位所在地：河北滦州

职业：初中教师

大学专业：教育学

二、生涯访谈过程

1. 您是怎样决定自己的职业的？

1981年，高中毕业，当年高考落榜。受家里经济条件限制，我没有选择复读，正赶上乡里招民办教师，于是报名参加考试，以第三名的成绩入围，从此开启教师生涯。1987年我考取了县办师范学校，实现了"民转国"的愿望，1989年毕业，成为一名在编教师。工作期间，我参加河北师范大学函授学习，2001年小学教育专业专科毕业。

2. 从事现在的职业，需要哪些技能？

与其他职业相比，教师职业需要的技能比较复杂，不是单一的某方面，而是一种综合性的。比如说普通话能力得过关，如果担任语文教师，还要达到二甲水平；表达能力得强，不能像老百姓所说"茶壶里煮饺子——心里有，嘴上倒（道）不出来"；洞察能力要强，要善于发现问题，特别是能及时发现安全隐患；谋划思维能力要强，不能做一个"破表"，要有自己的想法；处事能力要强，要善于处理人与人之间的关系，如师生关系、同事关系、教师与家长的关系、教师与领导之间的关系等，不能把自己孤立于集体之外；要有所任教学段的专业知识系统，俗话说给学生一碗水，教师要有一桶水，甚至是一缸水；要有一定的讲课艺术，能吸引学生的眼球和精神，这就是优秀教师所说的"教师授课要有感染力"。

3. 从事现在的职业，您做了哪些准备？

主要有五个方面：一是心理准备，过去人常说"家有二斗粮，不当孩子王"，主要原因就是孩子王不好当，当好了也没多大出息。做出这一选择的同时，就等于决定了自己要做一个普通人；二是知识储备，结合自己要考取的教师资格证学段、学科，做好相应的知识储备；三是能力储备，多留心自己的老师，从他们身上汲取营养，如果有时间，还可以深入到资格证学段的学校体验生活；四是掌握一些教育学、心理学知识，特别是涉及资格证学段学生年龄段的；五是积累一些优秀教师的典型经验，可以通过网络、视频等途径，学习一些优秀教师的工作经验和方法，丰富自己。

4. 目前本行业招聘时要求哪些学历和教育背景？

教师招聘，根据所报考的学段，要求不同的学历。一般情况下，报考小学教师，需要专科学历；初中教师，需要本科学历；高中或中等职业学校，需要本科及以上学历。公办学校教师招聘，对大学生的教育背景不是很看重，只要符合报考学段所需要的学历就行（当然学历必须是全日制学校的）；一些私立学校，有的要看应聘者就读大学的类别。比如滦州一所私立学校，应聘门槛就是一本学校毕业。建议大学生到农村中小学任教，报考的门槛低，而且有广阔的发展空间。

5. 您在工作中遇到过一些较大的困难是什么？您是如何克服的？

工作中遇到的较大困难就是学生不听话，不能按照老师的意图去学习，而家长又不配合。在这种情况下，我一般不会只找学生的毛病，更没有责备过家长，而是反思自己工作中是不是存在某些方面的过失。比如说师生感情不深，与家长沟通较少，对学生及其家庭了解得不够等。做学生工作我始终坚持这样一种理念：多关心，少埋怨；多包容，少责备；严中有爱，爱而不溺。相比于那些好学生，我给差生（学习成绩差、自律能力差）的爱会更多些。

6. 非师范生在考教师资格证和编制时，需要特别注意什么？

考证和考编是两个性质不同的概念。非师范生考证，要注意相应学段所要求的教育学、心理学的学习，选准教材，深刻领会其中的概念，做到会灵活运用。同时，还要做好相应学段、学科面试准备（试讲）。建议大学生报考教师资格证时，尽量报考高一级的资格。因为高可以低用，而低不可高用。比如具有高中教师资格证，可以在高中及以下各学段任教；而具有小学教师资格证，就不能在初中及以上学段任教。非师范生考证，尽量报考与自己所学专业相近的学科，如国际贸易，可以报考英语方向；制药类，可以报考化学方向等。这样有利于将来评聘职称。考编前，要详细了解报考地的政策，特别要注意招考公告，以便准确把握复习应考方向。近年来，绝大多数地区考编都包括两大方面：一是笔试部分（教育学、心理学的理论及其应用），二是面试部分（报考学段、学科的试讲）。笔试部分有的地区考试普通教育学、心理学，而有的地区则考试高等教育学、心理学。这两个学科对非师范生来说，本来就是零起点，所以要准确了解考试范围，否则会贻误战机。入围后的面试也非常关键，重点要把握好六个细节：一是仪表要得体，落落大方，最好是穿正装；二是注意礼节，尊重评委老师；三是对抽到的试讲内容要在短时间内形成讲课思路（这就要求考生要有实践经验，熟悉备课思路和讲课方法）；四是讲课不能出现知识性的错误（这要求考生对自己所报考学段、学科的教材要熟悉）；五是要注意书写规范和板书内容、位置；六是要在试讲结束后，将黑板擦掉，讲桌整理好。

7. 您认为性格对工作有什么影响？

教师的性格直接影响着自己的学生。一旦走上教师工作岗位，就不能抱定"江山易改，本性难移"的想法，时刻注意不能把负面情绪带给学生。所以，一个教师，或者一个即将走上教师岗位的人，首先就要学会磨炼自己的性格。有热情的同时，还要耐心、爱心、包容心，要用自己独特的人格魅力来影响学生。一个成功的教师，会在学生的心里竖起一座丰碑。学生最不喜欢的老师的性格就是孤僻、自傲、超乎寻常的深沉。

8. 您觉得从事这份工作最大的收获是什么？

近四十年的教师生涯，很多人羡慕我曾经获得过很多的荣誉、当过小学校长、任着中学主任，可我觉得最大的收获不是这些，而是"桃李满天下"。学生的孩子管我叫"师爷"，早期教过的一些学生已经四十多岁了，见了我还一口一个老师地叫着。这是我最大的满足。

9. 请描述一下您日常工作的一天。

每天的情景，可以用四个字来形容——忙忙碌碌。疫情还没有彻底结束，九年级已经复学两周了，七八年级还在开展线上教学。这一天里，我要关注九年级的上课情况，还要跟踪七八年级的线上教学情况。即使坐在教务处里，我的脑筋也不能闲着，计划、总结、分析——总有干不完的事。下班前，我还要填写好工作日志。不过这样也好，每一天都过得特别充实。

讨论问题：

该教师的职业生涯案例给了你哪些启发？

下编

大学生就业指导

❖ 就业形势与就业政策
❖ 求职全过程指导
❖ 毕业流程与就业指导
❖ 国家公务员考试与录用
❖ 升学深造
❖ 职业适应与可持续发展

第八章 就业形势与就业政策

> **案例导入**

考研 OR 就业应如何选择

2014 级会计学专业小冯，在 2018 年毕业前被某银行录用为常州分行职工，又被南京某高校录取为金融专业非全日制研究生。本该开心的小冯却犯了难，选择读研还是工作？在读本科之前，他的规划是本科毕业考研，待拿到研究生学历再就业。

进入大学后，他几乎是按预设路线行进，但经过大三假期的实习，小冯觉得就业形势比较严峻，毕业生人数达到 820 万，就业难度进一步加大，再加上银行招聘时本科生和研究生是同等对待，他果断放弃之前"考研不就业"的想法，改为"考研和就业"的毕业出路。让小冯没想到的是"考研和就业"竟然都成功了。经过对学业规划的修订，以及就业形势的了解，小冯认为应该抓住就业的机会，最终选择入职银行，同时利用节假日在研究生院校学习。

2021 年，当小冯研究生毕业，他的很多同学忙着找工作，小冯因为有银行工作的经历和研究生学历，很快被某知名咨询公司录用。

第一节 就业形势分析

一、当前我国大学毕业生的基本情况分析

随着我国 40 多年来的改革开放发展，高等教育从"精英化"走向"大众化"。在发展变化中，更多青年学生有机会走进高校学习专业，毕业后将所学知识服务于社会。与此同时，因毕业生人数逐年增加，衍生的"就业难"成为社会、家庭、高校关注的焦点之一。在 2020 年全球新冠疫情的影响下，从"最难就业季"到"更难就业季"，"就业难"将是一个持续的社会现象。

自 2001 年大学毕业生人数突破百万以来，2021 年全国普通高校毕业生人数达到 909 万，2022 届全国普通高校毕业生更是达到 1076 万人，如图 8-1 所示（其中本科毕业生 471 万人、专科毕业生 516 万人、毕业研究生 89 万人），同比增加 167 万人。2022 年高校毕业生规模和增量均为历年之最，总规模首次突破千万。江苏省大学毕业生人数也在 2022 年首次突破 66

万人，如图 8-2 所示。

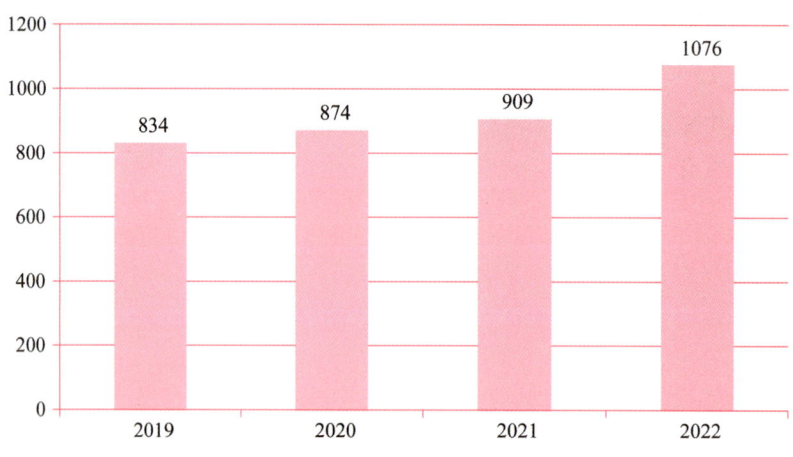

图 8-1　2019~2022 年全国大学毕业生人数（单位：万人）

受国际疫情蔓延，国内疫情多点散发，我国经济恢复仍不稳固、不均衡，招聘需求尚未完全恢复到疫情前水平。

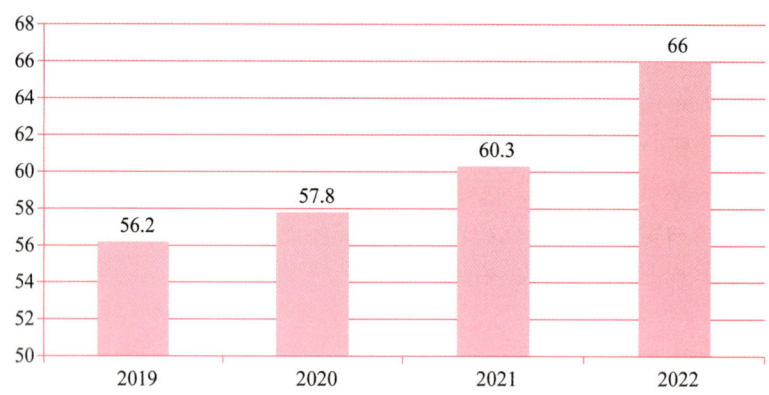

图 8-2　2019~2022 年江苏省大学毕业生人数（单位：万人）

《国务院关于印发"十四五"就业促进规划的通知》（国发〔2021〕14 号）指出，"就业难"与"招工难"并存，结构性就业矛盾更加突出，将成为就业领域主要矛盾。"就业难"实际上并不只是难在岗位的缺乏，还难在毕业生对未来方向、社会需求以及自我认知等存在的偏差从而产生一些迷茫。

就业在人生道路上至关重要。应较为全面、客观、准确地了解当前的就业形势及发展趋势，把握就业创业政策，发挥自身优势，因地制宜地开展职业规划，从而不断增强就业竞争力，走好生涯发展路。

二、大学毕业生"就业难"的原因

（一）就业愿景与现实落差大，"精英情节"致就业面狭窄

不少毕业生和家长对"大学生"的认知还停在"天之骄子""精英"，这种定位会过分强调自身价值和需求，忽视了社会分工的需要，不合适的就业心态和择业观念与社会发展不相

吻合。一些毕业生"求稳"心态更加突出，升学和到机关、事业单位、国企等体制内就业的愿望比较强烈，"慢就业"现象有增多趋势。

（二）信息缺乏，导致毕业生就业信心缺失

校园招聘活动中常见的宣讲会、介绍会、就业指导等并不能让毕业生深入了解用人单位的企业制度、企业文化、职位定位和职场的规划发展。毕业生对职场的各种相关信息的把握不够充分，导致规划自我职业道路的一些迷茫。加上来自社会及家庭等各方面的压力，毕业生在遇到求职碰壁的情况下，很容易出现焦灼、悲观、信心不足的情绪状态，有时不敢投递简历或选择逃避就业。一些数据显示，大学生对于各专业的就业前景并不十分了解，常常只是通过网络搜索等方式了解就业信息，而这些信息的获得往往是不够系统的。

（三）用人单位管理文化与毕业生价值观存在错位现象

随着企业人力资源管理体系的发展不断趋向成熟，企业在人才成本管理上更趋精细化，更注重招聘"性价比"高的毕业生并致力于将其培养成为企业未来发展的后备力量。然而企业对于"00后"大学生自由、独立的价值观和思维方式不够了解，企业的人事管理策略大多还沿用传统的、忽视个性化的集体管理模式。"00后"毕业生往往没有生活压力，不为金钱工作，更看重工作的趣味性和个人喜好。企业传统的"高薪留人""高压管理"思路遭到新生代职场人的反感和抵抗，常会出现跳槽和"裸辞"的现象，这让很多企业大为头疼。

（四）缺乏实践实习经历，诸多能力未得到锻炼

多数家长和学生认为，学业成绩越高越容易获得岗位。大学生偏向于书本知识的学习，在校期间未能深度参与学校社团活动，寒暑假未能深入开展专业实习或应用。现实中，绝大多数企业不会将分数作为唯一的考量要素，他们多使用"无领导小组讨论"的方式考核面试者的判断能力，沟通能力，分析问题、解决问题的能力，与人合作的能力，抗压能力，领导力……学生实习实践经历的缺乏，让他们不能了解行业趋势、职业选择、岗位发展，诸多能力未能在应用中得到锻炼。

第二节　就业政策分析

党中央、国务院高度重视毕业生就业工作，十九大报告指出，提高就业质量和人民收入水平，要坚持就业优先战略和积极就业政策，实现更高质量和更充分就业。

一、国家就业政策

教育部2021年11月15日制定印发《关于做好2022届全国普通高校毕业生就业创业工作的通知》文件，对高校毕业生就业创业提出了相关举措（节选）。

（一）完善市场化社会化就业促进机制

（1）加强校园招聘市场建设。（2）促进网络招聘市场建设。（3）鼓励中小企业更多吸纳

高校毕业生。（4）促进创新创业带动就业。（5）支持引导灵活就业。

（二）充分发挥政策性岗位吸纳作用

（6）健全毕业生基层就业支持体系。（7）做好大学生征兵工作。（8）促进升学与就业有序衔接。（9）优化招考时间安排。

（三）强化就业指导服务

（10）建立健全就业育人支持体系。（11）强化就业实习实践。（12）加强高职毕业生就业服务。（13）加强就业权益保护。

（四）开展重点群体就业帮扶

（14）实施宏志助航计划。（15）完善就业帮扶机制。

（五）完善就业统计发布机制

（16）加强就业统计核查。（17）健全就业质量报告制度。

（六）持续深化高等教育改革

（18）推动就业与招生培养联动改革。（19）实施供需对接就业育人项目。

二、江苏省就业政策

为全面贯彻落实党中央、国务院关于做好高校毕业生就业工作的决策部署，2020年6月11日，江苏省人民政府公布了《关于促进2020年高校毕业生就业创业的若干措施》。

（1）扩大招生入伍规模

扩大2020年硕士研究生招生和普通高校专升本招生规模，招生人数分别增加1万人和1.5万人。扩大大学生应征入伍规模，健全参军入伍激励政策，年度大学生征集指导比例提高至75%，其中征集的大学生新兵中毕业生达到45%以上。

（2）鼓励企业吸纳就业

对中小微企业招用毕业年度高校毕业生并签订1年以上劳动合同的，给予一次性吸纳就业补贴，受理截止期限为2020年12月31日。国有企业今明两年连续扩大招聘高校毕业生规模，其中今年招聘比例不低于新增招聘人数的50%，不得随意毁约，不得将本单位实习期限作为招聘入职的前提条件。

（3）拓宽基层就业渠道

各级事业单位今明两年提高空缺岗位专项招聘高校毕业生的比例，其中今年招聘比例原则上不低于招聘岗位总数的70%。各地新开发的基层公共管理和社会服务岗位中，招聘应届高校毕业生比例不低于50%。招募400名"三支一扶"计划高校毕业生到苏中、苏北基层从事支教、支农、支医和扶贫工作。扩大中小学幼儿园教师和基层医疗卫生工作人员招聘规模。

（4）及时提供就业服务

实施"百日冲刺"行动，有序开放线下招聘，将原来的大型校园招聘会改为小规模、多批次、专业性招聘活动，提前启动公共就业和人才服务进校园活动，开展人力资源产业园专场招聘，举办线下招聘活动不少于6000场次。提高线上服务实效，办好"百日百万"网络招聘专项行动，发挥教育部门"24365""91job"和人力资源社会保障部门精准招聘等线上平台作用,举办网上招聘活动不少于1000场次。引导用人单位加快面试、体检和签约录取进度。放大"江苏招才月"品牌效应,继续组织赴重点地区开展"四对接"活动。

(5) 适当延迟录用接收

对延迟离校的应届毕业生,相应延长报到接收、档案转递、落户办理时限。离校未就业毕业生可将户口、档案在学校保留2年或转入生源地公共就业人才服务机构,以应届毕业生身份参加用人单位考试、录用,落实工作单位后参照应届毕业生办理相关手续。对中小学、幼儿园、中等职业学校教师资格和护士、渔业船员、执业兽医、演出经纪人员、专利代理师等5项准入类职业资格,实施"先上岗、再考证"阶段性措施,用人单位在2020年12月31日前招聘高校毕业生的,不得将取得上述职业资格作为限制性条件。

(6) 组织开展实名调查

健全离校未就业高校毕业生实名调查登记制度,依托基层人社平台,逐一对离校未就业毕业生进行调查登记,8月底前全部录入统一的高校毕业生实名制信息系统,做到个人情况、家庭状况、就业意愿、培训需求、创业基础"五清"。根据调查结果,有针对性地提供职业指导、岗位信息、技能培训、就业见习、创业扶持等就业服务。

(7) 扩大就业见习规模

依托"江苏暨全国百所院校高校院所人才合作联盟",组织开展"江苏行"活动,促进高校毕业生到企业见习实习。大力支持国有、外资企业和规模以上民营企业、政府投资项目、科研项目设立见习岗位,全年募集见习岗位不少于5万个,确保有意愿的高校毕业生都能及时参加就业见习。对因疫情影响见习暂时中断的,相应延长见习单位补贴期限;对见习期未满与高校毕业生签订劳动合同的,给予见习单位剩余期限见习补贴。

(8) 加大就业帮扶力度

对低保家庭、残疾、获得国家助学贷款、建档立卡低收入农户家庭、特困人员中的毕业学年毕业生,以及湖北籍等六类高校毕业生,给予每人1500元的一次性求职创业补贴,确保6月底前发放到位。开展就业扶贫行动,帮助贫困家庭特别是中西部地区贫困家庭高校毕业生就业。开发更多适合高校毕业生的公益性岗位,对通过市场渠道难以就业的困难毕业生实行托底安置。对离校2年内未就业高校毕业生灵活就业后缴纳社会保险费的,按照其实际缴费给予不低于1/2、不高于2/3,最长2年的社会保险补贴。加大"苏北发展急需人才引进计划"实施力度,加强政策、资金集中支持,推动苏北地区吸引高校毕业生就业创业。

(9) 全面提升就业能力

鼓励高校毕业生参加就业技能培训、创业培训和岗位技能提升培训,符合条件的,给予职业培训补贴和职业技能鉴定补贴;经企业录用的高校毕业生,参加急需紧缺工种(职业)培训的,可适当提高补贴标准。鼓励用人单位对高校毕业生加强岗位培训,提高其实际工作能力。对中小微企业吸纳离校2年内高校毕业生,并开展以工代训的,纳入职业技能提升行动,根据吸纳就业人数给予企业职业培训补贴,补贴政策受理期限截止到2020年12月31日。

(10) 大力扶持自主创业

鼓励和引导高校毕业生返乡入乡创业,更大力度支持灵活创新创业。政府投资开发的孵化基地等创业载体应安排一定比例场地,免费向高校毕业生提供。开辟"绿色通道",落实税费减免、富民创业担保贷款、财政补贴等各项政策。评估认定10家省级大学生创业园,分别给予最高 100 万元的一次性补助。继续遴选 500 个省级大学生优秀创业项目，每个项目给予 10 万元的无偿资助。举办"创响江苏"创业创新大赛、"创业江苏"科技创业大赛，选树高校毕业生创业典型，全年引领大学生创业不少于 2.5 万人。符合条件的创业项目，可申报省"双创计划"。

三、省内各市就业创业政策

（一）南京市就业创业政策

住房租赁补贴：符合申领条件的博士、硕士、学士按每人每月 2000 元、800 元、600 元享受最长 36 个月的住房租赁补贴。扩大人才购房服务面，将《2020 年南京市人才购买商品住房办法（试行）》中相关企业"取得硕士学位人才"申购政策延伸至该类别的本科毕业生同等享受。

见习补贴：参加见习培训的青年大学生，见习期内可按规定享受我市最低工资标准 80% 的生活费补贴。对见习培训期满留岗就业率高的基地或单位，经核定给予一次性奖励。

面试补贴：对非市域范围普通高校的应届毕业生来我市市域范围内登记注册并纳税的各类企业、民办非企业单位和社会团体求职面试的，经核定给予 1000 元/人的一次性面试（交通和住宿）补贴。

税费及社保补贴：毕业年度内高校毕业生从事个体经营的，自办理工商登记起，3 年内可按每年 1.44 万元限额依次扣减相关税费。对城乡低保家庭等 6 类困难群体高校毕业生，毕业学年可申请 1500 元/人的一次性求职创业补贴及对应就业指导和创业帮扶。对符合条件的毕业两年内灵活就业高校毕业生，按照本市公布的当期最低缴费基数缴纳社会保险费金额的 2/3 给予补贴，实际缴纳社会保险费超出最低缴费基数的金额再按照 1/2 给予补贴。

创业补贴：青年大学生在我市实现首次创业，领取营业执照后，给予 2000 元的一次性开业补贴；正常经营纳税 6 个月以上的，再给予 4000 元的一次性创业成功奖励；吸纳本市户籍失业人员就业，签订 1 年以上劳动合同并缴纳社会保险的，按吸纳就业人数给予 2000 元/人的一次性带动就业补贴；对在市场监管部门首次注册登记起 3 年内的创业者，企业注销后登记失业并以个人身份缴纳社会保险费 6 个月以上的，按照其纳税总额的 50%、最高 1 万元的标准给予一次性补贴用于个人缴纳社会保险费。

创业场地扶持：符合条件的青年大学生初创企业，入驻政府举办或认定创业载体的，可提供 30 平方米免费场地或给予场租补贴；在创业载体外租用经营场地创业的，给予最高 800 元/月的场租补贴；利用自有房产创业的，给予 300 元/月的基本运营综合补贴，最长可享受 3 年。所需经费由创业实体纳税所在区负责。对创业服务功能强，创业孵化企业多，孵化成功率高，带动就业明显的大学生创业载体经评审给予最高 20 万元的一次性奖励。各区提供"零成本"大学生创业专用场地保障。

创业融资资助：将创业担保绿色通道范围覆盖到在宁高校和省级大创园，符合规定经授权的免除反担保要求。初创项目 5 年内获得风险投资的，可按单个项目融资总额的 10%、最高 30 万元给予配套支持。加大对优秀大学生创业项目的遴选资助，在 10~50 万元的范围内给予相应等次资助。对已资助项目中发展前景好的可给予最高 300 万元接力投资，助力其快速发展。对获得国家、省级创业大赛奖项并落地我市发展的，按赛事层级及获得奖项按规定给予相应项目资助。获市级及以上创业赛事奖项的可取消反担保手续。

贷款贴息补贴：将创业担保绿色通道范围覆盖到在宁高校和省级大创园，符合规定经授权的免除反担保要求。小微企业当年新招用符合创业担保贷款申请条件的人员数量达到企业现有在职职工人数15%（超过100人的企业达到8%）并与其签订1年以上劳动合同的，可在300万元贷款额度内申请贷款贴息。

（二）无锡市就业创业政策

通勤优惠：来锡当年度起一年内，每次乘坐地铁不论里程，均按2元/次扣费；若只乘坐2元的距离，可选择智能扣费方式享受1.9元的优惠价；如遇低于1.9元的优惠活动，按更优惠的价格结算。

免费游园：本人刷身份证可一年内无限次游览我市公办园林景区。公办园林景区名录：鼋头渚（不含景区内交通大巴、送往返客渡船）、锡惠名胜区（原锡惠公园）、锡惠名胜古迹区、蠡园（不含游船）、梅园、吟苑，均不含园中专类园和夜公园。

租房补贴：符合申领条件的本科毕业生按每年1万元进行补贴，累计支持两年。

创业补贴：符合申领条件的毕业5年内的海内外高校毕业生，给予6000元的一次性开业补贴（创业补贴），三年内每年据实给予上限为1万元的创业租金补贴。

项目支持：带技术、带项目、带资金来锡创业的高校毕业生，入选"太湖人才计划"创业领军人才的，给予最高300万元项目支持。

贷款支持：无锡市内注册、生产经营活动合规合法、符合国家产业、行业、环保、安全政策的人才创业企业，入选"太湖人才计划"的，给予最高1000万元的"人才贷"支持。

创业带动就业补贴：在锡首次成功创业并正常经营，吸纳各类城乡劳动者就业的，按规定签订1年以上劳动合同并实际缴纳社会保险费达到3个月（含）以上的，可享受3年内按每年每新增带动1人就业给予3000元的创业带动就业补贴，累计最高不超过30万元。

（三）徐州市就业创业政策

公共租赁住房补贴：优先为招引的高校毕业生提供公共租赁住房，并给予30%的租金补贴，最长租期3年。

购房补贴：本科及以上学历毕业生在徐州市首次购买普通商品住房的，按照购房总价的5%给予一次性补贴，最高不超过10万元。

生活、租房、交通补贴：本科毕业生：生活补贴标准为600元/月/人、租房补贴标准为400元/月/人，补贴3年；非徐州籍毕业生，可享受1000元/年/人探亲交通补贴，补贴3年。

专项补贴：鼓励驻徐高校毕业生留徐和外地高校徐州籍毕业生回徐工作，在徐州企业就业或创业的本科毕业生，每人每月给予200元的专项补贴，补贴3年。

（四）常州市就业创业政策

就业见习补贴：未就业高校毕业生到我市青年就业见习基地参加就业见习的，除企业给予相应待遇外，市财政每月给予常州市最低工资标准60%（常州市区标准：2280元×60%=1368元）的生活补贴，并统一为其办理单独工伤保险。

生活补贴：对企业新引进毕业2年内的全日制本科人才，缴纳社保6个月以上的，给予每月300元的生活补贴，连续补贴3年。

租房补贴：对无本地自有住房的全日制本科人才，给予每月500元的租房补贴，连续补贴2年。

购房补贴：在常连续缴纳6个月以上且抵常工作3年内首次购买本地商品房的，全日制本科人才给予3万元一次性购房补贴。对经认定的人才，给予住房公积金贷款方面的政策支持。

交通补贴：新来常州就业创业并参加社会保险的高校毕业生、技工院校高级工班和技师班（预备技师班）应届毕业生，可申请办理专属地铁卡，自办卡之日起给予一年免费乘坐地铁通勤支持。

创业补贴：在领取营业执照3年内可申请享受最高8000元的一次性创业补贴；大学生创业者本人可以享受最长3年的社保补贴；符合条件的创业者在创业失败后，可申请最高不超过1万元的创业失败补贴。

创业带动就业补贴：企业吸纳毕业5年内的大学生或本市登记失业人员就业，每新增带动1人就业给予5000元补贴，累计不超过10万元。

租金补贴：进入人社部门认定的创业基地创业的可享受最长3年、每月最高1000元的租金补贴。

贷款支持：大学生创业企业需要资金的，可申请20~50万元的富民创业担保贷款，并给予相应贴息。

（五）苏州市就业创业政策

灵活就业补贴：毕业两年内离校未就业高校毕业生灵活就业后，向户籍所属社区申报就业，并同时参加养老保险和医疗保险的，可以享受社会保险补贴。补贴标准按照本市男55周岁以下、女45周岁以下就业困难人员灵活就业社会保险补贴标准执行，目前为491元/月，补贴期限不超过2年（24个月）。

一次性生活补贴：对登记失业3个月以上的本市生源毕业年度困难家庭高校毕业生，给予本人一次性临时生活补贴1000元。

创业补贴：毕业5年内的高校毕业生，在苏州创业并进行商事登记，正常运转并依法缴纳社会保险费的，给予1万元的开业补贴。分别在稳定经营满6个月和1年各发放补贴5000元。

创业培训补贴：毕业5年内的高校毕业生参加经认定的创业培训且合格的，按规定给予创业培训补贴。原则上每人每年可享受不超过3次的政府性补贴培训，但同一职业（项目）同一等级一年内不可重复享受。

求职创业补贴：城乡低保家庭毕业生、残疾毕业生、享受国家助学贷款毕业生、建档立卡家庭毕业生、特困人员的毕业年度毕业生等符合条件的高校毕业生可享受1500元/人的求职创业补贴。

（六）南通市就业创业政策

生活补贴：全日制普通高校本科毕业生初次到我市企业就业或自主创业，参加企业职工养老保险，缴费满6个月的，可向当地人才服务中心申请享受每月1000元的综合补贴，最长不超过 3 年。

见习补贴：参与见习的学员按市区最低工资标准的 75% 给予生活费补贴，由见习基地先行支付给见习学员本人，见习期满后统一在市人才服务中心报支。

（七）连云港市就业创业政策

综合补贴：符合条件的本科人才经审核入选后，可连续 2 年按照 800 元/人/月的标准享受综合补贴。

创业租金补贴：进驻市级以上创业示范基地的初次创业人员，享受最高 1000 元/人/月、连续 6 个月的房租（摊位）租金和水电补贴。

创业资金资助：对入选"港城英才计划"的创新类人才给予 30~150 万元资金资助，创新类团队给予 100~300 万元资金资助。对带项目、带技术、带资金的创业类人才给予最高 500 万元资金资助，创业类团队给予最高 1000 万元资金资助。

（八）淮安市就业创业政策

购房、生活及交通补贴：对来市"333 产业"企业就业的普通高校本科生，在淮购买首套商品房的，给予 5 万元购房补贴，并给予每月 1000 元生活补贴，其中非淮安籍毕业生可享受每年 2000 元探亲交通补贴，连续补贴 3 年。

生活补贴：按淮安企业职工最低工资标准的 80%，给予来淮留淮就业见习的离校未就业毕业生 3~12 月的见习补贴，并提供 100 万元保额的意外伤害险。

一次性就业补贴：普通本科高校取得国家奖学金（或省级优秀毕业生，或担任过学校学生会主席满一年的毕业生），到淮就业可申请 1 万元的一次性就业补贴。淮安籍人才在上述标准上增加 2 万元。

（九）盐城市就业创业政策

生活及交通补贴：加大高校毕业生招引力度，对我市企业和社会组织引进或来盐自主创业，并首次在盐参加各项社会保险且正常缴费，年龄 35 周岁以下，全日制的本科生，3 年内给予 1000 元/月的生活补贴。非盐城籍的，3 年内给予 2000 元/年探亲交通补贴。

租房补贴：对持有人才绿卡在盐无住房的人才，给予租房补贴。本科生标准为 600 元/月，享受期不超过 36 个月。

就业创业补贴：对到我市企业和社会组织就业或自主创业，并首次在盐参加各项社会保险且正常缴费的全日制应届本科以上毕业生（含技师班毕业生），3 年内给予 500 元/月的留盐专项补贴。

（十）扬州市就业创业政策

见习补贴：见习基地申报见习补贴，标准按照不低于当地最低工资 60% 标准支付。就业见习满一个月后，见习基地可以提前录用见习人员，并按照见习期限继续享受见习补贴。见习基地向见习人员发放基本生活费达不到当地最低工资标准的，当月见习补贴不予享受。

（十一）镇江市就业创业政策

生活补贴：对毕业两年内来我市企业就业的普通高校全日制本科毕业生，给予 600 元/月生活补贴、600 元/月租房补贴，补贴期限不超过三年。

就业见习补贴：毕业两年内未就业的和离毕业不足6个月的全日制大专以上学历毕业生，在市区见习基地见习的，每月按不低于本市最低工资标准的70%给予见习基地见习补贴。

创业补贴：毕业前后两年内的大学生在本市首次成功创业，给予创业主体6000元一次性创业补贴，并按照实际带动就业人数给予最高1万元创业带动就业补贴。

创业担保贷款：普通高校全日制大专以上学历毕业生来镇创业，可申请富民创业担保贷款，最高额度不超过50万元，贷款期限最长不超过三年。

创业项目资助：毕业五年内的普通高校全日制大专以上学历毕业生来镇创业的项目，经评审为优秀项目的，按照特别资助、重点资助、一般资助的标准，对落地项目分三年分别给予30万元、20万元、10万元。

创业场租补贴：毕业五年内的普通高校全日制大专以上学历毕业生首次创业，入驻市级以上创业载体的，可提供不超过30平方米免费场地或给予不低于30%的场租优惠；自行租用经营场地创业的，给予不超过每月500元的场租补贴；利用自有房产创业的，给予不超过每月300元的基本运营综合补贴，补贴期限不超过三年。

购房契税补贴：全日制大专以上学历毕业生来市区就业五年内，在市区购买首套自住商品住房的，大专按照契税缴纳份额80%比例、本科以上按照契税缴纳份额100%比例享受1次购房契税补贴。

（十二）泰州市就业创业政策

购房补贴：对在泰企业就业创业的全日制普通高校本科应届毕业生，给予5万元购房券。

面试补贴：对毕业年度（含毕业学年）内的市外全日制普通高校专科以上学历应届毕业生，来泰企业发生真实有效面试行为的拟录用人员，给予毕业生面试应聘补贴，省内高校应届毕业生500元/人。

租房补贴：对外地来泰或者泰州籍跨市（区）在企业就业创业的全日制普通高校应届大专毕业生，在工作地无自有住房且租房居住的，给予每人每月500元、最长不超过36个月的租房补贴。

（十三）宿迁市就业创业政策

购房补贴：符合条件的普通高校全日制本科生、技师人才，可申领5万元"购房券"。

生活补贴：对来宿迁市中心城区"6+3+X"制造业产业体系和20条产业链上的企业就业或创业的普通高校全日制本科生，可申领3万元生活补贴，按照4∶3∶3分三年发放。

一次性创业补贴：首次成功创业（在本市领取营业执照或其他法定注册登记手续）并带动其他劳动者就业，正常经营6个月以上的普通高校学生（在校及毕业2年内），根据符合条件的创业主体带动其他劳动者就业人数，给予最高2万元的一次性创业补贴。

创业带动就业补贴：普通高等学校学生（在校及毕业2年内）初次创业创办的创业经营主体，初创主体吸纳其他劳动者就业并与之签订一年以上期限劳动合同，并按规定为其他劳动者缴纳社会保险费的，按照2000元/人的标准给予补贴，补贴总额最高不超过10万元。

创业培训补贴：法定劳动年龄内、具有创业意愿和培训需求并具备一定创业条件的城乡劳动者（含毕业前2年的在校大学生），参加经当地人社部门认定的创业培训项目并取得合格证书的，可申请创业培训补贴。

创业场地租金补贴：符合条件的创业经营主体，按每年最高不超过 1 万元的标准据实给予补贴。创业主体享受创业场地租金补贴期限不超过 3 年。

创业项目补贴：被评为省级大学生优秀创业项目的，按省财政奖补标准给予补贴；对被评为市级大学生优秀创业项目的，给予 3 万元的一次性创业项目补贴。

创业基地运营补贴：创业基地运营补贴按照基地或利用自有住房初次创业经营主体维持正常运转产生的水电、宽带接入等费用，以及基地用于就业创业服务的公共软件、开发工具等提升服务能力产生的支出，据实给予最高每年 10 万元的补贴。

富民创业担保贷款：对宿迁市区范围内所有城乡创业者，可申请最高 50 万元的个人富民创业担保贷款。

第三节　就业定位分析

在国家统计类型中，录取国内外研究生、入职企业、考取公务员、参加国家和基层项目计划、参军入伍、创业等都属于就业的范畴。毕业后选择出国、读研还是工作？创业、就业还是科研？留在南京、去往北上广深或其他城市闯荡，还是回家乡？同学们在面对这些选择时，只能选择一个"空间坐标"进行深度探索。如何选择最适合自己的发展路径呢？这就要求我们在自我认知的基础上，根据自身客观条件和看重的价值要素进行决策判定，找到自己青睐的职业目标，并为实现目标而制订个人行动方案。

在就业定位过程中，对多种选择进行评估排序时，影响决策的因素及其重要性可以用权重来体现，可以尝试决策平衡单法，如表 8-1、表 8-2 所示。

使用方法：首先，思考并列出个人所有的重要价值观作为决策的影响因素，并按其重要性赋予权重；随后，将它们作为评判的标准，逐项对所有选择按符合自我预期的程度打分，再分别进行加权积分；最后，按总分排序。

表 8-1　就业定位平衡单（示例版）

影响因素	重要度/权重 (1~5)	出国 符合预期程度 (0~10)	读研 符合预期程度 (0~10)	就业 符合预期程度 (0~10)
发展机会	5	8	6	4
提升平台	4	10	8	3
父母想法	3	10	5	1
稳定把握度	5	5	10	8
难易程度	5	5	7	6
加权总分（权重×分数）		160	162	105

在进行工作岗位选择时，也可以通过平衡单进行决策。

表 8-2　就业定位平衡单

影响因素	重要度/权重 （1~5）	选择 1 符合预期程度 （0~10）	选择 2 符合预期程度 （0~10）	选择 3 符合预期程度 （0~10）
薪资水平				
工作地域				
升迁机会				
工作难易				
工作环境				
对健康的影响				
自我实现				
兴趣的满足				
……				
加权总分（权重×分数）				

复习思考题

1. 影响大学生就业难的因素包括哪些？
2. 调查你未来意向就业地区有哪些就业、创业优惠政策。
3. 通过平衡单决策法，对自己评分结束后，你是否对自己的选择有了更清晰的认识？可以问自己以下 4 个问题：
（1）这个结果是不是让原先模糊的选择更明晰了？
（2）我在填写过程中有什么感受？
（3）还有什么因素我没有考虑到？
（4）这些因素的重要程度需要重新考虑吗？
你可以细细思考，或者再调整自己的决策平衡单，直到以上四个问题已经没有疑问。

案例讨论题

毕业生来信——学姐说

我是 2012 年入学的柳欣（化名），大学期间我除了做过青奥会志愿者，似乎没有其他可以拿出来说说的。

大学毕业后，我进入南京一家民企做行政，工作三个月后辞职准备考研。那时我对自己的规划是考上研究生，以后可以去考大学辅导员。2017 年 9 月，我收到了四大会计师事务所之一 HR 的电话，她告诉我该所将在南京筹办一个新的办公室，由于是刚刚成立，有一个行政岗位的空缺。当时的我其实是非常犹豫的,首先四大对我的诱惑力特别大,相信大部分金融专业同学心里都有这样的情节,而我犹豫的是行政这个岗位,我并不是说这个岗位不好,相较而言诱惑我的是审计等业务岗位而非行政岗位,而且当时已经到了考研的后期阶段,如果决定入职,就要浪费我之前好几个月的努力……

面试成功后,由于家人的反对和自己的纠结,我拒绝了这份录取通知(offer)。说到这里,我要特别感谢一下面试官Jane,通过和她的交谈,最终我接受了这份录取通知(offer)。

2017年12月的时候我听说风险咨询部门在招助理,于是我就去咨询部门经理是否可以转部门参加面试。很幸运经理特别尊重我的想法,她立刻帮我发了邮件给合伙人。最终,我很幸运地通过了笔试和面试。

这里,我特别想对学弟学妹们说一句:工作的时候,不管是什么岗位,都要认真负责对待,这很重要。

虽然只是一个咨询助理,但这也意味着我顺利进入了咨询行业。我转来的岗位是一个经常要出差的岗位,可能一年有大半年是在外面出差。记得我转岗后的第一个项目是要整整出差三个月,这三个月我需要走遍几乎两个省的所有城市。走遍两个省的所有城市并不可怕,当时最痛苦的是有时今天在一个城市,晚上一定要赶到另一个城市,不然就会影响第二天的工作进度,所以很有可能深更半夜我都在坐车赶路。

2018年12月,我因为工作出色被上海所合伙人指名调派到了上海工作,并且连升两级,正式成为一个咨询顾问,同时我是新办公室成立以来,第一个转到上海总公司的员工。现在,我在上海总公司的风险咨询部门,工作范围覆盖了"内部审计、风险和合规服务"。上海所的同事几乎都是名校海归,少数本科毕业的也是来自清北复交的大神。刚来的时候我很自卑,觉得自己成绩很差,比不上其他同事,但是其实很快这种感觉就消失不见了,因为在这里更看重你的工作能力和输出,没有人会去在意你来自哪里,因为你已经站在了这里。

讨论问题:

1. 读了柳欣学姐的来信,你有什么感想?
2. 在面对职业抉择时,你更看重哪些因素?
3. 大学毕业,你会选择考研还是就业?

第九章　求职全过程指导

> **案例导入** ▶

我的应聘经历

我是环境艺术设计专业大四的一名学生。从入校起,我就对自己的大学生活做了简单的规划并付诸行动。大学在读期间,我利用寒暑假,经长辈介绍到熟人公司实习多次。有时是担任公司行政助理,有时是在培训机构担任老师。尽管每次实习的岗位不一样,与我的环境艺术设计专业也不对口,但这让我对社会有了进一步的认识。

今年即将毕业面临找工作,我对自己还是充满信心,在简历准备上尽量把自己好的一面展示出来,把自己这几年实习的经历都列举在简历醒目的位置上。招聘会上,用人单位很多,我首选设计公司把简历逐一递上,但是结局却不尽人意。经了解,设计公司说我没有相关设计岗位的工作经历,尽管我尽力解释我有几年的实习经历,但还是被设计公司委婉拒绝了。这时我才发现,我几个假期的实习经历,没有针对设计专业选择匹配的岗位。

接下来我调整应聘方向,想从非专业对口的公司入手试试看。于是我投了几家教育培训机构,负责招聘的老师看了我的简历,说:"你要应聘什么岗位?你的简历里写的是设计师助理,但我们招聘的是教务或教师岗位,与你的求职意愿不符合。"我说:"我曾经在志远培训机构担任过培训老师,有教育培训机构的实习经历。"对方回复:"你可以把简历留下,我会考虑联系你。"

一周过去了,我没有接到任何面试的电话。

第一节　求职信息的搜集与整理

事先了解并收集、整理好用人单位信息,对于求职者来说是应聘过程中非常重要的环节。求职信息的搜集与整理,可以增加求职者的信心,同时,也有利于求职者与用人单位建立良好的沟通,准确地将对方需要的信息传递给对方,在竞争中占据优势。

一、求职信息的定义与特征

(一) 求职信息的定义

求职信息指的是与就业有关的消息和情况,涵盖市场需求情况、国家就业形势、国家和地方的就业政策、经济发展形势与趋势、与职业资格有关的教育与培训方面的信息和用人单位信息等。求职信息与择业有很大的联系，能否获取大量的、有效的招聘信息是一个求职者择业成败的关键因素。

（二）求职信息的特征

1. 时效性

时效性是求职信息的一个很重要的特性，在竞争日趋激烈的招聘就业市场，信息的有效期也越来越短。在大学生就业市场上，每年总有两三个月是就业信息相对集中的时期，这段时间找工作也最有效。大学毕业生如果能把握好这段时间，主动出击，就能抓住机遇，实现理想。而过了招聘信息的高峰期，毕业生要求职推销自己就处于相对被动的地位，难度明显增大。因此，毕业生求职要时刻牢记"机不可失，时不再来"这句话，根据自己制定的职业生涯规划，清楚地了解自己的求职需求，并对各种就业招聘信息及时做出判断和反应。

2. 共享性

随着高校毕业生人数的逐年增加，求职信息的共享者越来越多，假设在招聘信息总量不变的情况下，可利用信息的竞争形势也就越来越严峻。因此，毕业生在得到就业招聘信息后，应迅速做出判断，对自己认为有价值的就业招聘信息立即做出反馈，采取行动。同时，要针对就业招聘信息，在自己相应的自荐材料中突出自己的特点与优势，这样才能在众多的竞争者中"脱颖而出"，引起招聘者的注意。

3. 传递性

求职信息处于流动和传递状态之中，它通过各种信息媒介和途径广泛传播，到达每个接收者的时间和方式都不相同。随着现代通信技术的飞速发展，信息传递的速度越来越快，传播渠道也越来越多样化，基于互联网的现代媒体与报纸、杂志等传统媒体各具特色，智能手机的出现使信息的获得更为便捷。因此，毕业生要保持高度的信息敏感度，善于利用各种信息传递平台和流动媒体获取就业招聘信息。

4. 真伪性

由于信息的来源渠道不同，传递方式不一，大量信息扑面而来，特别是网络已经深入到毕业生获取求职信息的各个环节，难免造成信息的良莠不齐，真实程度不一、虚假信息不可避免地存在着。因此，毕业生务必谨慎对待就业招聘信息，冷静分析，提高判断信息真实性的能力，对于一些不是十分清楚的就业招聘信息，要及时与用人单位取得联系或请教行业人士，搞清楚用人单位招聘的准确信息，以免上当。

5. 针对性

随着社会分工的进一步细化，用人单位所对人才的层次、专业、性别、能力等方面也开始日趋细化，带有较为明显的针对性。就业招聘信息本身一般都会说明它所适用的对象以及该对象所应具备的具体条件，因此，毕业生必须注意就业招聘信息的针对性，不能盲目追求热门职业，找准适合自己的信息予以重视，不适合自己的信息要果断抛弃，减少求职择业的盲目性。

二、求职信息的搜集

(一) 求职信息搜集的渠道

1. 通过各级教育主管部门和毕业生就业指导机构获取信息

这些机构从总体上规划学生的就业去向，进行全国性或区域性的信息交流与人才配置，具有很高的权威性。这些机构发布的信息一般通过学校、院系逐级传达给毕业生。毕业生也可以通过这条途径获取国家和地区的就业政策和就业形势等。

2. 通过学校就业部门、学校就业网站获取信息

基本上每一个高校都会有专门的工作人员负责收集、整理就业信息，核实真伪后通过学校就业部门、学校就业网站进行发布。其中有许多企业或单位与高校有合作，甚至签有定向招人的协议，所以这类信息一般准确度较高，有效性好，与各高校的专业培养结合更紧密，匹配度高，避免学生走弯路。

3. 通过校园招聘会、人才交流会获取信息

校园招聘会一般指由高校、社会机构、用人单位举办的一种招聘求职形式。这类校园内举办的招聘会求职成功率较高，而且很多时候当场就可以敲定，所以能够节约很多环节。

人才交流会即人才供需见面会，可以划分为两类。一类是地区性的，如南京市 2022 年毕业生供需见面会。一般在地区性的供需见面会上，外省市的用人单位会通过该省市的人事部门代为招聘，或者亲自到现场招贤纳才。另一类是专业性的，如机械类、电子类、纺织服装类人才专场招聘会等。这类供需见面会为不同专业的毕业生提供较多的就业招聘信息和机会，提高了就业的效率和成功率。

4. 通过毕业实习和社会实践等途径获取信息

对于大学毕业生来说，毕业前的实习单位也是获取信息的重要途径。在实习期间，一方面能够展现才华和能力，取得单位领导与员工的信任和赏识，如果对该单位感兴趣可以争取毕业后留下来工作的机会。另一方面，在实习期间可以充分利用工作的机会与本行业或其他行业的单位接触，获得更多的就业信息。当然在做兼职与实习期间，若能够全面了解自己已经具备的和潜在的能力与条件，确定自己的发展方向，为求职做好准备，这也是一种宝贵的信息。

5. 通过各大企业门户网站和新媒体平台获取信息

目前大多数毕业生求职的信息来源于网络信息，包括一些新媒体平台、职业中介、猎头公司等，这类信息的特点是查找方便，更新速度快。但是信息量比较大，一般针对在职人员较多，需要求职者有一定的筛选能力，而且由于信息过于公开透明，因此面试成功率不是很高，提醒求职者一定要慎重，但各企业门户网站发布的招聘信息是可以关注的。

6. 通过自有资源获取信息

每个人都不是一个独立的个体，而是生活在一定的社会关系网中。对于毕业生而言，这个社会关系网主要包括个人、父母、亲戚朋友、同学等以及他们的社会地位、工作职位、社会影响、权力、财富、个人品质等。如果求职者能够充分利用自己的家庭、师承、校友等关系，提前收集用人单位信息并引荐，成功机会更高些。如：学长学姐推荐等。在运用社会关

系求职的过程中，求职者要注意礼貌和求近不求远的原则。通过个人社会关系网获得的信息比较准确，容易获得面谈或面试的机会。

7. 通过自己登广告获取信息

现在是视频直播时代，求职者化被动为主动，展示自己、推销自己，成为毕业生从校园进入社会的另一条途径。可以看到在一些抖音等直播平台、杂志和报刊上有求职广告，用这种方式寻找工作，关键在于正确地选择广告媒介。选择广告媒介的目的就是以最经济的代价取得最好的效果，即最大限度地影响招聘企业。以用文字广告寻找单位为例，必须要考虑到报纸和杂志哪一个能使用人单位更方便地获得，该刊物的主要发行地区和发行量，该刊物的读者类型。如果能从读者的视觉感受来考虑，在文字的大小、形状、颜色等方面加以处理，那么效果会更好。

（二）求职信息搜集的内容

1. 就业政策

了解国家就业方针、原则和政策。了解相关的就业法律法规。了解地方用人政策，包括：地方对毕业生的引进、安排、晋升、工资、待遇、优惠政策等制定的具体规定。

2. 专业供求形势

了解毕业生当年总的供求形势，知晓本专业发展方向、适用范围，对口单位的需求情况。掌握与自己专业对口或相关行业、部门、单位的用人需求现状和发展趋势。

3. 用人单位供求信息

毕业生应了解用人单位的准确全称、隶属关系、联系办法，如：用人单位人事部门联系人、联系电话、邮箱、通信地址等。用人单位的性质、需求的专业、工作岗位及具体要求、工资待遇、福利奖金等。

对用人单位信息掌握得越多，求职的选择机会就更大，对招聘单位多了解一些，求职成功的希望就越多一点。掌握和了解用人单位的信息量越大，判断成功的准确率越高。

三、求职信息的整理

准确有效地求职信息是择业的基础，谁获得了信息，谁就获得了主动权。毕业生在求职前，必须要对自己做出一个全面的认识和自我评价。既要清楚自己想干什么，也要清楚自己能干什么。包括了解自己的兴趣爱好、性格特点、专业知识、技能水平等，由此来判断就业信息是否适合自己。

（一）求职信息的整理

1. 辨别信息

识别信息的真伪，对不可靠和来源不确定的信息要向知情人士打听确定真伪；当信息不全时要进行实地考察，或者通过他人获得信息，确定信息准确后再做选择。

虚假招聘信息一般具备以下特点：

（1）对应聘者的条件要求过低。学历、技能、工作经验，甚至年龄等条件都可放松或者根本没有要求，但承诺的工资待遇比较高。

（2）一个规模很小的公司，却招聘工种、职位繁多的员工。

（3）招聘程序简化，只留地址或联系电话，让求职者直接去面试。

2. 信息排序

按照自己的求职标准进行选择，先粗略地选择，把认为合适的给挑选出来，之后再在此前的基础上进行细选。对选择出来的信息进行排序要有主次之分。

3. 反馈信息

将排过序的信息，按由高到低的顺序反馈给用人单位，并表达自己的诚意。当接到两个单位以上的邀请时，对不去的单位要及时反馈给对方意见。也可以通过专家咨询和与用人单位的沟通，获得信息反馈，进一步明晰就业信息的内容，调整和完善自己的就业材料，积极做好求职前的各项准备工作，这样应聘的成功率会大大提高。

4. 避免从众心理

要选择适合你的，而不是人多的。适合自己的求职信息，才是最好的。这里的适合是指适合自己的兴趣、志向、能力，适合自己的地域要求。另外，可以发挥自己的特长也非常重要，以免耽误时机。

（二）科学筛选求职信息的方法

1. 建立个人就业信息管理库

对收集来的就业信息进行分类处理，依据一定的规则建立个人就业信息管理库是一个有效处理就业信息的方法。毕业生可如表9-1所示建立相关的就业信息管理库，以便更加直观地分析和处理收集到的就业信息。

表9-1　个人就业信息管理库

单位名称	单位性质	招聘专业	招聘人数	单位地址或网址	联系部门和联系人	联系电话	电子邮箱	招聘时间	薪资待遇	发展前景

2. 立足个人兴趣，精心筛选

毕业生必须要对自己做出一个全面而正确的自我评价，清楚知道自己想干些什么，能够干些什么，也就是要梳理清楚自己的兴趣爱好、性格特征、基本素质、专业知识和技术能力水平等，然后再着手挑选适合自己的求职信息。首先，专业知识是毕业生在择业中比其他非专业人员更具竞争力的一个主要因素。专业是否对口，往往是用人单位和毕业生双向选择中的一个共同标准；其次，研究表明，对自己所从事的工作有兴趣，就能发挥全部才能的80%~90%，并能长时间保持高效率而不感到疲劳。不过记住，在选择有兴趣的职业前，应该了解自己的能力。这里讲的能力是专业知识以外的能力，如计算机应用能力、外语能力、动手能力、实践能力、协调能力等。除了专业知识外，面临的将是能力的竞争。第三，性格特征也与职业信息的选择有关。如果你是一个性格内向、好静的人，面对两条就业信息，一个是办公室文员，一个是营销代表，那么前者是你的选择。不同性格的人适合从事不同类型的职业，毕业生应该根据自己的性格特征来选择适宜的就业信息。另外，还可以根据个人的要求，如对用人单位性质的要求、对用人单位规模的要求、对地理位置的要求等，在各种就业信息中选择出有利用价值的、适合求职者自己的信息。

3. 寻求和建立个人就业信息咨询"智囊团"

毕业生可以根据自身实际，建立由老师、专家、家长、同学、好友等组成的就业信息咨询"智囊团"，为自己收集和处理就业信息提供咨询和指导。这样可以更加准确有效地分析和处理就业信息，在此基础上制订切实可行的应对方案，提高应聘的成功率。

第二节　求职简历的撰写

简历是对个人学历、经历、特长、爱好以及其他有关情况所作的简明扼要的书面介绍。简历简约而不简单，它记录了现在的你是谁，也告诉了我们过去的你是谁。简历是资历而非经历。通过简历还可以告诉别人，你曾经做过什么，以此来展现你的能力和素质。同时，通过你能做什么和做过什么这两点，去告诉简历的阅读者为什么这个岗位你最适合做。简历是求职者的"敲门砖"。

一、简历的形式

随着信息时代的来临，个人简历的制作形式日趋多样化，主要可分为书面形式和视频形式两种。

（一）书面简历

传统的个人简历多用书面形式，也是当前最常用的一种形式。求职简历在书写时可以采用多种格式，常用的有两种：表格式和提要式。

1. 表格式

是指以表格形式列出个人基本情况和学习、工作经历，让人一目了然。大多数个人简历都采取这种格式。

2. 提要式

是指根据需要有选择地列出学习、工作经历，充分表现自己的知识技能和品质素养，要求条理清楚、简洁明了。

（二）视频简历

视频简历是把求职者的形象与个人职业能力简况通过数码设备录制下来，并对录制后的影像进行编辑制作形成通用化的视频，让招聘人员通过播放器可以直接观看求职者影音形象的简历形式。视频简历凭借客观的影音效果以及丰富的信息量，快速拉近了求职者和用人单位的距离，使用人单位在较短的时间内可以更加全面地了解求职者，这种形式的简历在利用网络等手段进行远程求职时尤受欢迎。大学生也可以尝试使用这种形式。建议将书面简历和视频简历结合使用。试想一下，在求职过程中，在书面简历的封面上附上二维码，招聘人员只要用手机扫一下，就可以看到生动直观的视频简历，肯定会增色不少。

二、简历的内容

对于求职者来说，他可以通过投递简历来争取面试的机会，所以，简历非常重要。同样水平的人因为简历写得好坏不一，表现出你的能力水平不一样，在雇主看来也是天差地别的。这里我们要着重说一下简历主要包括哪些必要的信息点或者要点。

（一）个人信息

让别人通过个人信息能够找到你。它包含：姓名、电话、电子邮箱、其他等信息。电话要填写你的即时联系方式，并做到详尽、清楚，使企业能第一时间联系到你。切忌频繁更换手机号、电子邮箱等信息，以免错过面试机会。其他项包含民族、籍贯、政治面貌等内容。另外，简历避免提供过多的个人信息，一方面，会因为简历的大量投递而向无关人员透露自己的隐私，造成安全隐患；另一方面，太多的个人信息并不会引起 HR 人员的过多关注。

（二）教育经历

教育经历中包含教育背景、奖励和证书、校内工作三类。

1. 教育背景

（1）按照时间倒序排列，最远追述到大学时；

（2）列出你所读的核心课程与所聘岗位有关的主要课程（一般不超出 10 门）；

（3）如果你做过与你现应聘岗位有关的课题研究项目，或在省级以上的报纸期刊上发表过相关论文，可列出并作简单介绍，且研究报告或论文里有你的署名。

（4）如果有海外留学经历的，可单独列出。

（5）学习成绩可以先不写，但是要准备成绩单备用。

2. 奖励和证书

体现了你在学校的现实表现情况，将主要的、富有针对性的奖励写出即可，而且要在简历后面附上证书复印件。对于成绩的表述要规范，如：国家奖学金，不能简称"国奖"。

3. 校内工作

指在学校学生会、学生社团的经历等，用数字和名词来展示自己的成绩。

（三）求职意向

包括向往职业的地域、行业、岗位等方面的意向。求职意向要具体，尽可能地把自己放在一个具体的岗位上，同时充分表明自己在该方面的优势和专长。当然也可以选择 2 个乃至 2 个以上的岗位，但不可以没有明确目标。

（四）实习经历

（1）重视与申请职位相关的短期实践经历。

（2）用动宾短语表述，如：完成什么、组织什么、策划什么。

(3) 重点突出，条例清晰，不要使用"我"、本人等字样。

（五）自我评价

用简练的语句介绍，主要体现对自我的认识。提炼出工作经历中最能展现个人能力的内容，重点突出人无我有，人有我优的特点。HR 最想看到的是求职者对自己、对公司招聘职位的了解，还有对招聘岗位的匹配程度，所以自我评价要有针对性。

三、制作简历的要求

1. 言简意赅，有的放矢

简历，简而言之就是对自己工作、学习、生活、成绩的概括集锦。因此，制作简历时应当简洁明了、言简意赅。要明确阅读对象，根据不同的招聘者制作富有针对性的简历。因此需要了解用人单位的一些用人要求，如国有企业一般注重毕业院校、专业、政治面貌、有没有担任过学生干部、有什么文体特长等；外企更多地注重毕业院校、外语水平、计算机能力、团队精神、企业文化认同等；私营企业则更注重专业、是否担任过学生干部、组织协调能力和工作经验等。在描述过去的经历时，无论是实习兼职经历还是社会实践经历，都需要把自己做的事情用清楚详细的、表示动作的词语（即行为词）叙述出来，形式上一般建议采用行为词开头的短句群。同样一段实习经历，是否掌握行为词的描述方法，其经历描述的效果也大相径庭。

2. 内容真实，避免冗长

简历的内容要真实，语言要准确，文笔要通顺，重点要突出，评价要客观。不管是你的知识水平、业务能力，还是你的工作经历，不管是简历的哪个环节，在书写这些内容时，都要遵循真实的原则。另外，简历要简单但要厚实。简单的意思是，简历不要写上太多页，简历筛选的人没有时间和精力去看简历展示的全部内容。建议简历最好控制在 1~2 页，最多不要超过 3 页。"一目了然"的简历，一定是把应聘者的最大特点放在简历最突出的位置，要让筛选简历的人，从简历中总结、提炼出你的特点。厚实是指简历内容要丰富，传递的信息量大。采用倒叙的方式，把自己的教育背景、工作经验、能力优势等表达清楚。不要把自己的所有时间经历都写上去，要有甄别。只写与应聘职位要求相关的经验、经历即可。不同的企业文化不同，招聘的要求不同，建议应聘者结合要应聘的企业，重新书写自己的简历。

3. 体现个性，突出特长

简历的版面设计要美观，富有艺术性，同时有目的地突出自身的特长和个性特点，争取给招聘者留下较深的印象。只有了解了自己的个人特质，了解了用人单位的职位要求，才能量身定制出一份有针对性的个人简历。怎样在内容上更有针对性，在形式上更规范，在创意上更突出，是做好简历的关键所在。

简历的目的是引起面试官的注意，所以，简历制作应简洁清晰，突出重点和自身优势，其内容一定是与职业目标相关的。简历不是用来阅读的，而是用来描绘的，求职者要根据不同的岗位来设计制作简历，达到出奇制胜的效果。

4. 明确意愿，岗位醒目

一定要在简历最醒目的地方明确表述自己希望工作的"目标城市""目标部门"以及

"目标岗位",方便招聘单位明确你的就业意愿。另外,要特别突出自己理想的岗位是什么,然后从专业、技能、经验、兴趣等方面分析你的目标职位的由来,使 HR 清楚地了解你对目标职位的兴趣与综合能力。避免 HR 翻了几页简历,也不清楚你的目标岗位,既浪费招聘企业筛选人的时间,也让求职者错失就业良机。

四、求职信的撰写

(一)求职信的基本类别

从求职者是否获得招聘信息的角度出发,求职信可分为自荐求职信和应聘求职信两种。

1. 自荐求职信

一般是指求职者在并未获得准确的用人信息的情况下,仅凭个人的分析判断,自发写给用人单位的带有自我推荐性质的求职申请信。

2. 应聘求职信

一般是指求职者根据单位在新闻媒体上刊登或发布的招聘广告,有针对性地写给该单位以谋求某一特定工作或职位的求职信。

(二)求职信的内容要点

一般来说,求职信应包括以下五项内容。

1. 个人信息

简要介绍自己的个人信息,力求做到简单、直观、清晰。

2. 求职意向

说明写信的缘由,表达求职愿望。包括从何处得悉招聘信息,申请的目的和应聘的原因以及自己希望申请的职位等。

3. 教育背景

简要介绍自己的受教育状况,重点介绍与所求职业相关的知识和技能,说明自己为什么适合申请该职位。

4. 工作经历

包括培训、实践(实习、兼职、打零工等)、技能和成就等,用事实和表现证明自己的优势,重点强调自己为什么比别人更适合这个职位。

5. 结束部分

提出进一步行动的请求,要明确表示希望获得面谈的机会或某项工作的强烈愿望,同时写清楚详细联系方式(包括通信地址、邮编、电话、电子邮箱等),以便对方能及时联系。同时对阅读者表示感谢。

(三)求职信的写作技巧

1. 内容新颖,有针对性

在撰写求职信时,注重以下几点:①能引起读者注意的开头;②能胜任所求职位的有针对性的内容；③结尾加上敬语。

2. 态度真诚，摆正位置

诚实是招聘单位对新员工的最基本的要求之一。求职信的内容要实事求是，言而可信，优点突出，即要以诚取信，言出肺腑。说明"我能为公司做些什么"，态度诚恳，措辞得当，用语委婉而不隐晦、恭敬而不阿谀、自信而不自大。

3. 整体美观，言简意赅

也许你的全部经历和能力足够写一本书，也许你的初稿有 2 页之多，但是你要做的就是对自己的求职信进行提炼再提炼，把 2 页变成 1.5 页，再压缩到 1 页为宜。格式要规范、言简意赅，切忌面面俱到。应届毕业生的简历与社会招聘人才的简历有所不同，应届毕业生的简历更应着重于对在校表现的描写。

4. 富有个性，有的放矢

针对性要强，要能吸引对方。首先，核心部分是自己能胜任工作的条件，着眼现实，对应聘单位要了解，以事实和成绩恰如其分地、有针对性地介绍和突出自己的特长，力求与岗位需求相对应。其次要针对不同单位选择不同内容，不能千篇一律。如从事营销和管理工作，最好突出自己的在校实践活动，强调自己的组织协调能力和自信心。而应聘技术岗位，如果你大谈自己生性活泼、爱动爱跳的个性，就会与职位需求不相适应而适得其反。

5. 征求意见，认真修改

在求职信正式发出之前，最好先给身边的同学或者老师看一下，并征求他（们）的意见，目的是发现错误、避免歧义的产生等。

（四）求职信的书写格式

求职信的格式与一般书信相同，即有称呼、正文、结尾、落款、署名、日期 6 个方面的内容。在正文中要说明求职信息的来源、应聘岗位、本人的基本情况、工作成绩等，即具备应聘岗位所需要的条件、才能、工作态度等。结尾部分要写明希望对方给予答复，并盼望能有机会参加面试及简短地表示敬意、祝愿之类的言辞。

五、网络在线申请的策略

（一）网申的定义

网申，即网络在线申请。特指通过公司官方网站的招聘页面，或者第三方的招聘网站开设的专门的页面投递简历的求职方式。

（二）网申的策略

1. 网申时间段的把握

一般企业将会把招聘信息发布在公司的官网上，同时向求职者发布网上在线申请的开始时间与结束时间。毕业生求职者大部分人为了能争取到岗位，会选择第一时间在网上投递简历，人多拥挤；也有部分人会持续关注，等到关闭申请通道前再提交简历。建议毕业生求职者不要第一时间着急投递简历，错开高峰期，选在前三分之一左右的时间投递，有可能会提前收到笔试、面试通知，这样会准备更充分些。等到关闭申请通道前再提交，很容易错过一些企业的岗位。因为，企业如果认为投递的简历数基本达到企业预估要求，那么很可能会提前关闭通道。

另外，建议毕业生求职者在网上填写求职信息时，错开网络人流高峰期，选择在凌晨、早晨、午餐时间等时间段来填写。这样既可以避免网络因为服务器拥挤而网速不好、掉线等情况，也可以使毕业生求职有一个安静的环境思考如何更完美地填报好网申材料。

2. 采用文档编辑

在接到网申通知时，很多毕业生求职者会习惯性地直接在网页上填写求职信息，如果网络服务器出现故障，线上填写的信息很可能丢失或需要重新填写。因此，建议毕业生求职者可以采取 Word 文档编辑求职信息，确认无误后，再粘贴到线上系统中。文档对比人脑的优势在于，它可以轻易地识别一些显性错误，如拼写错误、词组错误等。另外，要注意文档格式的变化，如遇特殊字符在网页无法显示，注意采用删除或者替换的办法解决。

3. 注意关键字原则

招聘企业通过在网申系统中设置"关键字"来筛选求职者信息，有时还会为这些"关键字"设置分数、等级和权限。毕业生求职者在网申系统提交求职信息后，系统会根据招聘者制定的"关键字"原则，对求职信息进行自动排序，以方便招聘者看到他想要的求职者信息和岗位的匹配度。匹配度越高，求职者简历的位置就越靠前，求职成功的几率就更大。因此，毕业生求职者要在准备材料时，尽可能地覆盖招聘者可能筛选的"关键字"，建议尽可能完整地填写信息。

4. 重视开放式问题

封闭式问题答案是唯一的，可以用是或不是、有或没有来回答，而开放式问题并无统一的答案，一般招聘企业阅卷人会根据"问题点"或"给分点"给分。因此，在网申时，毕业生求职者要重视开放式问题的回答。如：你对自己的职业规划是怎样的？你为什么要应聘该岗位？请你讲述一件你成功或者失败的案例等。

5. 照片要符合要求

一般网申要求上传证件照居多，也有生活照。证件照要穿正装，无烫发和佩戴夸张首饰，面部保持微笑，底色一般以红、白、蓝、灰为主。生活照建议人物背景要干净整洁，五官要全部露出，衣服得体，露出整个人的三分之二，照片场景适宜，切勿提供多人合照。上传照片时，经常会遇到格式不匹配、浏览器不符合网站要求等问题，请毕业生求职者要认真耐心对待，剖析出错的原因，有的放矢地解决。

第三节 求职基本礼仪

礼仪是人们在社会交往活动中，共同默认的正确与得体的行为规范，以及言谈的社会习惯。在招聘活动中，求职者所展现的第一印象是其求职成功的基础，你在求职中的细微举动都会影响用人单位对你的评价。对于求职者而言，面试中的礼仪细节，是左右面试官第一印象的可控因素，因此，求职者务必要重视求职礼仪。

一、着装礼仪

着装影响着招聘单位对求职者的第一印象，因此，面试时的着装显得尤为重要。现在的毕业生在应聘时会大都选择职业装，这会使其个人形象更显庄重沉稳，但应当注意的是着装更应该关注招聘单位与岗位的特点。适合的着装与整洁的形象，会为求职者的第一印象加分。

一般而言，穿着简单、得体的正装参加面试，既能体现对面试官的尊重，也易留下良好印象。同时，也可以根据招聘单位与应聘职位的不同来调整着装。颜色的选择以黑、灰、白、米色、深咖啡、海军蓝为主。尤其是黑色，显得干练，并可以与任何颜色搭配。总之选择单色、中性色，易搭配，不会出错。对于款式的选择：裁剪精良，线条简洁，从每一片裁剪中，可以体现你的品位所在，增加别人对你的信任度。

要学会根据不同的职业形象来选择穿着，应聘教育业，简单大方的穿着能给人留下稳重、靠谱的印象；应聘银行等金融行业，即使没要求也建议穿正装；应聘广告或策划等创意行业，低调而有创意的穿着更能吸引招聘者；公务员或事业单位面试，须着装正式，上衣一般以白色、淡蓝色、浅粉色为宜，下面可以搭配颜色深一些的西裤。要注意的是，如果应聘的是文职，着装要显得庄重得体，套装最适合。

细节提示：面试中避免使用男士香水，可用剃须水作为适当的替代品。避免将钥匙、手机、零钱等放在裤袋中，这样会破坏西装的板型。发型要得体，不要在面试前一天理发，头发不能过长，不能染发烫发。对于女生来说，正装分为西装和套裙两种，面试者可以根据季节和穿衣习惯进行选择。在款式上，尽量选择线条简单的。在颜色上，尽可能选择淡雅且与自己的年龄相符合的。对于没有要求的公司，则应本着大方得体、清爽整洁的原则。

（一）妆容

从礼仪角度，女生最好化淡妆参加面试。自然清晰的眉形，细腻清透的底妆，得体适当的唇色，淡雅的眼影与眼线。不用刻意去理发店做造型，但是头发一定要干净，最好避免佩戴复杂的发饰。刘海的长度要适宜，不能遮住眼睛。长发女生在面试时，可以将头发挽起来，给人清爽干练的感觉。男生一般不化彩妆，要求干净、自然、轮廓分明。注重修饰鬓角、胡须、鼻毛等，胡须要剃干净，不留胡茬，并且在刮的时候不要刮伤皮肤，鼻毛不外露。指甲应在面试前一天修剪整齐，保持指甲干净，长度1~2毫米。

（二）鞋子

总的原则是在颜色和款式上与服装相配，和整体穿着相协调。穿正装的话，最好搭配深色皮鞋，黑色最为百搭。鞋跟不宜太高，款式宜简单。夏天凉鞋样式繁多，颜色最好选择淡色系的纯色，脚指甲露在外面的话，一定要干净整洁，切忌涂夸张颜色的指甲油。

（三）首饰

首饰并非绝对不能戴，但原则是从简。耳饰最好是小巧秀气的耳钉之类，手上可以戴手表，避免佩戴太过复杂的手链。项链要与服装能搭配，切忌复杂另类。指甲要干净，修剪整齐，如果要涂指甲油，透明的颜色为首选。

二、面试礼仪

从个人修养的角度来说，礼仪是一个人内在修养与素质的外在表现，是人际交往中适用的一种艺术。面试的举止是招聘单位观察求职者个人素养的关键环节。招聘单位不仅会观察求职者的举止是否符合招聘单位要求，还会观察求职者的举止是否自然得体。

（一）坐姿

在面试时，面试官没有允许你坐下，绝对不可以坐。如果听到"请坐"，也不要紧贴着椅背坐，最好坐在椅子的三分之二处为宜，坐下后身体要略向前倾，手要自然放在双膝上。

（二）站姿

良好的站姿不仅可以体现出个人气质和修养，而且有益于身心健康。标准的礼仪站姿是双腿并拢，两手自然下垂。面试时站姿要做到既正又直。此外，站立交谈时不可手舞足蹈，但可以根据表达内容适当做些小幅度的手势，避免倚靠门窗或墙壁。

（三）笑容

面试时，要做到表情自然，谦虚真诚，略带微笑，显示自身的亲和力。微笑犹如开在脸上的鲜花，令人感觉愉快，可拉近与面试官的距离，从而留下良好的印象；微笑也能够表现出求职者的良好心态，体现自信与真诚。面试中，要把握好机会展露自信而自然的笑容。平时可对着镜子先找到自己最美丽的微笑，然后反复练习使之形成习惯。听对方说话时，要学会适时点头来表示自己听明白了或正在认真聆听。

（四）眼神

与面试官交流时，目光要注视对方眼睛或眉间，但不能一味盯着对方，让对方感觉很突兀。如果面试官不止一人，建议用目光扫视一下其他面试官，以示尊重。

（五）手势

手势在交流中有助于增强表达内容的可信度，但需要适度自然，切忌夸张。说话时，不要手舞足蹈、手势过多，这样易分散别人的注意力，让面试官对求职者产生狂妄或不稳重的感觉。切忌在交流中用手指向他人，这是对人不尊重且极不礼貌的一种表现。

三、社交礼仪

社交礼仪是人们在人际交往中需具备的基本行为规范，涉及言谈举止、仪容仪表以及待人接物的惯用形式等。

（一）称呼

关于称呼，国际上，对男子通常称先生，对女子通常称夫人、女士、小姐。其中对已婚女子称夫人，对未婚女子称小姐；而对不了解婚姻状况的年轻女子可称小姐，年纪稍大的可称女士。对地位高的官方人士，还可直接称其职务、阁下。在面试的过程中，应聘者最好能称呼考官的职务，如果不记得职务可以按照上面的介绍称呼。

（二）握手

作为见面和离别时的常用礼节，面试时的握手是最重要的身体语言之一，不少企业把握手作为考察一个应聘者是否专业、自信的依据。握手时应根据对方的身份、地位、性别等来确定先后顺序，基本原则是：长辈、上级、女士优先。握手应坚实有力，有"感染力"，时间不宜过长，三五秒为宜。神态要专注、热情、友好、自然、面带笑容，双眼要直视对方，自信地说出你的名字。所以，当面试官将手伸向你的时候就应及时地握住它，保证手臂呈L型，有力地摇两下，然后再将手自然地放下。

第四节　笔试、面试的类型与技巧

一、笔试前的准备

笔试是用人单位招聘考核常用一种办法。主要是用来考核求职者特定的知识、专业技术要求和文字的运用能力等需要重点考核的内容，以及考察求职者综合素质的一种书面考核形式。用人单位的出题方式远比学校灵活多样，题目更侧重于能力的考察，而不是单纯的知识检验。因此，在笔试之前，毕业生应进行深入的了解，做到知己知彼，不打无准备之仗。

（一）保持良好的身心状态

（1）要适当减轻思想负担，不可给自己施加过大的压力，否则适得其反。

（2）笔试的前一天要注意休息，保证充足的睡眠，避免考试时精神不振，影响正常思维。

（3）要适当参加一些文体活动，从而使高度紧张的大脑得到放松休息，以充沛的精力去参加考试。

（二）笔试的知识准备

1. 学以致用，理论联系实际

现在的求职笔试越来越强调用学过的知识来解决实际问题，具有很强的实用性。换句话说，现在的应聘考试主要是考核应聘者对知识的运用能力。因此，在复习过程中必须始终突出一个"用"字，通过各种实践，把学到的知识运用到工作实际中去解决各种具体的问题。

2. 提纲挈领，系统掌握知识

在知识与能力这两者中，知识无疑是基础，没有扎实的基础知识，能力的培养和提高也就无从谈起。掌握知识的一个有效方法就是把零散的知识转化成系统的知识。但是应聘笔试往往范围大、内容广，求职者在准备时往往存在着一定的随意性和盲目性。因此，凡是与求职有关的知识，如文史知识、科技知识、经济知识、法律知识和一般的电脑知识，求职者均要有所涉猎。

3. 多读多练，提高阅读能力

提高阅读能力，对扩展知识面和回答应聘考试的各类问题很有益处。要提高阅读能力，首先得坚持进行阅读实践。知识的获得，主要依靠传授；能力的提高，则必须通过实践。复习时经常做些阅读训练，有助于阅读能力的提高。在做阅读训练时，一定要做到"眼到"和"心到"，特别是"心到"，即对每个问题都仔细揣摩，认真思考，分析比较，综合归纳，努力提高自己的阅读能力。

4. 敏锐思考，增强解题能力

为了适应招聘考试中的题量，还应该培养自己快速阅读、快速思维和快速答题的能力。因为现代阅读观念不只着眼于信息的获取，还特别重视速度，所以在准备笔试的时候一定要有意识地提高做题速度。

二、笔试类型与技巧

（一）笔试类型

了解笔试类型，做到有的放矢。不同的笔试类型，有不同的考试内容，毕业生在考前应做详细的了解，针对不同情况做出相应的准备。如公务员考试就有明确的考试范围，并有指定的参考书，考生复习时相对有针对性。而一些用人单位的笔试则相对灵活，范围也比较大，没有明确的参考书，毕业生可围绕用人单位划定的大致范围查阅一些相关的图书资料。笔试成绩与毕业生平时的努力也有很大的关系，如果毕业生兴趣广泛，平时注意涉猎各类知识，吸收各种信息，考试时就能驾轻就熟，得心应手。

1. 文化考试

文化考试主要是为了检验应聘者的实际文化水平，它是根据用人单位给出的考试范围或特定要求，来考查应聘者的知识、思维、文字表达等能力的一种考试方式。一般以命题作文居多，如要求文科专业的学生运用某一原理或基础知识，分析某一现象或问题；要求理工科专业的学生运用某一专业知识解决某一实际问题，从而考查应聘者的文化基础是否扎实。

2. 专业考试

这种考试主要是检验求职者担任某一职务时，是否能达到所要求的专业知识水平和相关的实际能力。这种考试主要针对特定的工作岗位来设计。对于理工科的毕业生，这类考试主要针对研发型和技术类的职位，题目大多涉及工作需要的技术性问题。对于毕业后主要从事行政管理、文员等工作的文科毕业生来说，各种应用文体的格式和写作要求以及遣词造句等都成为专业技能考试的重要内容。

3. 技术测试

主要测试应聘人员处理问题的速度和效果，检验对知识和智力运用的程度和能力。如考核设计专业毕业生对制图软件的运用，测试专业对仪器的调试能力。

4. 智力测试

跨国公司使用得比较多，主要测试应聘者的分析和观察问题能力、综合归纳能力、思维反应能力。他们关注的是应聘者经过专业的培训后能否在业内有更大的发展潜力，能否具有更广阔的上升空间。

5. 职业心理测试

职业心理测试是指应聘者完成事先编制好的标准化量表或问卷，根据完成的数量和质量来判定其心理水平或个性差异的方法。一些特殊岗位的用人单位，常常以此来测试求职者的态度、兴趣、动机、智力及个性等心理素质，然后根据岗位要求进行取舍。用人单位采用笔试方式时，可能只进行单一的专业考试，也可能是专业考试、能力测试和心理测试等综合进行。无论是哪一种，都是为了招聘符合岗位需求的合格的员工。

（二）笔试技巧

1. 了解笔试内容，做到心中有数

笔试的内容一般分为三种：文化考试、专业知识考试和专业技术能力考试。

文化考试是为了检验毕业生的实际文化程度。虽然毕业生有学校开具的学习成绩，但是用人单位为了直接掌握毕业生的文化水平，往往采取笔试的方法进行。题目类型以活题较多。如：对文科学生要求运用某一原理或某一基础知识，分析某一问题；对理工科学生要求运用某一专业知识，解决某一实际问题。考查毕业生的文化基础是否扎实，文字表达能力水平，等等。

专业知识考试的题目专业性很强。如，外国企业招聘雇员要考外语，科研机构招聘人员要考动手能力，国家机关招聘公务员要考行政管理方面的知识。这几年参加国家公务员甲种考试的人数最多，它是录用非领导职务的一般公务员，实行面对社会的公开竞争性考试。具有大学本科毕业及以上文化程度者，考试科目为法律、政治、行政学、公文写作、英语及能力考试；具有大专毕业文化程度者，考试科目为法律、政治、行政学、公文写作及能力考试。

专业技术能力考试是为了检验毕业生的实际工作能力或专业技术能力。这种考试往往在特意设置的工作环境中进行。

2. 了解笔试重点，掌握笔试方法

据了解，用人单位的笔试重点是常用的基础知识。所以在笔试时，要注意以下三点：

（1）不要把复习重点放在难点、怪题上，要把基础知识掌握好，在实际运用上下功夫。

（2）不要死抠几道题，有时笔试出题量较大，其用意一方面是考察知识掌握程度，另一方面是考察应试能力。所以考生在浏览卷面后，要迅速答完较容易的题目，余下的时间再认真推敲其他题目。

（3）答题时要掌握好主次之分。有时毕业生见简答题是自己准备较充分的，洋洋洒洒写了上千字，而对论述题准备不够，就随便写了几十个字。这样功夫没用到点上，成绩自然会受到影响。毕业生在统览全卷的基础上，要抓住重点题目下功夫，认真答写，充分展现自己的知识水平。

3. 了解笔试目的，运用综合能力答题

对于毕业生进行笔试，不仅仅考查文化、专业知识，往往还包括考核心理素质、办事效率、工作态度、修辞水平、思维方法等。所以毕业生在参加笔试时，要认真审题，将自己的认识水平、知识水平和能力水平通过笔试较好地显示出来。

三、面试前的准备

面试官会通过提问或交谈等方式对求职者的专业知识、谈话技巧、应变能力等做综合考核。求职者要顺其自然，努力将自己优秀的一面展示给面试官。

（一）面试资料的准备

在接到面试通知后，毕业生应该积极准备好面试可能需要的相关资料，主要包括两类：个人资料和用人单位资料。

1. 个人资料

面试时准备的个人资料和递交求职简历时的不一样，递交求职简历时一般只需提供各种资料的复印件，面试时一般需要带上原件。面试前准备的个人资料一般包括以下内容。

（1）学习成绩相关材料，包括学习成绩单、英语和计算机等级证书等。

（2）荣誉证书，如三好学生、优秀学生干部、优秀毕业生、各种社会实践活动和竞赛活动的证书等。

（3）成果证明材料。获得的发明专利证书和正在申请的专利材料，在报刊、杂志上发表的文章、论文、出版的专著，有一定价值的科研成果报告等。

（4）证明自己具备某方面素质或能力的其他材料，如汽车驾照、技能鉴定证书、大赛获奖证书等。

（5）求职简历，包括个人简历、求职信、推荐信等。如果是在递交求职简历后的面试，则不一定提供这些资料，但必须事先将求职简历的相关内容认真研读，熟记于心，以使自己在面对面试官针对简历内容提问时胸有成竹，避免出错。

（6）其他材料，如通知信函。虽然多数面试都是通过电话通知的，但如果面试邀请是通过信函寄来的，不要忘了把这封信带上。也就是说，凡是与面试相关的其他可能要用的材料都必须带上，有备无患。

2. 用人单位资料

在准备好个人资料的同时，掌握用人单位的有关资料也很有必要。面试官提问的出发点，往往与用人单位有关。因此，面试前应尽可能多地了解用人单位的情况，主要包括以下内容。

（1）用人单位基本情况，如单位历史、现状、性质、规模、业务、产品、服务、企业文化、经营业绩及发展前景等。对于大型公司和单位，往往可以从单位的官方网站查询到有关信息。

（2）用人单位对应聘人员的专业、能力、个性等专门要求，如成长型的单位与成熟型的单位对员工的要求就有很大差别。求职者在面试前要想想自己的应对策略，如何才能满足这些需求。

（3）了解所应聘的工作岗位对知识技能的具体要求，面试时可以有针对性地展示自己的特长。

（4）如能了解到面试官的姓名、身份及其性格、特长、爱好等则更好。

（二）面试问题的准备

面试问题的准备，主要是对如何回答面试中可能提出的问题进行准备。不少大学生在面试前容易紧张乃至怯场，主要原因就是不知道面试中会提什么问题、怎样回答，心中没底，难免恐惧。因此，要想在面试中轻松回答面试官的提问，就必须在面试前做适当的准备。尽管不同的用人单位和面试官所提的问题会有所不同，但是招聘面试所提的问题是有一定的规律可循的。

1. 教育背景类问题

请简单介绍一下所学专业，最喜欢的课程是什么？为什么？简要谈一下毕业论文或毕业设计情况，学习成绩怎样？在班上排名如何？等等。

2. 求职动机类问题

为什么来本单位应聘？对应聘岗位有哪些期望？在工作中追求什么？等等。

3. 相关经历类问题

参加过哪些社会活动？在哪个单位实习过？时间多长？承担什么工作？在工作中曾经遇到过什么困难？等等。

4. 计划和目标类问题

如被录用，准备怎样开展工作？有什么想法？如有其他工作机会，将怎样选择？打算沿着这条职业道路走下去吗？进入我们单位你准备干几年？等等。

（三）面试时自己准备提出的问题

面试时用人单位有时会把提问的权利交给求职者，这时就要抓住机会提问，其目的在于不仅可以更充分地了解用人单位的相关信息，还能让用人单位看到求职者积极主动、随机应变的能力。在准备问题时一定要注意以下几点：

（1）把问题限制在询问应聘单位岗位的范围内。在招聘信息、单位介绍中已有的内容、面试官已经介绍过的内容则不要提问。

（2）尽量回避敏感性问题。如工资、福利等个人要求。

（3）不要问太过简单或复杂的问题。因为太过简单的问题会显得你无知，复杂的提问又有故意为难面试官之嫌。

求职者要对这些可能涉及的问题提前认真思考，考虑怎样回答和什么时机提出，然后将要点写下来，并模拟正式面试的情景，自问自答进行演练。为了了解回答的效果，及时纠正失误，你甚至可以与同学、朋友、家庭成员试谈一下。经过如此认真的准备之后，你就能胸有成竹地去参加面试，从而取得好的效果。

（四）面试的心理准备

良好的心理素质对于面试来说太重要了。紧张的心理状态会抑制思维的活力，放松而平静的心态有利于稳定思绪，使面试时能正常发挥，甚至还会创造性地应答意外的问题。初试者更应保持放松的心态。

（1）要正确分析自我，根据自身的特长，选择适当的求职岗位，保持积极主动的择业心态，敢于竞争、敢于自荐，增强心理承受能力。

（2）面试前要有充足的睡眠，保持清醒的头脑，对可能出现的问题及回答问题的策略做好通盘考虑，以良好的心态从容面试。

（五）模拟面试训练

在做好面试准备以后，最好进行模拟面试训练，这样能收到更好的面试效果。毕业生应积极参加学校组织的各类模拟面试活动，锻炼自己，积累经验。同学之间，也可互换角色进行演练，以适应面试的环境气氛。

四、面试类型与技巧

（一）面试类型

1. 综合式面试

面试官通过多种方式考察求职者的综合能力和素质，如用外语与其交谈，要求即时作答，或即席演讲，或要求写一段文字，甚至现场实际操作计算机等，以考察其外语水平、文字能力、书法、口才表达和电脑应用等各方面的能力。

2. 行为面试

是通过要求求职者描述其过去的工作或者生活经历的具体情况，从中观察求职者在比较轻松的情况下表现出来的谈吐、举止、知识、能力、气质和风度等各方面素质特征的方法。

3. 情景面试

由面试官事先设定一个情景，在这个情景中预设几个问题，让求职者进入角色模拟完成这个情景。面试官通过完成的效果来考察求职者在分析问题、解决问题以及应变等方面的综合能力，这项面试要求求职者不仅有丰富的专业知识，而且具备良好的综合素质。

4. 无领导小组讨论面试

国外企业采用得较多。一般会给出一个议题，请求职者组成一个小组，分工之后大家合作完成这个议题。面试官可以通过在旁边观察每一位求职者的现场表现来给出评分。弊端是容易出现讨论跑题、无逻辑等情况。

5. 结构化面试、非结构化面试、半结构化面试

这是根据面试的标准化程度区分的面试类型。结构化面试通常用于"海选型"招聘；非结构化面试是随即提问，一般用于"一对一"面试方式中；半结构化面试是既有程序化面试部分，也有随即提问的形式出现。面试者的题目是一样的。这种面试方式突出用一把尺子衡量不同的人。

6. 案例面试

多用于商业公司商业案例，HR用价值、伦理等案例测试面试者智商和情商。

7. 压力面试

由主考官有意识地对求职者施加压力，就某一问题或某一事件做一连串的发问，详细、具体且刨根问底，是为了试探求职者在突如其来的压力下能否做出恰当的反应，以观察其心理承受能力、思维的敏捷性、机智程度以及应变能力等。

（二）面试技巧

1. 认真聆听

在面试中，考官提问时考生一定要认真聆听并做好记录。在听的过程中，要注意捕捉那些关键词和数字，特别是要听清要求回答的问题，这样才能围绕中心问题进行思考并回答。很多时候，面试考察的是应聘者瞬间捕捉信息的能力，对于信息的收集、筛选和利用是现代信息社会生活中不可或缺的能力。此外，认真聆听还是一种谦虚谨慎的态度，代表了对他人的尊重。

2. 回答问题要准确

在求职面试时，招聘单位主要是要考察应聘者的知识和能力，准确无误、全面详细地回答问题是应聘者作答的基本要求。要做到这一点，应聘者首先要听清楚主考官或者主提问所提出的问题，问题提出以后，不要急于回答问题，要从容不迫镇静下来，迅速地对所提问题用自己所学知识进行深入、全面的思考，仔细琢磨，并对所要回答的主要内容进行简单记录。回答问题时，要用通俗易懂的书面语言，切忌故弄玄虚用一些冷僻的词句。说理要有条理和逻辑，不能含糊其词，眉毛胡子一把抓。总之，回答面试问题既要切中题意、全面回答，又要简明扼要、一语中的。

3. 回答问题要诚实

在回答面试问题时，每个人都希望尽自己最大的努力，表现最好的自己，争取好的成绩。但人不是万能的，并不是任何问题都可以回答好。尽管在面试之前做了很多准备，但是智者千虑，必有一失，应聘者在面试时仍然有可能遇到不会回答的问题。在面试过程中，如果遇到自己不知、不懂或不会的问题，求职者可以实事求是地对考官说一声对不起或抱歉，坦诚地表示自己以前没有遇到过此类问题，无法作答。对于不懂的问题，既不要回避，更不要不懂装懂试图回答问题，因为求职者所面对的是专家，万一专家继续对你所不懂的问题进行追问，其后果是不堪设想的。所以，作为一个明智的应聘者，遇到此类问题时，应当坦诚地承认自己的不足，说明以后会加强这方面的学习，这样反倒会给面试考官留下诚实的印象。

4. 回答问题要随机应变

面试虽然是考场，但实际上就像战场一样。这是一场攻防战，招聘者对应聘者不时地发动进攻，应聘者应视考场情况随机应变，积极主动地进行防御，化解招聘者的攻势。在一般的招聘面试中，往往会有一些难题或怪题出现，这实际上也是考察应聘者处理突发事件的能力、耐挫力和随机应变的能力。对于这样一些难题或怪题，应聘者听到以后不要惊慌失措，要沉着冷静思考，巧妙应答。

5. 适当赞扬对方但要控制好度

在面试过程中，肯定招聘单位甚至适当赞扬或附和主考官都是可以的，有时这是一种拉近双方距离、融洽应聘者和主考官关系的好方法。但是，一定要控制好赞扬的"度"，过了度就有拍马屁的嫌疑了。过分的表扬会让人觉得反感。考官们可能会认为应聘者在人际交往中擅长此道，如果有此感觉，那面试就会有不好的结果。因此，在面试过程中，可以说"您说得对，在这个问题上我的看法和您是基本一致的"这一类的话，而不能说"您说得完全对，真是太高明了"这一类的话。若存心巴结主考官，只会引起主考官的反感，让他认为应聘者很平庸，不宜录用。聪明的应聘者会列举一两个事例来赞扬招聘单位，从而表现出对应聘单位的了解和兴趣。

6. 精神适度紧张

毕竟只是应届毕业生，无论多么老练，第一次面试时都是会紧张的。在陌生的环境，被陌生的人考核，事关自己今后的发展，没有什么社会阅历的大学生会紧张也是情理之中的事。适度的紧张会使应聘者更加集中注意力投入面试，但若紧张过了头，对面试是极为有害的，应聘者事先的准备可能会因为紧张而忘得一干二净，头脑一片空白。

复习思考题

1. 毕业生如何对求职信息进行搜集？
2. 毕业生制作求职简历的注意事项。
3. 要想取得笔试成功，毕业生需要注意哪些方面？
4. 求职面试的技巧有哪些？

案例讨论题

今年毕业的小于在临近毕业的时候，想先玩一段时间，就没忙着找工作，错过了学校的就业招聘会。毕业后，她也不知道该去哪里搜集就业信息，就整天窝在家里等亲朋好友推荐。后来她对大家推荐的工作信息兴趣不大，就开始自己找工作。她一边不停地跑人才市场，一边在网上搜集招聘信息，也投出不少求职简历，结果大多石沉大海。

毕业后一次偶然的机会小于碰到几位同班同学，听说他们都签了单位，有的单位待遇还很不错。惊讶之余，她问同学们是从哪里获得的就业信息，结果大家都很惊讶地看着她说："学校就业网站的就业信息有很多呀，你不知道？""辅导员老师也在班级群里发布了一些招聘信息"。从不登录学校就业网站的她当然不知道，班级的群她嫌烦也屏蔽了。当晚她登录学校就业网站一看，果然有很多招聘信息，有的招聘要求也符合她的自身条件，可惜大多都过期了。

当前就业形势严峻，毕业生就业竞争逐年加剧，这不仅是知识和实力的竞争，也是信息的竞争。大学毕业生求职前的准备，不仅要重视提高自身的学业成绩、能力水平和综合素质，也要注重及时有效地收集和分析相关就业信息。

讨论问题：

1. 面对即将毕业步入社会，你如果是小于应该如何做好就业前的准备？
2. 小于面对就业招聘机会正确的做法是什么？
3. 关于网络在线申请策略，你可以给到小于怎样的建议？

第十章 毕业流程与就业指导

案例导入

"实习协议"不是"就业协议"

2019年11月,张同学通过双选会与某企业签订了实习协议。双方约定:实习期限为2019年12月30日至2020年5月31日,实习结束后企业根据经营需要,在招聘正式员工时优先招录实习人员。2020年6月22日,张同学正常毕业后联系企业人力资源部,询问何时可以上班。企业答复:双方签订的"实习协议"已经履约结束,张同学实习的岗位并未招录正式员工,"实习协议"不是"就业协议",不能作为录用的依据。收到答复后,张同学蒙了,他一直认为,与单位签订协议就能被留用。

"实习协议"只是短期劳务关系,而"就业协议"才是毕业后与用单位签订《劳动合同》的依据。《中华人民共和国劳动法》(以下简称《劳动法》)第十六条规定,劳动合同是劳动者与用人单位建立劳动关系、明确双方权利和义务的协议。劳动合同与劳务合同经常被人所混淆,但其实它们之间是存在着区别的。

第一节 毕业流程

一、毕业与结业管理规定

《普通高等学校学生管理规定》第六节对高校毕业生毕业作出明确规定。

第三十二条规定:学生在学校规定学习年限内,修完教育教学计划规定内容,成绩合格,达到学校毕业要求的,学校应当准予毕业,并在学生离校前发给毕业证书。符合学位授予条件的,学位授予单位应当颁发学位证书。学生提前完成教育教学计划规定内容,获得毕业所要求的学分,可以申请提前毕业。学生提前毕业的条件,由学校规定。

第三十三条规定:学生在学校规定学习年限内,修完教育教学计划规定内容,但未达到学校毕业要求的,学校可以准予结业,发给结业证书。结业后是否可以补考、重修或者补作毕业设计、论文、答辩,以及是否颁发毕业证书、学位证书,由学校规定。合格后颁发的毕业证书、学位证书、毕业时间、获得学位时间按发证日期填写。对退学学生,学校应当发给肄业证书或者写实性学习证明。

二、学业证书管理规定

《普通高等学校学生管理规定》第七节对高校毕业生学业证书管理作出明确规定。

第三十四条规定：学校应当严格按照招生时确定的办学类型和学习形式，以及学生招生录取时的个人信息，填写、颁发学历证书、学位证书及其他学业证书。

学生在校期间变更姓名、出生日期等证书需填写个人信息的，应当有合理、充分的理由，并提供有法定效力的相应证明文件。学校进行审查，需要学生生源地省级教育行政部门及有关部门协助核查的，有关部门应当予以配合。

第三十五条规定：学校应当执行高等教育学籍学历电子注册管理制度，完善学籍学历信息管理办法，按相关规定及时完成学生学籍学历电子注册。

第三十六条规定：对完成本专业学业同时辅修其他专业并达到该专业辅修要求的学生，由学校发给辅修专业证书。

第三十七条规定：对违反国家招生规定取得入学资格或者学籍的，学校应当取消其学籍，不得发给学历证书、学位证书；已发的学历证书、学位证书，学校应当依法予以撤销。对以作弊、剽窃、抄袭等学术不端行为或者其他不正当手段获得学历证书、学位证书的，学校应当依法予以撤销。被撤销的学历证书、学位证书已注册的，学校应当予以注销并报教育行政部门宣布无效。

第三十八条规定：学历证书和学位证书遗失或者损坏，经本人申请，学校核实后应当出具相应的证明书。证明书与原证书具有同等效力。

三、毕业资格确认

根据《普通高等学校学生管理规定》及各学校章程和相关管理制度，高校毕业生通常需要办理一系列毕业资格确认手续，毕业资格确认一般包含学历资格确认、学位资格确认、生源信息确认、电子图像采集、毕业生鉴定（毕业生登记表）五个方面。

其中，学历资格确认关系到毕业生能否取得学历证书，学位资格确认关系到毕业生能否取得学位证书，生源信息确认关系到毕业生就业报到证及档案去向是否正确，电子图像采集关系到毕业生学历、学位信息在线查询及诸多信息验证相关事项。毕业生登记表是毕业生档案中的重要材料，其鉴定评语等信息关系到就业时档案审查，对就业有重要影响。

对于毕业生而言，毕业资格确认环节并不复杂，但要高度重视，认真填写、核对、确认个人相关信息是否正确。这些信息与"三证"（毕业证、学位证、就业报到证）和档案材料直接相关。一旦错误，可能会影响后续的就业环节，会给自己带来不必要的麻烦。

毕业生需要注意：需要填写的信息认真填写，需要核对的信息仔细核对，需要争取的机会务必争取（例如：毕业补考等），严格按照要求执行，不清楚的地方及时与相关部门联系咨询。

四、离校手续办理

每一名大学毕业生都需要在毕业前办理完整的离校手续，这是一种制度和要求，也是一种文明的仪式，以此来话别同学、告别母校，继而走入人生的下一个征程。

离校手续是由各高校自主规定的既有统一化又有个性化的一系列毕业流程的总称。其统一化体现在一些重要环节上，各高校一般都有规定。例如：毕业证、学位证、就业报到证、户籍迁移证、组织关系迁转、助学贷款还款确认等个性化体现在不同学校有侧重性和选择性、各类毕业环节要求不一。例如：举行毕业典礼、学位授予仪式、毕业生座谈会、茶话会、学校各类退费、图书证、校园卡、宿舍等手续交接、毕业体检、毕业合影、毕业演出等。

毕业生离校应当文明得体，用适当的方式告别美好的校园时光，感谢老师们的悉心栽培，期许母校日后以己为荣，带着对母校及老师、同学们的美好回忆，激发自身的情感和能量，勇敢面对、努力成就未来的工作和生活。

在对部分毕业生进行就业回访调研发现，不少同学在毕业前认为毕业流程无非是拍毕业照、观看毕业晚会、聚餐等。然而，从就业的角度上看，毕业流程早在完成职业规划和职业探索之后即已启动，如表10-1所示。

表10-1 毕业流程

学 期	内 容
大三第二学期	毕业证件图像采集
大四第一学期	核对毕业生源信息
大四第一学期	注册《就业推荐表》
大四第一学期	办理纸质《就业协议书》或电子签约书（网上签约）
大四第一学期	参加双选招聘或招考
大四第一学期	与达成就业意向的单位签订《就业协议书》
大四第一学期	毕业论文开题
大四第二学期	毕业实习
大四第二学期	毕业论文答辩
大四第二学期	填写《高等学校毕业生登记表》
大四第二学期	清退图书资料，上缴学生证、借书证等相关证件
大四第二学期	清退毕业生学费、代办费
大四第二学期	集中办理毕业生离校手续 （1）发放学位服；（2）组织毕业合影；（3）办理团组织关系结转；（4）办理党组织关系结转；（5）办理退房手续
大四第二学期	领取毕业证、学位证和就业报到证
大四第二学期	领取户口转移证明（户口迁至学校的学生）
大四第二学期	查询毕业生档案去向

第二节 就业指导

进入毕业年度，应届毕业生会陆续进入求职择业阶段。毕业生们对于就业程序的了解和掌握将对就业起到事半功倍的帮助作用。确定就业去向、了解单位状况、签订就业协议、办理报到手续、转递档案、迁移户口某个流程出错，或会带来不必要的麻烦。看似简单的流程，其实是毕业生顺利就业的保障，它们的作用不可忽视。

一、毕业生就业主要程序

《普通高等学校毕业生就业工作暂行规定》第十二条明确指出：毕业生就业工作程序分为就业指导、收集发布信息、供需见面及双向选择、制订就业计划、进行毕业生资格审查、派遣、调整、接收等阶段。

从毕业生的角度，一个完整的就业程序从接受就业指导、求职准备，到毕业后去单位报到并完成个人档案、户口迁转等手续。具体而言，包括政策了解、信息收集、目标确定、材料准备、参加招聘、签订协议、去单位报到等步骤。

（一）收集就业信息，确定就业目标

毕业生进入就业准备期，需要结合个人职业规划和就业形势来确定就业目标。就业目标包括就业意向地区、行业、工作环境、薪资待遇水平、地区就业补贴等。在确立就业目标时，建议征求父母、朋友的意见作为参考。

搜集企业招聘信息，可通过学校就业网、各级人才网、招聘单位、报刊等发布的招聘信息，以及从亲朋好友、导师、师兄师姐处获得的招聘信息。同时，还要了解国家、省市和本校的毕业生就业政策，以及就业相关的法律法规。

在求职过程中，确定一个就业单位作为自己的求职目标时，应当设法全面深入了解，有针对性地参加笔试、面试等招聘活动。了解就业单位的方法和途径有很多，网络查询、实地查看、咨询在该单位工作的人员等，可从十个方面的内容入手：一是单位的简介和历史沿革情况；二是单位的主要产品和服务类型；三是单位的薪酬和福利水平；四是单位的组织架构层级；五是单位的经营理念、发展战略；六是单位的管理制度、内部文化；七是单位的招聘和人力资源状况；八是单位的优秀员工、榜样典型人物；九是单位开展的活动和图片资料；十是单位的信誉、口碑等社会评价信息。

（二）整理求职材料，搜寻招聘信息

确定了择业目标就可以有针对性地撰写求职简历、求职信。把各种证明自己能力和获得成绩的证书进行分类整理，准备好就业推荐表、学业成绩单、就业协议书等材料，制作好的求职材料可以与同学、老师、家长进行交流，根据他们的建议修改完善。

准备求职材料的同时，关注学校就业信息网、本地区高校毕业生就业网，参加学校举办的招聘会，利用各种社会关系搜集目标招聘信息，有合适的单位就及时投递求职材料，主动与用人单位联系，争取获得面试或笔试的机会。

（三）充分发挥优势，竞聘就业岗位

这是求职的核心阶段，毕业生要充分调动自身能力，展现自己的特长和优势，去参加用人单位组织的各种面试、综合知识测试、心理测试、技能测试等。毕业生要事先对用人单位的背景、内部运行机制、将来发展规划、企业文化、用人理念等有一个全方位的了解，做到知己知彼，方能从容应对。

（四）签订就业协议，上报就业信息

通过用人单位的考核，被通知录用后，就可以把已经办理好的毕业生推荐表交给用人单位，双方签订就业协议书（或进行网上签约，具体流程本章节另作讲解）。登录学校就业网，将签约企业信息进行反馈。

（五）领取就业报到证，转递户档关系

毕业生拿到签发的就业报到证后，要在规定时间内去用人单位报到，需要迁出户籍的同学，要及时与学校户籍管理部门联系办理户口迁移证，毕业后带上毕业证、就业报到证、户口迁移证到用人单位报到或落户。在学校就业网及时查询转递进度。

二、就业去向类型

根据教育部对毕业生就业的分类，就业去向主要分为："签订《就业协议书》或《劳动合同》""国家、地方基层项目""升学""应征义务兵""自主创业""自由职业""灵活就业""科研助理"等，如图10-1所示。据不完全统计，每年有超过80%的同学通过"签订《就业协议书》或《劳动合同》"就业，报考基层项目和应征入伍的同学逐年增加，为便于大家了解就业流程，本章节将着重介绍"签订《就业协议书》或《劳动合同》""国家、地方基层项目"和"应征入伍"就业。

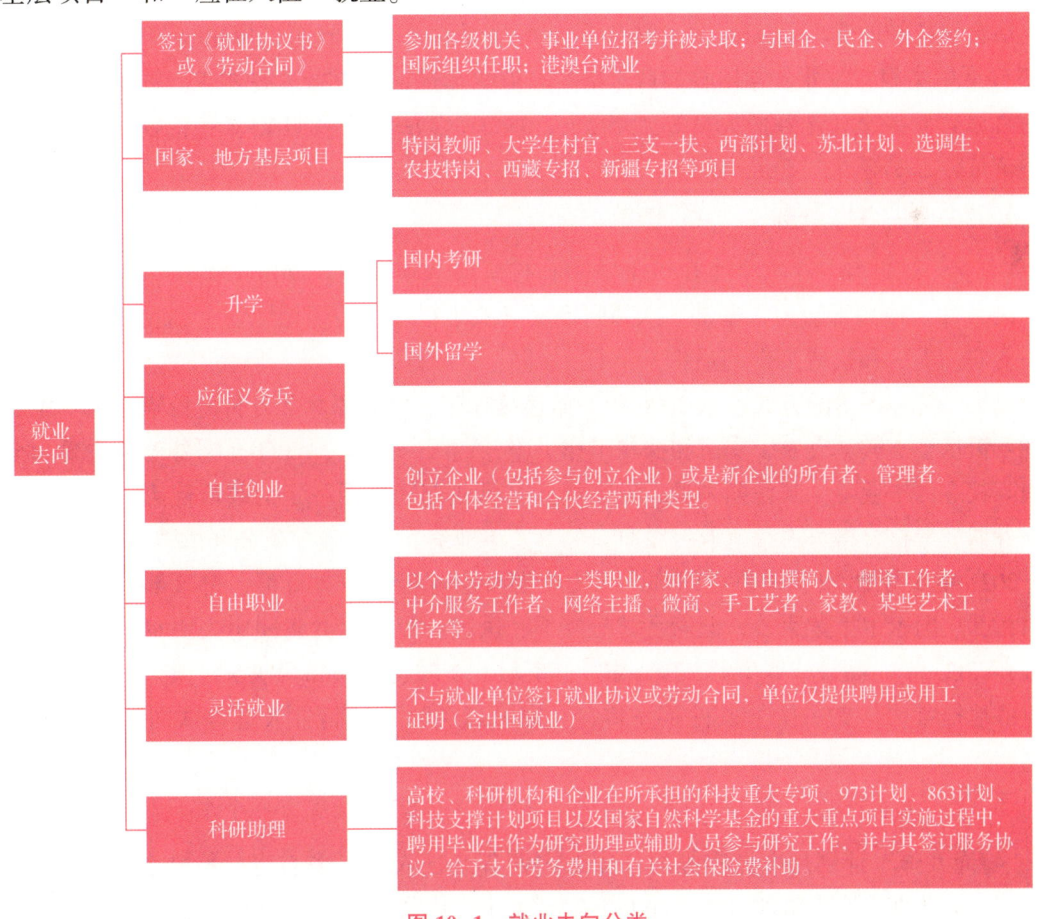

图 10-1　就业去向分类

(一) 签订《就业协议书》或《劳动合同》

毕业生与各级机关、事业单位、企业达成毕业后就业意向,双方签订《就业协议书》或劳动合同。

(二) 国家、地方基层就业项目

近年来,中央各有关部门主要组织实施了5个引导高校毕业生到基层就业的专门项目,包括:

教育部、财政部、人力资源社会保障部、中央编办四部门从2006年开始组织实施的"农村义务教育阶段学校教师特设岗位计划"(以下简称"特岗教师")。

中组部、教育部、财政部、人力资源社会保障部等部门从2008年起组织实施的"选聘高校毕业生到村任职工作"。

《农业部教育部关于实施基层农技推广特设岗位计划的意见》由农业部、教育部于2011年联合印发。农业部、人社部、教育部等部门从2013年起组织实施的"农业技术推广服务特设岗位计划"。

1. 西部计划

大学生志愿服务西部计划,是团中央、教育部根据国务院常务会议、《国务院办公厅关于做好2003年普通高等学校毕业生就业工作的通知》和2003年全国高校毕业生就业工作电视电话会议精神的要求而实施的,财政部、人社部给予相关政策、资金支持。该项计划从2003年开始实施,按照公开招募、自愿报名、组织选拔、集中派遣的方式,每年招募一定数量的普通高等学校应届毕业生或在读研究生,到西部基层开展为期1~3年的教育、卫生、农技、扶贫等志愿服务。

2. "三支一扶"计划

"三支一扶"计划指大学生在毕业后到农村基层从事支教、支医、支农、扶贫工作的简称。2006年,中组部、原人事部等八部门下发《关于组织开展高校毕业生到农村基层从事支教、支农、支医和扶贫工作的通知》(国人部发〔2006〕16号),以公开招募、自愿报名、组织选拔、统一派遣的方式,从2006年开始连续5年,每年招募2万名高校毕业生,主要安排到乡镇从事支教、支农、支医和扶贫工作。服务期限一般为2~3年。招募对象主要为全国普通高校应届毕业生。工作期满后,自主择业,择业期间享受一定的政策优惠。目前部分地区服务期满考核合格可占编就业,在原岗位落实事业编,按事业单位公开招聘人员对待。

2021年5月28日,中央组织部、人力资源社会保障部、教育部、财政部、水利部、农业农村部、国家卫生健康委、国家乡村振兴局、国家林草局、共青团中央决定,实施第四轮(2021~2025年)高校毕业生"三支一扶"(支教、支农、支医和帮扶乡村振兴)计划。

各地报考"三支一扶"条件不一致,大家可以关注各地官方人事考试网和三支一扶招募网。

3. "特岗教师"计划

"特岗教师"计划是中央实施的一项对中西部地区农村义务教育的特殊政策。2006年,教育部、财政部、原人事部、中央编办下发《关于实施农村义务教育阶段学校教师特设岗位计划的通知》（教师〔2006〕2号），联合启动实施"特岗教师"计划，公开招聘高校毕业生到"两基"攻坚县农村义务教育阶段学校任教。特岗教师聘期为3年。

"特岗教师"计划的实施范围主要包括下列地方：河北、山西、内蒙古、吉林、黑龙江、安徽、江西、河南、湖北、湖南、广西、海南、重庆、四川、贵州、云南、陕西、甘肃、宁夏、青海省、新疆。

各地报考"特岗教师"计划条件不一致，大家请关注各地官方人事考试网。

4. 大学生村官

2008年，中组部、教育部、财政部、人力资源和社会保障部出台了《关于印发〈关于选聘高校毕业生到村任职工作的意见（试行）〉的通知》（以下简称"大学生村官"），计划用5年时间选聘10万名高校毕业生到农村担任村党支部书记助理、村委会主任助理或团支部书记、副书记等职务。

大学生村官工作是国家开展的选派项目。大学生村官岗位性质为"村级组织特设岗位"，系非公务员身份，其工作、生活补助和享受保障待遇应缴纳的相关费用由中央和地方财政共同承担。大学生村官的工作管理及考核比照公务员有关规定进行，由县（市、区）党委组织部牵头负责、乡镇党委直接管理、村党组织协助实施；人事档案由县（市、区）党委组织部管理或县（市、区）人力资源和社会保障部门所属人才服务机构免费代理，党团关系转至所在村。

选聘对象为30岁以下应届和往届毕业的全日制普通高校专科以上学历的毕业生，重点是应届毕业和毕业1~2年的本科生、研究生，原则上为中共党员（含预备党员），非中共党员的优秀团干部、优秀学生干部也可以选聘。

基本条件：①思想政治素质好，作风踏实，吃苦耐劳，组织纪律观念强；②学习成绩良好，具备一定的组织协调能力；③自愿到农村基层工作；④身体健康。此外，参加人力资源社会保障部、团中央等部门组织的到农村基层服务的"三支一扶""西部计划"等活动期满的高校毕业生，本人自愿且具备选聘条件的，经组织推荐可作为选聘对象。

5. 苏北计划

大学生志愿服务苏北计划（以下简称"苏北计划"）由中共江苏省委组织部，江苏省教育厅、财政厅、人事厅，共青团江苏省委共同组织实施。按照公开招募、自愿报名、组织选拔、集中派遣的方式，招募普通高等学校应届毕业生，到徐州、连云港、淮安、盐城、宿迁五市所辖县（市、区）的村（社区）、乡镇（街道）从事为期1年的教育、卫生、农技、扶贫以及青年中心建设和管理等方面的志愿服务工作。志愿者服务期满后，鼓励其扎根基层，或者自主择业。

（三）应征义务兵

大学生是国家的宝贵人才资源，征集大学生参军入伍，既是建设巩固国防和强大军队的迫切需要，也是服务经济社会发展和维护国家长治久安的客观要求，是一项利国利军利民的大事好事。大学生走入军营，能够改善部队士兵队伍的素质结构，为军队信息化建设注入生机和活力；大学生士兵退役后，经过军队这个"大学校""大熔炉"的培养教育，能吃苦、有特长、守纪律，必将在地方各行各业中发挥重要作用。

1. 男兵应征

报名对象：高中（含中专、职高、技校）毕业及以上文化程度的青年（含高校在校生），年满18至22周岁；普通全日制大专及以上文化程度的高校毕业生，年满18至24周岁；初中毕业文化程度青年，年满18至20周岁。

补偿代偿政策：对应征入伍的普通高校毕业生、毕业班学生在校生，由中央财政实施相应的学费补偿和国家助学贷款代偿。当年已被高校录取的高中毕业生入伍后保留入学资格，退役后享受国家学费减免政策。

报名流程：

（1）网上登记。每年8月5日前，有应征意向的男性大学生（含在校生、应届毕业生）可登录"全国征兵网"（网址：http：//www.gfbzb.gov.cn），填写个人基本信息，报名成功后，自行下载打印《大学生预征对象登记表》，符合国家学费资助条件的，同时还应下载打印《高校学生应征入伍学费补偿国家助学贷款代偿申请表》（以下分别简称《登记表》《申请表》），分别交所在高校征兵和学生资助管理部门进行审核。

（2）初审初检。大学生在毕业离校或放假前，根据学校通知，携带本人身份证（户口簿）、毕业证书（高校在校生持学生证），按规定的时间到指定的地点参加学校所在地县级兵役机关组织的初审初检，被确定为预征对象的学生，领取兵役机关和学校有关部门审核盖章后的《登记表》《申请表》。

（3）体检政审。大学生可在学校所在地或者入学前户籍所在地、经常居住地选择一个作为自己参军入伍的应征地。征兵开始后，应征地兵役机关会将具体上站体检时间、地点通知大学生本人，大学生可根据通知要求，携带本人身份证（户口簿）、毕业证书（高校在校生持学生证）以及审核盖章后的《登记表》《申请表》直接参加应征地县级征兵办公室组织的体格检查，由当地公安、教育等部门同步展开政治联审工作。

（4）走访调查。政治联审和体检初步合格者，将由县级征兵办公室通知大学生所在乡（镇、街道）基层人武部，安排走访调查。

（5）预定新兵。县级征兵办公室对体检和政审双合格者进行全面衡量，确定预定批准入伍对象，同等条件下，优先确定学历高的应届毕业生为预定新兵。

（6）张榜公示。对预定新兵名单将在县（市、区）、乡（镇、街道）张榜公示，接受群众监督，公示时间不少于5天。

（7）批准入伍。体检、政审合格并经公示的，由县级征兵办公室正式批准入伍，发放《入伍通知书》。学生凭《入伍通知书》办理户口注销、享受义务兵优待，等待交接起运，统一输送至部队服役。申请学费资助的，还要将加盖有县级征兵办公室公章的《申请表》原件和《入伍通知书》复印件，寄送至原就读高校学生资助管理部门。

2. 女兵应征

报名对象：

上半年应征报名：普通高等学校和科研机构全日制应届毕业生及在校生，年满18至22周岁，全日制研究生应届毕业生及在校生放宽至26周岁；2021年普通高等学校全日制本专科应届毕业生可以报名参加2022年上半年女兵征集，年龄放宽至23周岁。

下半年应征报名：普通高中应届毕业生、普通高等学校和科研机构全日制应届毕业生及在校生，年满 18 至 22 周岁，全日制研究生应届毕业生及在校生放宽至 26 周岁。

补偿代偿政策：对应征入伍的普通高校毕业生、毕业班学生在校生，由中央财政实施相应的学费补偿和国家助学贷款代偿。当年已被高校录取的高中毕业生入伍后保留入学资格，退役后享受国家学费减免政策。

报名流程：

（1）网上报名。符合当年征集基本条件的女大学生（含在校生、应届毕业生）在 8 月 5 日前，可登录"全国征兵网"（网址：http://www.gfbzb.gov.cn），填写报名信息。报名截止后，网上报名系统将自动依据报名人员当年高考相对分数进行排序，择优选择初选预征对象并张榜公示。被确定为初选预征对象的女青年，8 月 6 日起，登录"全国征兵网"，下载打印《应征女青年网上报名审核表》。符合国家学费资助条件的，同时还应下载打印《高校学生应征入伍学费补偿国家助学贷款代偿申请表》（以下分别简称《审核表》《申请表》）并交学校学生资助管理部门审核。

（2）初审初检。女青年持《审核表》、本人身份证（户口簿）、毕业证书（高校在校生持学生证）等相关证件，按兵役机关通知要求参加地市级征兵办公室组织的初审初检，合格者确定为送检对象并张榜公示。

（3）体检考评。征兵开始后，送检对象根据兵役机关通知，携带本人身份证（户口簿）、毕业证书（高校在校生持学生证）等相关证件，到指定的体检站参加体格检查和综合素质考评。

（4）政治审查。体格检查和综合素质考评后，由县级兵役机关会同当地公安、教育等部门，对其进行政治联审和走访调查。

（5）预定新兵。省级或地市级征兵办公室对学历、年龄、体检和政治考核全部合格的应征女青年，按照综合素质考评分数由高到低的顺序，依次确定为预定新兵。预定新兵名单（包括姓名、户籍地、学历、高考原始总分数、综合素质考评分数）同时在省、地市、县三级征兵办公室营院外张榜公示，接受群众监督，公示时间不少于 5 天。

（6）批准入伍。经公示未被举报和反映有问题的，确定为批准入伍对象，由县级征兵办公室办理批准入伍手续，发放《入伍通知书》。学生凭《入伍通知书》办理户口注销、享受义务兵优待，等待交接起运，统一输送至部队服役。申请学费资助的，还要将加盖有县级征兵办公室公章的《申请表》原件和《入伍通知书》复印件，寄送至原就读高校学生资助管理部门。

三、毕业生就业协议书

（一）《就业协议书》说明

《就业协议书》是《全国普通高等学校毕业生就业协议书》的简称，由江苏省教育厅统一编制。《就业协议书》是大学毕业生与用人单位协商签订的关于毕业生就业意向的初步书面约定，也是明确毕业生和用人单位之间权利和义务的书面表现形式，更是高校进行毕业生就业管理、编制就业方案以及毕业生办理就业落户手续等有关事项的重要依据。

《就业协议书》一式两份，由学校审核后发放。经毕业生签字，用人单位盖章，协议生效，双方各执一份。

(二)《就业协议书》内容

(1) 毕业生基本情况,包括:姓名、性别、身份证号、专业、学历、联系方式等。

(2) 用人单位基本情况,包括:单位名称、统一社会信用代码、单位性质、联系人、档案接收等。

(3) 毕业生和用人单位约定的有关内容,可包括工作地点及工作岗位,户口迁入地,违约责任,协议自动失效条款、协议终止条款,双方约定的其他事宜等。

(4) 各方应严格履行协议,任何一方若违反协议,应承担相应的违约责任。

(5) 其他补充协议。

(三)《就业协议书》的法律性质和地位

毕业生所签订的就业协议书,其主体是平等的,是在毕业生与用人单位双方意思表示一致后订立的,并且协议书所涉及的权利义务均属于我国民事法律调整的范围,所以毕业生就业协议书具有合同的属性。协议在毕业生到单位报到、用人单位正式接收后自行终止。就业协议书起到保护毕业生、用人单位各自权益的作用。

(四)《就业协议书》签订步骤

(1) 班级统一发放《就业协议书》。

(2) 毕业生和用人单位在供需见面、双向选择的基础上确定共同意向。

(3) 毕业生和用人单位对就业协议书的条款逐项协商,确保意见一致。

(4) 毕业生和用人单位如实填写基本情况并签名。

(5)《就业协议书》签订后,毕业生应在3个工作日内登陆 www.91job.org.cn 按要求反馈签约信息。就业协议书的签订步骤如图10-2所示。

图10-2 《就业协议书》签订流程图

(五)《就业协议书》签订注意事项

(1) 熟悉国家就业政策和学校就业规定。原则上,毕业生只能与一家用人单位签订就业协议书。

(2) 全方位地了解用人单位的相关情况。通过各种渠道了解用人单位在行业内所处的位置,发展趋势、招聘的岗位性质、员工培养制度、待遇状况、福利项目等系列内容,还需要重点了解用人单位是否具备合法的资格,是否具有应届毕业生的接收权。

(3) 明确违反协议的责任。大学毕业生在与用人单位签订就业协议书前,首先要认真阅读就业协议书中的全部条款,了解条款的内容和含义,明确违反协议所需承担的责任等。例如:违约金收取数额。

(六)《就业协议书》解除

1. 单方解除

单方擅自解除协议属违约行为,解约方应对另一方承担违约责任。此类单方解除,解除方无须对另一方承担法律责任。

2. 双方解除

毕业生和用人单位双方经协商一致，取消已经签订的协议。此类解除因是双方当事人真实意思表示一致的体现，双方均不承担法律责任。

四、劳动合同

（一）《劳动合同》说明

劳动合同，是指劳动者与用人单位之间确立劳动关系，明确双方权利和义务的协议。根据这个协议，劳动者加入企业、个体经济组织、事业组织、国家机关、社会团体等用人单位，成为该单位的一员，承担一定的工种、岗位或职务工作，按照劳动者提供劳动的数量和质量支付劳动报酬，并根据劳动法律、法规和劳动合同约定提供必要的劳动条件，保证劳动者享有劳动保护和待遇。

订立和变更劳动合同，应当遵循平等自愿、协商一致等原则，不得违反法律法规。劳动合同依法订立即具有法律约束力，当事人有履行劳动合同规定的义务。

（二）《劳动合同》种类

劳动合同分为"固定期限劳动合同""无固定期限劳动合同"和"单项劳动合同"。

（1）固定期限劳动合同，是指用人单位与劳动者约定合同终止时间的劳动合同。用人单位与劳动者协商一致，可以订立固定期限劳动合同。

（2）无固定期限劳动合同，是指用人单位与劳动者约定无确定终止时间的劳动合同。

（3）单项劳动合同，是指没有固定期限，以完成一定工作任务为期限的劳动合同，即用人单位与劳动者约定以某项工作的完成为合同期限的劳动合同。

（三）《劳动合同》内容

订立劳动合同的双方当事人须具有相同的法律地位。在订立劳动合同的过程中，双方当事人以劳动关系平等主体资格出现，不存在命令与服从的关系。劳动合同的订立完全出自双方当事人的真实意愿，是在充分表达各自意愿的基础上，经平等协商而达成的协议。其内容可分为两方面，一方面是必备条款的内容，另一方面是协商约定的内容。《劳动法》第十九条规定了劳动合同的法定形式是书面形式，其必备条款有以下7项。

1. 劳动合同期限

劳动合同的期限是指劳动合同具有法律约束力的时段，一般可分为有固定期限、无固定期限和以完成一定工作任务为期限三种类型。其中最常见的是有固定期限的劳动合同，约定期限一般为一年或几年。求职者须注意劳动合同中对期限和违约责任的约定。

试用期包含在劳动合同期限内。试用期的长短根据工作岗位需要的不同而定。《中华人民共和国劳动合同法》（以下简称《劳动合同法》）规定：劳动合同期限三个月以上不满一年的，试用期不得超过一个月；劳动合同期限一年以上不满三年的，试用期不得超过两个月；三年以上固定期限和无固定期限的劳动合同，试用期不得超过六个月。同一用人单位与同一劳动者只能约定一次试用期。以完成一定工作任务为期限的劳动合同或者劳动合同期限不满三个月的，不得约定试用期。

2. 工作内容

劳动合同中工作内容条款是劳动合同的核心条款，它是用人单位使用劳动者的目的，也是劳动者为用人单位提供劳动以获取劳动报酬的原因。其主要内容包括劳动者的工种和岗位，以及其在岗位应完成的工作任务、工作地点。这些内容、要求规定须明确、具体，以便遵照执行。

3. 劳动保护和劳动条件

劳动保护是指根据国家法律、法规，依靠技术进步和科学管理，消除危及人身安全健康的不良条件和行为，防止事故和职业病，保护劳动者在劳动过程中的安全与健康的各项措施。劳动条件是指劳动者在劳动过程中所必需的物质设备条件。

4. 劳动报酬

劳动报酬是劳动者付出体力或脑力劳动所得的体现，是劳动者创造的社会价值。劳动报酬包括工资、奖金和津贴的数额或计算办法、支付方式及支付期限、福利保险等。

5. 劳动时间

劳动纪律是指劳动者必须遵守用人单位的工作秩序和劳动规则。

6. 劳动合同终止的条件

劳动合同终止指劳动合同法律关系终结和撤销的条件。劳动合同双方当事人可以在法律规定的基础上，就劳动合同的终止进行约定，当事人双方约定的终止条件一旦出现，劳动合同就可终止。

7. 违反劳动合同的责任

违反劳动合同约定的各项义务所应承担的法律责任，为了保护劳动合同的履行，必须在劳动合同中约定有关违反劳动合同的责任条款，包括一方当事人不履行或者不完全履行劳动合同，以及违反约定或者法规条件解除劳动合同所应承担的责任。

（四）就业协议书与劳动合同的联系与区别

就业协议书和劳动合同都是用人单位与毕业生所订立的协议，都是具有法律意义的文件。两者既有联系又有区别，分别签订于毕业生就业过程的不同阶段，其区别主要表现在以下几方面。

1. 内容不同

就业协议书主要涉及毕业生就业和用人单位接收毕业生的意向，涉及派遣、人事档案、户口接收等政策性事宜。劳动合同更进一步确立了双方的权利和义务，其内容涉及劳动报酬、劳动保护、工作内容、具体劳动纪律、服务期限、违约责任等方面，内容更为具体，劳动权利义务更为明确。

2. 签订时间不同

通常情况下，就业协议书签订在先，劳动合同签订在后。如果毕业生与用人单位在工资待遇、培训晋升等方面达成约定，可在就业协议书中注明，作为后期与用人单位签订劳动合同时具体条款的依据。

3. 时效性不同

就业协议书自签订日期起至毕业生到单位报到、单位正式接收后自行终止；劳动合同有效期由毕业生和用人单位协商约定。就业协议不能代替劳动合同，不能作为确定劳动关系的凭证。

五、江苏省 91job 智慧就业平台网上签约功能介绍

（一）网上签约流程

网上签约流程见图 10-3。

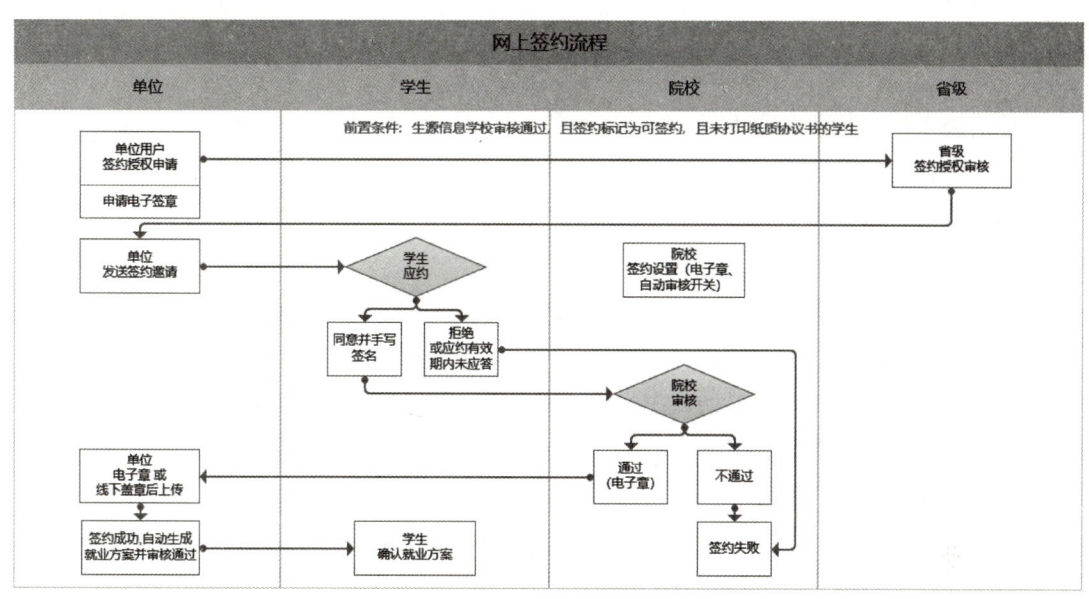

图 10-3　网上签约流程

（二）网上签约操作步骤

招聘单位在申请网签资格时需实名认证，通过省级用户审核后才能向学生发起签约邀请。学生登录后，在"学生中心"查看签约邀请。学生接受了邀约，经学校审核后下载，盖章后再上传（或者自动盖章），即签约完成。

六、就业报到证

《普通高等学校毕业生就业工作暂行规定》第三十一条规定：派遣毕业生统一使用《全国普通高等学校毕业生就业派遣报到证》和《全国毕业研究生就业派遣报到证》。这是原来的"派遣证"，现在"报到证"的原名。目前，毕业后报到证在报考公务员、国有企业、事业单位等体制内单位，以及职称的认定、评定，工龄的审核及提干等均需要报到证。现在使用的《报到证》全称《普通高等学校毕业生就业报到证》，由教育部统一印制，分上下两联，上联交毕业生本人报到使用，下联由学校装入毕业生档案。

（一）报到证的重要性

报到证是毕业生转移人事档案关系和户口关系的凭证，报到证的用途主要包括：是教育主管部门正式派遣毕业生的凭证；是毕业生到用人单位报到的凭证；是用人单位接收毕业生的重要证明；是人才机构或档案管理机构接收毕业生档案的证明；是用人单位给毕业生落户、接管档案的重要凭证；是毕业生的干部身份证明。

（二）报到证签发类别

根据《教育部办公厅关于做好全国普通高等学校毕业生就业数据报送工作的通知》（教学厅函〔2014〕49号）规定，毕业生就业报到证有三种签发类别：

1. 去就业地报到

签约单位或其上级主管部门同意接收毕业生户档，需将户籍、档案迁往就业单位所在地，包括以下几种情况：

录用为公务员、事业单位人员；

与国有单位签订协议书，且单位同意接受户籍、档案；

与三资企业、民营企业签订协议书，用人单位当地公共就业和人才服务机构同意接受户籍、档案。

2. 回生源地报到

将户籍、档案迁回生源地，有以下几种情况：

与三资企业、民营企业签订协议书，用人单位当地公共就业和人才服务机构不同意接受户籍、档案；

未与任何单位签约，需将户档迁回生源地。

3. 去代理/托管地报到

将户籍、档案迁往代理/托管机构，有以下几种情况：

未落实就业单位，在代理/托管机构办理了户籍、档案托管手续；

落实就业单位，将户籍、档案迁往非就业地（或非生源地）的户档代理/托管机构。

七、毕业生档案

档案实际是指人事档案，是适应我们国家人事管理的一项制度安排。人事档案是记录一个人的主要经历、政治面貌、品德作风、德才能绩、学习和工作表现等个人情况的文件材料，起着凭证、依据和参考的作用。它与转正定级、职称评定、办理各种人事手续、工龄计算、养老等都有关系。

人事档案袋里主要装着高中和大学阶段的学习经历。主要包括：高中材料、《入学登记表》、大学学籍卡（或成绩单）、《毕业生登记表》、在校期间奖惩情况、党团员材料、体检情况、《报到证》下联等。

毕业生到具有档案管理权限的机关、事业单位、国有企业就业的，由单位直接接收、管理档案。到无档案管理权限的单位（私营企业、外资企业等）就业的，可由各地公共就业和人才服务机构负责提供档案管理等人事代理服务。毕业生离校时没有就业的，档案可由学校统一发回原户籍所在地公共就业和人才服务机构保管。

按照《关于进一步加强流动人员人事档案管理服务工作的通知》（人社部发〔2014〕90号）、《流动人员人事档案管理暂行规定》规定，流动人员档案具体包括：非公有制企业和社会组织聘用人员档案，与企事业单位解除或终止劳动（聘用）关系人员的档案，未就业的高校毕业生档案，自费出国留学及其他因私出国（境）人员的档案，外国企业常驻代表机构的中方雇员的档案，自由职业或灵活就业人员的档案等流动人员人事档案管理实行集中统一、归口管理的管理体制。主管部门为政府人力资源和社会保障部门，流动人员人事档案具体由县级以上（含县级）公共就业和人才服务机构以及经人力资源和社会保障部门授权的单位管理，其他单位未经授权不得管理流动人员人事档案。严禁个人保管本人或他人的档案，跨地区流动人员的人事档案，可由其户籍所在地或现工作单位所在地的公共就业和人才服务机构管理。

按国家政策规定，组织、人事部门所属的各级人才交流机构具有资格保存大中专毕业生就业后的人事档案，各种私营民营企业、乡镇企业、中外合资、独资企业都无权管理员工的人事档案，一般由委托的各级人才交流机构托管。毕业生也可以以个人名义委托人才交流机构托管人事关系。

2015年1月1日起，国家取消收取人事档案保管费等费用，各级公共就业和人才服务机构应提供免费的流动人员人事档案公共服务。

2017年7月，学校开通毕业生档案查询功能，所有毕业生都可以通过学校就业网查询个人档案寄往单位名称、单位地址以及邮寄单号。

复习思考题

1. 签订《就业协议书》和《劳动合同》有什么区别？
2. 在就业协议签订过程中，有哪些重要内容需要约定？
3. 毕业生档案能否个人携带或保存？

案例讨论题

优秀退役大学生士兵分享军旅故事——以青春之名　赴强国之约

参加边境战斗寸土不让，曾写下"遗书"

"亲爱的爸爸妈妈，你们不要为我担心，未来的日子我可能会有一段时间无法跟你们联系，可能是几个月，也可能是更长时间。不要为我担心，希望你们都好……"来自东南大学法学院的大二学生严子涵分享了一封他在2020年春天写下的"遗书"。

2018年9月，刚上大二的严子涵应征入伍，成为新疆某应急作战部队的一名边防军战士。"部队执行任务时，奉献最多的、标准最高的、完成最好的永远是党员。"在组织的教育引导和身边党员同志的感染下，严子涵写下入党申请书，要求到最危险的前线去战斗，接受党的考验。

终于，在2020年春天，严子涵有机会和战友们应上级命令来到保卫祖国的最前沿。也正是在边境线上，他写下了那封"遗书"。

"当时，冲突的爆发猝不及防，部队紧急集合赶到山脚下的时候，敌人已经开始在山顶狂妄地叫嚣。"严子涵告诉记者，海拔5000多米的高地，有着和地面800多米的高差，更有着接近70度的陡坡，他们冒着敌人不断砸下的石雨向上攀爬。由于要避开高速滚落的石头，更由于山势的险峻和高海拔带来的不适，战斗从上午10点多一直持续到下午5点多，其间所有人都滴水未进，很多战友累得腿抽筋，爬不了了，还拿着钢管一边砸腿一边爬，唯一的念头就是想早一点把挑衅者从我们的国土上赶出去。

严子涵说，他最难以忘记的一幕，就是大家筋疲力尽地赶走敌人之后，站在高地上，一位班长从怀里掏出了一面五星红旗。当鲜艳的五星红旗展开在那片刚刚战斗过的土地上时，那种热血感动，那份爱国情怀，永生难忘。"'我站立的地方就是中国'，从那一刻起，我才真正明白了这句话的含义。"

也是在那次战斗中，严子涵进一步感受到了党员身份的光荣与神圣。当天，他又一次向组织提交了入党申请，并在几天后火线入党，加入了营内的党员突击队，在那片高地上坚守了将近7个月。

严子涵说，这段艰苦的戍边岁月让他真正明白了，什么是一名军人、一名共产党员应有的品质与素养。"只有我们的苦，才能换来人民群众的甜；只有我们孤勇坚守，才能换来百姓全家团圆。"

除夕夜站岗放哨，一家不圆换万家团圆

谈及入伍的初衷，吴德婧说，爱舞刀弄枪的她从小就有当兵的想法。高考时，她报考军校却落选，可当她拿到南京农业大学的录取通知书时，立马被夹在里面的征兵宣传单所吸引。"这次一定要抓住机会"，她第一时间在全国征兵网上报了名。2015年夏天，吴德婧"过五关斩六将"，顺利通过初审初检、体格检查、心理测试和政治考核，最终光荣地成为浙江省衢州市开化县杨林镇近年来的第一位女兵。

"喊不响的口号重复喊，走不齐的齐步重复走。"吴德婧告诉记者，入营后，她发现和自己想象中热血沸腾、驰骋疆场的军营不一样，部队的生活是平淡、重复而且紧张的，一切要求令行禁止。气温零摄氏度以下的晚上，她穿着雨衣趴在起霜的地上一动不动到半夜。每周少不了的三公里和高强度体能训练，让她总觉得刚走出食堂的那一刻又开始饿了。

"每逢佳节倍思亲"是每个新兵都逃不过的难关，吴德婧自然也不例外。她告诉记者，下连后没过多久就是除夕，而她恰好被排站凌晨的哨。漆黑的夜里，没有烟花爆竹。"18岁前的除夕夜，我都是和父母一边吃饺子一边看春晚等倒计时，当兵后是我第一次不能在家过年，想到家中一派温情惬意的画面，想家的思绪就怎么也止不住。"吴德婧说，想到指导员曾经说过，我们是用一家不圆换万家团圆，同一时间还有千万位站在两国交界之处、站在高原山川之巅的战友，大家共同奉献自我，才换得万家团圆，便也不觉得孤单委屈了。

两年的军营磨砺，吴德婧参与执行了"九三"阅兵等多项重大活动安保任务，也在内务评比、条令考核、知识竞赛中多次被评为标兵，荣获优秀义务兵。

刻苦钻研，专业比武获得第一名

南京理工大学电光学院学生刘鑫出身于军人家庭，2017年秋天，刚读大二的刘鑫应征报名，经过层层选拔，顺利成为东部战区某旅的一名通信兵。

刘鑫告诉记者，进入部队后，一小时军姿、低姿匍匐、武装五公里、四百米障碍等都是"家常便饭"，但他并不满足于这些每个军人都必须承受的训练科目。

"在部队期间，我发现身边的战友们虽然能够近乎完美地操作手中的武器装备，但是并不懂得装备原理，一旦装备受损，就只能去找高级工程师修理。"作为大学生士兵的刘鑫相对于其他战友便有了一些优势，曾经在大学里掌握的数理知识可以帮他更快地理解装备参数、掌握装备原理，他便主动去找高级工程师请教，成为他的弟子，学习基础装备理论。

经过刻苦钻研，从手持终端到北斗卫星，从短波无线电台到车载基站，刘鑫不仅能熟练掌握操作技巧，而且精通装备原理及维护保养。凭借专业技能优异，他在新兵第一年就被连队推荐参加旅专业比武并获得第一名，这在旅史上也是第一次一个新兵获得第一名。

脱下军装重新回到高校后，刘鑫对学习的态度有了很大转变，从大一时反感晚自习、学习不积极，到现在主动加班加点学习。本科期间，刘鑫通过实物制作及仿真试验设计了无人机的移动充电系统，设计了"地空协同无人作战平台"，获第九届青年创新创业大赛二等奖、南京理工大学武器创新设计大赛三等奖。凭借优异的成绩，2021年9月，刘鑫获得推免资格，面对诸多外校选择的机会，他毅然选择在南京理工大学这所具有军工传统的学校中，走出属于自己的国防报国路。

"报国梦可以很大，大到以身许国、忠诚于党。报国梦也可以很小，小到在日常生活中的每一天、每一件细碎的小事中奉献自己的力量。"刘鑫说，未来他将继续砥砺前行，为国防军工行业提供最坚实的保障，在实现报国梦的征途中不断前行。

讨论问题：

1. 大学期间，你有预征入伍的打算吗？
2. 你的户籍地有哪些入伍政策？
3. 退伍大学生在报考研究生、公务员等有哪些加分项？

第十一章　国家公务员考试与录用

> **案例导入**

刘倬魁的考公经验

　　刘倬魁，男，山西晋中人，南京某独立学院2015级财务管理专业学生。入学后在老师的帮助下，他积极做好职业生涯规划。在大学的四年里，他一直有一个坚定的梦想，那就是到祖国边疆去奉献自己的青春与力量。为了这个梦想，他一直不停地努力，从一名普通的学生成长为班长、分团委办公室主任、辅导员助理等，获校三等奖学金、校三好学生标兵、社会工作奖、校优秀学生干部、五德五爱先进个人、校优秀共青团员，社会实践先进个人等荣誉，先后通过计算机二级、初级会计从业资格证、银行从业资格证等考试。成长的路上，他也曾感到迷茫和无所适从，每当要懈怠的时候，他总是能不断地跟自己最信任的老师、学长沟通和交流，不断为自己补充正能量。人生总是有无数的分叉路口，他总说，适合自己的就是最好的。

　　因为家庭的因素，他从小对公务员便有浓厚的兴趣，在咨询了专业老师后，结合当前社会的就业形势，他义无反顾地选择了考公务员这条路。由于他喜欢旅游，之前去过新疆，那里的自然风光令人震撼。也可能是因为北方人的缘故，新疆的饮食还有气候都比较适合他，岗位也与所学专业对口。更重要的是，在西部大开发的政策引领下，他坚信新疆会变得越来越好，同时他也一直希望可以为祖国边疆的发展贡献自己的一份力量。所以，他义无反顾地投入了当年公考的大军中。最终他如愿以偿地实现了自己人生的第一个梦想，考取了国家税务总局乌鲁木齐高新技术产业开发区税务局，目前是一级行政执法员。

　　他的考公经验主要有以下几点：一是要选择与自己能力相匹配的岗位，既不要好高骛远，也不要妄自菲薄；二是要坚持不懈，时刻提醒自己，不要让梦想仅仅是想想而已；三是要多读书，知识面一定要广，要想在《行测》考试中不低于别人，必须养成阅读的好习惯，多刷题，多实践，多跟有经验的老师请教，只有这样，才能在考场上发挥出应有的水平。

第一节　公务员考试概况

一、公务员考试招录情况

　　近年来，随着机关事业单位政治待遇和经济待遇的不断提升，每年报考人数逐年攀升，

"公务员热"一直高烧不退，有的热门单位、重点岗位开考比例惊人，用"万里挑一"来形容毫不为过。尽管近些年来随着"大众创新、万众创业"大潮的到来，不少年轻人走上了创业之路，但是公务员考试依然热度不减，报考人员逐年攀升，而实际录用人员并没有增长，致使录取率一路下滑，考取难度越来越大。

以中央机关录用公务员考试为例，报名人数逐年上升，其中2019年报名人数为140万左右（包括中央机关垂直系统如国税、海关等，下同），2020年报名人数为141万左右，2021年猛增到190万左右，而招录人数始终维持在2万人左右，录取率为1∶95，可谓百里挑一。

再以江苏省录用公务员考试为例，2019年报名人数在31万左右，2020年上升至33.6万左右，2021年为45万左右，录用人数一直保持在7500人左右，录取率为1∶36。

事业单位招考也存在类似情况。自2014年以来，江苏省属事业单位包括部分地级市招考参加笔试人数在10万人左右，而录用人数仅在2000人左右，录取率为1∶50，低于省考录取率。

二、机关事业单位特点

通过对近几年主要录用考试的数据分析可以看出，公务员考试的竞争非常激烈，其原因在于机关事业单位存在以下几个方面的独特优势，简要概括为"四有"。

（一）职业发展有空间

随着社会主义法治建设和反腐倡廉工作的深入推进，公务员队伍管理越来越规范化、正规化，具体到每一位公务员，公开透明的个人发展机会越来越多。中央已出台了《关于县以下机关建立公务员职务和职级并行制度的意见》，未来公务员即使走不通"升官"这条路，也可以通过职级的晋升提高自己的待遇。今后，随着国家行政体制改革进程的加快，公务员的职业瓶颈将被逐步打破。

（二）物质待遇有保障

公务员队伍是社会的中坚力量，收入上也是典型的"中产阶级"，在社会各阶层收入水平的分布上，一般处于中上的位置，相对比较优厚。近两年，国家根据各国惯例和群众呼声，把机关事业单位的养老金发放模式和社会进行并轨。从目前出台的养老金并轨系列方案，包括基本工资调整、职业年金办法可以看出，现有机关事业单位的正式员工，不应该担心自己的养老保障问题。医疗保障方面也是如此，以往是公费医疗，现在转换为社会保障，医疗费方面也是国家拿出了大头，个人只需要承担很小的部分。

（三）素质提升有平台

公务员的职业特点要求从业人员具有较高的综合素质。以公务员考试的面试为例，其对考生的综合分析能力、言语表达能力、应变能力、计划、组织、协调能力、人际交往的意识与技巧、自我情绪控制等能力均有较高要求，而这些素质的获取与提升则主要通过大量的公务处理和自我学习来实现，比如，如何科学地组织一场规模在200人左右，参会人员涉及重要领导和各方人士的会议；一场突如其来的群体性事件，老百姓聚起来上了街、堵了路，如何在紧迫的情况下去化解矛盾、稳定人心；一个处于深山内的贫困村，人们的观念落后，收入渠道很少,如何去打赢脱贫攻坚仗,等等。诸如此类的情况在公务员的职业生涯中时有发生,经过这些公职的历练,公务员的综合能力将会迈上一个新的台阶。

(四)干事创业有舞台

在公务员的岗位上,尽管有来自工作的压力,有多年未升迁的苦恼,有拿着一份不那么丰厚工资的平淡,但它确实是一个或直接或间接服务人民、服务社会的岗位。我们的社会再怎么发展,人们的思想再怎么多元,政府作为社会"守夜人"的角色定位不会变,总需要一大批敢于担当、甘于奉献的人,在公职这个岗位上默默付出。无论在什么时代,公务员这一职业都应是实现个人抱负、体现人生价值的优先选项。

当前公考处于"千军万马挤独木桥"的局面,如果确定以公职这一职业为发展方向,就必须下大力气认真准备,全身心地备考迎考。

三、公务员考试类型

(一)中央国家机关录用公务员考试

中央机关录用公务员包括中央机关垂直系统(如国税、海关等)考试,即我们通常所说的"国考",一般是在前一年的11月份或者12月份举行笔试,由于国考的面试是各个中央部门自行组织的,面试的时间和内容并不统一,一般面试的时间安排在下一年的1月份或者2月份。例如2018年国考的笔试时间是2017年12月份,面试的时间则安排在2018年1月份或者2月份。

(二)江苏省公务员录用考试

江苏省公务员录用考试笔试(含选调生)时间一般安排在每年的3月份,面试一般安排在同年5月份。江苏省大学生村官录用笔试和省公务员录用笔试是同一天,面试则由各市自行组织。

(三)江苏省属及部分市事业单位考试

由于事业单位种类繁多,以前事业单位招录人员考试主要由各单位自行组织。近年来,江苏省人社厅等相关事业单位管理部门经过认真调查研究,听取了各方的意见建议,把省属绝大多数事业招考以及绝大多数市统一起来招考。一年分为2次,上半年笔试是5月份,面试是7月份,下半年笔试是12月份(和国考时间上不重叠)。面试是次年的1月份。

第二节 公务员考试的形式和内容

一、中央国家机关录用公务员考试

中央国家机关录用公务员考试考2科,分别是《行政职业能力测试》和《申论》。分为中央机关的《行政职业能力测试》和《申论》以及中央垂直机关地市以下的职位的《行政职业能力测试》和《申论》。试卷分类和考生准备应试没有区别,基本考察内容是一致的,只是在考试选材上有轻微区别。

《行政职业能力测试》主要考察机关事业单位人员从事工作的必备潜能,国考该项考试时间一般为 120 分钟,题量为 130 题左右。主要包括以下几个模块:

(一) 常识判断

主要考察应试者对日常知识的掌握程度,主要涉及法律、文学、经济、历史、科技、政治、管理等方面,覆盖的内容较广,但总体难度不大,都是考生应知应会的内容。一般题量在 15 至 20 题左右,为单项选择题。

例题:

下列对司法俗语说明错误的是:

A. 案结事了——司法解决的根本性　　B. 有告必理——司法解决的普遍性
C. 不告不理——司法活动的被动性　　D. 一事不再理——司法程序的终结性

(二) 言语理解与表达

主要考察应试者对语言的综合运用能力,其主要题型有阅读理解和选词填空两大类。该题型的基本构成是给出一段文字资料或一篇文章,然后根据所给资料设置一定的问题,内容是对词或者句子一般意思的理解,对比较复杂的概念或观点的正确理解,对语句隐含信息的合理判断,要求考生具有较强的言语分析和理解能力,以及扎实的语法功底和文字处理能力。一般题量在 30 至 40 题左右,为单项选择题。

例题一:片段阅读

每道题包含一段文字,要求你从四个选项中选出最恰当的一项,你的选择必须与题干要求相符合。

从特定意义上说,决策的过程就是抢抓机遇,将可能性变为现实性的过程。机遇从来都是公正的。机遇一旦到来,就看谁能审时度势,及早地发现它,抓住它;能否抓住它,又关键看谁具有立断立行的智慧和勇气。凡是决策,没有不存在风险的,若想等到有百分之百的把握再拍板,恐怕时机早已逝去了。

这段文字主要说明:

A. 应该掌握时机果断决策以免错失机遇
B. 决策者的智慧和勇气是决策成败的关键
C. 有了充分的把握再决策已丧失最好的时机
D. 决策者主要考虑如何将可能性变为现实

例题二:文章阅读

阅读下面文章,回答问题。本题共有五道题,每道题提供四个选项,要求你从中选出最恰当的一项,你的选择必须与题干要求相符合。

为什么要保护自然?近年来,关于这个问题的争论实质上已经变成两种观点之间的辩论。一些人认为保护自然是为了自然本身,即自然的内在价值;另一些人则认为保护自然是为了人类自己的利益,即自然的使用价值。

自然使用价值的支持者们认为,为了自然本身的利益而保护自然并不能有效阻止物种灭绝的趋势，自然环境的保护应当通过和产业界合作产生最大化的影响，通过让人们更直接地关注和生活紧密相关的问题（如食品和饮用水安全），进一步扩大人们对环境保护的支持；而内在价值的倡导者们则坚持认为，关于保护自然的伦理道德论据已然充分，和产业界合作会将环境保护工作出卖给环境问题的始作俑者，况且社会已经非常关注环境保护了。

然而不幸的是，这一开始时尚且理性温和的辩论，逐渐沦为一场在大学、研究机构、环境保护组织、学术会议以至媒体中广泛进行的尖酸刻薄的个人论战。这种情况可能正在扼杀有益的言论，影响环境保护的经费筹措并使实践层面的环保工作停滞不前。

另一个问题的存在有一点＿＿＿＿＿＿＿＿，那就是争论由少数人主导，且几乎都是男性。这说明了一个更大的问题：性别和文化的偏见，也在不断阻碍实际的环境保护工作开展。

环境保护时常会遇到现实世界中各种观点和价值观的挑战。为了处理和吸纳这些观点和价值观，在描绘这一领域的未来时，需要科学家和实践工作者更加包容的态度以及处理环境问题更加包容的方式。

在对环境保护科学家的科研训练中，应当更加精确地描绘这一领域悠久的、全球共同参与的历史进程，介绍数个世纪以来人类珍爱自然、保护自然的各种方法。还需要在会议和媒体上举办更多的论坛，让人们听到不同性别不同文化背景的环境领域科学家和实践工作者的声音。同时，要动员环保科学家及实践工作者积极参与媒体的相关活动，使得媒体报道能够反映全面真实的观点，而非少数人的一家之言。环境保护组织和科学家们应当欢迎所有的环境保护执行机构，无论是公司、政府机关，还是宗教组织、有志之士，无论是有功利目的的，还是纯公益的，和衷共济地将环境保护工作推向前进。要让环境保护不再停留在学理辩论的层面，而是对工作的有效性进行精细严格的评价，从而建立起能容纳不同性别、不同文化、不同年龄和不同价值观的环境保护规范。

1. 填入文章中划横线处最恰当的一项是（　　）
 A. 迫在眉睫　　　　B. 雪上加霜　　　　C. 不寒而栗　　　　D. 不吐不快
2. 下列选项中，不属于两派论争的问题是（　　）
 A. 是否可以为筹措经费而与产业界合作
 B. 是否应当进一步强化环保的社会关注
 C. 是否需要进一步加大吸引民众的力度
 D. 是否为改变性别失衡而鼓励女性参与
3. 文中所说"将环境保护工作出卖给环境问题的始作俑者"，"始作俑者"指的是（　　）
 A. 制造了环境问题的企业　　　　B. 各类自然环境的破坏者
 C. 自然使用价值的支持者　　　　D. 自然内在价值的倡导者
4. 文中作者担心的最主要问题是（　　）
 A. 倡导者们在保护环境的目的问题上存在分歧
 B. 观点不同者之间的论争逐渐演变为相互攻击
 C. 不正确的沟通方式影响实际的环境保护工作
 D. 恶性争论可能会导致有创建性的观点被遮蔽
5. 下列选项中，属于作者为改变自然保护现状提出的对策是（　　）
 A. 对公众进行科普宣传，让其了解环境保护的历史和各种工作方法

B. 通过会议和媒体举办论坛，倾听来自不同性别不同文化的公众声音

C. 环境保护组织和科学家们应接纳所有环境保护执行机构共同参与

D. 鼓励专业人士进一步展开论争，以提升环境保护认识的理论高度

例题三：选词填空

从题后所给的四个选项中选出最符合文意的一项。

盯着名利干事，难免_____，欲速则不达；盯着责任干事，"不闻掌声"而_____，才能最终赢得掌声。

依次填入划横线处最恰当的一项是（　　）

A. 斤斤计较　心无二用　　　　B. 急公好义　心怀大局

C. 患得患失　心胸开阔　　　　D. 急功近利　心无旁骛

（三）数量关系与数学运算

数量关系考察的是应试者对数量之间规律的理解和数学运算题。所用的知识和所用的材料一般不会超过高中。一般题量在15至20题左右，为单项选择题。

例题一：数量关系

$\frac{1}{3}$, $\frac{1}{3}$, 1, 5, 35, （　　）

A. 315　　　　B. 215　　　　C. 115　　　　D. 96

例题二：数学运算

某班有38名学生，一次数学测验共有两道题，答对第一题的有26人，答对第二题的有24人，两道题都答对的有17人，则两道题都答错的人数是（　　）

A. 3　　　　B. 5　　　　C. 6　　　　D. 7

（四）判断推理

判断推理主要考察应试者的逻辑思维能力。其主要内容主要包括图形判断、定义判断、类比推理、逻辑判断四大块，判断推理涉及对图形、词语概念和文字资料的认知和理解、比较、组合、演绎、综合判断能力。一般题量在30至40题左右，为单项选择题。

例题一：类比推理

请从四个选项中选出正确的一项，其关系与题干给出的词或词组的关系最为相似。

上山：山上（　　）

A. 上海：海上　　B. 回收：收回　　C. 工人：人工　　D. 下台：台下

例题二：图形推理

每道题在左边的题干中给出一套图形，其中有五个图，这五个图呈现一定的规律性。在右边给出一套图形，其中有四个图，从中选出唯一的一项作为保持左边五个图规律性的第六个图。

　　　　　　　　　　　　　　　　　　　　A　B　C　D

例题三：逻辑判断

每道题给出一段陈述，这段陈述假设是正确的、不容置疑的。请你根据这段陈述，选择一个答案。注意：正确的答案不需要任何附加说明即可以根据陈述必然推出。

与传统的"汗水型"经济不同，创新是一种主要依靠人类智慧的创造性劳动。由于投入多、风险大、周期长、见效慢，创新并非每个人自觉的行动，它需要强大的动力支持。如果有人可以通过土地资源炒作暴富，或者可以凭借权钱交易腐败发财，那么人们创新就不会有真正的动力。

根据以上陈述，可以得出以下哪项？（　　）

A. 如果有人可以通过土地资源炒作暴富，就有人可以凭借权钱交易腐败发财
B. 如果没有人可以凭借权钱交易腐败发财，人们创新就会有真正的动力
C. 如果人们创新没有真正的动力，那么就有人可以通过土地资源炒作暴富
D. 如果人们创新具有真正的动力，那么没有人可以凭借权钱交易腐败发财

例题四：定义判断

先给你一个概念的定义，然后给出一组典型例证，要求你从中选出最符合题意的一项。注意：假设这个定义是正确的，不容置疑的。

逆势扩张：指企业在面临巨大压力和困难的情况下，进一步巩固和拓展市场，在竞争中抢占先机的经营行为。

下列不属于逆势扩张的是（　　）

A. 当大多数的国产品牌彩电市场份额纷纷下滑的时候，某电视厂家却连续推出了几款超级电视，市场占比高歌猛进，遥遥领先几大洋品牌
B. 某汽车油箱销售公司是我国规模较大的自主品牌出口企业，近期已正式进入预先披露更新企业名单之列，向上市的目标又迈进了一步
C. 在人们普遍认为房地产调控政策将严重影响家居行业之际，某品牌家具企业高调宣布，最近在省城及周边地区又成功开设了多家专营店
D. 国内零售行业近期表现欠佳，各销售企业纷纷收缩实体阵地。某民营企业近日却在省城新增了一家购物中心，另外两家不久也将开业

（五）资料分析

资料分析主要考查考生对大量数字信息进行分析、推理、决策的能力，要求考生必须能对信息进行综合分析、加工和传递，并且能在统计信息中找到关键点，其主要题型有文字资料分析、图形资料分析、表格分析三大类。一般题量在20至25题左右，为单项选择题。

例题：

根据以下资料，回答问题：

为了解城镇棚户区改造情况，国家统计局社情民意调查中心2015年选取20个省（区、市）城镇棚户区的10100位居民进行了调查。调查显示，对于棚户区配套公共服务设施改造状况，受访棚户区居民中23.4%表示"满意"，40.2%表示"基本满意"。具体调查结果见下表：

表 11-1　受访棚户区居民对配套公共服务设施改造状况的评价

单位:%

棚户区类型	国有工矿	国有垦区（农场）	国有林区（林场）	城中村	城市危房	其他
满意	21.8	36.5	27.5	22.6	23.0	24.8
基本满意	39.8	38.3	49.6	41.3	38.9	36.5
不满意	15.9	13.7	15.3	16.7	12.2	9.3
不清楚	22.5	11.5	7.6	19.4	25.9	29.4

1. 各类棚户区中，表示"满意""基本满意"的受访居民数之和占本类棚户区受访居民总数的比重最高的是（　　）

A. 国有林区（林场）　　　　　　B. 国有垦区（农场）
C. 国有工矿　　　　　　　　　　D. 城中村

2. 表示"满意""基本满意"的受访棚户区居民数之和比表示"不满意""不清楚"的居民数之和多（　　）

A. 2508　　　B. 2617　　　C. 2747　　　D. 3676

3. 各棚户区类型中，表示"满意"的受访居民数比表示"不满意"的多1倍及以上的棚户区类型有（　　）

A. 1个　　　B. 2个　　　C. 3个　　　D. 4个

4. 各类棚户区中，表示"不清楚"的受访居民数占本类棚户区受访居民总数的比重最多相差（　　）

A. 12.7个百分点　　　　　　　　B. 16.9个百分点
C. 21.8个百分点　　　　　　　　D. 29.4个百分点

5. 下列判断正确的是（　　）

A. 各类棚户区受访居民给出的评价中，占比最少的均是"不满意"
B. 各类棚户区都有65%以上受访居民表示"满意""基本满意"
C. 国有垦区（农场）与国有林区（林场）的受访棚户区居民之和少于5050人
D. 各类棚户区受访居民中，表示"基本满意"的人数均多于表示"不满意""不清楚"的居民数之和

（六）申论

申论主要考察应试人员对给定资料的分析、概括、提炼、加工，主要考察应试人员的阅读理解能力、综合分析能力和解决问题能力、文字表达能力等，国考该项考试时间一般为180分钟，题量为5题左右，阅读背景文字材料7000字左右。

例题：

给定资料

1. 雄关漫道真如铁，而今迈步从头越。党的十八大开启了中国改革事业的新征程。十八大鲜明提出：必须以更大的政治勇气和智慧，不失时机深化重要领域的改革。习近平总书记

多次强调："改革开放只有进行时，没有完成时，要协调推进各领域各环节的改革，努力把改革开放推向前进。"民生从来都是政治。李克强总理履职之初表示："改革是中国最大的红利，现在要让这个'利'，更多地落在百姓身上。"

但是，改革必然会触及一些既得利益阶层的切身利益，必然会在短期内出现利益的调整。在改革的过程中不可能出现每个人都满意的政策，每一项改革政策的出台，也都将改善千家万户的生活，改写许多人的命运。

2. "单独两孩"是2014年的热门话题。2014年1月17日，该政策在浙江省生效，浙江成为全国首个"单独两孩"政策落地的省份。其后，"单独两孩"成为各地政府工作报告中频频提及的热门词汇之一，22个省的政府工作报告中提到了"单独两孩"。

姚女士在T市某银行上班，有一个5岁的儿子。从前年开始，她一直在生二胎与辞职之间纠结。姚女士说："前年我们一个同事家里出事，他一个人在几位老人、自己家、单位之间忙活，连个帮忙的兄弟姐妹都没有，简直是焦头烂额。看见他，我就想到咱们的下一代。我想再生一个，只为将来孩子有个伴，遇事能有个共同分担的人。"她和老公只有一个人是独生子女，单位管得比较严，如果生二胎，她的工作就保不住了。

"单独两孩"放开后，可是喜坏了姚女士，她立即开始张罗起二胎计划。2015年年初，姚女士家如愿添了一个小女儿。"新政策解除了我的烦恼！也解除了我们家庭的后顾之忧。"姚女士高兴得合不拢嘴，她指着怀里的小女儿说，"这就是我家过去一年最大的收获。"

2014年H市出台的一条经济适用房新政解决了市民虞女士多年的心病。虞家终于申请到了经适房，儿媳妇也娶回了家，双喜临门，虞女士高兴得不得了。

虞女士和儿子小林原先住在老城区一间40平方米的房子里，小林曾有过一个女朋友，来过家里一次就吹了。"就是因为没有个像样的住处，总不能一家人挤在一间屋里，人家女孩子的要求也不过分。"虞女士的工资不高，儿子刚工作，娘俩没多少积蓄，买不起商品房，可申请经适房又不够资格。"申请经适房条件蛮严格的，家里人均面积15平方米以下，人均年收入不超过7万元，存款不超过30万元。我们娘俩的住房面积超标了。""多亏市里出了新政策，孩子超过25岁以后可以再放宽15平方米，这一条还蛮体谅老百姓的，过了25岁，谁家不着急娶媳妇、嫁闺女呀！我们刚好符合条件。"虞女士觉得这一条新政特别人性化。

新房离市区较远，但离地铁站很近，商业配套也正在慢慢跟上。虞女士对新房子很满意，就等着帮儿子搬家了。

3. 某市S村的查女士最近心情不错，家里的污水管道前一段时间终于修完了。过去的生活污水要靠人力抬很远倒进化粪池，现在地下管道连通后，污水在家就直接处理掉了。

查女士告诉记者，污水管道村里家家都有，全都是村里用生态补偿款修的，自己一分钱都没花。不仅家里的下水道改了，村里的面貌也发生了很大变化。以往的砂石路铺上了水泥，公共卫生也开始有专人管理，就连垃圾遍布的环村小河现在也变干净了。

村民们告诉记者，以往的S村在太湖周边一直以脏乱差、经济薄弱出名。过去市里为了保护太湖环境，把沿太湖一公里内的村落划入环境保护区，不允许发展三产。多年下来，离太湖远一点的村子早早就富了，而S村因为要保护环境，经济落后，每年的村级收入只有几十万元。S村为保护环境做出了贡献，得益的是整个太湖流域，S村却因此而变得落后，村民们对此很有意见。

一方面要保护环境,另一方面又要发展经济,提高村民的生活水平,单靠S村自己来解决多少有些困难。2010年,市政府开始启动生态补偿机制,平衡经济发展与生态保护之间的矛盾,由政府统筹,让经济发展好的地区向因保护环境而牺牲发展的地区做出经济补偿。S村属于生态湿地保护区内的村庄,按照该市颁布的生态补偿标准,每年能拿到100多万元的经济补偿款。这笔钱被用于村里的公共建设,改善村民的居住环境,以及对低收入农户给予适当补贴。查女士家污水管道的改造费用就来源于这笔补偿款。

截至2014年底,该市在生态补偿款上的总投入已超过53亿元。为了加大环境保护力度,2013年年初,市人大已经明确提出把生态补偿"四个100万亩"列入立法计划,出台法律保护条例保持生态补偿政策的延续性,这让社会经济的可持续发展获得了长久的保障。

4. 户口在中国是件大事,农村户口与城镇户口的差距一直存在。为了弥合两者间的差异,针对户籍制度的改革已推进多次。2014年,国务院《关于进一步推进户籍制度改革的意见》正式发布,取消农村户口和城镇户口之间的性质区分,统一登记居民户口。这也被认为是历次改革中最具突破性的一次。

据新华社统计,目前农村户口和城镇户口间的福利差距多达33项,不光有保险、医疗、经适房、孩子教育等社会基本福利方面的显性差距,还存在着诸如士兵退役经济补助、烈军属抚恤以及交通事故损害赔偿金额等方面的隐性福利差距。很长时间里,城镇户口和农村户口之间有一道坚硬的墙,墙里墙外,两重世界。现在它们并轨了,不再分这个了,将来都是居民户口。对于很多的农民朋友来说,这样才能真正体现人与人之间的平等。

"我家里原来每月可享受农村低保救助金520元,这次户改之后,按政策调整为城市低保,每个月的低保费提高了400元,家里的生活得到了不小的改善。"G市新农村自然村居民老邓高兴地说:"不仅原有的福利没变,而且还享受到了和城里人一样的待遇,我非常满意!"

2014年4月1日,G市启动新一轮户籍制度改革,一场涉及发改委、公安、农业、教育、房管、民政、卫生、财政、人社等20余个部门的户籍改革战役开始打响。按照"分类实施、完善配套、有序推进、尊重自愿"的原则,围绕"在落户条件上应放尽放、能放全放,在利益保障上只做加法、不做减法,在工作措施上综合配套、细则同步"的要求,综合配套设计了土地、住房、社会保障、卫生、教育、就业、计划生育等13个方面的政策,形成了"1+13"的政策体系,实现了城乡制度之间的有效衔接。目前,各城区"一元化"户口改登工作已完成,城区72.47万户、228.98万人完成身份置换,统一登记为G市城市居民户口,并享有教育、保障房、城市低保等同等待遇。"新一轮户籍制度改革,就是要促进社会公平和公民权利的平等,让农业转移人口能真正放心地融入城市。"G市相关负责人表示,将力争到2018年实现中心城区350万常住人口的发展目标,城镇化率提升至72%,并在此基础上实现基本公共服务对常住人口的全覆盖。

5. 伴随着我国农业现代化的进程,农村劳动力大量转移,农业技术装备水平不断提高,农户承包土地的经营权流转明显加快,发展适度规模经营已成为必然趋势。为让农民成为土地流转和规模经营的积极参与者和真正受益者,避免走弯路,中共中央办公厅、国务院办公厅于2014年11月6日下发了《关于引导农村土地经营权有序流转发展农业适度规模经营的意见》,对农村土地经营权有序流转进行规范引导,同时加强了对土地流转用途的管制。坚持最严格的耕地保护制度，切实保护基本农田。严禁借土地流转之名违规搞非农建设。这为土地制度改革指明了方向。

何某是一位土生土长的西部农民，几年前，由于种粮效益差，他将自家的5亩半承包地出租给附近的盛光农业园区。何某告诉记者："盛光农业园区的老板懂技术、会经营，把拿到的土地一部分租给浙江人种草莓。浙江人每亩地产草莓2500公斤，净赚5万元。看到种草莓效益这么好，前年我又从盛光反租了2亩地开始种草莓，去年增加到了4亩。"盛光农业园区为出租户建好棚子，通了水电，提供技术支持。"去年种了两个棚，由于经验不足，一个仅能保本，一个赚了2万元，比种粮效益好多了。"何某高兴地说。盛光农业园区共流转本地村民土地200多亩，不仅给村民带来了技术，还为村上解决了部分剩余劳动力。每年3月到10月，该园区的雇工达30人。一位正在采草莓的中年妇女高兴地说："我家的3亩地出租给园子，每年可收租金4500元，平常我还可以到园子打工，每天挣100元，等于挣了双份钱，把土地转租出去真好！"

X市现代农业科技展示中心也是一个土地流转大户。该中心是X市政府农业重点项目，核心区占地200亩，主要为农业科技专家提供科研育种平台。2009年该中心和附近村民签了30年土地租赁合同，每亩地每年1050元，每5年递增10%。但是，从2013年开始至去年底，村民们多次要求涨土地租金，在市上、区上领导的协调下，中心将土地租金上调到1550元，远远超过每5年递增10%的合同约定，但仍有部分村民不满意，要求收回土地。究其原因，是附近的一些"新园区"给农民开出了更高的流转价码。据知情者透露，这些"新园区"的老板们原本就是房地产老板，近几年房地产市场不景气后，便借土地流转的政策进军农业，目的却不是"务农"，而是为了跑马圈地。这一带每亩地的租金最高的已经被炒到3000元，最低的也得2000元。而真正种粮食，租金高于1000元就要赔钱。有的企业圈到地后，开起了"生态酒店""农家乐"，更多的则是大面积撂荒。这种耕地的"非粮化"和"非农化"情形明显与国家政策不符，但农民们不清楚相关要求，谁出的价钱高就租给谁，这让当地干部十分头痛。

6. 为切实解决广大农民群众"买书难、借书难、看书难"的问题，我国从2007年开始在全国范围内实施"农家书屋工程"。工程计划在全国建立20万家农家书屋，到2015年基本覆盖全国的行政村。2014年5月16日，国家新闻出版广电总局召开了"农家书屋工程"实施以来的首次农家书屋书目分析会。农家书屋目前存在什么问题？农民对图书有哪些要求？有关媒体对此进行了采访，请看《一个农家书屋的自述》。

大家好！自我介绍一下，我是一个农家书屋，生活在一个大家庭中，我在全国有几十万个兄弟姐妹。我们这个群体自诞生以来，得到党和政府多方面的关怀与扶持，农家书屋管理部门每年通过制定推荐书目的方式为我们选书和配书，至今已经出了5次书目。许多农民朋友把我们当成知心朋友，他们的许多难题在我们这里找到了答案，如今我们已成为新农村建设不可缺少的一部分。

不过有时候我也苦恼，有的出版社推荐的书不是我想要的，我喜欢的书它们又没推荐上来。还有的时候，农民朋友需要的书出版社没有，送来的书又往往脱离农村实际……更让我难以接受的是，有的出版社让畅销书走市场，把卖得不好的书推荐给我。这实在是一种短视行为，中国有8亿农民，市场潜力巨大呀！

我的兄弟姐妹们有相当一部分过得并不如意，管理他们的大多数人员由当地村干部兼职，村干部因为事务繁杂，客观上无法保证我们的正常开放。没有严格的借书手续，借后不还的现象较为普遍，图书散失现象时有发生，甚至有些地方因没有落实专人负责，图书不编号、不登记造册，常年放在书柜里不对外借阅。当初建设时，县（市、区）新闻出版部门是责任主体，村负责提供用房，建好后由村负责管理、维护开放。但在实际工作中，没有建立相应的监管机制，没有纳入年度政府目标考核。有些镇、村干部重视不够，县（市、区）文化新闻出版部门更无足够的人力、物力对此进行直接而有效的管理。

我和兄弟姐妹们都希望能跟上网络时代的步伐，分享科技进步的成果，可有一部分的乡镇至今没有配备电脑，有电脑的也不是都能上网。每当看到农民朋友因不能上网而离去的背影，我的心中就特别难过。

我知道农民朋友喜欢音像、报纸、期刊，尤其是时政新闻类、实用技术类和生活保健类期刊，可这些我常常没有。我听说，在部分经济发达地区，有些兄弟姐妹已经跟当地的公共图书馆实现了通借通还，有的建设了互联互通的数字书屋，有的建立了社会捐助平台，通过冠名捐助、结对帮扶等形式共建书香社会……我想，如果我所有的兄弟姐妹都能拥有这样的条件，农民朋友该有多高兴啊！

7. 2014年6月国务院发布规定，鼓励探索实行工商营业执照、组织机构代码证和税务登记证"三证合一"登记制度，N市成为"三证合一"改革的试点地区，王女士成为该政策的第一批受惠者。

2015年1月12日，王女士走进N市市政服务大厅，准备为一家即将开业的家具公司申请注册登记。按照过去的经验，王女士应先到工商局窗口，申办营业执照。待执照下来，复印后再到质监局窗口，办理组织机构代码证。最后，拿着营业执照和组织机构代码证等复印件，去国税局、地税局窗口，申办税务登记证，来来回回得跑七八趟。由于此前曾帮别人办过申请，王女士熟悉这些套路，也有思想准备。她随身携带的一个手提袋里，装了一摞申请材料的原件和复印件。

而这一次，有了一些不同的做法。窗口工作人员递给她一份领取"三证合一"证照的告知单："按照这上面开的材料清单，在我们这一个窗口递交就可以，而且只需要领取一个证了。""三个证在一个证上就可以体现了？"这让王女士多少有些疑惑。她填了一张并联审批申请表，发现"三证合一"只需要一半材料，而且由接单的工商人员办好复印后内部移转给质监、国税、地税部门就行。第3天，也就是1月14日下午，王女士再次来到市政服务大厅，签字确认后，她领到了"合并瘦身"后的新证。与过去的执照不同的是，在"营业执照"四个字的下方，从上到下依次印有注册号、组织机构代码证号、税务登记证号。如此方便办完了原先十分复杂的一套程序，王女士十分惊喜。

一窗受理、一表填报、一套材料、一张执照……N市工商局负责人用一组数字证明"三证合一"的改革效果：原来提交26份材料，现在仅需交13份，减少一半；申请者此前得填写166个数据项，现在仅需填74个，压缩一半以上；原来部门各自审查事项，现在工商已审查过的，其他部门不再重复审查。既方便了群众办事，也节省了行政资源，提高了行政效能。

8. 新的一年，你家最要紧的一件事儿是啥？上学、找工作，还是老人的养老问题？今年"两会"召开前，记者走进几个普通百姓的家庭，听听他们的喜悦与烦恼，以及对改革的期待。

"孩子小升初是我们家今年的头等大事。"北京的徐女士说,她的女儿洋洋是西城区一所小学六年级的学生,今年夏天该升入中学了,考虑到家校距离、教育质量等因素,全家人都希望孩子能入读北京市某中学。该中学是名扬全国的著名中学,进入该校的初中部,意味着将来可以争取直升高中部的机会,未来的升学路会更顺风顺水些。现在小升初都是电脑摇号派位,如果洋洋能在毕业时拿到所在小学的"优等生"名额,就能在西城区报名几所优质中学。"洋洋的学习成绩在班上一直名列前茅,不过能不能当上'优等生',我们心里还没底。"徐女士说。此前,教育部下发了《关于进一步做好小学升入初中免试就近入学工作的实施意见》,根据这个政策,2015年西城区小升初划片将"大变脸",原来7个划片学区将重新划分为11个,每个学区里都有优质中学。"将来都是成立教育集团,'牛校'牵头带一片,优质师资也流动起来,这样的话,区里就没什么差学校了。这对我们是个好消息。""教育公平是社会公平的起点,现在各领域都在推进改革,我们希望教育改革的速度更快些,给每个孩子一样的机会。"徐女士说。

小吴是一位即将本科毕业的大四学生。出于对摄影的痴迷,2014年初,小吴与另一位男生合伙注册了一家摄影工作室。创立之初缺乏知名度,工作室的"起家"有点难度。国家现在鼓励大学生创业,有不少税收减免政策,还有无息贷款。为真正实现"创业梦",小吴正积极申请学校对毕业生创业在资金、场地方面的支持,"希望在今年夏天毕业时,我的工作室有自己的地盘!"小吴对未来满怀期待。

老刘最大的顾虑就是"人生最后一站"到哪儿养老?"孩子们在北京,忙成那样,不想去北京添乱。我俩想去养老院,但是现在公立养老院床位太少,难进得很;去私立的吧,费用又太高,咱普通老百姓负担不起。"老刘说,小区里不少老人的情况都和他类似,孩子在外地工作,老人独自生活,以后的养老真是大问题。老刘希望2015年国家在养老问题上能有进一步惠民的好举措。

9. 如何为贫困的革命老区人民找到脱贫致富的道路?带着这个问题,习近平总书记特地踏雪来到顾家台村,该村贫困人口占总人口的70%,是个特困村。在村委会一间不大的会议室里,总书记与基层党员干部、普通群众相邻而坐,听真话、摸实情。听取了村民们的踊跃发言后,习近平总书记一再嘱咐要原原本本把党的政策落实好,大家要拧成一股绳,心往一处想,劲往一处使,汗往一处流,想方设法尽快让乡亲们过上好日子。

脚上沾有多少泥土,心中就沉淀多少真情。从特殊困难地区河北阜平到"瘠苦甲于天下"的甘肃定西,从湘西特困农村到沂蒙革命老区,习近平总书记对于改善贫困地区人民生活、促进贫困地区发展进行了深入的思考。总书记在不同场合多次强调:"如果不能给老百姓带来实实在在的利益,改革就失去意义,也不可能持续。"

"一玉口中国,一瓦顶成家;都说国很大,其实一个家;一心装满国,一手撑起家;家是最小国,国是一个家……"众口传唱的流行歌词中浸满了中国人的家国情怀,回荡着当下中国社会进步的生动旋律:小家背后是国家,大变革牵着小日子。

作答要求:

1. "给定资料"列举了改革过程中出台的一系列与百姓生活息息相关的新政策,请对这些新政策的主要动因进行归纳概括。(考察归纳问题能力)

2. "给定资料5"中描述了农村政策实施过程中的一些事例,请对这些事例进行评析。(考察分析问题能力)

3. 针对"给定资料6"中《一个农家书屋的自述》所反映的问题,某省职能部门拟起草一份推进"农家书屋提升工程"的方案。假如你是该职能部门的一名工作人员,你认为方案中应明确哪些具体措施?(考察解决问题能力)

4. 请根据"给定资料"中党和国家领导人的讲话精神和百姓对改革的期望,从"惠民政策与百姓生活"的角度,自拟标题,写一篇议论文。(考察文字表达、写作能力)

该例题是4个问题,5个问题和这类似。

二、江苏公务员录用考试

在考试内容上,江苏录用公务员考试考2科,分别是《行政职业能力测试》和《申论》。分为A类(综合管理)、B类(行政执法类)、C(乡镇)类,试卷分类和考生准备应试没有区别,基本考察内容是一致的,只是在表面选材上有轻微区别。

在考试时间方面,江苏省公务员录用考试《行政职业能力测试》项考试时间一般为120分钟,题量为130题左右,模块内容和国考一致。其中,江苏省公务员录用考试《申论》项考试时间一般为150分钟,题量为4题左右,模块内容和国考一致。

三、江苏省属及部分市事业单位考试

江苏省属及部分市事业单位考试笔试分为3大类9项考试,分别是管理类、专业技术类和工勤类。其中专业技术类分为高校辅导员类、法律类、通用类、计算机类、英语类、经济类(分为两项,一项是会计、审计岗,一项是统计其他岗)

(一)管理类

管理类一般从事事业单位综合部门的工作,至于具体哪些专业可以报考,在报考大纲会给出具体规定。

管理类的试卷考试时间一般是150分钟,150分。包括客观题和主观题,客观题是单选题。

客观题主要的模块包括常识判断、言语理解(片段阅读、选词填空)、数量关系、定义判断、资料分析。

常识判断考察的内容在国家、省公务员录用考试的基础上,增加了管理学中公共服务内容,题量一般在10题左右,这也和事业单位主要职能是公共服务相契合。言语理解(片段阅读、选词填空)、数量关系、定义判断、资料分析和公务员录用考试内容一致,每种类型题量在5题左右。总体上来说,客观题题量在60题左右。就江苏省事业单位考试而言,除事件排序模块,其他内容与国家、省公务员录用考试一致,难度有所降低,题量有所减少。

事件排序例题:

分别给出了5个事件,请你从备选答案中选出5个事件排序最合理的一项。

①有人小声说:"他就是军需处长……"

②将军举起右手,向被冰雪覆盖的军需处长敬军礼

③将军吼道:"军需处长呢?为什么不给他发棉衣?"
④一个衣着单薄的老战士冻僵在山顶
⑤将军率领战士们翻越雪山

A. ⑤-④-③-①-②　B. ⑤-④-②-③-①　C. ④-③-⑤-①-②　D. ③-⑤-④-①-②

主观题是材料处理题,类似于公务员录用考试《申论》,但阅读字数减少,一般在4000字左右,问题一般是3个,考查考生归纳、分析、解决问题以及文字表达能力。难度较公务员考试有所降低。

(二) 专业技术类

1. 高校辅导员岗位

高校辅导员岗招聘的人员主要从事高校学生管理工作,具体学历与专业要求视招录单位的不同存在差异,一般在招考简章中有所规定。

高校辅导员考试时间是150分钟,满分150分。题型分为客观题和主观题两部分,客观题题量在75题左右,考察内容分为两部分,一部分是综合知识,一部分是专业能力。

综合知识部分大约60道单选题,具体内容包括常识判读、片段阅读、选词填空、事件排序、数学运算、类比推理、图形推理、逻辑判断、资料分析。难度和内容和管理岗一致。

专业能力部分包括15道单选和多项选择题,具体内容包括教育法律法规、心理学、高校辅导员应知应会知识。

例题:法律法规

根据《中华人民共和国高等教育法》,当前我国公办高等学校实行的是(　　)

A. 校长负责制　　　　　　　　　B. 党委领导下的校长负责制
C. 教授委员会负责制　　　　　　D. 教职工代表大会负责制

例题:辅导员应知应会知识

大学生职业辅导的初级目标是实现基础性就业。下列体现基础性就业内涵的是(　　)

A. 促进大学生个体发展与自我实现　　B. 帮助大学生寻求匹配度较高的职业
C. 培养大学生自主发展的理念和能力　　D. 引导大学生实现先就业,再择业

例题:心理学

正强化是指给予愉快的刺激以增强行为发生的概率,负强化是指减少不愉快的刺激以增强行为发生的概率。下列属于负强化的是(　　)

A. 学校设立"校长特别奖学金",以奖励品学兼优的学生
B. 对迟到、早退、旷课的学生,学院在综合测评时会相应扣分
C. 学校规定英语通过六级考试的研究生,可免修英语课程
D. 辅导员在年级大会上,表扬了文明寝室评比中获奖的宿舍

主观题分为三部分,分别为综合分析题、实务操作题和写作题

(1) 综合分析题,主要考查考生的政策理论水平和分析能力。

例题:

某高校为提升大学生的人文素养,安排每周三下午4点至6点为人文讲座时间,邀请文学、史学、哲学、心理学等学科国内知名教授,开设"名师面对面"系列讲座,希望借此开

阔同学们的眼界，提高同学们的人文赏鉴能力。全校同学都可以前来听讲，但听讲座不计学分。开讲之初，同学们踊跃参加，希望通过名师们的指点，能快速提高自己的人文素养。但几次过后，听讲者逐渐减少，议论讲座内容不合现实需要的越来越多。这一现象引起了学工系统的高度重视。

请谈谈你对"名师面对面"系列讲座逐渐受冷落这一现象的看法。

（2）实务操作题，主要考查考生解决实际问题的能力。

例题：

某学院根据学生自己申报的家庭经济状况和相关的证明材料，评选出本年度获得助学金的同学。在公示期间，辅导员在学校论坛上看到一篇举报帖子，反映该院某位获得助学金的同学，家庭经济状况并不像她自己说的那样贫困。她有一台配置较高的笔记本电脑，价值六千多元；平时穿着也并不简朴，拥有名牌运动鞋；班上还有比她更困难的学生未能获得助学金。帖子中还反映，某些获得助学金的同学，他们的申请表中存在不真实的信息，希望学院能认真调查，更公平、公正地评定助学金，让真正家庭贫困的学生得到资助。该帖跟帖者众多，成为当天十大热点帖子之一。

假如你是该学院相关辅导员，针对上述情况，你将如何应对？

（3）写作题，类似于申论，主要考查考生写作能力。一般情况下提供一篇1500字左右的文字材料，要求根据材料，写一篇文章。

2. 法律类

法律类岗位的考试分为客观题和主观题两部分。考试时间为150分钟，共150分。

客观题分为综合知识和专业能力两部分。综合知识考察的内容和高校辅导员岗位一致，为60个左右的单选题。专业能力部分是10个左右的单项、多项选择题。主要内容包括宪法、法理、民法、经济法、劳动法。

主观题分为简答题和案例题。主要内容包括法理、民法、经济法、劳动法。一般简单题2个左右，案例题3个左右。

3. 计算机类

专门招收计算类岗位的考试分为客观题和主观题两部分。考试时间为150分钟，共150分。

客观题分为综合知识和专业能力两部分。综合知识考察的内容和高校辅导员岗位一致，是60个左右的单选题。专业能力部分是10个左右的单项、多项选择题。主要内容包括软件和硬件知识。

主观题分为简答题和实务题。主要内容包括软件和硬件知识的理解和应用。一般简单题2个左右，实务题3个左右。

4. 英语类

专门招收英语类岗位的考试分为客观题和主观题两部分。考试时间为150分钟，共150分。

客观题分为综合知识和专业能力两部分。综合知识考察的内容和高校辅导员岗位一致，是60个左右的单选题。专业能力部分是10个左右的单项、多项选择题。主要内容英语语法和应用等。

主观题分为英译汉和汉译英。一般英译汉 2 个左右，汉译英 3 个左右。

5. 经济类

经济类分为 2 个类型，一个是会计、审计类，一个是统计及其他类。

（1）会计、审计类

会计、审计类主要招收的会计、审计类专业的学生。考试分为客观题和主观题两部分。考试时间为 150 分钟，共 150 分。

客观题分为综合知识和专业能力两部分。综合知识考察的内容和高校辅导员岗位一致，是 60 个左右的单选题。专业能力部分是 10 个左右的单项、多项选择题。主要内容包括会计学、审计学知识。

主观题分为简答题、综合分析题和实务题。这 3 个题型的主要内容包括会计学、审计学的理解与运用以及经济管理的基本常识。

（2）统计其他类

统计其他类主要招收的统计类的学生和经济学专业范畴中除了会计、审计之外类专业的学生。考试分为客观题和主观题两部分。考试时间为 150 分钟，共 150 分。

客观题分为综合知识和专业能力两部分。综合知识考察的内容和高校辅导员岗位一致，是 60 个左右的单选题。专业能力部分是 10 个左右的单项、多项选择题。主要内容包括统计学知识以及非会计、审计之外的经济学范畴内专业的知识。

主观题分为简答题、综合分析题和实务题。这 3 个题型的主要内容包括统计学知识以及非会计、审计之外的经济学范畴内专业的理解与运用以及经济管理的基本常识。

6. 通用类

通用类岗位是在江苏省事业单位招考过程中，对无法纳入上列方面的专业考生专门设置的岗位。具体考试内容和综合管理岗一致。

（三）工勤类

工勤类考试的主要招收对象为高中生以及部分大专生，且上岸后不具备干部身份。其主要考试内容与综合管理岗类似。

第三节　如何备战公务员考试

一、坚定必胜信心

公考作为竞争性、过关式考试，要想在成千上万的考生中脱颖而出、一举考中，你的智商、情商要经受严峻的考验，你的体力、智力要承受激烈的比拼。但最根本的考验，是看你有没有坚定的信心、有没有必胜的意志。信心和决心比黄金还珍贵，有了它，我们就会信心百倍、一往无前，决不轻言放弃；有了它，我们就会聚精会神、心无旁骛，排除一切干扰；

有了它，我们就会以苦为乐、拼搏奋斗，能吃苦敢吃苦。要在公考征途中过五关斩六将，必须先过信心决心这一关。

二、拓宽知识背景

由于《申论》《行政职业能力测试》中的常识判断所选用的素材都是当下涉及民生等方面的热点材料，所以关注相关时事资料以及专家学者对热点问题的解读显得尤为重要。和考试有关的时事资料主要包括《半月谈》、《人民日报》、新华网等。

对于常识判断中的科技常识版块，建议关注《科技日报》，基本上所有的科技常识都出自《科技日报》。在时间选择上，距离考试时半年以内的资料才具备参考意义，例如准备12月份的国考，可从当前7月份的资料看起。假如有的同学任务太重，没有时间看这些资料，建议《半月谈》杂志一定要看，根据分析，历年的国考、省考，包括事业单位考试笔试、面试的许多背景资料在《半月谈》杂志中都会涉及。

三、科学计划安排

有一个科学、合理、详尽的复习迎考计划，就成功了一半。每一位同学都要结合自己的实际情况，特别是找出自己的短板弱项，有针对性地制定出个性化的备考计划。鉴于公考是笔试加面试，同学们在时间不是太充足的情况下，必须全盘考虑、统筹计划，不能过了笔试再仓促准备面试，那样就会太被动。这里还要强调的一点是，过公考，既要拼脑力，更要拼体力，要想如愿以偿考取，必须付出时间、付出汗水。据测算，如果一名考生具备一定的基础，在离考试半年开始积极备考，每天学习时间在6个小时以上，且学习方法得当，基本上都会进入面试。

四、适当参加培训

面对公考中激烈的竞争和严格的考核，"裸考"考取的概率越来越小。闭门"自学""苦学"早已不适应当今这个瞬息万变的世界，不能应付灵活多变的公考考试特别是面试。因此，若想成功，了解最新的第一手考试资讯，掌握科学的知识体系和合理的复习模式，就显得非常重要。如果经济条件许可，可挑选师资比较好的辅导机构进行助考。辅导机构最大的优势是有一批专家在研究命题规律，一些有经验的授课老师也都是本领域内的专家。听他们讲授知识模块、解题思路，可以让大家少走不少弯路，"站在巨人的肩膀上"，让备考工作事半功倍。

> **复习思考题** ▶
>
> 结合自身的专业与意向报考岗位，拟写一份考公学习规划书。

第十二章　升学深造

> **案例导入**

王聪的考研经验

王聪，男，江苏人，中共党员，南京某独立学院2017级审计专业学生。入学后，他在老师的帮助下，积极做好职业生涯规划。大学四年他从未停止努力的脚步，从一名普通学生成长为一名学生干部，光荣地加入党组织，成为一名共产党员。四年来他一直有着执着的考研梦，通过老师的帮助和自己的不懈努力，于2021年4月成功考取西南政法大学审计专业硕士研究生，现担任西南政法大学第二十七届研究生代表大会常任代表、商学院（监察审计学院）2021级审计硕士年级总班长，并在研究生期间荣获新生二等奖学金等。

这位学生是在2020年3月开始准备考研的，在分析了各硕士专业的情况后，他果断地选择了审计专业硕士。其原因主要有以下几个：一是他的本科专业是审计学，与审计专业硕士对口。二是他比较看好审计行业的发展，而且审计是党和国家监督体系中的重要内容。三是审计专业硕士的就业方向比较多元，毕业后既可以考进国家审计署（含特派办）、各地审计局等国家审计机关，做一名守护国家资金和人民财产的卫士；又可以选择进入会计师事务所，做一位资本市场的"吹哨人"；还可以进入各大企业的内部审计部门，做一个企业内部舞弊的"纠察员"。

他的考研经验主要有以下几点：一是要选择与自己能力相匹配的学校，既不要好高骛远，也不要妄自菲薄；二是要坚持不懈，即备考节奏不能中断；三是要多进行几次模拟考试，只有这样，才能在考场上发挥出应有的水平。

第一节　国内硕士研究生升学深造

一、什么是研究生

研究生（Postgraduate）是高等教育的一种学历，一般由拥有硕士点、博士点的普通高等学校和研究生培养资格的科研机构开展，以研究生为最高学历。在中国大陆地区，普通民众一般也将硕士毕业生称为"研究生"，将博士毕业生称为"博士"。本文中的"研究生"专指硕士研究生。

研究生入学考试是成为研究生必须跨过的门槛，也就是我国俗称的"考研"。考取硕士研究生一般需要考外语、政治、综合科目（根据报考专业不同而不同）和专业课。而考博士不需要考政治。考试方式主要包括全国统考、单独考试、推荐计划、强军计划、援藏计划、农村师资计划、同等学力申硕士考试。

在中国，研究生主要分为全日制和非全日制两种。全日制研究生是通过拥有各高等院校举办的硕士研究生和博士研究生招生考试来进行招生，学制最少为 2 年或 3 年；非全日制研究生在 2017 年以前主要是指在职研究生，主要是通过十月联考、同等学力申硕、一月统招在职研究生等方式进行招生；从 2017 年（包括 2017 年）起，双证在职研究生统一命名为非全日制研究生，非全日制研究生与全日制研究生一同参加 12 月底的全国统考，划定相同分数线，毕业时同样获得双证。

研究生的具体分类的标准不尽相同。一般地，按照学位类型进行分类，可分为学术型硕士研究生和专业型硕士研究生。我国实行的学位教育主要分为：学术型学位（注重学术理论研究）和专业型学位（注重实际操作能力）。一直以来，我国都比较偏重学术型学位教育，而较少注重专业型学位教育，但近几年来，专业型硕士的招生有了明显的扩招趋势。

（一）学术硕士（academic master's degree）

学术型硕士教育以培养教学和科研人才为主，授予学位的类型主要是学术型学位。学术型学位按招生学科门类分为"哲学、经济学、法学、教育学、文学、历史学、理学、工学、农学、医学、军事学、管理学、艺术学、交叉学科" 14 大类。大类下面再分为 136 个一级学科，136 个一级学科下面再细分为 300 多个二级学科，同时还有招生单位自行设立的 760 多个二级学科。

（二）专业硕士（professional master's degree）

专业学位是相对于学术型学位而言的学位类型，其目的是培养具有扎实理论基础，并适应特定行业或职业实际工作需求的应用型高层次专门人才。专业型学位和学术型学位处于同一层次，在培养上更注重实务和应用。目前我国经批准设置的专业硕士已达到 40 类。

（三）学术硕士和专业硕士的联系和区别

全日制专业型硕士和学术型硕士处于同一层次的不同类型，二者都是采用全日制攻读的方式。两者的区别主要有两点：

1. 培养规格不同

学硕和专硕虽然同属一个层次，但其培养规格各有侧重，尤其是在培养目标上有明显差异。专业学位（academic master's degree），是相对于学术型学位（professional master's degree）而言的学位类型。专业学位是培养在某一专业（或职业）领域具有坚实的基础理论和宽广的专业知识，具有较强的解决实际问题的能力，能够承担专业技术或管理工作，具有良好职业素养的高层次应用型专门人才。学术型学位硕士研究生则主要是培养学术研究人才。

2. 培养方式不同

专业学位课程设置以实际应用为导向，以职业需求为目标，以综合素养和应用知识与能力的提高为核心。教学内容强调理论性与应用性课程的有机结合，突出案例分析和实践研究；

教学过程重视运用团队学习、案例分析、现场研究、模拟训练等方法；注重培养学生研究实践问题的意识和能力。在具体的学习过程中，要求有为期至少半年（应届本科毕业生实践教学时间原则上不少于 1 年）的实践环节。

专业学位教育的突出特点是学术型与职业性紧密结合，获得专业学位的人，主要不是从事学术研究，而是从事具有明显的职业背景的工作，如工程师、医师、教师、律师、会计师等。而学术型学位研究生的课程设置侧重于加强基础理论的学习，重点培养学生从事科学研究创新工作的能力和素质。

学术型学位按学科设立，其以学术研究为导向，偏重理论和研究，培养大学教师和科研机构的研究人员。专业学位研究生与学术型学位研究生在培养目标上各自有明确的定位，因此，在教学方法、教学内容、授予学位的标准和要求等方面均有所不同。

★学术型硕士与专业型硕士的联系与区别如表 12-1 所示：

表 12-1　学术硕士与专业硕士的异同

内容	项目	学术硕士	专业硕士
相同点	考试时间	12 月底	12 月底
	考试方式	统考	
	学习方式	全日制	
	学历认可	研究生学历	
不同点	培养方向	学术型硕士教育以培养教学和科研人才为主，授予学位的类型主要是学术型学位	专业型硕士是国家为了克服学术型硕士的不足新增的一种新硕士，培养的是市场紧缺的应用型人才
	学习年限	3 年	2~3 年
	课程设置	学历教育，科研能力	以职业为背景，偏重实践
	职业认可	无社会相关认证	有社会职业资格认证
	导师制度	单导师制	双导师制
	毕业证书	学位证书、学历证书	学位证书、学历证书、从业资格证
	学位现状	欠缺应用能力	未来发展方向

专硕更加注重实践，而学硕注重理论，待遇和学时都一样，区别为专业硕士不能硕博连读或直博，必须硕士毕业后考博。要是想硕士毕业出来后直接工作，专业硕士比学术硕士更加有优势！专硕的培养方向就是面向就业，培养的重点是专业技能。若是想考博，最好是读学术硕士，培养重点是知识的进一步深造。随着时代和社会对人才标准认识要求的不断变化，专业硕士以其独特的"理论+实践"背景，一定会有广阔的发展空间和光明的前景。

（四）非全日制研究生

非全日制研究生指符合国家研究生招生规定，通过研究生入学考试或者国家承认的其他入学方式，被具有实施研究生教育资格的高等学校或其他高等教育机构录取，在基本修业年限或者学校规定的修业年限（一般应适当延长基本修业年限）内，在从事其他职业或者社会实践的同时，采取多种方式和灵活时间安排进行非脱产学习的研究生。

2016年11月30日前录取的研究生按原有规定执行，2016年12月1日后录取的研究生从培养方式上按全日制和非全日制形式区分。

全日制研究生是指符合国家研究生招生规定，通过研究生入学考试或者国家承认的其他入学方式，被具有实施研究生教育资格的高等学校或其他高等教育机构录取，在基本修业年限或者学校规定年限内，全脱产在校学习的研究生。

★非全日制研究生和全日制研究生两者既有联系又有区别，具体如表12-2所示：

表 12-2 非全日制研究生与全日制研究生的异同

内容	项目	全日制研究生	非全日制研究生
相同点	考试方式	全国统考	
	招生政策	相同招生政策	
	教学质量	统一标准	
	学历学位	具有同等法律地位和相同效力	
不同点	上课时间	脱产在校学习	上课时间相对灵活
	毕业证书	注明学习方式	注明学习方式

二、为什么要考研究生

（一）研究生的优势显著

1. 更强的专业和科研能力

本科四年只是打基础，真正的专业学习在研究生阶段才开始。研究生阶段通过系统而扎实的专业学习，与导师更为贴近的直接交流，以及不时的课题研究机会，能够为未来的学习和工作奠定一整套坚实的理论基础。

2. 更高层次的社会关系积累

（1）研究生本身就是足以吸引关系的磁石。而且，相对本科生，一些工作机会也更愿意去找研究生以增加公司的光环；

（2）研究生同学圈子本身就形成一张层次很高的人际资源网络；

（3）通常情况下，导师多年积累的社会网络可以为你所用。不仅在学术交流方面，更在就业方面。

3. 毕业时的就业优势

（1）政策更宽松。

很多大城市对于研究生的准入制度相对本科生宽松很多。

（2）就业机会更多。

通常工作招聘上面只招硕士学历以上的占28%，只招本科的占11%，剩下的61%兼招研究生和本科生，而且一般研究生优先。

（3）就业层次更高。

同样的单位招聘，通常情况下提供给研究生的岗位一般都是部门主管、高级研究人才、管理人员等，而提供给本科生的岗位则往往只是文秘、销售等简单工作。

（4）待遇更为优厚。

首先是薪金待遇，其次是福利待遇。为了争夺人才，许多单位都给予研究生更好的住房、交通节日福利等。

（5）发展前景更好。

国家机关和事业单位都已制定相关政策，研究生在晋升、晋级等方面均要比本科生起点高、速度快。企业方面虽然没有硬性政策，但出于争夺人才的考虑，研究生也更被看重，发展前景也要更好。

（二）读研意味着多一个机会

考研找工作在时间上面都不冲突，在本科期间，大三一年可用来准备考研，大四第一学期12月份考试，考研的成绩在来年2月份知晓。找工作，在大四临近毕业时，也就是每年4~5月份，各高校都会有大型的招聘会，很多实力雄厚的企业都会在那时候进行招聘，因为作为企业的人力部门，他们深知，很多优秀的同学大三及大四都考研结束了。因此，读研也就意味着多一个选择，多一条路。

三、研究生考什么

为便于学习和科学研究，把科学知识进行编目后的分类单位称为学科。学科纵向分类为级别，最高级为"门"，次级为"一级"，再次级为"二级"，以下类推；学科横向分为14个"门"类，如"哲、经、法、教育、文、史、理、工、农、医、军事、管理、艺术、交叉"14个门类。比如"工"就是工学科，工学科下设有一级学科，比如"机械工程""电子科学技术""计算机科学技术""建筑学"等；一级学科下又分二级学科，如"机械工程"下的二级学科有"机械制造及其自动化""机械电子工程""机械设计及理论""车辆工程"等。

（一）思想政治理论

思想政治理论考试是在考查基本知识、基本理论的基础上，注重考查考生综合运用马克思主义的立场、观点和方法分析和解决实际问题的能力。一般来说，所有的学术硕士以及大部分专业硕士（满分500分的）都考这门学科。

（1）主要考试内容：《马克思主义基本原理概论》约24%，《毛泽东思想和中国特色社会主义理论体系概论》约30%，《中国近现代史纲要》约14%，《思想道德修养与法律基础》约16%，《形式与政策以及当代世界经济与政治》约16%。具体分值分布见表12-3。

（2）考试形式：闭卷、笔试。

（3）满分及考试时间：满分为100分，考试时间为180分钟。

（4）试卷结构：

①单选题：16题，每题1分，共计16分；

②多选题：17题，每题2分，共计34分；

③分析题：5题，每题10分，共计50分。

表 12-3　考研政治试卷分值分析

项目	单选题（题/分值）	多选题（题/分值）	分析题（题/分值）	总分
马克思主义基本原理概论	4×1	4×2	1×10	22
毛泽东思想和中国特色社会主义理论体系概论	5×1	6×2	1×10	27
中国近现代史纲要	1×1	3×2	1×10	17
思想道德修养与法律基础	4×1	2×2	1×10	18
形势与政策以及当代世界经济与政治	0	0	1×10	10
时政	2×1	2×2	0	6
总计	16	34	50	100

（5）不考政治的研究生专业有哪些？

目前部分专业硕士不考政治理论这门学科，如：会计硕士、图书情报硕士、工商管理硕士、公共管理硕士、旅游管理硕士、工程管理硕士和审计硕士。它们的初试科目设两个单元，即外国语、管理类联考综合能力，满分分别为 100 分、200 分、总分 300 分。

（二）外国语

考研中有一门学科是外语，考生可以选择考英语或小语种，小语种分为日语、德语、俄语等。考生可以根据自己的外语水平，以及结合目标院校对外国语的要求，选择不同的语种进行考试。

本书主要从考生主要考核的"英语"进行解读。

从 2010 年开始，全国硕士研究生入学统一考试的英语试卷分为：英语（一）和英语（二）。英语（一）即原统考"英语"，英语（二）主要是为高等院校和科研院所招收专业学位硕士研究生而设置的具有选拔性质的统考科目。以下是修订之后的考研英语大纲关于考试形式、考试内容与试卷结构的规定。试卷分值分布见表 12-4。

表 12-4　考研英语试卷分值分析

部分	节	题型	试卷内容	题量	分值	比例
知识运用		完形填空	1 篇文章	20	10	10%
阅读理解	A	传统阅读	4 篇文章	20	40	60%/65%
	B	新题型	1 篇文章	5	10	
	C	英译汉	1 篇文章	5	10/15	
写作	A	应用文写作	1 篇应用性短文	1	10	30%/25%
	B	短文写作	1 篇短文	1	20/15	
总计				52	100	100%

1. 英语（一）

（1）主要考试内容：英语（一）考试试卷的试题主要分为 3 大部分，共 52 道题目。第

一部分：英语知识运用，占比 10%；第二部分：阅读理解，占比 60%；第三部分：写作，占比 30%。

（2）考试形式：闭卷、笔试，试卷包括答题纸和答题卡。

（3）满分及考试时间：100 分，考试时间为 180 分钟。

（4）试卷结构如下：

表 12-5　英语（一）试卷题型介绍

部分	题型	题量	总分	比例
第一部分	完形填空	20	10	10%
第二部分	A. 阅读理解	20	40	60%
	B. 新题型	5	10	
	C. 翻译	5	10	
第三部分	A. 应用文写作	1	10	30%
	B. 短文写作	1	20	
总计		52	100	100%

2. 英语（二）

考研英语（二）是新出现的一套考研英语试卷，与历年考研试卷有所不同，它针对的对象是一些报考特别专业学位硕士的学生，由教育部考试中心组织专家研究命题，在考研统考中使用。也就是说，英语（一）和英语（二）在研究生考试中同时使用。

英语（二）的考试要求与考试形式跟英语（一）基本一致，但从整体来说，难度要比英语（一）简单。它的试卷结构也与英语（一）的试卷结构稍有不同，具体如下：

表 12-6　英语（二）试卷题型介绍

部分	题型	题量	总分	比例
第一部分	完形填空	20	10	10%
第二部分	A. 阅读理解	20	40	65%
	B. 新题型	5	10	
	C. 翻译	1 个或几个段落	15	
第三部分	A. 应用文写作	1	10	25%
	B. 短文写作	1	15	
总计		48	100	100%

3. 英语（一）和英语（二）的区别

表 12-7　英语（一）和英语（二）的异同

项目	英语（一）	英语（二）
完形填空	文章字数：240~280 词	文章字数：350 词左右

续表

项目	英语（一）	英语（二）
阅读理解	文章多选自一些科技期刊或学术期刊	文章多选自一些稍微简单的通俗刊物
超纲单词	3%	无
翻译	分值：10 分 翻译方式：根据上下文翻译 5 句话	分值：15 分 翻译方式：翻译一段整体的文章
短文写作	分值：20 分	分值：15 分
总体难度	英语（一）>英语（二）	

（三）数学或专业综合课

考生在选择这一门考试科目的时候要注意了，部分考试专业不考数学，而是变为综合课进行考试，有些专业变为考 300 分的综合知识，有些专业变为考专业课知识，命名为业务课一。

本书主要从考数学的考生出发，为考数学的考生把数学的考试要求、考试形式、考试内容、考试题型给大家分析清楚，便于考生备考。

根据工学、经济学、管理学门类下的各学科、专业对硕士研究生入学所应具备的数学知识和能力的不同要求，硕士研究生入学统考数学试卷分为 3 种，其中针对工学门类的为数学（一）和数学（二），针对经济学和管理学门类的为数学（三）。

（1）主要考试内容如表 12-8 所示：

表 12-8　数学主要考试内容

内容	高等数学（或微积分）	线性代数	概率论与数理统计	总计
数学（一）	56%	22%	22%	100%
数学（二）	78%	22%		100%
数学（三）	56%	22%	22%	100%

（2）考试形式：闭卷、笔试。

（3）满分及考试时间：150 分，考试时间为 180 分钟。

（4）数学试卷题型结构，具体如下：

表 12-9　数学试卷题型结构

题型	题量	分值	总计
单选题	10	5	50
填空题	6	5	30
解答题	6	1×10+5×12	70
总计			150

（5）须使用数学（一）的招生专业。

①工学门类中的力学、机械工程、光学工程、仪器科学与技术、冶金工程、动力工程及

工程热物理、电气工程、电子科学与技术、信息与通信工程、控制科学与工程、计算机科学与技术、土木工程、水利工程、测绘科学与技术、交通运输工程、船舶与海洋工程、航空宇航科学与技术、兵器科学与技术、核科学与技术、生物医学工程等一级学科中所有的二级学科、专业，如表12-10所示。

表12-10 须使用数学（一）的招生专业

代码	学科门类	一级学科数量	一级学科	
			代码	一级学科
08	工学	20	0801	力学
			0802	机械工程
			0803	光学工程
			0804	仪器科学与技术
			0806	冶金工程
			0807	动力工程及工程热物理
			0808	电气工程
			0809	电子科学与技术
			0810	信息与通信工程
			0811	控制科学与工程
			0812	计算机科学与技术
			0814	土木工程
			0815	水利工程
			0816	测绘科学与技术
			0823	交通运输工程
			0824	船舶与海洋工程
			0825	航空宇航科学与技术
			0826	兵器科学与技术
			0827	核科学与技术
			0831	生物医学工程

②授工学学位的管理科学与工程一级学科。

（6）须使用数学（二）的招生专业。

工学门类中的纺织科学与工程、轻工技术与工程、农业工程、林业工程、食品科学与工程等5个一级学科中所有的二级学科、专业，如表12-11所示。

表 12-11　须使用数学（二）的招生专业

代码	学科门类	一级学科数量	一级学科	
			代码	一级学科
08	工学	5	0821	纺织科学与工程
			0822	轻工技术与工程
			0828	农业工程
			0829	林业工程
			0832	食品科学与工程

（7）须选用数学（一）或数学（二）的招生专业（由招生单位自定）。

工学门类中的材料科学与工程、化学工程与技术、地质资源与地质工程、矿业工程、石油与天然气工程、环境科学与工程等一学科中对数学要求较高的二级学科、专业选用数学（一），对数学要求较低的选用数学（二），如表 12-12 所示。

表 12-12　须选用数学（一）或数学（二）的招生专业

代码	学科门类	一级学科数量	一级学科	
			代码	一级学科
08	工学	6	0805	材料科学与工程
			0817	化学工程与技术
			0818	地质资源与地质工程
			0819	矿业工程
			0820	石油与天然气工程
			0830	环境科学与工程

（8）须使用数学（三）的招生专业。

①经济学门类的一级学科，管理学门类中的工商管理、农林经济管理一级学科，如表 12-13 所示。

表 12-13　须使用数学（三）的招生专业

代码	学科门类	一级学科数量	一级学科	
			代码	一级学科
02	经济学	2	0201	理论经济学
			0202	应用经济学
12	管理学	2	1202	工商管理
			1203	农林经济管理

②授管理学硕士学位的管理科学与工程一级学科。

（四）专业课

专业课一般分为统考专业课和非统考专业课。所谓的统考专业课就是无论考生报考哪个院校专业，考试的试卷都是全国统一命题，所以称之为统考专业课。

1. 统考专业课

目前全国范围内统考/联考专业课有很多，例如：计算机（部分学校）、农学、历史学、心理学（部分学校）、教育学、西医综合、法律硕士、管理类联考等。

针对统考专业课，考生目前只需要把指定用书看好，不用过分地关注目标院校专业的问题，因为考试科目、内容都是一样的。

2. 非统考专业课

就是指考试的命题是由具体的目标院校的研究生院出题，换句话说，即使是考一样的专业，不同的院校出的试题也是不一样的。所以，这一部分考生还是需要密切关注目标院校目标专业给出的具体的招生专业目录，里面会对考试科目、指定用书等有一个明确的规定。

四、怎么考研究生

（一）研究生的报考条件

1. 报名参加国家组织的学术型研究生全国统一招生考试的人员，须符合下列条件。

第一，中华人民共和国公民。

第二，拥护中国共产党的领导，品德良好，遵纪守法。

第三，身体健康状况符合国家规定的体检要求。

第四，考生的学历必须符合下列条件之一，如表12-14所示：

表12-14 研究生报考学历要求

学历		报考要求
大学本科		国家承认学历的应届、往届本科毕业生可直接报名参加
大学专科毕业生		获得国家承认的大专学历毕业后经两年或两年以上（从大专毕业到录取为硕士生当年9月1日），达到与大学本科毕业生同等学力，且符合招生单位根据本单位的培养目标对考生提出的具体业务要求的人员按本科毕业同等学力身份报考
成人高考毕业生	成人高校大专毕业生	国家承认学历的大专毕业生，毕业后两年（从大专毕业到录取为硕士生当年9月1日，下同）或者两年以上，达到与大学本科毕业生同等学力（含国家承认学历的本科结业生和成人高校应届本科毕业生），且符合招生单位根据本单位的培养目标对考生提出的具体业务要求的人员，可以同等学力身份报考
	成人高校应、往届本科毕业生	成人教育学历是国家承认的，成人教育本科往届生可以直接以本科生的资格报考。而成人教育应届本科生由于报考时（每年的11月中旬）并没有取得本科学历，所以只能以同等学力的资格报考，不同于全日制的普通高校应届本科生

续表

学历		报考要求
高等教育自学考试	自考本科毕业生	自考生和网络教育学生报名现场确认截止日期前取得国家承认的大学本科毕业证书，无论是否已取得学位都能报考全国硕士研究生统一招生考试
	自考专科毕业生	自考专科毕业生自取得专科毕业证书后工作两年后才有资格报考，有的学校还在此条件的基础上加上必须通过自考本科主干课程的规定，有的学校规定部分专业不招收大专毕业生。具体报考情况，考生应提前向拟报考的高等院校研究生招生办公室咨询
党校函授毕业生		党校函授实际上是党为了提高广大党员干部的理论素养和业务水平，建设一支高素质党员干部队伍而进行的一种内部培训。相对于国民教育（即普通高校、成人高校、高教自学考试等）而言，"进口"要宽一些，"出口"要松一些。有些文件规定："党校函授毕业生不得享受国民教育系列学历同等待遇"。具体考研规定请与所要报考单位进行确认
普通高校结业生与肄业生		从2002年起，高校结业生（没有毕业证，但完成所有的指定学业科目，有普通高校结业证书）可以按同等学力身份报考。肄业生（在普通高校学习一段时间，完成部分的指定学业科目学习有普通高校肄业证书）根据不同学校要求执行
同等学力		1. 通过本阶段课程；2. 英语达到本科毕业水平；3. 要求发表论文或有科研成果；4. 复试时要加试两门专业课（对于以上问题，第一和第四是各招生单位的共同要求，第二和第三各招生单位则有不同要求）
已获硕士学位或博士学位		已获硕士学位或博士学位的人员可以再次报考硕士生，但只能报考委托培养或自筹经费的硕士生

（2）报名参加全国专业学位硕士研究生招生考试的，按下列规定执行。

第一，报名参加法律硕士（非法学）专业学位硕士研究生招生考试的人员，须符合下列条件：

①符合（一）中的各项要求。

②在高校学习的专业为非法学专业（普通高等学校本科专业目录法学门类中的法学类专业代码为0301毕业生、专科层次法学类毕业生和自学考试形式的法学类毕业生等不得报考）。

第二，报名参加法律硕士（法学）专业学位硕士研究生招生考试的人员，须符合下列条件：

①符合（一）中的各项要求。

②在高校学习的专业为法学专业（仅普通高等学校本科专业目录法学门类中的法学类专业代码为0301毕业生方可报考）。

第三，报名参加工商管理硕士、公共管理硕士、旅游管理硕士、工程管理硕士、工程硕士中的项目管理、教育硕士中的教育管理、体育硕士中的竞赛组织专业学位硕士研究生招生考试的人员，须符合下列条件：

①符合（一）中的第一至第四的各项要求。

②大学本科毕业后有3年或3年以上工作经验的人员；获得国家承认的高职高专毕业学历后有5年或5年以上工作经验，达到与大学本科毕业生同等学力的人员；或已获得硕士学

位或博士学位并有2年或2年以上工作经验的人员。

第四，报名参加除法律硕士（非法学）、法律硕士（法学）、工商管理硕士、公共管理硕士、旅游管理硕士、工程管理硕士、工程硕士中的项目管理、教育硕士中的教育管理、体育硕士中的竞赛组织外的其他专业学位的研究生招生考试的人员，须符合（一）中的各项要求。

（3）报名参加经教育部批准的招生单位自行组织的单独考试的人员，须符合下列条件。

①符合报考条件（一）中第一至第四的各项要求。

②取得国家承认的大学本科毕业后连续工作4年或4年以上，业务优秀，已发表过研究论文（技术报告）或已经成为业务骨干。经本单位同意和2名具有高级专业技术职称的专家推荐，为本单位定向培养或委托培养的在职人员。

或获得硕士学位或博士学位后工作2年或2年以上，业务优秀，经考生所在单位同意和2名具有高级技术职称的专家推荐，为本单位委托培养的在职人员。

学术型专业和专业学位中的建筑学硕士、工程硕士、城市规划硕士、农业推广硕士、兽医硕士、风景园林硕士、林业硕士、临床医学硕士、口腔医学硕士、公共卫生硕士、护理硕士、药学硕士、中药学硕士等13个专业学位类别可设置单独考试。

（4）经审定可以开展推免生工作的高等学校，可以按规定数量和办法推荐本校优秀应届本科毕业生免初试，直接参加相关招生单位的复试。

推荐和接收办法由推荐学校和接收单位根据教育部的有关规定指定。被接收的推免生（包括研究生支教团和农村教育硕士项目的推免生）须在国家规定的报名时间内进行网上报名并到报考点办理现场确认手续，且不得再参加统考。

凡按规定可接受应届本科毕业生报考的学科（类别）、专业（领域）均可接收推免生。

（5）哪些情况无法报考？

①受到处分。

根据国家考试政策规定：本科期间因为受到处分，无法获取本科学位的，可能无法参加某些学校的考试，详情参考目标院校的当年招生简章。所以，考生在本科期间如果有处分记录，请及时消除。

②身体条件。

考生体检工作由招生单位在复试阶段组织进行，体检须在招生单位指定的二级甲等以上医院进行。招生单位参照教育部、卫生部、中国残联印发的《普通高等学校招生体检工作指导意见》（教学〔2003〕3号）要求，按照《教育部办公厅卫生部办公厅关于普通高等学校招生学生入学身体检查取消乙肝项目检测有关问题的通知》（教学厅〔2010〕2号）规定，结合招生专业实际情况，提出本单位体检要求。具体要求见各招生单位招生简章或复试通知。

也就是说，只要不是特殊专业的特殊要求，一般情况，身体条件不受限制。

③大三学生可以报考吗？

原则上，大四第一个学期报名考试。但是，如果大三的学生能有提前毕业的可能，依然可以参加考试。但是需要出具可提前毕业的证明。

（二）研究生报考趋势

近几年考研的人数越来越多，2020全国研究生报名人数341万人，较往年激增51万人，增幅达到 17.6%。这个趋势在未来几年可能仍是常态，考研在短期内不会降温。未来几年更多人会选择继续读研来作为长远投资，通过读研来拔高以后的就业平台，获得更多的就业可能性以及更高的薪酬。考研形势在近几年已经十分严峻，如表 12-15 所示。

表 12-15　2005~2022 年考研报录情况

考硕年份	报名人数/万	报名增长率	录取人数/万	报录比例
2022	457	21.22%	—	—
2021	377	10.56%	110	3.4∶1
2020	341	17.59%	101.9	3.3∶1
2019	290	21.8%	76.3	3.8∶1
2018	238	18.4%	76.25	3.1∶1
2017	201	13.6%	72.22	2.9∶1
2016	177	7.3%	58.98	3.0∶1
2015	164.9	-4.12%	57.06	2.9∶1
2014	172	-2.27%	54.87	3.1∶1
2013	176	6.30%	54.09	3.3∶1
2012	165.6	9.60%	52.13	3.2∶1
2011	151.1	7.90%	49.46	3.1∶1
2010	140.6	12.80%	47.44	3.0∶1
2009	124.6	3.80%	44.9	2.9∶1
2008	120	-6.80%	38.6	3.0∶1
2007	128.2	0.80%	36.1	3.5∶1
2006	127.12	8.40%	34.2	3.2∶1
2005	117.2	24%	31	3.6∶1

目前我国研究报考趋势呈现如下特点：

1. 考研报名人数持续增长，竞争依旧很强烈

从上图我们可以看出近几年考研人数屡创新高。为什么大家都纷纷选择考研呢？根据近年来的调查，中国研究生招生信息网认为：第一，如今本科生数量越来越多，随着用人单位不断提高招聘门槛，很多考生为了提升自己的就业竞争力，纷纷加入考研队伍；第二，出于"名校情结"，很多高考失利最终上了普通本科院校的学子希望通过考研实现去理想学府深造的机会；第三，2017 年在职考生首次纳入统考，往届生很多出于升职或换工作等原因而加入考研大军。

根据《学位与研究生教育发展"十三五"规划》要求，到 2010 年，在学研究生总规模要达到 290 万人（包括博士和硕士）。据教育部 2017 年全国教育事业发展统计公报，2017 年在学研究生 263.96 万人，因而研究生的招生规模依然会适当扩大。但是在考研报名人数持续增长的情况下，部分高校的推免生比例也在不断扩大，对于通过统考方式来考研的学生来说竞争依然比较强烈。

2. 往届生读研比例逐步增强，工作学习两不误

往届生考研的比例逐渐扩大成为一种趋势。考研学生主要分为应届毕业生和往届毕业生两类，很多毕业生往往还会加入到第二次考研甚至多次考研的行列。2017年在职研究生纳入统考之后，考取双证不必脱产学习，能够满足既能赚钱养家又不耽误提升学历的需求，在政策的影响下，在职考生的积极性自然随之高涨。

3. 瞄准专硕的考生比例逐年提升

《学位与研究生教育发展"十三五"规划》指出，到2020年，专业学位硕士招生占比要达到60%左右。受招生计划增加的影响，专硕的报考人数增长明显，多地甚至出现专硕报考人数超过学硕的现象。以北京为例，2015年考取专硕的考生占比为43%，到了2018年，这个比例则高达54.7%。这与专硕逐渐获得社会认可也不无关系。

专硕相较于学硕更加注重实践，且目前很多学校的专硕学制时间较短，因而对于一些对学术研究兴趣不浓、想要以学历作为"敲门砖"快速就业的学生来说，攻读专硕则成为首选。《学位与研究生教育发展"十三五"规划》也指出，要积极发展硕士专业学位研究生教育，建立以职业需求为导向的硕士专业学位研究生教育发展机制，并且继续推动专业学位教育与职业资格衔接。对于实践性较强的学科学生来说，专硕自然也会越来越受欢迎。

4. 女生考研比例稳居C位，扛起考研"半边天"

女生考研的比例依然居高不下，近年来牢牢占据六成，成为考研群体主流。女生为何偏偏爱考研呢？从心理层面来说，男生和女生对未来的期许不一样，很多男生有更大的经济压力，希望能早一点进入社会赚钱养家，而女生则相对期望稳定，找工作相对较难、工作压力大是很多女生决定考研的一个原因。此外，如今的女孩子更加期望能够保持经济独立和精神自由，希望通过获得较高层次的教育之后更好地把握自己的未来，在求职方面也更加有优势。

5. 非全日制成为众多在职考生首选

2016年9月，教育部办公厅印发了《关于统筹全日制和非全日制研究生管理工作的通知》。这意味着人们耳熟能详的在职研究生纳入非全日制研究生，与全日制研究生实行并轨统考。

非全日制研究生毕业后，将拥有"双证"（学历证书和研究生学位证书），和全日制研究生相同。因此，非全日制研究生日益成为众多在职考生的首选。

6. MBA、会计、法律硕士等专业依然很热门

据研招网数据，以北京为例：2018年，工商管理专业报考人数居首，为19749人，随后为会计专业的13124人和法律硕士（非法学）专业的12957人，报考人数居第四至十位的专业依次为金融、公共管理、计算机技术、法律硕士（法学）、广播电视、软件工程、计算机科学与技术。2016年，报考工商管理的人数为13395名，居各专业报考人数之首，报考会计的人数为9369名，报考法律硕士（非法学）的人数为7608名（不含推免生），分别居第二位和第三位。工商管理、会计、法律硕士（非法学）连续数年成为报考专业的前三甲，依然是最热门的专业。

五、研究生分数线解析

全国硕士研究生招生考试进入复试的初试成绩基本要求分为全国统一分数线和自定义分数线两大类型。

（一）全国统一要求的分数线

从第一个维度来看，全国硕士研究生招生考试考生进入复试的初试成绩基本要求分为两大地区：一区，二区。它们的分数线是不同的。一区系北京、天津、河北、山西、辽宁、吉林、黑龙江、上海、江苏、浙江、安徽、福建、江西、山东、河南、湖北、湖南、广东、重庆、四川、陕西等21个省（区）；二区系内蒙古、广西、海南、贵州、云南、西藏、甘肃、青海、宁夏、新疆等10个省（区）。其中，一区的分数线明显高于二区的分数线。

从第二个维度来看，全国硕士研究生招生考试考生进入复试的初试成绩基本要求又是按照13大学科门类来细分的，每个分数线对应着不同的分数要求。也就是说，每一个学科门类一条分数线。同时，每一条具体的分数线又分为政治、英语、业务课一、业务课二、总分五条分数线。一般来说，总分在100分的分数线基本一致；总分在150分的分数线基本一致。所以，展现在表格中的就像下表的情况（以2021年分数线为例，同时列出了近八年来的各学科门类的国家线汇总表，见表12-16~表12-19）：

表12-16　2021年全国硕士研究生招生考试考生进入复试的初试成绩基本要求（学术型学位类）

学科门类（专业）名称	A类考生①			B类考生②		
	总分	单科（满分=100分）	单科（满分>100分）	总分	单科（满分=100分）	单科（满分>100分）
哲学	299	41	62	289	38	57
经济学	348	49	74	338	46	69
法学	321	44	66	311	41	62
教育学（不含体育学）	337	47	141	327	44	132
文学	355	53	80	345	50	75
历史学	321	43	129	311	40	120
理学	280	37	56	270	34	51
工学（不含工学照顾专业）	263	37	56	253	34	51
农学	252	33	50	242	30	45
医学（不含中医类照顾专业）	299	41	123	289	38	114
军事学	265	37	56	255	34	51
管理学	341	48	72	331	45	68
艺术学	346	38	57	336	35	53

续表

学科门类（专业）名称	A类考生①			B类考生②		
	总分	单科（满分=100分）	单科（满分>100分）	总分	单科（满分=100分）	单科（满分>100分）
体育学	281	35	105	271	32	96
工学照顾专业③	253	34	51	243	31	47
中医类照顾专业④	299	40	120	289	37	111
享受少数民族照顾政策的考生⑤	249	30	45	249	30	45

报考"少数民族高层次骨干人才计划"考生进入复试的初试成绩基本要求为总分不低于249分。

①A类考生：报考地处一区招生单位的考生。一区系北京、天津、河北、山西、辽宁、吉林、黑龙江、上海、江苏、浙江、安徽、福建、江西、山东、河南、湖北、湖南、广东、重庆、四川、陕西等21省（市）。

②B类考生：报考地处二区招生单位的考生。二区系内蒙古、广西、海南、贵州、云南、西藏、甘肃、青海、宁夏、新疆等10省（区）。

③工学照顾专业：力学［0801］、冶金工程［0806］、动力工程及工程热物理［0807］、水利工程［0815］、地质资源与地质工程［0818］、矿业工程［0819］、船舶与海洋工程［0824］、航空宇航科学与技术［0825］、兵器科学与技术［0826］、核科学与技术［0827］、农业工程［0828］。

④中医类照顾专业：中医学［1005］、中西医结合［1006］。

⑤享受少数民族照顾政策的考生：报考地处二区招生单位，且毕业后在国务院公布的民族区域自治地方定向就业的少数民族普通高校应届本科毕业生考生；或者工作单位在国务院公布的民族区域自治地方，且定向就业单位为原单位的少数民族在职人员考生。

表12-17　2021年全国硕士研究生招生考试考生进入复试的初试成绩基本要求（专业型学位类）

学科门类（专业）名称	A类考生			B类考生		
	总分	单科（满分=100分）	单科（满分>100分）	总分	单科（满分=100分）	单科（满分>100分）
金融、应用统计、税务、国际商务、保险、资产评估	348	49	74	338	46	69
审计	179	46	92	169	41	82
法律（非法学）、法律（法学）、社会工作、警务	321	44	66	311	41	62
教育、汉语国际教育	337	47	71	327	44	66
应用心理	337	47	141	327	44	132
体育	281	35	105	271	32	96
翻译、新闻与传播、出版	355	53	80	345	50	75
文物与博物馆	321	43	129	311	40	120

续表

学科门类（专业）名称	A类考生			B类考生		
	总分	单科（满分=100分）	单科（满分>100分）	总分	单科（满分=100分）	单科（满分>100分）
建筑学、城市规划、电子信息、机械、材料与化工、资源与环境、能源动力、土木水利、生物与医药	263	37	56	253	34	51
农业、兽医、风景园林、林业	252	33	50	242	30	45
临床医学⑥、口腔医学⑦、公共卫生、护理、药学、中药学	299	41	123	289	38	114
中医⑧	299	40	120	289	37	111
军事	265	37	56	255	34	51
工商管理	170	42	84	160	37	74
公共管理	174	43	86	164	38	76
会计	179	46	92	169	41	82
旅游管理	170	42	84	160	37	74
图书情报	179	46	92	169	41	82
工程管理	174	43	86	164	38	76
艺术	346	38	57	336	35	53
享受少数民族照顾政策的考生⑨	249	30	45	249	30	45

报考"少数民族高层次骨干人才计划"考生进入复试的初试成绩基本要求为总分不低于248分。

⑥临床医学［1051］

⑦口腔医学［1052］

⑧中医［1057］专业：根据相关规定，"招生单位自主确定并对外公布报考本单位临床医学类专业学位硕士研究生进入复试的初试成绩要求，以及接受报考其他单位临床医学类专业学位硕士研究生调剂的成绩要求。教育部划定临床医学类专业学位硕士研究生初试成绩基本要求供招生单位参考，同时作为报考临床医学类专业学位硕士研究生的考生调剂到其他专业的基本成绩要求。"

⑨同⑤

表12-18 2014~2021年全国硕士研究生国家线（学硕）

学科门类（专业）名称	A类考生								B类考生							
	2021	2020	2019	2018	2017	2016	2015	2014	2021	2020	2019	2018	2017	2016	2015	2014
哲学	299	300	295	280	285	280	280	290	289	290	285	270	275	270	270	280
经济学	348	343	345	330	335	325	330	330	338	333	335	320	325	315	320	320
法学	321	325	320	315	310	315	300	315	311	315	310	305	300	305	290	305

学科门类（专业）名称	A类考生								B类考生							
	2021	2020	2019	2018	2017	2016	2015	2014	2021	2020	2019	2018	2017	2016	2015	2014
教育学（不含体育学）	337	331	325	320	310	320	320	315	327	321	315	310	300	310	310	305
文学	355	355	355	345	345	350	345	350	345	345	345	335	335	340	335	340
历史学	321	324	325	315	315	315	300	310	311	314	315	305	305	305	290	300
理学	280	288	290	280	290	285	275	285	270	278	280	270	280	275	265	275
工学（不含工学照顾专业）	263	264	270	260	265	265	280	285	253	254	260	250	255	255	270	275
农学	252	253	255	255	255	255	255	255	242	243	245	245	245	245	245	245
医学（不含中医类照顾专业）	299	300	305	300	295	295	285	285	289	290	295	290	285	285	275	275
军事学	265	265	270	270	280	280	290	290	255	255	260	260	270	270	280	280
管理学	341	345	345	330	340	335	335	335	331	335	335	320	330	325	325	325
艺术学	346	347	340	335	335	335	325	325	336	337	330	325	325	325	315	315
体育学	281	277	270	265	260	265	265	265	271	267	260	255	250	255	255	255
工学照顾专业	253	254	260	255	260	265	275	275	243	244	250	245	250	255	265	265
中医类照顾专业	299	300	305	300	295	295	285	280	289	290	295	290	285	285	275	270
享受少数民族照顾政策的考生	249	248	248	245	245	245	245	245	249	248	248	245	245	245	245	245

表12-19 2014~2021年全国硕士研究生国家线（专硕）

专业学位名称	A类考生								B类考生							
	2021	2020	2019	2018	2017	2016	2015	2014	2021	2020	2019	2018	2017	2016	2015	2014
金融、应用统计、税务、国际商务、保险、资产评估	348	343	345	330	335	325	330	330	338	333	335	320	325	315	320	320
审计	179	175	170	165	170	165	160	160	169	165	160	155	160	155	150	150
法律（非法学）、法律（法学）、社会工作、警务	321	325	320	315	310	315	300	315	311	315	310	305	300	305	290	305
教育、汉语国际教育	337	331	325	320	310	320	320	315	327	321	315	310	300	310	310	305
应用心理	337	331	325	320	310	320	320	315	327	321	315	310	300	310	310	305
体育	281	277	270	265	260	265	265	265	271	267	260	255	250	255	255	255
翻译、新闻与传播、出版	355	355	355	345	345	350	345	350	345	345	345	335	335	340	335	340
文物与博物馆	321	324	325	315	315	315	300	310	311	314	315	305	305	305	290	300
建筑学、工程（不含工程照顾领域）、城市规划	263	264	270	260	265	265	280	285	253	254	260	250	255	255	270	275
农业、兽医、风景园林、林业	252	253	255	255	255	255	255	255	242	243	245	245	245	245	245	245
临床医学、口腔医学、公共卫生、护理、药学、中药学	299	300	305	300	295	295	285	285	289	290	295	290	285	285	275	275

续表

专业学位名称	A类考生								B类考生							
	2021	2020	2019	2018	2017	2016	2015	2014	2021	2020	2019	2018	2017	2016	2015	2014
中医	299	300	305	300	295	295	160	160	289	290	295	290	285	285	150	150
军事	265	265	/	/	/	/	/	/	255	255	/	/	/	/	/	/
工商管理	170	175	170	165	170	165	325	325	160	165	160	155	160	155	315	315
公共管理	174	175	170	165	170	165	325	325	164	165	160	155	160	155	315	315
会计	179	175	170	165	170	165	325	325	169	165	160	155	160	155	315	315
旅游管理	170	175	170	165	170	165	325	325	160	165	160	155	160	155	315	315
图书情报	179	175	170	165	170	165	325	325	169	165	160	155	160	155	315	315
工程管理	174	175	170	165	170	165	325	325	164	165	160	155	160	155	315	315
艺术	346	347	340	335	335	335	275	275	336	337	330	325	325	325	265	265
工程照顾领域	/	/	260	255	260	265	285	280	/	/	250	245	250	255	275	270
享受少数民族照顾政策的考生	249	248	248	245	245	245	245	245	249	248	248	245	245	245	245	245

（二）自主划线

自主划定分数线是2002年才开始的。国家出台这个政策的原意，是让学校可以自主地选择人才进行培养。具体方式为：具有全国研究生入学考试自主划定分数线资格的高校根据报考自己学校考生的情况和计划招生的人数来确定初试的分数线，将划定的分数线上报教育部备案，而不用参考国家统一划定的分数线。其他不具有自主划定分数线资格的高校，复试分数线的划定方法为：教育部的国家线出来后，以国家线为依据，上涨一定分数予以通过。一般而言，自主划线的学校的分数线都会先于国家线而出，且基本上都会高于国家线。不排除有个别学校个别专业会低于国家线。

34所自主划线招生单位如表12-20所示：

表12-20　34所自主划线招生单位

北京大学	南开大学	同济大学	山东大学	四川大学
中国人民大学	天津大学	上海交通大学	武汉大学	重庆大学
北京理工大学	大连理工大学	南京大学	华中科技大学	电子科技大学
清华大学	东北大学	东南大学	湖南大学	西安交通大学
北京航空航天大学	吉林大学	浙江大学	中南大学	西北工业大学
中国农业大学	哈尔滨工业大学	中国科学技术大学	中山大学	兰州大学
北京师范大学	复旦大学	厦门大学	华南理工大学	

第二节　考研报名及确认

一、研究生报考流程

选择专业及院校→网上报名→现场确认或网上确认（视研究生招生单位具体情况而定）。

二、院校专业选择

1. 先选定专业

根据自己的兴趣爱好及本科所学的专业进行选择，兴趣是最好的老师，有兴趣自然会有动力，研究生学习后的发展也会更好。对于专业没有特别倾向的考生，则优先选择本科学习的专业，相比较而言本专业肯定是最好考的。

2. 再定学校

专业确定之后，公共课考试的科目随之确定。考生基本从大二年级开始进行公共课的复习，到大三年级下学期的时候根据自身复习情况，结合未来想发展的城市或地区，参考选择专业各院校的实际情况进行科学匹配，确定考研院校。

三、网上报名

1. 网上报名日期

每年10月10~31日每天9:00~22:00（逾期不再补报，也不得再修改报名信息）。

预报名时间为每年9月25日至9月28日（每天9:00~22:00，每年一般4天，时间为9月底）。

2. 考生使用学信网账号登录"中国研究生招生信息网"

公网地址：http://yz.chsi.com.cn，以下简称"研招网"，考生登录该网址浏览报考须知，按教育部、省级教育招生考试管理机构、报考点以及报考招生单位的网上公告要求报名，免费注册之后按照提示要求填报信息获取报名号，凡不按要求报名、网报信息误填、填错或填报虚假信息而造成不能考试或录取的，后果由考生本人承担。在报名期间，考生可自行修改网报信息，"招生单位""报考点""考试方式"等为报考关键信息，在提交信息生成报名号后，不允许修改，请慎重选择。如果要改，只能重新注册填报并生成新的报名号，确认时以新的报名号为准。所以，报名后用笔记下自己的报名号很重要。

注意：应届生可以9月份预报名，往届生只能10月份报名。应届生若9月份预报名信息出现错误，可以在10月份正式报名时更改，报名期间缴费后发现填报信息错误，可作废报名信息，重新提交。正式报名结束后所有信息将不可以修改。

3. 网上报名填写报考信息时注意事项

（1）考生只填报一个招生单位的一个专业。待考试结束，教育部公布考生进入复试基本分数要求后，考生可通过研招网调剂服务系统了解招生单位的生源缺额信息并根据自己的成绩再填报调剂志愿。

（2）以同等学力身份报考的人员，应按招生单位要求如实填写学习情况和提供真实材料。

（3）考生（含推免生）要准确填写个人信息，对本人所受奖惩情况，特别是要如实填写在参加普通和成人高等学校招生考试、全国硕士研究生招生考试、高等教育自学考试等国家教育考试过程中因违规、作弊所受处罚情况。对弄虚作假者，招生单位将按照《国家教育考试违规处理方法》和当年《全国硕士学位研究生招生工作管理规定》进行处理。

4. 国家按照一区、二区确定考生参加复试基本分数

一区包括北京、天津、上海、江苏、浙江、福建、山东、河南、湖北、湖南、广东、河北、辽宁、吉林、黑龙江、安徽、江西、重庆、四川、陕西等21省（市）。

二区包括内蒙古、广西、海南、贵州、云南、西藏、甘肃、青海、宁夏、新疆等10省（区）。

每类地区考研对分数的要求是不一样的，其中，一类地区高于二类地区。

报考地处二区招生单位且毕业后在国务院公布的民族区域自治地方就业的少数民族普通高校应届本科毕业生；或者工作单位在国务院公布的民族区域自治地方，为原单位定向或委托培养的少数民族在职人员考生，可按规定享受少数民族照顾政策。考生在网上报名时须如实填写少数民族身份，且申请为少数民族地区定向或委托培养方式。

"少数民族高层次骨干人才"计划招生以考生报名时填报的信息为准。

5. 特殊情况

（1）已被招生单位接收的推免生，不得再报名参加全国硕士研究生招生考试。否则，将取消推免生资格，列为统考生。

（2）现役军人报考地方或军队招生单位，以及地方考生报考军队招生单位应事先认真阅读了解解放军及招生单位有关报考要求，遵守保密规定，按照规定填报报考信息。不明之处应事先与招生单位联系。

四、现场确认或网上确认

1. 报考点现场确认或网上确认时间

一般为11月上旬，详见"研招网公告"，逾期不再补办。

2. 现场确认程序

（1）考生到报考点指定的地方进行现场确认。参加全国统一考试的考生到本人所在的省、自治区、直辖市高校招生办公室公告指定的报考点确认；参加单独考试和参加"MBA联考"的考生到报到单位所在地省级高校招生办公室公告指定的报考点进行确认报名，确认截止日期与统考生日期一致。

（2）考生提交本人第二代居民身份证、学历证书（普通高校、成人高校、普通高校举办的成人高校学历教育应届本科毕业生持学生证）、现役军人及军队文职干部证件和网上报名编号，由报考点工作人员进行核对。

自考本科生和网络教育本科生须凭已经取得的国家承认的大学本科毕业证书方可办理网上报名现场确认手续。

所有考生均要对本人网上报名信息进行认真核对并确认。给考生确认的报名信息在考试、复试及录取阶段一律不做修改，因考生填写错误引起的一切后果由其自行承担。

（3）考生按规定缴纳报考费（考生办理报考手续缴纳报考费后，不再退还）。

（4）考生按报考点规定配合采集本人图像等相关电子信息。

（5）准考证发放时间集中在考前半个月左右，发放方式为网上自行打印，注意准考证使用期间正反面不得涂改。

3. 网上确认程序

各报考点网上确认要求略有不同，详见各报考点研究生招生网或官方微信公众号。网上确认内容一般包括：①网报信息正确；②缴费状况为"已交费"；③上传照片审核结果为"审核通过"；④学历（学籍）校验审核结论为"校验通过"。

4. 考生报考资格审查

招生单位对考生网上填报的报名信息进行全面审查，并重点检查学生填报的学历（学籍）信息，符合报考条件的考生准予考试。

对考生的信息（学籍）有疑问的，招生单位可要求考生在规定时间内提供权威机构出具的认证证明后，再准予考试。

招生单位在审查考生资格时，发现伪造证件情况时，可扣留伪造证件。

五、初试

（1）考生可凭网报"用户名"和"密码"登录研招网下载打印《准考证》。

（2）考生凭下载打印的《准考证》及第二代居民身份证参加初试。

（3）初试日期和时间。

考试日期：每年12月底，一般为12月的最后一个周末。

考试时间以北京时间为准，上午8:30-11:30，下午14:00-17:00。不在规定日期举行的硕士研究生入学考试，国家一律不予承认。

（4）初试科目。

第一天上午　思想政治理论、管理类联考综合能力

第一天下午　外国语

第二天上午　业务课一

第二天下午　业务课二

第三天上午　考试时间超过3小时的考试科目

每科考试时间一般为3小时；建筑设计等特殊科目考试时间最长不超过6小时。初试方式均为笔试。

（5）全国硕士研究生招生考试现场规则。

①考生应在考试前一天到考试地点了解考场及有关注意事项。

②考生不得携带任何书刊、报纸、稿纸、资料、通讯工具（如手提电话、寻呼机等）或有存储、编程、查询功能的电子用品进入考场。只准带必需的文具，如 0.5mm 黑色签字笔、铅笔、橡皮、绘图仪器以及无字典存储和编程功能的电子计算器，或根据招生单位在准考证上注明的所需携带的用具。

③考生应在每科开考前 10 分钟，凭准考证、有效身份证件（身份证、军人身份证件）进入考场，对号入座。入座后将准考证、身份证放在桌面左上角，以备查对。

④不到规定的开考时间，考生不得拆启试卷。

⑤考生除在试卷上填写（涂）规定的项目外，不得作其他任何标记，否则答卷作废。

⑥考生答题必须用黑色签字笔书写（以准考证上的要求为准），涂写答题卡须使用 2B 铅笔。字迹要公整、清楚，填涂要规范，不得使用涂改液。答案书写在草稿纸上的一律无效。

⑦考生对试题内容有疑问时，不得向监考人员询问。但遇试题分发错误和字迹模糊问题，可举手询问。

⑧考生迟到 15 分钟不得入考场。交卷出场时间不得早于每科目考试结束前 30 分钟，具体出场时间由省级教育招生考试管理机构规定。考生交卷出场后不得再进场续考，也不得在考场附近逗留或交谈。

⑨考生不准交头接耳，不准偷看、夹带、抄袭或者有意让他人抄袭答题内容，不准接传答案或者交换答卷等。

⑩考试终了时间一到，考生应立即停止答卷，公共课等待监考老师统一收取，专业课需自行将试题、答题卡、答题纸（或答卷）装入原试题袋内并密封。经监考人员逐个检查无误后，方可逐一离开考场，试题、答题卡、答题纸（或答卷）和草稿纸不准带走。

六、复试

（一）复试要求

（1）招生单位要对所有拟录取考生进行复试，如有必要，可再次复试。复试不合格者不予录取。

（2）招生单位在复试前对考生的第二代居民身份证、学历证书、学生证等报名材料原件及考生资格进行严格审查，对不符合者，不予复试。

对考生的学历（学籍）信息有疑问的，招生单位可要求考生在规定时间内提供权威机构出具的认证证明。

（3）复试时间、地点、内容范围、方式由招生单位自定。复试办法和程序由招生单位公布。全部复试工作一般应在第二年 4 月底前完成。

（4）对以同等学力身份（以报名时填报的信息为准）报考的考生（法律即非法学、工商管理、公共管理、工程管理或旅游管理专业学位硕士可除外），复试时，应加试至少两门本科主干课程。加试方法为笔试。

（5）工商管理、公共管理、旅游管理、工程管理、会计、图书情报、审计专业学位硕士思想政治理论考试由招生单位在复试中进行,成绩计入复试成绩。

(6) 外国语听力及口语测试在复试中进行,由招生单位自行组织,成绩计入复试成绩。

(7) 少数民族地区仅指国务院有关部门公布的《全国民族区域自治简表》中所列的民族区域自治地区。考生网报时应如实填写民族身份,现场确认后不得更改。

(8) 教育部依据硕士研究生培养目标,结合年度招生计划、生源情况及总体分数初步确定考生进入复试基本分数要求。单独考生进入复试的基本要求由招生单位自定。

经教育部批准的北京大学等自主划线高校自主确定考生进入复试。各招生单位按照一定比例进行差额复试。所谓的差额复试,是指参加复试的人数大于招生人数,在计划录取人数的基础上,让更多的人去参加复试,然后再选取计划定额的人数。这样将有利于高校全面评估候选人,最终选拔出综合素质较高的考生,而非只会考试的考生。例如:某专业招生人数为 10 人,有复试资格的为 15 人,相差 5 人。这就意味着 15 个人当中有 5 个人最终会被淘汰,差额率为 1∶1.5。有热门专业差额率可能达到 1∶2,甚至更高。差额比例一般按照 120% 左右掌握,生源充足的招生单位,可以适度扩大差额复试比例,进行初试科目改革的学科专业复试差额比例可适当扩大,具体比例由招生单位自定。

考研复试一般会在 3 月底 4 月初进行,所报考院校会在官网公布参加复试人员的名单以及复试具体实施细则,一般包括口语、笔试、面试或者其他一些关于综合能力的考察。

(二) 复试内容和形式

学术学位硕士研究生和全日制专业学位硕士研究生的复试分开进行。

(1) 专业课:笔试时间为 2 小时,满分 100 分,基本概念、理论和方法;复试专业课所考科目与初试一般不同、同一专业各院校考察区别也不一样。

(2) 英语:口语测试时间为 5~10 分钟,考核基础会话能力;

(3) 综合面试:面试时间为 20 分钟,含专业思想、治学态度、动手能力等综合素质和培养潜力的考核。

(4) 成绩核算(百分制、及格线、核算公式等)

复试最终成绩核算公式:录取总成绩 = 初试总成绩 × 初试成绩权重 + 复试总成绩 × 复试成绩权重。

举例:初试成绩 500 分,复试成绩 500 分,两部分成绩权重都为 50%,所有考生按总分排名,择优录取。(复试总成绩 = 专业课笔试成绩 × 笔试权重 + 综合面试成绩 × 面试权重 + 外语听说能力成绩 × 外语成绩权重)

复试成绩一般来说占总成绩的 30%~50%,每个学校都不同,但一般都在这个区间浮动。值得注意的是,招生单位有一票否决权,只要复试不合格,初试成绩再高,也不会被录取。

通过上面的信息我们也可以看得出来,复试成绩是很重要的。所以,同学们在初试结束适度放松之后,就要开始准备复试了。

七、调剂

(一) 哪些考生可以参加调剂

调剂读研也是每年一些过线考生读研的一个途径,首先我们要了解哪些考生可以参加调剂：参加网上报名，没有被第一志愿招生单位录取并且达到全国硕士研究生考试进入复试的初试成绩基本要求的统考、管理类联考、少数民族骨干计划以及网上报名时选择退役大学生士兵计划考生，均可参加网上调剂。

也就是说，调剂的一般要求是：

（1）被调剂学校有调剂名额且符合调入专业的报考条件；

（2）初试成绩符合第一志愿报考专业在调入地区的全国初试成绩基本要求；

（3）调入专业与第一志愿报考专业相同或相近；

（4）初试科目与调入专业初试科目相同或相近，其中统考科目原则上应该相同；

（5）一些特殊要求：有些学校会规定考生的本科学校和专业，所以申请调剂前，应该仔细阅读调剂学校的各项要求；

（6）正常参加被调剂学校的复试。

（二）调剂流程

（1）登录：考生凭网报时注册的用户名和密码登录"中国研究生招生信息网"的网上调剂系统。如果忘记了用户名或密码，请使用找回"用户名"或"找回密码"功能。

（2）查询：考生在填报调剂志愿前认真阅读各招生单位在其院校信息栏目里或其他途径公布的调剂要求，登录调剂系统后可查询各招生单位的专业缺额信息。

（3）报名：通过调剂系统选择已发布缺额的招生单位和专业，填报调剂志愿（可同时填报3个志愿），提交后的调剂志愿在48小时内不允许修改（每个志愿单独计时），以供招生单位下载志愿信息和决定是否通知考生参加复试。48小时后，考生可以修改调剂志愿。

（4）复试：填报调剂志愿后，招生单位将反馈是否参加复试的通知。请考生及时登陆调剂系统，查看志愿状态和招生单位的复试通知。如果收到复试通知，请考生按照招生单位的调剂要求，准备相关手续并通过调剂系统回复是否同意参加复试。

（5）待录取：考生在复试结束后，如果符合录取条件，将收到招生单位发送的"待录取通知"；考生接到招生单位发出的待录取通知后，需在单位规定时间内登录调剂系统确认，否则招生单位可取消待录取通知。未网上确认接受复试通知的考生不能被招生单位设为待录取（一志愿考生例外）。考生一旦接受待录取通知，表示调剂完成，将不能再填报调剂志愿、接受复试或待录取通知。考生如欲取消已确认的待录取通知，必须征得待录取单位的允许，在招生单位取消待录取通知，并且考生登录调剂系统进行确认后，方可继续填报调剂志愿、接受复试或待录取通知。

（6）复试没有通过：此类考生仍可继续填报调剂志愿。

报考学术型和报考专业型研究生之间的相互调剂政策，待初试结束后，视第一志愿生源上线情况而定。调剂工作的具体要求和程序由招生单位按教育部录取政策确定并公布。届时，考生可通过"研招网"调剂服务系统填写报考调剂志愿。

八、目标专业及院校的选择

报考合适的院校和专业，就决定你考上研究生以后的人生发展方向。好的院校可以让高考失利的你圆了名校梦，热门的专业可以让你今后的就业不成问题。但是，考研的专业院校选择是一门学问，一味地跟风，追求热门专业，而忽视了自己的能力，有可能会面临失败。考研是和其他考研人的较量，分数线的划定，不是老师们一拍脑袋就决定的，是按照大家的平均水平划分数线，然后再择优录取的。所以分析整个考试的大局，有策略地报考，就能提高你的胜算。

那么在选择学校和专业的时候，要面对几个问题：

（1）我希望考上以后，读研出来，我的人生有什么样的转变？

（2）报考哪个专业？这个专业能改变我的现状吗？

（3）这个专业是我能潜心去继续学习的吗？

（4）这个专业是否热门？历年的分数线是多少？

（5）该报考哪个学校？我为什么要选择这个学校？

（6）这个学校竞争激烈吗？

（7）历年的分数线是多少？我有胜算吗？

好的，带着这么几个实际的问题，让我们来读下面的内容。

（一）选择专业

建议在选择专业时综合衡量自己以下两个方面：

第一，个人兴趣及未来就业方向。兴趣是选择专业的首要因素。一方面，如果一个人和自己根本不感兴趣的东西打交道会过得很难受；另一方面，兴趣决定了你能不能有恒心有毅力坚持考研，以及能不能保证较高的复习效率。强打精神复习考研，大部分是考不上的。而且，绝大部分学生在研究生阶段的研究方向将决定一生所从事的职业，从这个方面说，应尽量选报自己喜欢的专业。如果不喜欢，即使考取了研究生，学习也很无味，毕业后从事这方面工作，也很难有所成就。

第二，自身实力是一个重要的参考指标。只有清醒地认识自己的实力，才能做出理性的选择，使自己的成功概率最大化。这里需要说明一下，自身实力并非指本科阶段的学习成绩。一个基础较差的人只要采取适当的方法，意志足够坚强，加上一定的客观条件，总是可以成功的。这里的实力是指你通过努力后大概能达到的一个水平，这个水平是由你的意志力、智力、复习时间、复习方法等因素综合决定的。如果自我感觉实力较弱，那最好选报本专业，专业知识有基础，可以节约出更多时间复习公共课；如果感觉自己的基础很扎实，而且很早就有换专业的打算和准备，可以考虑换一个相对不错的专业。但是一般来说，跨专业考研的同学应更早做准备，以保证必要的学习时间。因为，俗话说，"隔行如隔山"，各个专业有自己的学科范畴，不同专业的学生在知识体系和结构上存在着较大差异，这为跨专业报考增加了难度，因此需要在专业课上投入比较多的时间和精力，才能弥补自己与该专业考生竞争的劣势，从而取得最后的成功。

（二）错误心态

选择专业，除了对自己的综合情况要有一个大概的科学评估外，还应该避免几种常见的错误心态：

（1）目光短浅。判断一个专业如何，别只看它目前就业情况，或者当前是否有市场前景。要知道当前的热门并不代表以后的热门，要用发展的眼光看问题。时间过得快，专业兴衰更快。

（2）盲目跟风。缺乏自我认识，没有判断力。师兄师姐怎么做、怎么选，自己就怎么选，完全拿别人的经验来套在自己身上。

（3）过于急功近利。在绝大部分情况下，选择专业其实主要依据的是"功利"标准。但凡事不能过头，太急功近利反而欲速则不达，因为这样会蒙蔽你的眼睛，造成专业选择上的失误。

（三）选择学校

目前，我们国家共有高校1000多所，国家教育部批准开办研究生院的单位不过100所，这些无疑是重点关注的对象。在这些研招单位里面，大概分为几个档次：第一类，就是所谓的名校，即国家教育部钦定的"2+7"：清华和北大，复旦、南大、浙大、中科大、上交、西交和哈工大；第二类，就是国家教育部指定的自主定线的10个科研院校（"9+1"），即所谓的重点，也是很不错的，像北京的人大、北师大、北理工，上海的同济，武汉的华科、武大，成都的川大，西安的西工大、西电，福建的厦大等等都是不错的选择；第三类，就是"211工程"和教育部直属的一些高校。另外，2017年9月21日，教育部、财政部、国家发展改革委联合发布《关于公布世界一流大学和一流学科建设高校及建设学科名单的通知》，正式确认公布世界一流大学和一流学科建设高校及建设学科名单，137所首批"双一流"建设高校也成为考生报考时的重点关注对象。（高校名单详见本书附件）

选择招生单位时，以下几个方面是需要认真考虑的：

（1）质量高低。在质量高的单位可以真正地学到一些东西，使三年时间不会白白浪费。判断质量通常可以参照这几个方面：在该专业领域内的地位、导师质量、单位近年来学术成就等。

（2）名气大小。名气往往是质量的一个外在评价指标。响当当的单位，通常有利于研究生开展研究，也有利于就业。

（3）竞争态势。各招生单位由于质量高低、地理远近的缘故，同一专业的报考人数可能相差很大，竞争态势也就高低不同。结合自己的实力，可以尽量避开竞争焦点，提高自己的录取概率。最终报考目标的确定，其实是专业选择和学校选择的综合。

（4）意向工作地。原则上本地区的用人单位更倾向于聘用本地区院校的毕业生。如果你打算研究生毕业之后在哪儿发展就报考什么地方学校。选学校最重要的是看它是不是适合自己，而不是它是不是最好，是不是排名靠前，另外还要看自己能否考上。

附：院校查询方法之研招网的使用

（1）研招网。

中国研究生招生信息网：https://yz.chsi.com.cn/，查询招生信息、报名、申请调剂等等，都要用到它。

（2）硕士目录。

点击：【硕士目录】

资讯	国家政策	院校政策	招生简章	信息库	院校库	硕士	在线咨询	专业学位
	考研资讯	研招访谈	管理类联考		专业库		硕士目录	网报公告

(3) 门类类别、学科类别等。

选择：门类类别、学科类别、专业名称、学习方式，点击【查询】

①先选门类类别：依据自己是考学硕还是专硕进行选择。

②再选学科门类：确定我的报考专业属于什么门类。

③最后选专业名称。

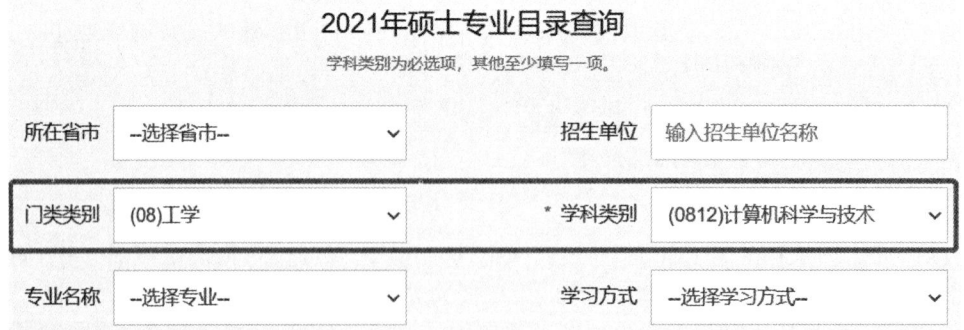

*查询所考专业属于什么门类，可以百度一下

如：计算机属于什么考研大类？

(4) 查询。

确定了专业和门类，输入到【硕士目录】，点击【查询】

(5) 找学校。

想看看清华大学能不能考上？

省市：选择北京

点击：清华大学

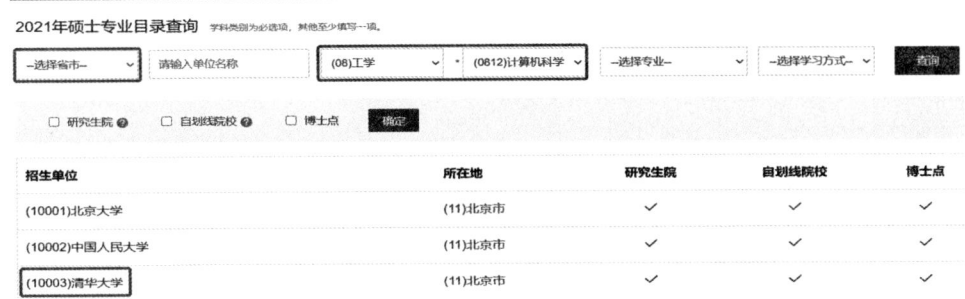

（6）找考试科目。

点击：【考试范围】,【查看】

就能看见这个清华大学考什么科目，并且准备全年备考计划。

（7）确定公共课+专业课。

公共课是考：（101）思想政治理论+（201）英语一+（301）数学一

专业课是考：（912）计算机专业基础综合

第十二章 升学深造

第三节　初试及初试技巧

一、什么基础能考上——启动复习的基础评估

一般来说，考生如果目标院校与专业是一个普通的"211"高校，在启动考研初期：英语基础应当达到四级水平；数学水平要求本科学过高等数学、线性代数等课程（如果考数学的话）；专业课基础不具参考力，因为有很多人是跨专业考研；政治水平大家都一样。也就是说，英语水平和数学成绩决定着大多数考生的目标定位，是决定考试成功的关键。

二、复习多久能考上——整体复习时间分析

拿一个重点高校——如中国人民大学经济学院的一个专业来分析：假如这个专业录取分数线是375分。作为一个英语水平刚刚四级过线，数学大一学过至今未看，政治基础为零，跨专业考研的考生，想达到375的成绩，需要复习的整体时间应该为2200小时。其中英语600小时，数学600小时，专业课600小时，政治300小时，其他事项如复试学习100小时。

以上是关于复习整体时间的一个预算。请考生根据自己的目标和基础，来安排和规划自己的时间，以期达到更好的复习效果。

三、合理制订考研复习计划

台上一分钟，台下十年功。想想这句话，就会觉得考研轻松很多，至少只用复习一到两年，就有2天的表演时间。但是，由于复习时间短，复习的节奏还是相当紧凑的。在复习的初期，不会觉得复习有多么紧张，但是，如果不好好复习的话，到10月份，就会觉得分身乏术。所以，对考研的复习有更深入的了解，才能够自己掌握复习的进度，安排复习内容才会临危不乱。

（一）准备阶段

准备阶段从你决定考研就开始了，很多考生大二甚至大一的时候就决定考研了，早些搜集资料，了解信息，是正确的。多看看学校、专业的信息，评估自己的实力，获取考研常识类的知识，多了解学校和考试的政策，向往的院校专业的情况和评价。学习别人的考研经验，结合自己的情况，对复习做好整体规划。参加辅导班的考研讲座，辅导班举行讲座的时候，为了吸引你去参加，会提到很多的新信息。这些都是十分有用的。

（二）第一轮——基础阶段

大三6月份之前这段时间是考研初试打基础用的。这段时间的复习要全面而基础，不求快，不求难，只求掌握好基础，后面才有提高的可能。

基础阶段各科的复习建议：

1. 英语主要是复习单词和长难句

在这一段时间，一定要把单词的基础打牢。如果没有词汇基础，后面的复习就会手忙脚

乱。这段时间，词汇至少要背诵两至三遍。在记忆单词的基础上，开始学习长难句，刚开始不用快准狠，但是争取顺利地把基本意思翻译出来。这段时间还要进行一定的英语阅读，就当看故事一样好了。不要急于做真题。

2. 数学对照课本进行学习

可以借助一些总结性的参考书，每复习完一个章节，都进行对应的练习。在练习的时候，不求解难题，但一定要自己动笔。争取复习完之后，对基本题型的解法和对大纲都有深入的了解。不要着急做真题和模拟题。

3. 专业课这段时间是通读专业课本的时间

如果你考的是本校本专业，那么这一个阶段你可以暂时不用复习专业课。学习专业课，要本着"把薄书读厚"的原则，熟悉课本的体系构架、主要内容，还要加上自己的理解，并且对课本知识进行扩充。

（三）第二轮——强化阶段

大三7、8月份是暑假阶段，这段时间放假，考生们有足够的时间进行突击学习。在这一阶段之前，各科目要有一定的基础，这段时间的复习才能够有质的提高，更上一层。同时要关注考研大纲的发布，准备最新的辅导用书，尤其是政治的辅导书。

强化阶段各科的复习建议：

（1）英语词汇继续记忆，这阶段的重点是阅读、长难句和写作。并且这段时间重要的是对历年的真题进行学习，对文章进行分析，争取对真题的思路有所领悟，适应这种思路。阅读理解一定要多加练习。对于写作来说，每周练习一篇是标准的频率。

（2）数学第一轮打基础的阶段已经把数学过了一遍了。第二轮的时候，就再对课本和辅导书进行第二次复习。这段时间开始集中做习题，不是只求做完，而是把每一题都弄懂、摸透，不熟练的地方再回头看书。

（3）专业课这段时间要开始做专业课的练习还有真题。将真题还原到书中，找到对应的知识点，标记并扩充书本。

（4）政治在这段时间要开始复习了。把政治书看一遍，理解里面的概念。直接看政治书是比较枯燥的，所以可以利用习题集，对各章各节的概念进行辅助的理解。

（四）第三轮——冲刺阶段

大四10月份到考前一周，是冲刺阶段。有了上一阶段的强化，这一阶段还会有一段提高。这一段时间的复习必须高质量高效率。这一段时间的复习，最好按照考试时间表上的时间来：上午看数学和政治，下午看英语和专业课。

冲刺阶段各科的复习建议：

（1）英语做一些冲刺的真题。保证做题的时间和状态，总结写作的经验。单词还是要常看的。

（2）数学查漏补缺。限制时间做模拟题，一定要保持做题时的感觉。多看以前错的题目和不熟练的知识点。

（3）专业课按照之前做的笔记，回忆课本、回忆细节，争取做到心中有课本。

（4）政治开始有意识地反复看课本，对课本中的内容要有印象，能够大概复述。多做模

拟题，学习答大题的经验，争取提高选择题的正确率。

（五）临考阶段

考前一周是临考阶段。这段时间要多休息，作息时间按照考试来安排。要保持身体健康，心情愉悦。这段时间的复习就不再是希望有提高，而是希望能够保持冲刺阶段复习的良好状态。

1. 公共课具体复习特点及方案

（1）政治

政治的学科特点在于：

①覆盖内容广，复习量大，学生基础知识普遍性较差，启动复习时间比较晚。

②考查知识能力广泛。不仅考查基础知识、基本技能，更注重考查运用基础知识和技能认识问题、分析问题和解决问题的能力，尤其是大分值考题，往往跨章节甚至跨学科，综合性、应用性、技巧性很强。

③试题的现实感、时代感很强。近年内本门学科的重大热点问题，往往是大分值考题的切入点和出题方向。

政治的最佳学习计划分为三个关键阶段，考生应采用逐层阶梯式复习为宜。考研政治选择题50分，案例分析题50分，考生在学习和复习的过程中，要努力实现选择题40分以上，案例分析题40分以上的目标，争取在很多同学都不太重视这门科目的情况下让考研政治能成为自己的撒手锏。

一阶基础（确定考研——大三7月15日）

以各门课程的框架内容梳理和基础知识点理解与记忆为主，达到政治学习的第一个层次效果，这一阶段有高分需求学员或基础较弱学员须熟悉政治各门课程的大体框架与基础知识点，全面、科学地掌握各门政治课程基础知识。

①预期目标

理解、掌握"马克思主义基本原理概论""毛泽东思想和中国特色社会主义理论体系和概论""中国近代史纲要""思想道德修养与法律基础"的有关框架、知识、范畴和有关论断。对考研政治各课程的基础考查知识点要清晰地理解与掌握，对基本观点与命题能做出正确判断，基础习题能正确分析其考点所属课程。

②学习内容

本阶段为基础性复习阶段，"马克思主义基本原理概论"是特别注重考查理解能力的课程，死记硬背的知识点考得很少，更注重宏观性、系统性思维，在学习过程中多理解，多注重各章节之间的纵向和横向联系；"毛泽东思想和中国特色社会主义理论体系和概论"课程有大量需要记忆的知识点，但应注重按照时间和人物顺序的记忆方式，尤其是加强对习近平新时代中国特色社会主义思想的深化学习和领悟理解，以及本课程理论体系脉络的把握；"中国近代史纲要"注重考查史学方向，有其区别于其他学科的命题特点及学习方法，考试内容比较细致具体，以时间线索把握知识点尤其是里程碑事件必不可少；"思想道德修养与法律基础"注重培养人生观、价值观，可以根据每年的热点话题，有针对性地把握本门课程的考点和基础知识点。本阶段注重达到对课程框架、基本概念和原理的理解。

③时间分配

每天有效学习时间1小时左右，本阶段开始时间因人而异，但计划大多是从3月初开始、7月中旬结束，启动较晚的同学最迟应当在7月底完成此阶段复习任务。

④学习资料

结合基础阶段的课程资料将相关基础知识学习、整理、掌握。现在每年官方公布大纲的时间都比较晚，基本上是在每年的9月中旬才公布，但9月之前的时间段对考生们来说都是非常宝贵的，所以同学们不能坐以待毙，而是要主动出击，把自己薄弱的基础短板补齐，才能在后期强化阶段脱颖而出。

二阶强化（大三7月15日——大四9月30日）

了解考试难度和明确考试方向，巩固第一阶段学习成果，学会跨学科复习政治的答题思路，达到学习政治的第二个层次。

①预期目标

第一，对基础知识强化巩固，掌握各门课程知识之间的逻辑关系，以及具体知识点组合命题的规律和特点。

第二，进一步加深对各门课程系统知识、具体范畴的理解，提高运用相关原理分析解决实际问题的能力。

第三，能运用各课程相关原理论证考点、辨明理论是非，比较和分析有关社会现象或实际热点问题。

②学习内容

此阶段复习时间共三个月，复习内容为"马克思主义基本原理概论""毛泽东思想和中国特色社会主义理论体系和概论""中国近代史纲要""思想道德修养与法律基础"的第二轮应试复习。重点放在各门课程相关知识点之间的逻辑关系上，在巩固强化各课程基础知识点的同时提升应试能力。

③时间分配

每天有效学习时间为2小时左右，计划共用3个月左右。

④学习资料

这阶段前期国家已经公布了最新的考试大纲，可以将最新大纲内容与前一年大纲内容进行比较分析。因为大纲是基本稳定的，以前基础阶段学习的内容都是有效的，关注新大纲的目的主要是明确变化之处，进而通过这些变化再结合当年时政热点来理解领会命题趋势或方向。这一阶段学习的系统性更强，所以要想巩固提高，重点还是落实到熟练背诵和针对性做题方面。

⑤强化阶段学习建议

第一，本阶段是系统性复习阶段，它既是基础阶段的延续，又是有侧重点的复习。本阶段区别于基础阶段的主要在于跨越了对知识点本身的理解，而更需注重知识点之间的联系与区别，达到有效贯通和融合。

第二，本阶段要注重知识点之间的逻辑关系，同时还应关注不同课程的复习都有各自的特点，这种特点都是以准确记忆基本知识点为基础的，大家在复习中主要是通过整理笔记和重复背诵来打好基础。

第三，参加考研辅导集训的考生，在暑期强化班上，可结合老师的课程安排，做到对暑

期课程的预习，在不断学习与老师引导复习的基础上对第一轮课程进行强化巩固，而暑期结束后，应当将之前的所有笔记、讲义都对照新大纲，考试具体考点及具体表述，归纳总结出一份最全面、与新大纲内容完全吻合的笔记，以便更进一步接近考研应试。

第四，此阶段的习题训练应当关注知识点掌握的清晰度与完整度，并通过老师指导学习各类解题方法，以最大程度提升多选题的正确率和熟练背诵各门课程的热点基础理论为复习目标。

三阶冲刺（大四10月1日至考前，冲刺阶段两个半月的时间还是必须要保证的）

理解或背诵核心考点，在老师指导下多做真题、模拟题，学会结合考研热点时政分析，提高答题能力。

①阶段目标及预期效果

第一，通过背诵和默写各门课程核心考点，对考点心中有数，做到系统条理、思路清晰。

第二，通过做模拟题，全面聚焦政治考情，将应试阶段提升到一个全面预演的高度。

第三，更清晰地梳理所有的知识及预测热点，重点的要突出把握，加强理解记忆。

②阶段任务

根据个人情况对每天的时事、基础知识进行查漏补缺，以及实战模拟交替进行。这一阶段至少做5套模拟题，同时必须反复看真题，真题才是真正的实战。在这个阶段，一定注意大题和选择题，一定有效分配时间进行复习，选择题题感的培养和大题的习作技巧还是有所区别的，要分别给予时间进行准备。通过最后的冲刺，要达到：

第一，回归基础，虽说题目千变万化，但万变不离其宗。

第二，结合热点，以政治热点为线索，强化对重点知识的记忆。

第三，查漏补缺，对一些背诵不熟练的知识强化默写，重复记忆。

第四，学会答题，掌握应试技巧，提高应试能力，调整应试心态。

③时间分配

这一阶段要调整生物钟，复习和备战最好跟考研时间相一致，根据个人情况，每天早上必须保证3个小时的复习时间。

④学习资料

冲刺阶段的必备用书有：

"时事类"图书：选择一本时事类的参考资料，多加留意和关注习近平近总书记一年的会议行程及重要讲话精神，阅读并记忆，省时又省力，是最合理科学的办法。

"速记类"图书：考前要记的内容特别多，不仅是政治学科，还有英语、专业课等等。所以，利用前期整理的笔记为基础，大题目和小知识点相结合交替系统背诵，每天速记一部分，一周一循环。请相信：记忆的遍数与最后的考试分数是成正比的。

"点题、真题类"图书：考前会有老师对社会热点、知识点热点进行预测。考生们可以认准一本权威、科学、合理的预测类真题，主要目的是抓紧抓牢重要考点和社会热点，并学会从相关学科及其相关知识点去分析。

"模拟试卷类"图书：考前一定要做几套模拟试题是被普遍承认的学习规律，到那时候市面上会有很多模拟试卷，考生们可以在老师指导下根据试卷的质量进行甄别。

⑤冲刺阶段学习建议

这一阶段，查漏补缺全面进入冲刺状态。获取权威信息，突破重点、难点、焦点性知识内容，进行实战模拟，调整心态，提高应试水平和答题能力，要让脑中有货，心中不慌，自信笃定地进入考前应战最佳状态。

（2）英语

考研英语与四六级有很大不同。四六级允许过关人数是无限的，而考研英语是只能让少数人过关的淘汰性考试，所以它比四六级难，难度约为6.6级。考研英语的使命就是干掉63%以上的考生。

考研英语有完形填空、传统阅读、新型阅读、英翻汉、小作文和大作文六种题型。在近9年的研究生入学考试中，完形填空20个空大部分考生会错7个，传统阅读20道题绝大部分考生至少错9道，新型阅读无数同学只能得零分，大部分同学英翻汉能拿4分就算是幸运了，75%的考生没时间写完作文。所以大多数同学只能考33到49分。

考研英语学科的特点：

第一，知识面涉猎广泛的学科专业背景。

第二，更加注重对于词汇深度的考察。

第三，阅读理解的正确选项与原文之间常常呈现抽象的等价代换。

第四，卷面长难句密布，对于同学们的语法底子要求很高。

第一阶段：基础阶段（确认考研——大三5月31日）

此阶段平均每天学习英语约3~4小时，主要学习内容包括：

①单词记忆，每天30分钟。目标是见到单词能反应出其基本义，基本扫清单词障碍。

②语法知识学习，每天约30~45分钟，系统学习语法知识，将基础语法与考研语法紧密结合。目标是考研基本语法融会贯通，能灵活运用。

③阅读理解，阅读文章时把握文章主旨信息和框架；初步认识考研阅读理解题目的特点，注意对文中长难句的分析和基础词引申义的把握。读懂每篇文章的乐趣和方法，克服畏难情绪；积累和理解各种背景知识；通过做题训练分析问题和逻辑推理的能力。

④英语背诵，通过长期背诵英语文章，培养语感，扩充词汇量，拓展思维及知识面。

基础阶段的学习计划，主要是掌握基础知识，考生可根据自己的习惯进行学习，但必须赶上每一阶段的进度，因为学习是环环相扣的，一步跟不上，步步跟不上。

第二阶段：强化阶段（大约时间为大三6月1日到8月30日）

此阶段平均每天学习英语约3.5小时，主要学习内容包括：

①单词记忆，每天30分钟，目标是记忆易混超难词汇，词汇前缀后缀、熟词生义、同义词近义词辨析、短语等，在比较中进行记忆，对单词深化记忆。

②阅读理解，阅读专项训练一定要按时按质完成。暑假时间比较充分，一定得好好利用，对阅读的要求是能够在70分钟内做完4篇阅读理解题目，掌握阅读理解技巧，使阅读理解能力有质的飞跃。

③翻译的集中练习，平均每天20分钟，熟悉考研英语翻译的命题特点，并进行强化训练，进一步巩固单词和语法。

④四六级备考，准备参加六月份四六级考试的学员可以做一些四六级考试的真题，十套真题平均得分要及格，才能顺利通过四六级考试。

本阶段的学习计划，由于暑期考研辅导班较多，每天学习的时间相对比较分散，学员可

根据自己的具体情况，对学习计划进行相应的调整，但一定要赶上进度。

第三阶段：提高阶段（大约时间为大四9月1日到11月30日）

此阶段平均每天学习英语约3小时，主要学习内容包括：

①单词记忆，每天30分钟，目标是真题中的词汇、短语不留死角，因为有些核心词汇和短语常常是在真题中反复出现的。

②考研真题研究，本阶段用时大约60~90小时，对近十年的真题以做套题的方式模拟一遍并认真分析，对考研英语真题的特点有更系统深入的研究和把握；对于阅读理解要从命题角度去掌握每一篇文章；单词、短语、长难句全部过关。

③新题型的集中练习，熟悉考研英语新题型的命题特点并进行强化训练。作文范文的学习及练习，每个学员必须在这个阶段开始作文练习，形成自己的写作模式。参考真题中的作文题目，熟练运用大、小作文常用模版；通过作文练习，把握作文结构和主题，能够写出符合考研作文要求的文章，最大限度避免常见语法错误。

④模拟题练习，提高做题速度，把握好做题节奏，平均分控制在55分以上，建议卷面做题时间大概分配为：完型20分钟左右；阅读70分钟左右；新题型20分钟左右；翻译20分钟左右；作文50分钟左右。

本阶段学习重点是精解所有的真题。对于作文，应该大量练习，真题上的作文题目都要自己写一遍，并坚持参照范文自己修改，同时记忆通用句型。

第四阶段：冲刺阶段（大约时间为12月1日到考前）

此阶段平均每天学习英语约2小时，主要学习内容包括：

①单词记忆，每天20分钟，目标是熟练掌握单词的多种意思，彻底扫除单词障碍。

②考研真题研究，本阶段用时大约为30小时，将10年考研英语真题再做一遍，继续保持做真题的感觉，迎接最后的挑战。

③作文练习，能熟练运用大、小作文常用模板，作文总分达到20分以上。

④模拟题练习，提高做题速度，把握好做题节奏，平均分控制在55分以上。

本阶段的学习计划一定要梳理英语常考知识点，总结做题思路、写作技巧等。最重要的是积极调整心态，做好考试准备。

总之，英语复习有计划性和针对性，看似简单的道理如何付诸实践却需要毅力和技巧。最好每天制订详细的复习计划并努力完成，考研英语大部分的题目练的仍然是熟练程度，一些基本的日常训练，如完形填空、阅读理解、字词句练习等不应间断。同时，利用最后的机会查漏补缺。请坚信只要具备了信心、毅力，辅之以正确的方法，再加上良好的身体和心理素质，最后的胜利非你莫属！

（3）数学

考研数学总分150分，数学学习过程必须非常连续，不能一连三天以上数学完全不看。

数学学科特点：

首先要注重基础，考研数学共有600种左右的知识点（针对数一），每种知识点平均有3.2种题型。

其次注重高质量的考点训练与题型总结，而每种题型训练2~3道题左右就可以掌握该题型所对应的知识点，所以一般要做6000道质量高的题。数学的最佳学习计划分为四个关键逐层阶梯式阶段。

第一阶段——基础复习阶段（开始复习到7月中旬）

此阶段需要进行两轮复习：

第一轮：从开始复习到6月中旬，对基础教材进行复习；

第二轮：用1个月左右时间对已经熟悉的基础知识进行集中的题目训练。

学习任务：对照大纲，先从基础教材入手，对公式、定理、定义、概念、法则进行全面复习。

学习目标：对大纲要求的基础教材中的基本概念、基本理论、基本方法，达到熟练掌握的程度。

第一，学习所用资料。

本阶段需要看的资料是三本教材，下面推荐这三本教材的版本：

①《高等数学》（第七版），同济大学数学系编著，高等教育出版社；

②工程数学《线性代数》（第四版），同济大学数学系编著，高等教育出版社；

③《概率论与数理统计》（第四版），浙江大学盛骤等编著，高等教育出版社。

第二，复习顺序。

这三门课程最好的复习顺序是先高等数学、再线性代数，最后概率论。这样做的依据是高等数学是数学基础，概率论的学习要建立在理解高等数学的基础之上。比如，求"连续型随机变量的分布函数"要用到"积分"，求"连续型随机变量的数学期望"也要用到"积分"。另外，线性代数里面的概念、定理、推理特别多，而且都特别抽象，因此线性代数尽量提前复习，反复记忆。而概率论部分的题型相对较少，考研试题能出的花样不多，相比较而言它的题目更加有迹可循。

第三，教材该如何来看。

①结合大纲。数学考研大纲是命题人都要遵循的框架，一切超纲的题目都是不适合的，数学的试题不同于政治的试题，数学试题具有连续性和稳定性。比如，"极限"的定义是不变的，"连续"的定义是一定会考的。

对于不同的知识点，大纲有不同的要求——理解、了解、掌握、会求解、会计算。在基础阶段复习中，大家不要在意这几个字的区别，从历年试卷的内容分布上可以看出，凡是考试大纲中提及的内容，都有可能考到，甚至某些不太重要的内容，也可能以大题的形式在试题中出现。由此可见，以押题、猜题的复习方法来对付考研是靠不住的，很容易在考场上痛失分数而败北，应当参照考试大纲，全面复习，不留漏洞。

全面复习不是简单地生记硬背所有的知识，相反，是要抓住问题的实质和各内容、各方法的本质联系。把要记的东西缩小到最小限度，要努力使自己理解所学知识，多抓住问题的联系，少记一些死知识。而且，不记则已，记住了就要牢靠。事实证明，有些记忆是终生不忘的，而其他知识又可以在记住基本知识的基础上，运用它们的联系而得到。这就是"全面复习"的含义。而在以后的提高阶段中，我们就需要有针对地进行复习。在考试大纲的要求中，对概念、理论有"理解、了解"两个层次的要求；对方法有"掌握、会（能）"两个层次的要求。一般地说，要求理解的概念、理论，要求掌握的方法，是考试的重点。在历年考试中，这方面考题出现的概率较大；在同一份试卷中，这方面试题所占的分数也较多。总之，要求理解、掌握的往往考察频率高，且常常是以大题的形式出现，大家需要重点来复习，把

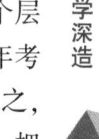

它吃透。要求了解的往往考察频率低，要求也稍微弱一点，大家花在上面的时间可以相对少一点。这样复习的时候才能做到有的放矢。

②重视做题质量。

基础阶段的学习过程中，教材上的习题肯定是要做的，要把基本功练熟练透，但我们不主张"题海"战术，这一阶段我们提倡精炼，即反复做一些典型的题，做到一题多解、一题多变。要训练抽象思维能力，和对一些基本定理的证明。基本公式的推导以及一些基本练习题，要做到不用书写，就像棋手下"盲棋"一样，只需用脑子默想，即能得到正确答案，这样才叫训练有素，"熟能生巧"。基本功扎实的人，遇到难题办法也多，不易被难倒。相反，做练习时，眼高手低，总找难题做，结果，上了考场，遇到与自己曾经做过的类似的题型都有可能不会；不少考生把会做的题算错了，将其归结为粗心大意，确实，人会有粗心的，但基本功扎实的人，出了错立即就会发现，很少会"粗心"地出错。

③重视复习效果。

看教材不是看小说，看完就算了。看的过程中一方面要提高数学的复习效率，另一方面不和别人比速度，要做到能用自己的语言叙述大纲中的概念和定理，切忌"一知半解"，不要一味地做题而不注意及时归纳总结。及时总结可以实现"量变到质变"的飞跃。不要急于做以往的"考研试卷"，等到数学的三门课复习完毕并经过第二阶段的复习再做，这样的效果会更好些。既可了解考什么、怎么考，又可检验自己复习的情况，同学们还要不骄不躁，持之以恒。

第二阶段：全面强化阶段（7月中旬到9月底）

学习任务：强化训练一定数量的题目，慢慢提高自己的解题速度和熟练程度，加强对知识的深度理解。

学习所用资料：一本覆盖面较全的综合教辅书，如"复习全书"类图书。

学习目标：通过做一本高质量的习题辅导资料把课本上的"三基"转化为自己的做题能力。

学习计划：要对知识点按照章节、分题型来做。

建议听课程：暑期强化班。

大家到了这个阶段，普遍感到压力陡增，即使那些在第一阶段认真完成的同学也一样。这里的主要原因是：这一阶段大家所学习的辅导用书的普遍特点是对知识点的总结，是高度概括的。所选的题目不论是例题还是课后的练习题，都具有一定的综合性，这些题目不再是只考查单一的知识点、单一的解题能力，而是对同学们能力的全方位考查，不仅考查同学们的计算能力、抽象概括能力、空间想象能力，而且考查同学们应用所学的知识解决实际问题的能力。这就要求同学们在这一阶段付出巨大的努力，但是无论你多累都是值得的，通过这个阶段的洗礼，无论是你对"三基"的掌握程度还是你的解题能力，都会有质的提高。这是大家考研数学复习备考路上第一次质的飞跃，这个阶段完成后，要求同学们做到：给你一道题目，如果给你足够的时间，无论这道题目有多难，你都可以把它解决。这个阶段同学们不要盲目地追求解题速度，而是强调对基本知识的掌握和对各种题型解题思路的形成。我们不追求解题速度不等于我们就忽视解题速度的训练。这里要求大家在这一阶段能对一道题目积累多种解题方法并能够找出最优的解题方法，这是为以后以最快的速度做完考研试题所做的最好的准备。

第三阶段：巩固提高阶段（10月到11月）

学习任务：通过做历年的真题和高质量的模拟题达到考研数学的要求。

学习目标：提高自己做整套题的能力，按照我们开始给大家讲训练真题和模拟题的方法去做就行了。

学习计划：真题三天1套，模拟题两天1套。

建议听课程：冲刺串讲，让老师帮你提炼知识要点、分清主次及考试方向。

完成第二个阶段后大部分同学都会遇到一个屏障：我们在复习高数的时候，高数的只是比较熟悉，但线性代数和概率的很多知识都记不清楚；在复习线性代数的时候，线性代数比较熟悉，但高数和概率很多知识也遗忘了；同样，复习概率的时候，概率比较清楚，高数、线性代数许多知识也记不住了。该怎么办呢？

我们要通过钻研真题和模拟题，钻透这个屏障，把高数、线性代数和概率都串起来，无论提到哪部分知识都非常熟悉，这样才能真正达到考研数学的要求。

第四阶段：模考冲刺阶段（12月至考前）

学习任务：边练边总结、边查漏补缺，手不能生，保住自己在前几个阶段的成果。

学习所用资料：历年真题、模拟题、教材、平时自己做错的题目。

学习目标：学会考试、保证知识学习的同时要提高临场发挥的能力。

建议听课程：冲刺串讲，最后预测。

这一阶段我们要保持实力，保持记忆，保持好的精神状态，保住大家大半年时间辛辛苦苦积累的基础知识和解题能力。

2. 专业课复习特点及方案

第一、专业课的重要性

①专业课越来越重要。

从2009年开始，国家教育部正式将硕士学位分为学术型和专业型两种类型的硕士学位，并且，在当年3月中旬公布的国家复试分数线中，第一次分学术型和专业型进行复试划线。

这一现象深刻反映了研究生招生单位对考生专业能力的真实需求，也充分说明了专业课对每一个考研人的重大意义。在考研竞争中，专业课对于考生的重要性远远大于任何一门公共课。

②专业课在初试和最终录取时的权重。

初试中专业课占150分或300分，对一个学校按照初试和复试7∶3加权综合的录取规则来计算，对考数学的同学来说，专业课的权重达51%；对不考数学的同学来说，专业课的权重达72%，如表12-21所示。

表12-21 考研专业课各阶段权重

考生类型	专业课权重（初试）	专业课权重（最终录取）
考数学（专业课150分）	30%	51%
不考数学（专业课300分）	60%	72%

说明：考研总成绩＝初试成绩×70%＋复试成绩×30%（最基本的复试权重，部分名校复试权重高达50%），名校专业课所占比重更是高达80%。

③专业课在初试中的过线率。

在复试中80%以上的考查内容就是专业课，导师最看重的是专业课考试成绩，因为这直接表明了你未来硕士期间学习和研究的能力。

据国家教育部考试中心连续三年的权威统计，全国平均每年有47.8%的考生因为专业课没有过线而惨遭淘汰！从2016年到2018年连续三年，专业课没有达线的分布情况为：一类档次院校平均有61.2%的考生专业课没有过线；二类档次院校平均有43.6%的考生专业课没有过线；三类档次院校平均有38.6%的考生专业课没有过线。

④考研考试与录取规则发生根本变化：专业课统考趋势加强、复试更加看重专业课。

为了保证选拔的硕士研究生具备一定的专业知识、专业素养和科研潜质，保证研究生的质量，教育部每年都在逐渐加大专业课的考查力度。在初试科目方面，教育部明文规定，逐步按照门类或一级学科（群）设置考试科目，并且实现统一命题和高校联合命题，也就是目前我们所看到的教育学、历史学、心理学、农学和计算机专业课进行的全国统考。有消息表明，未来管理学、理学有可能会采取统考。在录取规则方面，以往研究生招生录取主要在于初试，考生只要通过初试就能进入复试，而进入复试后一般情况下都能录取。目前这种录取规则发生了根本性的变化：招生单位越来越重视考生科研能力和专业素质的考察，导师最看中的是专业课考试成绩，专业课成绩的高与低直接决定考生是否被录取。

以上阐述表明，专业课非常重要。那么，专业课的复习特点是什么？难度又有多大呢？

第二、专业课复习特点

①专业课学习没有明确的学习范围，不容易确定复习的范围和重难点。

公共课有明确的考试范围，考试内容全国完全统一，和公共课相比（除了教硕、法硕、管综、历史学、心理学、农学和计算机科学等之外），专业课的考试都是属于各个学校自主命题，没有考试大纲。也就是说，考生在学习的时候没有明确的学习范围，也不知道老师的命题范围和命题要求是什么，这对专业课学习来说非常致命。每年有很多同学都会遭遇专业课的"黑洞效应"，公共课只要多学一点，就能考好一点，知识程度不同而已，但专业课经常会出现学得多，却考得差的怪现象。

②考研基本上都是跨档次考，因而专业课复习更难。

几乎所有参加考研的学生都是以本校本专业为逻辑起点，要么选择更好的学校，要么选择更好的专业，要么选择更好的地区。对于考生来说，不管是跨学校、跨地区，还是跨专业，绝大多数都是跨档次考研。因此，对于考生来说，考研的专业课一定比考生原来本科所学的专业课难，哪怕是考本校本专业的学生，他（她）的竞争对手也是来自全国各地，不再是同班同学的竞争，他（她）的竞争环境变得更为复杂，专业课复习也变得更难。

③学生专业课基础水平各不相同。

考研学生可以分为四种类型：考本校本专业、考本校跨专业、跨学校考本专业、跨学校跨专业。对于跨专业学生来说，不管是考本校还是跨校，都需要重新学习专业课，专业课的基础基本上是零，而他（她）需要竞争并且战胜的对手中，有人可能是考本专业的，专业课已经学了三年多。这样一来，专业课的基础水平就大不相同了。对于跨校考研的同学来说，专业课复习必须重新审视自己本科阶段所学内容和目标院校考查内容的要求距离。

④专业课的复习资料比公共课的复习资料稀缺，因而难度高。

公共课的书籍、复习方法、命题规律、出题的重难点、辅导班等等资源都非常丰富。相对公共课而言，专业课复习的信息和资源相对闭塞。比如：报名录取比例、实际复试分数线、专业课必看参考书目、报考学校专业的历年专业课真题和真题解析、命题老师是谁、命题规律又是什么，这一系列信息和复习资料都是相对屏蔽的，如果让学生自己收集，不一定就会收集齐全，并且还不一定能收集得准确和真实，更何况还浪费了考研复习的宝贵时间。

⑤专业课的分数弹性大，只要掌握了专业课的复习规律，专业课比公共课更容易获取高分。

表面上看起来专业课比较复杂，规律性不强，事实上，根据我们多年的实践与研究发现，专业课尤其是非统考专业课，很容易就能把握规律。专业课分值高，只要掌握专业课的复习规律，专业课比公共课更容易获取高分，专业课分数弹性更大。对于同一个考生而言，政治、英语和数学因努力程度和复习资源不同，最后的考试分数会在25分之内波动，而初试专业课完全可能会在50分之内波动，高手们完全可以考到140分，而很多人虽然勤奋却很有可能在90分折戟沉沙。复试专业课的分数弹性更大。因此，专业课更容易获得高分。更重要的是，要想总分获得高分，专业课就必须考高分。

第三、专业课全年最佳学习方案

由于专业课的复习比较复杂，不像公共课有那么多人和机构在研究。因此，只要考生认真研究专业课，把握专业课考试的本质和规律，那么，专业课的复习就能够事半功倍。但是，由于考生个人的能力有限，无法对专业课进行深入全面的研究，获得规律。鉴于此，一些颇具势力的考研机构建立了涵盖所有考研学科门类的专业课教研中心，深度研究专业课，为考生提供考研专业课高水平的辅导。

专业课的最佳学习计划分为十几个重要阶段，今天我们先讲解大家最紧迫需要的前几个阶段，并且我们假设这是一个竞争强度在6：1以上的硕士点。

第一阶段：确定专业

在这一阶段，同学必须要根据三个最重要的因素来正确选择报考专业。这三个重要因素是：

①本科专业与研究生专业的匹配程度；

②对研究生专业真实的喜好程度；

③对研究生专业天然的擅长程度。

第二阶段：进行通用知识点学习

在专业确定后，还需要更多时间考虑更多因素才能最终决策报考学校。在定了专业却没定学校的这段时期，很多同学不会进行专业课学习，因为他们认为同一专业，不同学校考的不一样，在最终确定学校之前，无法开始学习。其实这是一个错误的认识。因为，虽然不同学校同一专业学习内容不全相同，但只要是同属于一个专业，无论哪个学校所考察的范围，一定有20%左右的知识点是重叠的。不同学校都一致要求掌握的20%相同知识点，我们称之为通用知识点。通用知识点往往是基础层面的知识点，也就是在未定学校之前就应该开始学习的专业课内容。

我们在确定专业后，就应采用特殊方案锁定通用知识点，然后针对通用知识点，进行2轮预热理解与1轮初始记忆。

第三阶段：确定学校

这一阶段，同学应综合多种因素来正确选择报考学校。影响学校选择的因素很多，但最

重要的一个因素是你自身的考试能力。同一专业，不同学校竞争强度不同，越好的学校越难考，你有多强的考试能力就可以考多好的学校。但是自己的考试能力未来能强到什么程度，自己力所能及能考上的最好学校是哪所，这表面是一个不可预测的未知数。

第四阶段：进行全范围知识点学习

在报考学校确定后，同学应利用四种资料（专业招生目录、历年真题、公开指定参考书籍和内部默认学习资料）来确定专业课需要复习的全部知识点范围。

当专业可能考查的全部知识点确定之后，考生应该将全范围知识点快速理解认知1轮，然后针对通用知识点阶段未学部分再重点理解认知2至3轮。

第五阶段：将全范围知识点划分为3至5个重要层次

在这一阶段，同学应通过三种渠道（目标硕士点研究生群体、目标硕士点导师群体和特殊资源渠道）采集信息，分析确定各部分知识点的大致考试概率，然后根据考试概率的高低将所有知识点划分为3至5个重要层次。

第六阶段：针对不同重要层次的知识点进行不同程度的学习

最重要的知识点，必须要再次深刻理解与深度记忆5至7轮，平均每个知识点解题训练不少于6道题。较重要的知识点，应该再次理解与记忆3至5轮，平均每个知识点解题训练约4道题。非重要的知识点，只需浏览性理解2轮，适当解题训练即可。

第七阶段：针对难点内容的集中学习

总体而言，专业课前六个阶段的学习任务中，第一阶段可以靠自己有效完成80%。第二、三阶段只有60%的任务能靠自己有效完成，但第四、五、六阶段必须依靠专业化课程辅导和大量外部资源才能真正学习到位。

目前，全国的专业辅导机构较多，很多机构都有专门的专业课咨询及其辅导业务。建议你尽快去咨询中心认真咨询，那里有很多非常重要的专业课信息和资料，还有专业课老师解答问题，同时还会得到免费的专业课学习策划。很多咨询过的同学都感觉获益匪浅。

第四节　复试及复试原理

一、参加复试的条件是什么

（1）达到全国复试分数线；
（2）对于自主划线的34所学校要达到报考单位的分数线。

二、复试的重要性

统考生、学位生、MBA联考生和免试推荐生都被要求参加复试。复试不通过的，不能被录取为研究生。

长期以来，复试淘汰比率很小，许多招生单位实行的是等额复试，即准备录取多少人就通知多少人复试。现在情况已经改变，教育部规定从2003年开始实行差额复试，凡设立研究院的高校在组织复试时将实行差额制,复试录取比例基本在 1.2∶1,所以切不可掉以轻心。

三、复试专业课笔试怎么准备

(1) 初试结束后应该向往届的学长学姐们了解往年专业笔试的题型、题目和考试范围;
(2) 研究历年复试题,把握命题思路,以便有针对性地进行复习;
(3) 熟悉初试和复试参考资料,巩固基础知识。

四、复试英语口语怎么准备

(1) 初试结束后应该向往届的学长学姐了解往年英语口语复试的具体方式以及主要涉及的问题,以便有针对性地准备;
(2) 利用寒假时间提前准备好个人、学校、家乡、专业等有关自己的常见问题,以便碰到此类问题可以不加思考地回答出来;
(3) 熟悉本专业常用的英语词汇,适当阅读最新的专业外文期刊。

五、复试专业课面试怎么准备

(1) 了解本专业的研究动态和最新进展;
(2) 了解报考硕士点所有导师的研究方向、主要成果和学术观点;
(3) 准备自己的毕业设计和科研设想;
(4) 巩固对专业基础知识的掌握。

六、导师推荐有多大影响

博士研究生考试是在报名时就确定好导师的,所以导师在考生录取时有很大的选择权,在进入复试的考生中,导师基本上可以自由选择。但硕士研究生考试并非如此,在报名时只确定专业,而不确定导师。导师的选择是在录取之后进行的。相对来说,硕士生导师的自主选择权利没有博士生导师那么大。一般来说,导师推荐会在复试的环节中起很大作用。也就是说,进入复试的考生,如果能够得到导师推荐的话,录取应该是没问题的。另外,没有进入复试而想调剂到别的学校的考生,如果能得到在本专业内有一定学术地位的导师的推荐,调剂成功的可能性会大得多。

七、面试礼仪和衣着

1. 基本礼仪

进出门:敲门,得到老师允许后进门,问好,得到允许后落座,并道谢。面试结束时,微笑、起立,道谢,说"再见"。

回答问题:回答问题要有自信,眼神不要游离;要口齿清晰,声音大小适度;答句完整,不可犹豫,不用口头禅;用"您"等礼貌用语。不要不懂装懂,考官都是专家,不懂装懂的回答不仅不能侥幸得分，考官甚至会因此对你的人品产生怀疑。

精神状态：始终面带笑容，谦恭和气。表现出热情、开朗、大方、乐观的精神状态；轻松自然、镇定自若；不卑不亢。

举止：坐姿或站姿要端正，一般以坐满椅子的三分之二为宜；避免一些不必要的小动作；眼睛直视考官也许会让你紧张，但是你的目光和他们的鼻子平齐会一方面显示出自己的谦虚，另一方面也展示了自己的自信。

尊重对手：在有的学科面试中，可能会有集体面试和小组讨论，这个时候，即使小组中有人的观点错误或很幼稚，也要尊重自己的对手，不要对对方显示出蔑视或不屑。人们会怀疑一个喜欢贬低他人的人的学品和人品，自高自大的学生从来都不会得到老师的青睐。

2. 着装

不同的专业，着装可能会有区别。经济、管理类等文科的复试，应该还是男生穿西装衬衫，女生稍化淡妆，会显得正式一些。理工科还有其他专业的复试，只要干净整洁、大方得体就可以了，不用特意准备，为之费神。

八、复试八大误区

1. 误以为高分就一定会被录取

这无疑是片面的。别说还有复试，就是高考也还有个录取的步骤要进行。高分只代表你获得了下一步的入场券，顶多就是站在了一个相对有利的位置，记住这只是暂时的、相对的。

2. 误以为高排名就不会淘汰

高排名并不意味着最后会入围录取，同样的道理，这也只是暂时的表象。在复试环节很可能会有许多你意想不到的事情发生，不要盲目高兴，相反，要更多地做好准备，保持和扩大自己的优势。

3. 误以为名校就不接受调剂

有的名校也有调剂的情况，视专业而言，也视当年的报考情况和上线情况而言。如果你考了高分，而所报学校又竞争太激烈，面临不妙的情况，记得赶快收集此类信息。

4. 误以为学校存在暗箱操作

公正问题不是区区一个学生能独力扭转的，怨天尤人的下场都是搬石头砸自己的脚，聪明人不会老纠缠在这个问题上。务必记住这不是自己目前要努力的方向，你所要做的、所能做的，就是苦练内功巩固和加强自己。

5. 误以为导师提问都很刁钻

恰恰相反，导师绝大部分都是见识广泛、通情达理、笑容可掬的非凡之士，他们普遍理解寒窗苦读的不易。导师提问一般就是两个方向，一是涉及你的专业内容，二是有关当前时事的内容。前者你不会摸不到头脑，后者适当关注就可以事先思考可能会出现的情况。

6. 误以为复试时就选定导师

只有博士考试招生才是报考之际就基本选定了导师，硕士研究生的导师选派不是复试的时候决定的，某些不知情的报考者甚至以为自己一开始准备考试就可以预定某某老师，真正选导师是在新学期开始后进行的。可以和导师取得联系,但不要一厢情愿地捆绑。

7. 误以为招生目录上的名额是真的

不要太相信那个数字,在扩招后那个数字就不再是一成不变的了,不信的话,可以去打听打听你报考的学校前几届的招生情况,最后招生的数目通常要大于该数字,搞不好还是翻了一番的数字,所以不要轻易打退堂鼓,要认真衡量和计算一下。

8. 误以为听力口语考试都是一样的

并非每个学校都有不同的外语听力加口语考试形式,但还是有比较多的模式的。比如有些学校的口语是要对话的,有些学校的口语则只要自己演讲就可以了;又比如有些学校的口语听力是同时进行的,有些学校则是分开进行的。情形不一而足,我们要事先了解清楚。

第五节　调剂及注意事项

一、调剂信息的收集

想要接受调剂,首先要确定自己是否属于可以接受调剂的考生人群。那么,什么是可以接受调剂的考生人群呢?国家规定:只有参加了全国统考,并且过了国家线的考生才具备调剂资格。如果考生确定自己需要调剂,可以去各高校研究生院下载调剂申请表。具体步骤如下:

(1) 过了国家线,确认有调剂资格;
(2) 选择调剂学校;
(3) 下载调剂申请表。

建议:考生可以将注意力更多的放在西部院校或者往年调剂名额较多的院校上,因为西部也有很多好学校,由于报考的人数较少,所以被调剂的希望相对较大。

提示:在写调剂申请时应简洁明了,可附带介绍一下自己的专业背景或学术成果,没必要写得庞杂,对申请调剂者来说,最关键是知道院校的空缺信息,并让院校知道你的调剂需求。

二、与调剂研招办联系

拟调剂考生可以多份寄送申请表,以提升调剂的可能性和机会。同时,尽早和拟调剂的招生单位研招办取得联系,第一时间获得调剂信息,考生需要保持这样的联系以备随时都掌握拟调剂单位的调剂信息。

行动步骤:首先,向原报考单位申请调剂,拟调剂考生可向原报考单位提出调剂申请,原报考单位同意并转寄报考材料,经原单位允许,会将你的报考材料寄往拟调剂单位。

提示:拟调剂招生单位如果接受了你的报考材料,就表示拟调剂单位接收了你的调剂申请。下面,你就可以准备参加拟调剂单位的复试了。

三、调剂的技巧是什么

（1）打听排名。分数出来后，要积极打听自己的排名，尽快确定自己是否能进复试，以免贻误调剂时间。有很多人就是以为自己分数够，进复试肯定没问题，结果到最后被别人挤下来了。

（2）广泛撒网。宁可以后在几所学校里选择，也不要自己拴在一棵树上。向所报考学校研招办询问他们是否可以推荐调剂（这是第一志愿单位的义务，很多学校都没有履行，因为人实在太多了），如果有自然好，那样机会大点。调剂信息三四月份许多网站上都会专门发布，如中国教育在线等网站，一般公布出来的信息也比较真实可信。还有就是通过你的关系网去打听了，如果你有朋友、同学在某个学校，可以请他们帮你打听。如果你母校的老师和哪个学校有联系，可以请他们帮忙推荐。如果你符合那些学校的调剂条件，就可以马上电话咨询或信件联系。要注意截止日期，一定要在截止前寄去要求的材料，晚了，哪怕你再优秀也不要了。所以，一定要抓住时机。网上公布的信息是众所周知的，因此大家都会去争取调剂。

（3）主动出击。不要在那里傻等分数线，天真地认为调剂大战是从出了分数线才开始的，这样就大错特错了。绝大部分院校在分数线出来之前对本校的招生情况、上线情况内部都能估计得八九不离十，但分数线出来之前，作为校方不可能公开本校是否缺额，虽然招生院校心里大致有底。

（4）电话咨询。在分数线出来之前联系调剂，不是让招办的人给你一个肯定或否定的回答，而是给招办的人留下印象，知道有你这么个人需要调剂，并且有意向调剂到他们学校，等一旦有名额了，让招办的人首先能想到你。

（5）百折不挠。许多学校其实是要调剂的，但并不公开发布出来，这就更需要你用嘴皮子去磨。你可以礼貌地探探口风，如果对方不调剂，就会直截了当地告诉你，一般口气都很硬，态度很冷，说完马上挂断。如果他没有直接拒绝，反而问问你的分数情况等，口气还不是很硬，那么就证明可能有希望了。你就可以主动介绍自己的情况，在不违背原则的情况下，可以适当把自己夸大一下，这都没问题的，要相信自己很优秀！你最好提出主动寄材料过去，就算对方说"希望不大"之类的话，你也不要灰心，一定要打听出来地址，然后给对方寄个材料过去。

（6）调整心态。请从看到分数的第一时间作出判断，有没有可能进复试，判断不了的请直接打招生办电话询问。只要没有100%的把握进入复试，就请立刻着手调剂。

（7）有的放矢。注意母校和原报考学校。大学四年没有什么突出表现的同学，简单地说就是没有什么资本，奖学金没有或罕有、成绩单上分数拿不出去、没做过多少课题实验更别说论文了，考研成绩又不怎么样，本科又是非211院校的，这类同学，调剂到好学校的概率比较小，毕竟调剂技巧是锦上添花的东西，巧妇也难为无米之炊。对于有点资本的同学，请重点关注你所报考的院校（看有没有校内调剂的可能）和你的母校（母校一般不会嫌弃自己的学生，只要有名额）前往调剂院校。问好情况后，一般就可以确定下来几所有希望接受调剂的学校了。

（8）保持联系。请不要眉毛胡子一把抓地到处乱联系，对于分数不错、大学期间有点资本的同学，调剂是有底线的，建议尽早联系能联系到的一切院校。

（9）抓紧时间复习。

（10）多多复试。

（11）"抓住"导师。

（12）绝地求生。

注意事项：在调剂选择比较多的时候，要选择自己最中意或最有可能考上的院校，以防档案被其他院校调走。

四、调剂意向采集服务系统与调剂服务系统有什么区别

调剂意向采集服务系统与调剂服务系统有本质的区别。在调剂意向采集服务系统中，一位考生最多可填写 10 个调剂意向。调剂服务系统开通 24 小时内，在满足条件的前提下，考生可将调剂意向转为调剂服务系统中的调剂志愿。已转移成功的调剂志愿与直接在调剂服务系统填报的调剂志愿一样，48 小时内不可取消或更改；未转移成功的调剂意向在调剂服务系统中无效。

五、调剂流程

1. 登录

考生凭网报时注册的用户名和密码登录"中国研究生招生信息网"的网上调剂系统。如果忘记了用户名或密码，请使用找回"用户名"或"找回密码"功能。

2. 查询

考生在填报调剂志愿前认真阅读各招生单位在其院校信息栏目里或其他途径公布的调剂要求，登录调剂系统后可查询各招生单位的专业缺额信息。

3. 报名

通过调剂系统选择已发布缺额的招生单位和专业，填报调剂志愿（可同时填报 3 个志愿），提交后的调剂志愿在 48 小时内不允许修改（每个志愿单独计时），以供招生单位下载志愿信息和决定是否通知考生参加复试。48 小时后，考生可以修改调剂志愿。

4. 复试

填报调剂志愿后，招生单位将反馈是否参加复试的通知。请考生及时登录调剂系统，查看志愿状态和招生单位的复试通知。如果收到复试通知，请考生按照招生单位的调剂要求办理相关手续并通过调剂系统回复是否同意参加复试。

5. 待录取

考生在复试结束后，如果符合录取条件，将收到招生单位发送的"待录取通知"。考生接到招生单位发出的待录取通知后，需在单位规定时间内登录调剂系统确认，否则招生单位可取消待录取通知。未网上确认接受复试通知的考生不能被招生单位设为待录取（一志愿考生例外）。考生一旦接受待录取通知，表示调剂完成，将不能再填报调剂志愿、接受复试或待录取通知。考生如欲取消已确认的待录取通知，必须征得以备待录取单位允许，在招生单

位取消待录取通知,并且考生登录调剂系统进行确认后,方可继续填报调剂志愿、接受复试或待录取通知。

6. 复试没有通过

此类考生仍可继续填报调剂志愿。报考学术型和报考专业学位研究生之间的相互调剂政策,待初试结束后,视第一志愿生源上线情况而定。调剂工作的具体要求和程序由招生单位按教育部录取政策确定并公布。届时,考生可通过"研招网"调剂服务系统填写报考调剂志愿。

第六节 考研心态

一、全年心理状态分析

我们把考生一年的心理周期分为四个大的阶段,具体表述如下:

1. 导学阶段:激动亢奋期

这个阶段,一般来说就是从考研刚刚启动到第二年的三四月份。这个时候大家根本就没有什么想放弃的念头,因为压根儿还没开始……当然,也不会感觉到有任何困难,因为还没有进入状态。这个阶段的心情,可谓是激动与亢奋的。每天胸脯拍得响响的,每天都雄赳赳气昂昂地抱着一摞书上自习,然后又雄赳赳气昂昂地抱着一摞书回去,看没看不知道,但占座是必需的。

这个时期的注意事项就是:防止患上"盲目乐观综合征",耽误时间。

2. 基础阶段:平静期

当激情褪去,山还是那座山,水还是那个水,知识点就在那里,你不学就是不会。于是到了第二年的5~8月份,就进入了考研平静期。此期间是量变。慢慢地学,慢慢地进步;慢慢地等待,慢慢地前行。

3. 强化阶段:迷茫期

这个阶段是指第二年的9~11月份。这个阶段是很多考生放弃考研的黄金季节。看到身边的人保研的也都陆续保研了,找工作的也都陆续找工作了,自己考研的没着没落的,心态开始慢慢地变化。焦躁的心情开始蔓延,学习也进入了攻坚阶段,这个时候很多人选择了放弃。本身这个时间段也属于哲学上否定之否定的那个否定。任何事物的发展规律都是螺旋曲折上升的,迷茫很难避免,但是考生如果了解清楚了,也就不会很担心了。

4. 冲刺阶段

冲刺阶段的心理情绪变动最大,这边详细给大家做出分析:

(1)厌烦、疲惫:这也是一个常见的心理波动。

表现为:每天不管身体上还是心理上都很疲惫、憔悴,一拿起书就烦、看会儿书就累,厚厚、密密麻麻的一大沓书恨不得一把火烧掉。其主要原因是考研的过程太浩大,少则半年几个月、多则一两年。学生从决心考研到开始复习,每天对着课本,对着这些枯燥的知识要理解、要记忆、要背诵、要掌握周而复始,循环反复。俗话说,"看都看烦了"。坚持了这么久,产生反感、排斥、疲倦也是正常的,但同时也是危险不可取的。别人都在精力充沛地往前冲,自己一旦掉队,后果将会不堪设想。

(2) 患得患失:这是冲刺阶段非常常见的心态。

其表现为复习时总被"我能不能考上、如果考不上该怎么办"此类问题困扰,每天都不由自主去思考,睡觉前想,醒来后还一直在想。情绪低落、信心丧失、悲观主义抬头,直接影响到了正常复习。其根本原因在于考研功利主义太强、过分注重结果。把考研当成唯一出路,考不上不仅在同学、朋友面前没面子,而且找不到工作,一事无成,所以要有一定、必须、务必考上,大有"不成功,便成仁"的意思。一旦有此情绪左右,建议大家先放下书本,出去外面,郊外或海边找个地方平静下来,好好地想想当初为什么选择考研,考研对自己而言意味着什么,自己到今天复习的程度怎样,进行一次放松和反省。另外,男生的话可以去运动,打打篮球、踢踢足球、跑跑步,女生可以去逛街购物,采用各种方式提神和带动兴奋点。兴奋、激动过后再回来看书,继续前进。

(3) 紧张、压力大:对于考研冲刺而言,一点紧张和压力是必要的,但千万不可由于过分紧张导致身心麻木,停滞不前。

有的同学由于紧张、压力过大导致连续失眠,饭量减少,整个人悲观失望、精神恍惚。白天晚上想的都是"我的政治还有多少不会的""我的数学还有多少不会的",压力自然越来越大。出现这种问题的主要原因还是"太把考研当回事",担心失败。总是感觉自己复习很糟糕,和对手比相距甚远,考上准没戏。其实,我可以告诉你,你这种想法正常人都会有,谁都习惯只看到别人的优点和自己的缺点,总感觉自己不如别人。但是同样,别人也会觉得你复习得比他好。你要知道,别人复习的进展并不一定比你强,后续的时间很关键,会对结局带来实质性影响,关键是看现在是否能再坚持一下。一定要有信心,要肯定自己之前付出的努力,肯定努力总会有回报。另外同学们可以和知心朋友,尤其是一起准备考研的同学聊聊天,把自己的担心和顾虑说出来,如此一来,紧张感也会相应地削减。

(4) 忧虑、害怕、恐惧:由紧张、压力大造成的忧虑、恐惧和害怕也是困扰很多冲刺考生的一种负面情绪。

有些同学忧虑,内心十分脆弱,夜晚情不自禁地大哭。严重的同学甚至患上了忧郁症。其根本原因还是太把考研当回事,另外就是太缺乏自信。罗斯福说过,"我们唯一的恐惧就是恐惧本身。"考研的结果不值得畏惧,自己的竞争对手也没什么可怕的。全面接受真实的自我,别老惦记着与你的同学相比,惦记着别人的进度、别人的模考分数。老是惦记着这个,那你就不会过自己的生活,就是他人生活的奴隶。真正会生活的人,只跟上自我、超越自我,因为每天你旨在做一个更为成熟、更有能力的自己。另外,要看到你过去的成功,应当看到自我的成功,经常回顾自己走过的道路,看到自己复习中的每一点进步。从比较自我的发展过程看待自己的成长,而不应当让过去的错误紧缠着自己不放。

(5) 自暴自弃或自视过高。前一种心理主要是针对那些开始就没怎么好好准备的考生,觉得自己再努力现在也来不及了,干脆就果断放弃吧。或是觉得自己复习了这么久,政治、外语依旧错得很多,于是就不知所措了。面对这种情况,我们还是要在心中默念:"坚持就

是胜利！"只有坚持了，或许真会有奇迹发生呢。后一种心理主要针对另外一种考生，觉得自己各方面资料都具备，自己也投入了大量的时间和金钱，还有自己已经过了几遍的知识点，感觉万事俱备，只欠考研的"东风"了。其实，这时可千万不能大意，自己要学会检测自己对知识点的掌握，如果只是对它有印象，但又说不出完整的答案，那说明还是掌握得不牢固！最后还是那一句话："不到上考场之前，一切都还有希望！"坚持的结果不一定胜利，但是放弃绝对意味着失败。考研成功者并不一定是最优秀者，但肯定是最能坚持者。一旦有放弃的念头闪过时，就看下《阿甘正传》、看下《士兵突击》、看下《南极大冒险》吧。"不抛弃、不放弃"，"在绝望中寻找希望，人生终将辉煌"。

（6）复习过程中的"比较"心理。

有些考生常常把目光放在别人身上，例如：别人又买什么备考资料了，他们的复习进度以及复习水平怎么样了？政治单选错了几个？……当然，这种心理非常常见，但是其实在备考过程中我们所关注的报录比还有竞争对手只是为了分析难度问题和考上的概率问题，以便于根据自己的实际情况做出更好的选择。古语有云："自胜者强。"考研的过程中如果能战胜自己的惰性和各种不良心理，把精神和注意力都集中在自身对知识的掌握上，那你很可能就会有一个不错的结果！

二、启动初期"精神食粮"的储备

要为自己准备一些精神食粮、毕竟考研的路很长。我们可以在启动的时候准备一些励志的书、励志的音乐、励志的电影。在此给大家推荐一下精神励志食粮，以备大家在想放弃的时候，聊以慰藉自己那颗疲惫的心。

1. 那些年，我们一起看过的电影

经典永远是经典，优秀的影视作品能给人无穷大的激励。在此，给大家推荐一些理智的电影，仅供参考：

（1）《阿甘正传》

天空中，一根羽毛随风飘舞，飘过树梢，飞向青天……最后，它落在福雷斯特·甘的脚下，阿甘把它夹进自己最喜欢的书中，他正坐在萨凡纳州的一张长椅上，向同座等公车的路人滔滔不绝地诉说着自己一生的故事……

（2）《肖申克的救赎》

希望是美好的事物，也许是世上最美好的事物。美好的事物从不消逝。影片中安迪有这样一句话："Here's where it makes the most sense. You need it so you don't forget. Forget that there are place in the world that aren't made out of stone. That there is something inside your heart that they can't touch, that is hope（这就是意义所在，你需要它，这样你才不会忘记。世界上存在穿越一切高墙的东西，就在你的内心深处，他人无法触及，那就是希望）的确，正像Andy所说的，监狱的高墙可以束缚住我们身体上的自由，甚至体制化的东西可以束缚住我们精神上的自由，但唯有希望不可以放弃。失去希望的生活是灰暗的、没有生气，甚至是没有意义的。

考研，对我们来说就是希望！

（3）《当幸福来敲门》

已近而立之年的克里斯·加德纳（威尔·史密斯饰演），在28岁的时候才初见自己的父

亲，所以当时他下定决心在有了孩子之后，要做一个好爸爸。但他不顾事业，生活潦倒，只能每天奔波于各大医院，靠卖骨密度扫描仪为生。他在偶然间认识到做证券经纪人并不一定需要大学生文凭，而只要懂数字和人际关系就可以做到后，就主动去找维特证券的经理杜杰伊。凭借自己的执着和非凡的妙语，以及一个小小魔方的帮助下，克里斯·加德纳得到了一个实习的机会。但是实习生有20人，他们必须无薪工作六个月，最后只能有一个人录用，这对克里斯·加德纳来说实在是难上加难。这时，妻子因为不能忍受穷苦的生活，独自去了纽约。克里斯·加德纳和儿子也因为极度的贫穷而失去自己的住所，过着东奔西跑的生活。他一边卖骨密度扫描仪，一边当实习生，后来还必须去教堂排队，争取得到教堂救济的住房。但是克里斯·加德纳一直很乐观，并且教育儿子不要灰心。因为极度贫穷，克里斯·加德纳甚至去卖血。功夫不负有心人，凭借自己的努力，克里斯·加德纳最终脱颖而出，获得了股票经纪人的工作，后来还创办了自己的公司。

"你有梦想的话就得去捍卫它。"——为梦想而战。

（4）《风雨哈佛路》

《风雨哈佛路》（Homeless to Harvard：The Liz Murray story）是美国一部催人警醒的电影。通过一位生长在纽约的女孩莉斯，经历人生的艰辛和辛酸，凭借自己的努力，最终走进了最高学府的经历，表达了一个贫穷苦难的女孩可以用执着信念和顽强毅力改变自己、改变人生的主题。

"就在那一刻，我明白了，我得作出选择。我可以为自己寻找各种借口对生活低头，也可以迫使自己创造更好的生活。"

"为什么不能是我这种人？他们有什么特别之处？是因为他们的出生？我尽力拼搏，不让自己沦落到社会底层，如果、如果我更加努力呢？我现在离那层膜很近，触手可及。"

2. 那些年，我们一起听过的音乐

对于考研人，音乐的力量不可小视，可能一句歌词、一曲旋律，会使你的心态平和，也会使你的复习变得更有滋味、更有动力。这里向你推荐几首英文曲，既能给你带来无穷力量，也兼顾了枯燥的学习，何乐而不为？

（1）推荐单曲：五月天《后青春期的诗》

推荐理由：考研人的未来有权精彩

"谁说不能让我此生唯一自传，如同诗歌一般；无论多远未来，读来依然一字一句一篇都灿烂。"非常温暖的歌，适合在最孤独无助的时刻用心聆听，跟着五月天倔强坚定的旋律向梦想的方向前进。考研岁月如同诗一般，努力过、拼搏过，你我的未来有权精彩。

（2）推荐单曲：五月天《出头天》

推荐理由：心怀大志就有出头天

五月天温暖且充满力量的闽南语歌，复习到最累或者内心感到异常疲惫的时候，塞上耳机听这首歌，"永远等待那一日，咱可以出头天，人生不怕风浪，只怕自己没志气"的歌词会让你心情澎湃。既然选择了考研，就一定要努力把梦想实现，站在过去的基础上把握好现在，始终行动着就必然会有更美好的未来。

（3）推荐单曲：范玮琪《启程》

推荐理由：想到达明天，就要现在启程

范玮琪的歌没有太多张扬，像个认识多年的老朋友。让自己肆无忌惮地沉浸在沉静的音乐世界里，用心品尝这一路走来的各种滋味。梦想发出耀眼光芒，也许肩上的行囊日益沉重，可头脑中的知识储备却日渐丰盈，没有什么是我们做不到的。从现在开始启程，乐观的付出足以令你我在考研路上展翅翱翔。

（4）推荐单曲：张靓颖《Heroes》

推荐理由：每个人都是自己的英雄

电影《功夫之王》片尾曲，张靓颖尝试了全新的演绎风格，可爱又青春。这首适合在早上当起床歌，不是特别吵，却让人有种为之一振的感觉。我们都爱英雄，任何时代都有英雄，今天毅然选择考研的你我就是真真正正的大英雄。

（5）当然还有很多：

①Roberkelly：I Believe I can Fly（《我相信我能飞》）

当考研的重压让我们无处可逃时，就抽空想象自己是能飞的超人！

②Bad Finger：Carry on Till Tomorrow（《相信到底》）

"坚持到明天也不放弃，重新开始也不是梦幻"，连机器猫都可以这样告诫大雄，何况我们是坚韧的考研人。

③Dixie chicks：Top of The World（《世界之巅》）

每天读这首歌的歌词，是很多考研人的必修课。据说能达到世界之巅的状态只有两种人，一种是神，一种是考研人。

④Boyzone：No Matter What（《无论什么》）

圣斗士"小强"跌倒 N+1 次再更加坚强地爬起来的经历告诉我们：无论如何，都要坚定自己的信念，心中有"雅典娜"就永远倒不了。

这就仅仅是个推荐，因人而异，你也可以根据自己的喜好来选择音乐。

3. 有一种精神，指引着我们前行

有人说，我担心失败，说这样很没有面子。什么叫面子？面子是一种尊严，遇到一点点挫折，就感到没有尊严了——挫折只会成为懦夫退却的理由，却不会成为考研勇士们的绊脚石。尊严属于成功者，尊严属于坚持不懈地追求着自己的目标，然后历尽千辛万苦最终获得成功的勇士！

讲到这里，我想讲一种精神，一种考研精神！

人，之所以为人，区别于其他高级动物的根本就在于他有思想、有精神！每个考研勇士对于考研精神的理解可能都不尽相同，对于很多"北漂"的考生来说，考研精神意味着克服家人朋友反对辞去工作时的义无反顾，意味着身揣几百元钱只身闯北京的艰辛，意味着很多同等学力的同学用两年的时间从专科院校考到名校的传奇！

考研精神于我的理解，就是很多"北漂"考生辞去报酬优厚的工作决定破釜沉舟、背水一战时的毅然决然，就是在距考研仅剩数十天时仍然想向命运发起一搏的恒心，就是每天凌晨两点以后，在没有封闭的阳台"举头望明月，低头背大纲"的背影，就是为了节约金钱与时间连续吃便餐仅奔波于寝室和图书馆的身影。

考研精神对于很多考研勇士们来说，可能还意味着找导师、找师兄屡次被拒绝的尴尬，

可能意味着在人大旁边考研村连续300天的半地下室生活，可能意味着在北大每天二两米饭加一碗免费汤的艰辛，可能意味着备考一年中每天迎着朝霞、踏着月光的激情！

你们会说，考研难。选择难：选学校难、选专业难、选地区难；学习难：英语难、政治难、专业课难；过程难：报名难、初试难、复试难、政审难、体检难、交费难！难难难！《为学》教育我们："天下事有难易乎？为之，则难者亦易矣；不为，则易者亦难矣！"你不去做，怎么就说难呢？只要认真去做，一步一步地走下去，也就不难了。

你们会说，我现在的基础太差了，同时我的学校太差，考太厉害的院校，不可能成功的！你们的字典里为什么会有"不可能"的字眼呢？在成功者的字典里，根本就找不到"不可能"！"不可能"用英语怎么说，相信大家都知道——"Impossible"，有一个很经典的讲法，我们只需要把这个词换一个看法，把它们分开，再轻轻地在"I"与"m"之间打上"'"，就变成"I'm possible"这样，"不可能"便变成了"我可能"！生活亦是如此，只需要你换一个角度去看待生活，然后勇敢地打出那一撇，也就迈出了改变你命运的那一步。

试问大家，迈出这一步难吗？——不难！改变自己的命运难吗？——也不难！只要你拥有一种敢于向不可能挑战的精神！

同学们，勇敢地迈出这一步吧！诚然，第一步是最难的。但是，第一步也是最有希望的！最难的是迈出第一步的时候，是你决定考研的时候，是你决定买第一本书的时候，是你决定是否报辅导班的时候，是你给导师打第一个电话的时候……只要你勇敢地迈出第一步，以后的路就会越走越轻松。

"雄关漫道坚如铁，而今迈步从头越！"勇敢地迈出这一步吧！胜利在不远的将来等待着你呢！只要你勇敢地迈出这一步，你命运的改变指日可待！

第七节　国外硕士研究生升学深造

随着我国经济的不断发展，改革开放四十多年来，我国走出去开眼看世界的学生越来越多，出国读研不仅仅是学习外围人的先进知识，更多的是可以拓宽眼界，增加社会阅历。因此，本章节重点就同学们如何出国读研、学校申请流程、留学的相关注意事项等作详细讲解。

一、语言的学习

语言的学习，目前单就留学而言主要是雅思和托福，其考试内容主要是听、说、读、写四个部分。下面我们就这四个方面如何学习作一下介绍。

（一）听力训练

在国内非英文考试环境成长起来的考生，提起听力，几乎会众口一词地说，听力材料的速度太快，不是根本听不到，就是听到了也来不及写下来。十来套模拟题做下来，同样没效果。许多考生因此失去信心，干脆放弃听力部分。放弃听力上痛苦的挣扎，也就是放弃了听力过关为你成功留学所带来的显而易见的优势和由此产生的额外成就感。

听力无成效，主要的问题在于方法不当。在初期听力非常薄弱的情况下，低效率的、一味通过做模拟试题的办法，只会让自己迅速失去对听力的信心。其核心在于，培养对声波信号的敏感度。听力头疼的原因很简单，听得太少，不适应声波信号的刺激。语言的本质是声音信号，而非文字符号。我们习惯了视觉符号的刺激，而声音信号却是一个完全不同的刺激系统，想要提升听力能力应该做哪些准备：

（1）磨耳朵式的剥带练习。选取恰当的外文听力材料，反复精听，在没有文字的情况下，单凭听觉本身，剥出听力材料中的所有信息。

（2）熟悉口语化的英文句子结构。通过实况听力，并结合语法部分的准备，训练对听力材料中的次要信息和提示信息的顺畅理解度。

（3）学生在练习听力过程中所反映的一个主要问题就是，很多内容好像是听到了，但马上又忘记了。听力考试需要听与写同时进行。听到了，记不下来，等于没听到。逐步提高记忆时延是解决这个问题的有效办法。

接下来我们就看看具体需要如何来做：

首先，听力的提高必须要建立在一定的词汇和语法基础上。掌握至少相当于大学英语四级的词汇量是保证听力考好的必要条件。不仅要会辨认这些词汇，还要能够拼写。听力部分所要求的语法并不太难，初高中语法足以应付。如果没有足够的词汇和基本的语法知识，很多答案即使能听出来，但也可能由于知识的不牢固而答不出来。其次，在练习的过程中泛听和精听相结合。在听力练习中，既要能准确无误地听出某些重要的数据，例如：年代、人名、地名及事实，又要兼顾把握大意的练习。这就必须把精听与泛听结合起来，交替练习，即把精听与泛听分成各处独立的练习，听时穿插安排，也可把一个故事或报告化成精泛段落，有些部分精听，其余泛听。在精听时，要首先熟悉听力材料中的生词，对难句可以反复听，而泛听则首先着眼于量大，只求把握大意，不必了解每个细节。精听遍数不限，直到完全听懂为止，泛听的遍数由材料的难度和自己的程度来决定，但一般不要超过三遍，否则就失去了泛听的意义。泛听时，不宜中间打断，要一气呵成，精听则可在句子之间或困难之处停下机器，倒带重听。兴泛不精，会养成似是而非、不求甚解的习惯，反之，则见树不见林，抓不住大意。所以这两种练习哪一种也不应偏废。

时间安排上，听力练习需要思想高度集中，故安排一天精神最佳的时候为宜。而且，时间不宜过短，要连续听一个小时以上。听力又是习惯成自然的技巧练习，所以天天安排一段时间。不能三天打鱼，两天晒网，更不能听一段时间后，就一扔半年、一年。还有就是，要熟悉听力场景，在听力考试之前应该将比较容易出现的学术场景都搞清楚。也许大家会有种感觉，有些时候自己是听出来了那个单词的，可是就是拿不准应该怎么写。这样有可能造成自己的注意力分散，甚至错过了下面那道题的答案。所以建议大家在考试之前要把高频单词拼写一遍，这样心里会有底，也避免了不必要的失分。

（二）表达训练

雅思口语考试形式依次分三部分。

第一部分：一般问答；

第二部分：主题卡片陈述；

第三部分：深入讨论。

每部分考试时间为 4~5 分钟，三个部分总共 10~15 分钟。10~15 分钟的一对一谈话（考生与主考官）。对谈主题非常口语化、生活化，轻松但也有一定的程序。对谈大致上分三部分（不是明显的区分，中间并无间断）：

第一部分：会面，寒暄一番，主考官会鼓励（引导考生）多谈谈一般话题（生活作息上、文化习惯上、个人兴趣等等），考生应勇敢发言（约 4~5 分钟）。

考宜将问你一些非常直接的问题。第一部分是整个口试中最简单的部分。考官就一个话题将会问你 3 到 4 个问题，然后转到另一个话题。你将谈论你自己、你的专业、你的学习（过去或现在）、你的家庭、你的家乡、你的爱好或你的日常活动。要扩展你的回答，给出详细的信息，使其具有趣味性，这样一切就会很好。问题不会很难，只需要简单地围绕着问题回答，并向考官展示你能够交谈。别把事情复杂化，只要充分地回答每个问题即可。

第二部分：主考官抽出一张题卡，卡上写明某话题，考生有一分钟准备时间，之后须根据要求对该话题进行 2 分钟个人观点阐述（约 3~4 分钟，包括 1 分钟准备时间）。

考官给你一张卡片，上面写着一个主要问题和一些谈论的思路。你将有 1 分钟的时间去思考要说些什么。1 分钟准备时间到，考官将请你开始谈话。你将有 2 分钟的时间回答卡片上的问题。一旦 2 分钟时间结束，考官就会打断你，无论你是否说完。没有人被允许回答超过 2 分钟的时间。如果你想得到至少 5.5 的分数，你必须尽可能地至少说 1 分 50 秒。2 分钟之后，考官也许会根据你的回答再询问你一两个问题，也许会要求你给出更多的细节，或者解释你之前所阐述内容中的某一件事。

第三部分：考官就第二部分所提及的话题与考生进行更深入的双向讨论，或者考官就其他话题与考生进行双向讨论。此阶段讨论内容灵活各异，视情况而定（约 4~5 分钟）。

考官将会询问与第二部分话题相关的问题。第三部分的问题将会更加"抽象化和概念化"（即问题的难度将会加大），考官将会要求你去比较不同的情况，给出不同事物的正面和负面，或者描述不同的地点或记忆。你或许会被要求展望未来，分享你对不同信仰和行为的观点。考官期待听到你关于不同话题的观点。没有错与对，只要你解释清楚自己的观点，毫不犹豫地给出例子来阐述你的观点（就像你写作时一样），并竭尽所能解释清楚。

接下来我们来看看雅思口语考试的评分标准：

1. 流畅性和结构层次

这个雅思口语评分标准指的是考生能否使用正常水平的连贯性、语速，是否能够在表达观点和语言的使用上达到结构层次清晰、互相关联。

例如：在流利度和连贯性里面 6~7 分对考生的一个要求叫做 speaks at length，回答要有一定的长度。换句话说，在流利度和连贯性里面要求大家最主要的就是要多说一些，更多地展现你的英语。只有在 15 分钟里面更多地展示你的英语，你才能够拿到更好的分数。雅思口语考试的分数越高，他对你的要求就越严格，看一下 8 分是怎么样要求的：说话要流利，几乎没有重复、自我修正、犹豫。在流利度和连贯性上最根本的一点就要多说一些，其次要避

免的是这三点：重复、自我修正以及犹豫。

2. 词汇来源

这个雅思口语评分标准指的是考生使用的词汇量的范围、能否用这些词汇清晰地表达意思和态度，其中包括所使用的词汇是否多样、是否可以运用相关技巧绕过词汇障碍（如用不同方式表达相同的意思）。

例如：词汇资源7分的要求是这样的：词汇量要灵活，去讨论大量的话题，要用一些不太常见的、不太滥用的、比较地道的单词以及习惯用语。如果描述一下北京的交通堵塞应该怎么去说，咱们同学首先想到的叫做 traffic jam，老外除了会说 traffic jam，还经常会说 traffic congestion，还有很多人会说 the conject traffic、heavy traffic，这就是一些地道的、不常见的英语。

3. 语法的多样性和准确性

这个雅思口语评分标准指的是考生使用的语法结构的范围、能否正确和恰当地运用这些语法结构。在评分过程中，考生表达的长度、复杂程度以及语法错误对交流的影响等因素都在考察范围之内。

有的同学存在这样的一个误区，认为雅思口语考试是不考语法的，其实不是，雅思口语考试对6分的要求是，用大量的简单和复杂句型的组合就可以了，所以口语当中用简单和复杂句交替地去说就可以了。7分要求是，用大量的复杂句型，同时还要有灵活度。7分下面的一个要求更严格一些，就是你的语法要正确，不能经常说一些错误的东西，所以对大家说句子、说句型的准确度其实要求是很严格的。

4. 语音

这个雅思口语评分标准指的是考生的表达是否可被他人理解、考生能否运用语音的内容表达意义。在评分过程中，考生在表达中造成理解障碍的次数、母语对英语表达的影响的次数都在考察范围之内。

这是口语里面最难提高的一项，发音评分标准反复要求的是，语音特色或者语音特点就是平时我们说话能够更像老外，更像 native speaker（母语者）。老外在说的时候会用到一些连读、吞音、弱化。比如 a good teacher，d 是要吞掉的。love his job，需要把 h 去掉，his 去掉 h 之后就变成了 is，和 love 连的话读成了 love is job。关于发音里面我们到底是用英音还是美音，其实官方考试中心给出来的要求是没有任何的区别。

5. 接下来分享给大家一些备考的方法：

（1）独自练习

①尽可能多地阅读：包括每日在网络上的新文章、雅思课本、杂志、任何用英文写的东西。

②练习听力：因为如果你听不懂问题，你便无法作答。观看带英文字幕的电影（没有中文的），在网络上收听英国广播电台BBC，或获取一些雅思听力材料。

③慢慢地、仔细地阅读一本书。如果需要就做些标注，画出生词和你发现有用的结构。

④自我对话：尤其针对口试第二部分。大声说出来，不要担心说错，而应多关注流利程

度和你在回答时使用的词汇。无论何时，当你发现有不会用英语说的单词，就用其他能够表明你的意思的单词来代替。之后，你可以查阅字典，学习新词汇。

⑤为尽可能多的口试第二部分的话题准备5个要点。一旦你琢磨出如何构思这些要点，你将发现大多数话题的准备过程都是类似的。当你有了这5个要点，就为每个要点拓展出2到3个句子。你会发现这正好需要用2分钟的时间：完美！不断地练习，直到你感觉到驾轻就熟。

⑥练习第二部分时自己计时：你只有2分钟时间。当时间结束时，考官将会打断你。你在家里做的练习越多，你对时间的掌控就越好。2分钟的时间过得很快，要确保你没有在重复（因此，构思出5个要点很重要）。

（2）与同伴一起练习

为了提高你的口语，你必须尽可能地多说。多数学生过分担心会说错，而忽略了发音、清晰度和流利程度的问题。和你的同伴、同学、母亲、任何与你的英语水平接近的人说英语，要确保你的同伴能够明白你的意思。

①组成对，相互问问题，不断变换话题练习。为了确保练习的效果，你至少需要40分钟的结对练习。请记住：练得越多越好。

②只说英语！这是你练习的机会，如果你不明白你同伴的话，就请他用英语解释一遍。假装你是一名考官，这将会很有趣，最重要的是，这很有用。

③彼此问一些意料之外的问题。雅思口语考试任何东西都会谈到，你无法预料会问什么问题，所以，必须练一些意料之外的问题。鼓励你的同学给出自己的回答，确认他能将每件事情解释清楚为什么、怎么发生的。

④重点练习一些具体类别的问题："How often…？"的问题练习10分钟，"Why…？"的问题练习15分钟。集中练习一种句型结构并把它印在脑袋里！练习、练习、再练习！

⑤口试第二部分要重点练习过去时态：找一些关于你的童年或者与过去相关的话题（你克服了的一些困难、一段旅行、一份你收到的礼物……），让你的同伴回答，每当你注意到他不使用过去式时就打断他。

⑥可以参加培训中心举办的英语角等活动，和一名同伴一起去，因为老师也许会在活动中组织对子练习。

⑦要确保你能够听明白你同伴所说的话。发音是基础！如果你听不明白，就请他再重复一遍，清晰是十分必要的。

⑧保持自然！不要害怕说错。每个人都会说错。放轻松，做你自己，要说得清晰，且要尽可能地多说、尽可能地常说。

（三）阅读训练

阅读是雅思托福考试的重要组成部分，也是考试中的难点。阅读有它自己独特的特点，是一项费神费力的考试。

雅思阅读考试时长：60分钟

阅读考试题型：共包含3段文章及相应的40道题目。每一篇文章所需要回答的问题数量并不相同，文章内容和题目均出现于试卷中。文章取材于供非专业人士阅读的真实出版物

（例如选自书籍、期刊和报纸），与考生未来在大学课程中将阅读到的文章极为相似，也包含非文字性内容，例如图表、曲线或插图等。所有文章总计长度约在 2000~2750 字。

托福阅读考试时长：54~72 分钟

考试形式：3~4 篇文章，每篇文章有 10 个问题。

考试的阅读文章节选自大学程度的教科书，涉及某个学科或主题。

阅读部分主要测试的是考生阅读并理解教科书和其他用英语写成的学术资料的能力。考试的阅读文章节选自大学程度的教科书，涉及某个学科或主题。考生们若想取得好的成绩，就需要进行针对性的复习。在备考雅思托福阅读时，应关注以下几个重点：

（1）词汇

必须在阅读文章中记忆，每篇文章做完题目，要整理一下单词，然后再运用到阅读其他文章中去。这叫从阅读中来，回阅读中去，效果比较明显。不要盲目地扩充大量单词，要有针对性。针对雅思托福阅读，要知道阅读常考哪些词汇，通过广泛阅读文章掌握出现频率较高的词汇和词组。

（2）语法

阅读中很多题目是在考查语法，都是暗地里考。特别是主观题还有题目与原文的一些改写，都是建立在语法的基础上的。我们要注意一些关系，比如说对比对照关系、因果关系，因为两个事物一旦有了关系，就比较好出题了。所以说建议大家最好能够加强雅思托福阅读学习，了解雅思托福的阅读题型有哪些。

（3）逻辑关系

有个别难题不光是考查大家的英文水平，同时还在考查大家的逻辑思维能力。有些同学就是在这个环节出了问题，全部单词都认识，就是题做不对。这样的题多是判断题和单选题。

（4）背景

这是影响雅思托福阅读分数最不明显的因素。阅读文章的背景我们也要熟悉，比如交通能源污染，这是雅思考试永恒的话题。我们必须积累这方面的常识、背景，另外还有建筑、动植物、医疗健康、公司管理、高科技等等。

（5）阅读题目的类型

其实这是影响阅读分数的最明显的因素。雅思托福十多种题目类型可以进行以下划分：实力题与技巧题，必考题与选考题，主观题与客观题。这样的话，考生就比较容易把握题目类型了，而且可以根据自己的实际水平调整做题的先后顺序。比如说，一个实力稍微弱点的学生，就要先去找填图填表、匹配、简答这类的题目做。而像判断题能做就做，如果有的连题干都看不懂，那只能根据一般规律去做，也就是蒙。这是没有办法的办法，总比你在那儿浪费十多分钟强，毕竟也不能空着。

接下来给大家介绍一些日常学习及练习时候的方法：

（1）要有一定的词汇量和语法知识

词汇量是学英语以来的一个积累，如果真正要考好阅读，词汇量得达到 6000 以上。但是现在参加雅思托福考试的考生趋于低龄化，越来越多的是高中生考生或者大学低年级的学生，所以这个词汇量的要求是相对比较难达到的。但其实只要有高中阶段学习的英语词汇量，还有比较扎实地掌握高中阶段学习的基本语法，就具备了在平时提高阅读能力的基本要素。当然并不是说这些词汇量就已经够了，而是说你已经具备了一定的猜词能力，可以从阅读文章的上下文及语法结构上去猜测和学习新的单词，而且对于一些相对难的句子可以进行结构分析。因为雅思托福阅读文章题材的特性，一定会有比较多的专业性生词出现，所以考生必须要有面对这些生词的心理准备，不要看到不认识的词就放弃继续阅读理解。

（2）要挑选出合适的阅读材料

例如考生是准备雅思的阅读考试，那么最好能接触一些原汁原味的英语文章。这是因为雅思阅读文章，不论是A类还是G类，都和英语国家的生活和学习内容息息相关。A类雅思阅读主要是关于社会科学和自然科学等，包括历史中的重要人物、事件和发明、生物学、科学现象、学科最新动向、地理现象以及社会发展、经济状况等。其中大部分文章选自国外人文类、经济类和科学类的知名报纸、杂志或各国际组织的研究报告。而这些内容对于我们国内绝大多数考生而言都比较陌生，如果要阅读到一定量的原版英文报刊书籍杂志也不是一件很容易做到的事，但是我们不要忘了我们手边其实有一个非常好的工具，那就是网络。在网络上我们可以跨越时间和空间的距离，找到我们需要的内容。

基本上所有国外的报纸杂志都有一个专属的网站，这就给考生提供了很好的机会在平时接触到比较原汁原味的英语，阅读很多专业性的科普文章。

在这里给考生提供一些网站，它们对于雅思阅读能力的提高非常有帮助。

①英国广播公司的网站，里面的内容非常丰富，有简单的生活类的英语阅读文章，也有和英国日常生活和风俗习惯有关的文章，还有介绍留学生活的内容等，并配备了一些互动性的游戏。

②国家地理杂志的网站。这个网站里包括了很多丰富多彩的人文历史、生物学知识和地理知识等，而且有很多漂亮的照片和讲解知识的视频，不会让人觉得无聊。

③卫报是一家著名的英语日报。它提供的新闻覆盖英国及国际经济、政治、文化、教育及其他领域。

④新科学家杂志。顾名思义，就知道其内容主要包括科学上的新发现、新发明。

⑤金融时报为一家重要的国际英语商报。它致力于为读者提供最好的商务信息来源及有关分析和评论。

前2个网站内容包罗万象，而且形式和结构安排都比较活泼且充满视觉冲击力，所以比较适合刚开始接触雅思阅读且英语基础比较薄弱的G类（培训类）考生阅读。而后面的4个网站由于文章长度比较长，内容也比较专业化，所以更适合A类（学术类）的考生阅读。

在雅思托福阅读备考过程中，我们身边可利用的材料是非常多的，想要在平时提高阅读能力，最好能多利用一下这些非常高品质而且还完全免费的材料。考生可以根据自己的时间情况，持之以恒，每天花半小时到1个小时的时间去做，英语阅读能力自然会慢慢提高。

接下来给大家介绍一些平时的训练方法：

（1）模拟考试环境

考过雅思的同学都知道，四科里面时间紧的当数阅读，很多人初次去考试都会答不完卷子。如果想在时间上做更好的掌控，计时练习就变得相当有必要了。大家给自己限定1小时，之后核对答案，计算总分数。另外友情提示下各位，一小时的时间还包括把答案转移到题纸的时间。转移答案的时候大概会消耗两分钟，如此看来时间就变得更加紧迫了。

（2）不计时完成三篇文章阅读

此方法为了提高大家的精读能力，不要为了做题而做题，而是为了把题目读懂、吃透。每个词、每个短语、每个句式的功能都分析清楚再去答题。此方法适合备考时间较长的，同时对阅读期望分值比较高的同学。

（3）20分钟完成一篇文章

此方法适合不喜欢阅读的同学，前期适应练习。初期做阅读练习的学生，三篇文章一起读下来会有种大脑被掏空的感觉，适度练习起码不会起到逆反心理。

（4）没有时间限制完成一篇文章

依旧还是一篇文章，如果20分钟的计时导致时间紧迫造成错误率过高，可采用此种方法。没有时间限制的阅读也是为了阅读而阅读，提升整体阅读实力。

（5）一次只做一个题型

题做多了之后大家会发现，不同题型对文章不同部分的考察点是不一样的，有的是考察段落理解能力，有的是考察句子理解能力。有针对性地答题往往会总结出适合自己的答题规律，此方法适合多次刷题，但毫无题感的同学。

（6）在字典的帮助下答题

此方法可检测出阅读失分的原因，看看究竟是生词、句式复杂，还是逻辑的问题。如果有了字典的帮助还是得不到高分，就和生词没有关系了。

（7）只读文章不做题

没有压力的阅读会让你的阅读分数提升，其实这也是鼓励各位培养良好的阅读习惯。

（8）核对答案后分析答案

如果一味只是为了核对答案而做题，实际上这种方法没有多大的意义。很多阅读拿高分的学生在做题中更多地会思考出题者出题的角度是什么，从而得出规律。甚至有些学生在阅读完文章后，都会猜到部分题目考官考什么，或者他会挖什么陷阱。这其实就是我们所强调的从考官的角度思考问题。

（9）整理词汇表格及关键词表格

整个雅思的考试就是一套同义替换的体系，阅读、听力、口语、写作皆是如此。阅读中的同义替换放到写作中当然也适用，毕竟都是学术用语。

如果你已经厌倦了按部就班地做题，如果你的阅读分数一直得不到改观，不妨试试以上的方法，根据自己实际情况选择部分方法加以练习！

（四）写作训练

写作考试时长为60分钟，写作考试题型，共两篇作文。

第一篇（Task 1）为图表分析写作，如表格、曲线图、柱状图或示意图等，考生需对这些信息或数据进行描述，要求不得少于150字；

第二篇（Task 2）为议论性文章写作，考生需根据题目所给出的看法、问题或议题进行论述，要求不得少于250字。

接下来我们看下雅思写作的评分标准，分为以下四项评等级分：

1. 任务完成情况（Task 1）/任务回答情况（Task 2）

此项评分标准检测的是考生是否恰当回答了写作要求的程度，Task 1的要求是考生在大约 20 分钟内完成一篇至少 150 字的文章，包括：总结描述图表所包含的信息，同时也需要对相关信息进行比较。因此完成一篇较好的小作文，需要做到以下几点：

（1）找出图表中所有的关键信息。

（2）进行解释说明时提供充分、适量的信息，信息不要太多也不要太少，同时保证在描写趋势和数据时的准确性。

（3）一个清晰的概述，总结出最明显的趋势和特征。

Task 2 的要求是考生在大约 40 分钟内完成一篇至少 250 字的文章：就某一问题阐述自己的观点，并使用证据来支持此观点。请注意：task 2 的分值比 task 1 要高！那么要完成一篇出色的大作文，需要注意以下几点：

（1）完全回答题目中的所有问题。

（2）提出并使用论据支持自己的观点，不要只提观点，一定要添加相应的论据、例子，并保证其能完全支撑自己的观点。

（3）保证自己整篇文章的观点清晰一致，不要跑题。

最后，给大家提供一个在写作时可以运用的一个大概流程：先标出题目中的关键词；找出问题有几个部分；然后，保证完成题目中的所有要求；在写作之前先梳理出观点并确定其相关性；最后，将观点进行分类和排序；严格遵循建议时间（20 分钟+40 分钟）并达到最低字数要求。

2. 连贯与衔接

该评分标准旨在考察考生组织文章以及连接信息和观点的能力，应注意以下几点：

（1）进行分段。

（2）段首中心句。

（3）使用连接词或短语来连接段落和句子。

3. 词汇变换

此项评分标准主要是考查考生写作词汇的多样性和准确性。

几条小建议：

（1）注意学习同义词。

（2）多学习词组，而非一个独立的单词。

（3）使用正确的词性。

（4）写完一定要检查，检查拼写是否错误，并且丰富语言。

（5）注意正确使用一些不常见的词汇（考官并不会看你词汇或观点的创新性，而是看你是否能有效、准确地阐述表达观点）。

4. 句式多样性和语法准确性

此项评分标准考查考生写作语法的多样性和准确性。

语法的多样性方面，主要关注：时态、比较级、条件句、情态动词、被动语态的使用。同时也请注意使用复杂句，注意整篇文章简单句和复杂句用量的平衡。注意，标点符号使用错误也会失分！不过，并不要求考生做到 100%无误，但控制错误率很重要！考官将会根据这些错误"影响信息交流的程度"酌情扣分，而非"错误的数量"！注意最后一定要留出时间

253

检查语法错误，你会发现总是能够发现一些错误。

接下来帮大家介绍一下，在雅思写作的备考过程中经常会出现的几大误区：

误区一：字多＝高分

雅思作文是有字数要求的，字数如果低于标准会影响分数。但为了凑字数而闲扯，写些重复或者不切题意的内容，只会适得其反。字数多并不一定会为你加分，决定分数的是文章质量。

误区二：换词＝加分

考官会看学生是否能够用不同的方式表达一件事情，也就是表达的变化是写作能力的一件体现。

前提是你的表达变化是准确的、地道的，否则考官只会扣分。

譬如说"receive treatment"，有些同学觉得"receive"太简单，写成"acquire treatment"。这个学生就是5.5分级别的学生，为什么？因为这不是考官认可的表达，也不符合他们的表达习惯。

误区三：背范文，千篇一律套用范文

这可能是中国考生写作的一大特点，无论是英文写作还是中文写作，都喜欢套用范文。背范文可以帮你积累词汇和思路，但也存在弊端：

（1）被发现可能会被判为模板卷，那么可能你的分数直接就从5分起了。

（2）严重的会被定为抄袭。而且范文很难和作文题目完全切合，容易跑题，或者因为生搬硬套而被降分。

误区四：词组和单词多用可以加分

作文不是单词比赛，作文的目的是交流。我们中文里那些著名的小说、著名的诗歌、著名的议论文，哪一篇里面是一堆单词、一堆词组、一堆成语？所以，好的文章是内容的充实、句子的流畅、用词的恰当。考官永远不是看着单词的"出现"而给分，是看着单词的"使用"而给分。

误区五：常见单词重复太多会扣分

像can、will、should这些情态动词或者助动词重复是无所谓的，考官的范文也经常使用这些表达。某些很少有替代的词（如children、parents、advertising等）也不需要硬是换词，要懂得灵活替换表达。

误区六：大作文开头和结尾很重要

大作文最重要的部分是主体部分，主体部分的论述决定了四个部分的成绩。扣题、观点和论述的细致决定了TR分数，句子连接和逻辑决定CC的分数，用词决定了LR的分数，而句子结构和语法准确决定了GRA的分数。开头和结尾因为不涉及论述，所以重要性要低得多。

误区七：写复杂句和分词结构可以加分

句子变化是能够体现一个人的写作能力，但是如果你的复杂句使用错误，考官会扣分，而不是加分。如果使用不恰当，譬如说套句，不该用的地方用了，那么也会扣分。

譬如说很多同学喜欢用定语从句，"where have…"这就是5.5分，因为where引导的定语从句后面是独立的句子，不可能缺乏主语。考官不是因为你用了where就给分，而是看你用得对不对、恰当不恰当。

误区八：观点无所谓好坏，只要能够自圆其说

观点如果选得不好，考官会怀疑你是否看懂了题目。如考试问"使用手机太多是否会降低交流技能"，你说"使用手机太多会导致视力下降"，那就是有跑题的嫌疑。观点如果不够有力，解释起来就很费劲。就好比，考试问"出国留学是否好"，你的回答是"要逃避国内父母的枷锁"，就是一个很奇怪的观点。

误区九：语法不重要，关键是单词和内容够牛

句子结构不对，语法错误一多，哪怕你用多高端的词、多好的内容都是5.5分。道理很简单，哪怕中文也是一样。如果通篇白字，写的句法不通，即便你用唐诗宋词旁征博引，你的读者也会觉得你连基本的写作能力都没有，更不要说水平多高了。

讲到这里，雅思写作如果想要提升，绝对不是一天两天的事情，一定要经过一个比较系统的学习及练习，大致分为3个阶段：

第一阶段：掌握写作方法。雅思写作有大小作文之分。小作文应该分几段，每段写什么内容？大作文应该怎么布局，内容和语言何者为重？这些都是必须掌握的。换句话说，这一阶段就是掌握和学习雅思作文应该怎么写的问题。

第二阶段：语言积累阶段。这一阶段要大量看一些好的例文。请注意，就算目标只有5.5~6分，但例文必须看好的，不能说要求5.5分，那就看6分的例文。因为例文是用来借鉴的，一定要保质保量。此外，单纯地听老师说怎么写怎么写肯定比较抽象，所以要看些好的例文并分析，这样会具体很多。

第三阶段：练习阶段。写作比较特殊，必须要自己多动手写，再去找老师批改，找到相应的问题，改正，再继续写，再批改，再改正，才能一步步地提升。如果说把希望寄托在老师上课或者自己回家低头猛写是没有用的，一定要有老师帮你批改，指出错误，再重新写。不然就算你写100篇，都还是一样的错误、一样的水平。

二、如何申请

硕士研究生大部分都是就业导向的，基本上90%以上的申请者是希望通过硕士学位和学习，提升自己的就业竞争力。下面以商科类专业为例，其他类专业的申请与商科类的类似。

（一）建议学生们先考虑好自己未来想就业的方向

我们非常鼓励申请者通过各种途径去了解自己是否喜欢这个工作领域，这份工作的工作内容、职业发展路径、什么学术背景的学生可以胜任这个工作。比如，会计与金融、券商投行的分析师、四大咨询部门等等。

（二）确定申请的专业

确定专业，从申请成功的角度，考察本科背景是否与目标专业契合，是否满足这个项目先修课的要求。比如会计项目，对于先修课要求相对比较多，那么针对会计和非会计背景的申请者，申请准备会有哪些区别。确定专业的一个更重要的原因是，接下来的软硬件的竞争力提升，都需要针对这个专业来进行。

确定了申请专业之后，就是针对目标合理规划时间，开始进行两个方面的竞争力提升，即硬件部分和软件部分。

硬件部分即学校背景、专业背景、平均绩点 GPA 和标准化考试（GRE/GMAT/GRE sub，IBT/IELTS）。

在本科就读的院校已经确定的情况下，如何体现专业优势，如何选课对于申请目标专业更有帮助。硬件部分是我们与其他相同背景申请者比拼软实力的基础，需要格外重视。

软件部分的提升，在商科留学申请中的影响是非常大的，尤其是想选择申请美国留学的学生要格外注意。

软件部分包括实习实践、课外活动、比赛、论文发表等等。

首先需要明确的一点是：很多商科硕士项目是职业性导向的，这也是为什么很多商科硕士喜欢有工作经验或者优秀实习经历的申请者。那么这其中折射出来一个需要思考的关键点，实习和工作的主要作用是什么？其实是需要申请者在实践中对于自己的职业发展有深入的思考，这是录取委员会喜欢看到的东西。所以，我们在补充软件背景的时候，需要思考这个背景对于我们申请的帮助有多大。或者是，我们曾经做过的事情如何挖掘亮点，才能体现我们做过这个事情的价值。

（三）合理规划，大一到大四都要做些哪些事情

大一到大四都要做的：

好好学习，刷高 GPA！（大三大四体现专业成绩的成绩单尤其重要），好的 GPA 会给你更多选择的余地，留学时还可能会申请到丰厚的奖学金哦！

具体的大学期间要做哪些事情，可以参考以下时间线。

大一：大一尽可能提高绩点，同时参加能提高自己专业知识能力和职业体验的课外活动，争取获得第一份实习（但不强求），以充分丰富个人简历。

大二：大二在保持绩点的同时，重点关注自己的实习经历，同时可以考虑参加学校的交换项目，提前体验国外留学生活。

（1）确定你是否想要留学，确定留学目的国（英新美加等）和大致专业方向；

（2）准备标化语言考试，雅思/托福备考，同步准备四六级；

（3）开始综合类的实习活动或者参加夏令营活动等刷背景，也可以参加一些海外游学项目，帮助你更深入地了解和体验留学生活，更有机会到目标学校和导师见面，增加成功率！反正就是要抓住一切机会！

（4）依旧要好好学习！GPA 维持至少 3.5 以上。

大三：大三获得 1~2 段符合自己未来职业赛道且含金量较高的实习，同时开始准备雅思 or 托福/GMAT or GRE 考试。

（1）标准化语言考试获得最终分数；

（2）明确自己具体要申请的学校和专业；

（3）获得 1~2 段高质量的实习；

（4）准备申请资料，如个人陈述文书、个人简历（CV）等。

大四：大四开始着手留学季申请，同时在学术研究方面展开尝试，争取发表论文或参与较高水准的科研项目，以丰富自己的学术背景。

(1) 递交申请；

(2) 面试拿录取通知；

(3) 同时准备送签资料，递交签证。

放在最后说：除了申请必备的个人简历（CV）、推荐信（RL）和个人陈述（PS）之外，越来越多的学校需要通过面试来考察申请者的口语表达和应变能力。很多学校在面试环节会筛掉一部分虽然语言成绩过关，甚至很高，但是面试不过关的申请者。

因为，对于商科申请者来说，优秀的商业素养、表达沟通能力，是未来职场必备的，如果留学申请阶段的面试都不过关，如何在求职面试和与客户沟通中让人耳目一新？所以，申请者从申请的初期，就要有意识地培养和训练自己这方面的能力。

复习思考题

根据自身的专业与目标院校，拟写一份考研学习规划书。

案例讨论题

李倩的决策平衡单

李倩学的是理工科专业，但一直对心理学感兴趣，她打算在本科毕业后考心理学的硕士研究生。但是由于理工科专业的研究生毕业后在就业方面前景不错，薪水也高，并且跨专业考研存在一定难度，父母、老师和很多同学都不赞成李倩的想法。因为外部很多反对意见，李倩自己也感觉有些犹豫。处在人生道路的十字路口，她究竟该何去何从？于是李倩试着做了自己的决策平衡单，如表12-22所示。

表12-22　李倩的生涯决策平衡单

权重（1~10）		得失（-5~+5）			
		本专业研究生		心理学研究生	
		得（+）	失（-）	得（+）	失（-）
个人物质利益	就业前景（4）				
	薪水（5）				
	是否成功（3）				
	对健康的影响（8）				
个人精神利益	工作对象（9）				
	兴趣（10）				
	价值观（9）				
家人精神利益	家人支持（5）				

续表

权重（1~10）		得失（-5~+5）			
		本专业研究生		心理学研究生	
		得（+）	失（-）	得（+）	失（-）
家人物质利益	与家人相处（6）				

本专业研究生总分＝4×1.0+5×0.8+3×0.8-8×0.8-9×0.6-10×0.9+9×0.1+5×1.0-6×0.4＝1.2

心理学研究生总分＝4×0.4+5×0.1-3×0.3+8×0.6+9×0.8+10×1.0+9×0.7-5×0.3+6×0.3＝34.3

李倩的职业抉择结果一目了然，通过理性的分析，把纷繁复杂的信息通过决策平衡单的方法清楚地呈现在面前，虽然外部有很多反对的声音，但是这些反对的理由并不是李倩所看重的，如薪水、就业前景、考研成功与否等。李倩清楚地看到了自己最看重的是兴趣爱好以及价值观，这些东西都是非常个性化的，人与人之间的差异也是非常大的。因此，李倩没有盲目地听从他人的意见，而是坚定地攻读心理学的研究生。

讨论问题：

1. 李倩的案例给了你什么启发？
2. 如何坚定自己的信念，执着追求自己的梦想？

第十三章　职业适应与可持续发展

案例导入

笑到最后的女大专生

一家公司招聘了 11 名大学生。让人始料未及的是，在随后不到 4 个月的时间里，该公司陆续开除了其中的 10 名本科生，仅仅留下了一名大专生。而这些大学生被开除的主要原因就是她们的自身素质与道德修养不能胜任公司的人才需求。

第一批被公司除名的就是两名来自某重点大学的计算机高才生。他们在第一次与客户谈完生意后，将价值 10 多万元的设备遗忘在了出租车上。面对经理的批评，两人却振振有词地说："对不起，我们就是刚毕业的学生，学生犯错是常事，您就多包涵吧。"两人终因修养不够、"言多语失"而被开除。

第三个被公司"扫地出门"的是一名本科毕业的女学生，她平时喜欢睡懒觉，上班经常迟到，还在工作时间刷剧网购，经多次警告仍置若罔闻，最终被公司"开回家"。

另有几名大学生因"张狂"而被"卷了铺盖"。他们在与客户吃工作餐时，夸夸其谈，大声喧哗，导致领导和客户无法交谈，结果可想而知。最让人难以接受的就是，公司老总带领公司员工到外地搞展会，在海边租了一套别墅，有 20 多间客房，但员工有 100 多人，很多老员工只能睡在过道上。而有些新来的大学生却迅速给自己选定好房间，然后锁上房门独自"享受"。这些学生好几次走出房门瞧见长辈们睡在地上，竟都视而不见，不吭一声。此事又让几名大学生丢了饭碗，就这样，3 个多月下来，10 名本科生全都离开了公司。

而唯一没有被"炒掉"的"幸运儿"就是一位女大专生。"我只是比别人更清楚，自己比别人少了什么东西。我虽然没有很高的文凭，但我觉得细微之处见匠心，尤其是在与客户面对面接触的时候，可能会因为一个眼神，或者微笑不到位，就让人觉得心里不舒服。这种不舒服如果转变成一种对立的话，势必影响到工作，对公司的业务发展也可能有很大的负面影响。"在她看来，作为公司的一员，应该懂得自己的言行必须符合公司的正当利益。对自己的前途负责，首先就是对自己所在的单位负责、对工作负责。在她的工作记录本封面上写着两个字：用心。她介绍说，因为刚接触工作，很多东西都需要学习，自己就借公司其他员工的资料看，经常看到深夜。"而且我特别喜欢问，几乎公司上上下下的同事都被我问遍了，大家都笑话我就是'十万个为什么'。"正是这份勤奋与谦逊，让这位女大专生笑到了最后。

第一节 职业适应与角色转换

大学毕业生初入职场，都希望自己能够在崭新的工作岗位上很快取得成绩，做出自己的一番事业与成就。但是，我们经常看到的现实情况是很多刚刚开始工作的大学生，并不能很好地适应与大学时期截然不同的工作环境，不能顺利地进入工作状态，不能快速融入工作集体，导致工作无法开展。这些问题的出现都与职业适应与个人角色转换息息相关。

因此，只有重新对自己进行正确的定位，了解一名职业人需要做什么和怎么做，才能快速适应职场生活，在新的职场生活中取得长远的发展与进步。

一、职业适应

近几年，大学生感叹很难找到工作，即便是找到工作的大学生，也在工作中遇到了各种各样的问题。用人单位指出：不少大学生的工作表现不尽人意，很难快速进入工作状态，对工作中需要的技能、经验、要求、规则知之甚少，难以很快适应职业生活。大学生们也发现，面对一个与学校完全不同的环境，期望与现实的巨大差距在很大程度上冲击着他们的职业价值取向，学校学到的东西往往在工作环境中很难发挥作用，自己的言行也显得格格不入，从而产生了巨大的心理压力，最终影响了他们适应职业以及取得职业成功。这一现象在很大程度上体现出大学生在职业适应性上面存在的问题。

（一）职业适应的含义

职业适应指的是个体在职业认知和职业实践的基础上，不断调整和改善自己的观念、态度、习惯、行为和智能结构等，以适应职业实践的发展和变化。职业适应是从人和职业两个方面来看，对人而言，是指人的个性特征对所从事的职业的适宜程度；对职业而言，是指某一类型的职业活动的特点对人的个性特征及发展水平的要求。

一般来说，大学毕业生只有观察、认知、领悟、模仿、认同和内化职业环境、职业规范、职业文化、职业实践等，才能达到能动地适应职业。

（二）职业适应的内容

对于在校生与即将毕业的大学生来说，职业适应的具体内容应该包括：正确的价值观、主动的择业意识、相关职业的要求以及自己对职业适合性的全面了解、比较成熟的职业理想、对相应职业角色在意识与行为两方面接纳的程度，以及在此基础上所形成的正确的自我期待等。

大学生的职业适应能力是学生在从学校的学生角色到职业角色的过渡过程中，主动调节自己的行为以适应职场环境变化、满足新的角色期望，使自己逐渐达到所从事的职业要求并顺利完成职业活动，并且能够利用周围环境使自己达到更高的职业发展目标的综合能力。

通常来说要包括以下几方面的内容：

1. 角色适应

角色适应指的是大学毕业生主动适应工作岗位以及职业的性质、地位和职责，并能够创造"人岗匹配"的最大经济和社会效益。大学毕业生在就业初期，由于对职业角色的认知和理解不够深入，很容易发生角色错位或角色偏差，因此大学毕业生还需要对职业角色的权利和义务、职业角色规范、职业角色的行为模式等有所了解和把握，进而增强对职业角色的认同感和归属感，更好地适应职业。

2. 生理适应

生理适应指的是大学毕业生能够很好地适应劳动的强度、劳动的紧张度，也能够很好地适应工作的节奏、工作的时间，还能够适应自己身体的各感觉器官和运动器官。就业初期，很多毕业生会明显表现出对工作节奏的不适应，感到时间紧，劳动强度大，生活紧张，可能会出现身体疲倦，头昏脑涨的感觉。在这种情况下要注意科学运筹时间，注意劳逸结合，适当加强体育锻炼，工作、生活要有规律。

3. 心理适应

心理适应指的是大学毕业生的大脑适应职业的各种信息引起的心理活动（如感觉、知觉、注意、情绪、性格、意志、情感）都有一个适应的过程，其中又以对情感的适应最为重要。部分毕业生在就业初期会不同程度地出现依附、从众、畏怯、浮躁、空虚、迷茫、苦闷、失落等不良心理，如果不及时调整，必然会影响工作和个人的成长发展。因此，必须要自信，不断吸取经验，逐渐养成整体协助的团队意识；做事要有耐心，充分发挥自己的主观能动性和创造性，脚踏实地地工作。

4. 智能适应

智能适应指的是大学毕业生依据职业岗位要求的知识与能力结构对自己的知识与能力结构进行补充与调整，进而与职业岗位的要求相适应。大学毕业生在校期间的知识累积能否与职业岗位相适应，必须经过工作实践的检验。因此要求我们主动学习消化新知识，不断培养实践工作能力，从而适应个人发展。

5. 群体适应

群体适应指的是大学毕业生通过对各种人际关系进行调整，进而与新的协作集体相适应。大学生在校期间的群体大多是以同学关系建立起来的，相对单纯，利益冲突少。工作后，人员交往发生很大变化，人际关系也更为复杂，交往方式和学生时代有很大的不同，并且会出现利益上的冲突，这就需要毕业生们注意协调好各种人际关系，以适应新的群体。

（三）职业适应的影响因素

大学毕业生在进行职业适应的过程中，由于职场环境的不同，会受到很多因素的影响，具体来说有以下几方面。

1. 个性品质

大学毕业生只有拥有良好的个性品质，自信、自制、自立、自强，坚持不懈地不断进步，才能不断促进自己的变化发展。

2. 职业知能

职业知能指的是人们从事某一职业时所必须具有的知识与技能，一般来说，大学毕业生只有具有丰富而合理的职业知能，才能更好地适应职业。

3. 职业认知

职业认知简单来说就是对职业的认识，从职业的高度、宽度、围度三个层面分析，让自己清楚知道自己的工作范围。大学毕业生对自己的职业认知越明确、越准确，才能更好地适应职业。

4. 职业环境

职业环境，就是某种职业在社会大环境中的发展状况、技术含量、社会地位、未来发展趋势等。大学毕业生能够深入了解职业环境，快速适应职业环境，才能更快更好地适应职业。

5. 职业期望值

职业期望值是指职业人对所从事的职业在目标上要达到的程度。人们在选择某一职业时，除了依据自己的兴趣爱好外，也会依据自己的职业期望值进行选择。对于大学毕业生来说，当选择的职业符合或基本符合自己的职业期望值时，才能够全身心地投入到工作中。

（四）职业适应的策略

大学毕业生要想尽快完成职业适应，可以借助一定的策略，具体来说有以下几个方面：

1. 要慎重地选择职业

大学毕业生在选择就业之前，应首先明确自己的个性特征与心理品质、掌握社会提供的职业特性与职业信息，进而通过慎重的分析，选择最适合自己、最使自己满意且有合适而恰当的机遇的职业和工作岗位。只有这样，大学毕业生才可能在工作中更好地适应职业。

2. 要树立正确的职业观

大学毕业生只有拥有正确的职业观，才能对职业有更深入的了解和认识，进而更好地适应职业。一般来说，大学毕业生树立正确职业观应包括三个方面的内容：一是有正确的职业待遇观，即不能只看重物质待遇而忽视精神待遇，重物质待遇需要不断通过自己的诚实劳动来获得提高；二是要有较高层次的职业苦乐观，积极地将职业和工作看成是个人谋生和致富的手段与途径，并能够正确地处理个人地位、待遇和乐于奉献的关系；三是要有客观的职业地位观，即对职业地位（包括权力、工资、晋升机会、发展前景、工作条件等）有正确的认识。

3. 要积极培养乐观的职业心态

大学毕业生进入工作岗位后，首先要培养自己乐观的职业心态，这样才能在面对新的环境和同事，面对多样的工作要求和问题时积极、自信、乐观，从而更好地适应职业。

4. 要不断提高职业道德素质

不论哪种职业，都会有自己的职业规范和道德标准。不论哪种工作岗位，也会有自己的岗位规范与职责，严格而详细地规定着该岗位工作人员的职业道德、业务能力、操作要求、注意事项等。大学毕业生只有不断地提高自己的职业道德水准，并切实遵守相应的职业和岗位规范与道德，才能更好地适应职业。

5. 要不断完善知识与技能结构

随着科学技术的迅猛发展以及知识更新速度的加快，任何的职业和岗位都会发生一定的变化，此时，若不能及时地掌握相关职业和岗位的新知识和新技能，便难以适应职业和岗位的新要求，进而被职业和岗位所淘汰。因此，大学毕业生要不断完善自己的知识与技能结构，使自己能够更好地适应职业。

6. 要主动地融入团队中

大学毕业生在进入工作单位、步入工作岗位之后，应积极主动地工作，认真学习团队的优良品质，以便自己能快速融入团队之中。同时，大学毕业生还要注意经常对自己的缺点进行检查分析，并始终保持谦虚谨慎的态度，使自己更快地被领导和老员工所接受。

7. 要与同事建立和谐的人际关系

人的一切社会活动都不可避免地要与其他个体发生相互作用与联系，这种在个人情感基础上建立的、在社会活动过程中形成的相互联系就是人际关系。和谐的人际关系有助于人们尽快地对新环境消除陌生感和孤独感，进而更快地适应新环境，更好地完成工作。因此，刚刚步入工作岗位的大学毕业生要特别注意与领导和其他同事进行良好而有效的沟通，进而与他们建立和谐的人际关系，为自己创设良好的外部工作环境，更好地适应职业。

二、角色转换

大学毕业离开学校步入职场，大学生就面临着身份的转变、适应新的环境、重建人际关系、实现个人职业发展等新的现实问题。职业适应是职业发展的基础，适应的目的和落脚点是发展，职业的发展就是指个人在职业岗位上的成才、职业理想的实现、个人在社会中的发展成熟度。人是社会的一部分，只有融入社会，才能成为真正意义上的社会人。因此，如何才能在毕业后第一时间从学生角色转换成为一名职业人，更快更好地提升自己的职业适应能力，是我们每一位大学生都应积极思考的一个重要问题。

（一）学生角色与职业角色

在现实社会中，每个人都在扮演与身份有关的角色，正如拉尔夫·林顿所言："你占有一个身份，就得扮演一个角色。"角色是社会结构中最基本的单元。

"角色"的概念最早始于戏剧，原指对演员行为的规范性说明的脚本，后泛指演员在戏剧中的行为集合。"角色"被认为在一定的社会情境中才能获得自身显现的条件并最终生成。"角色"更多地被称为"社会角色"，是指由人们所处的特定社会地位和身份所决定的一整套规范体系和行为模式，是人们对具有特定地位的人的行为的一种期望，它是社会群体的基础，并随着社会实践的发展而不断更新内容。"社会角色"是基于社会分工而构建的，是社会赋予人的社会权利和义务，它反映了每个人在社会中的地位和在人际关系中的位置。

职业角色（vocational role）是指社会和职业规范对从事相应职业活动的人形成的一种期望行为模式。简单来说，就是人们在一定的工作单位和工作活动中扮演的角色。职业角色的定位由职业的内在要求和外在期望所决定。每一种职业都有其自身内在要求，这是保证职业本身延续的需要，从事相应职业的人必然要求塑造成一定的角色。职业者在做好内在角色定位后，在对外从事角色展示上，即职业服务上，逐渐被社会赋予一定的角色期望，如图13-7所示。例如，遇到危险的时候期望警察的出现和作为，生病时期望医务人员的作为，等等。其实人们对职业角色的期望就是职业角色内在要求的外化表现。

图13-1 职业角色的形成

学生角色和职业角色是两个完全不同的社会角色，因为作为学生和作为职业人，两者的社会权利和义务是不同的，所代表的身份有着根本的区别。

大学生是学生角色中的一个典型代表群体。在大学期间，学生的主要职责是学习各种专业知识，掌握各种生存技能，发展智力、求学成才是关键任务。虽然大学生已经开始享有绝大部分的社会权利，也需要履行同等程度的社会义务，但社会对大学生的要求更多是接受教育、完成好学业，为今后投身社会工作储备能量。在经济能力方面，由于这一时期还是以学习为主，生活重心也主要局限于校园环境，因此绝大多数的大学生还没有完全独立的经济能力，经济来源仍然主要依靠家庭。在人际关系方面，大学校园是众所周知的一片净土，无论是同学、朋友还是师长，大学生几乎都不需要过多的顾虑与防备，可以自由地畅所欲言，可以不带任何伪装地来表达自我和展露情感。

与学生角色相比，职业角色就复杂得多，也更加具有个人色彩。所谓职业人就是参与社会分工，自身具备较强的专业知识、技能和素质等，并能够通过为社会创造物质财富和精神财富，而获得其合理报酬，在满足自我精神需求和物质需求的同时，实现自我价值最大化的一类群体。一个完全的职业人，最主要的社会职责就是在自己的职业岗位上发挥专业知识和能力，为社会服务并同时获取自我的物质价值和精神价值。与学生相比，职业人需要承担更多的社会责任，甚至是成本和风险的责任。在经济方面，进入职业角色就意味着经济的独立，没有理由再依赖家庭和他人的帮助，这也是职业角色比学生角色更加具有功利性的重要原因之一。在人际关系方面，职业角色要承担更为复杂的人际交往，而社会上的人际关系相对于学校要繁杂得多，也更为微妙，对生存艺术提出了更高的要求。

（二）学生角色到职业角色的转换

角色转换指的就是个体因社会任务和职业生涯的变迁，从一个角色进入到另一个角色的过程，其根本的变化是社会权利和义务的变化。在毕业生从大学校园进入工作环境的过程中，职业角色逐渐增加，而学生角色相应地逐渐减少。

1. 从情感导向到职业导向的转换

"不以规矩不成方圆"，大学毕业生在进入职场后要按照职业行为规范行事，遵章办事，而不能像学生时代个性张扬，任由自己的性情为人处事。

2. 从思想意识到实际行动的转换

大学毕业生在工作中要脚踏实地、兢兢业业。很多大学生在参加工作之前都很有自己的想法，说起事情来也头头是道，但是到了岗位上却往往眼高手低，说得比做得好，"做语言上的巨人，行动上的矮子"。在角色转换过程中一定要切记这一点，变思想为行动。

3. 从成长导向到绩效导向的转换

实际上就是从学生角色到职业角色在社会职责上面的转变。学生时期的主要职责和任务是学习和积累知识，而工作后则要开始承担各方面的责任，包括经济上的独立和家庭义务的承担。

4. 从看重个人导向到树立团队意识的转换

职场最为看重的就是员工的绩效，只有努力工作多多付出，才会等价地得到更多回报。当代大学生有一个非常明显的特点就是个性化强，团队和集体意识淡薄。工作与学习是不同的，在工作中不能单打独斗，需要的是与他人的配合以及整体的团队精神。因此，角色的转换要注重团队配合。

5. 从兴趣导向到责任导向的转换

很多大学生有一个非常明显的特点就是凭兴趣做事，注重自我感受。而进入社会后，就必须学会承担责任，这是进入社会后非常重要的角色转换。

三、角色转换过程中易出现的问题

心理学认为，个体的社会角色发生变化时，新旧角色的转换过程必然伴随着不同角色之间的相互冲突。这种角色冲突是普遍存在的，因之，从学生角色转换为职业角色不可避免地会出现各种各样的问题。

中国社会调查曾经针对社会对大学生的评价和大学生进入社会后的自我感觉进行过调查，而调查的结果是非常戏剧性的：在工作精神方面，76%的企业认为毕业生不够踏实、缺乏实干精神，而71%的毕业生认为自己是能够吃苦耐劳的；在团队合作方面，52%的企业认为毕业生团队合作精神较差，以自我为中心情况严重，而76%的学生认为自己具备与团队共进退的精神；在薪资方面，61%的企业认为毕业生的薪金要求较高，不切合实际，用这些钱可以聘用到经验更为丰富的人，而79%的学生认为他们的薪金要求是合适的，与他们的学历、能力相吻合。调查的结果在一定程度上反映了毕业生从学校生活到社会上的不适应和种种矛盾。首先，大多数学生对崭新的职场生涯抱有良好期待的主观愿望，却发现客观实际出现各种不如意的地方，两者之间就会产生非常强烈的矛盾。其次，在大学期间所形成的各种习惯和行为，与社会和企业中的要求格格不入，也是容易出现的矛盾之一。此外，学生在学校中往往接受的是书本知识而缺少实际经验，这与进入职场后立刻需要各方面的动手操作能力之间也会形成矛盾等。正是这些矛盾导致了毕业生在角色转换时易出现各种问题。

大致来说，这些问题主要有：依赖和恋旧心理、自负或自傲心理、浮躁心理、自卑或畏缩心理等。

1. 依赖和恋旧心理

很多毕业生在角色转换过程中依恋学生角色，难以从一个学生状态中完全摆脱出来。因为习惯了十多年的学生角色，个体在学习、生活和思维方式上都养成了一种相对固定的模式。在职业生涯开始之初，许多人常常会自觉或者不自觉地置身于学生角色之中，以学生角色的社会义务和社会规范来要求自己、对待工作，以学生角色的习惯方式来待人接物，来观察和分析事物。

2. 自负或自傲心理

一些毕业生则是对自我的认知存在偏差，认为自己接受了多年高等教育，有学历有文凭，应该在各方面都具有很多良好的条件，因而盲目地过于自信。这种心态很容易使毕业生进入职场后出现纸上谈兵、眼高手低的尴尬。因为觉得自己的条件优于周围的工作人员，往往不屑与他人合作，更不会虚心接受别人的指导和意见，甚至对领导和前辈也表现出轻视。

3. 浮躁心理

有些刚参加工作的毕业生往往弄不清楚自己在工作中真正想要什么、能做什么。国家劳动和社会保障部劳动科学研究所曾经与北森测评网、新浪网联合对当代大学生第一份工作现状进行调查。这项调查的结果发现在找到第一份工作后，有50%的大学生选择在一年内更换工作。而两年内大学生的流失率接近75%，比例之高令人震惊。这一数据恰恰反映了毕业生在角色转换初期的浮躁，对工作的兴趣总是不能持久，并且习惯把这一问题推脱为他人的责任，而认识不到自己的问题所在。

4. 自卑或畏缩心理

很多毕业生在初进职场的阶段，因为不知如何适应新的工作环境，会表现得怯懦、自卑。无论是做工作还是待人处事，总是担心自己的表现不够完美而被指责。要么就是过度封闭自己，不与人往来，要么就是盲目地听从他人的指使，不敢表达自己的想法，独立性很差。

这些心理问题都反映了毕业生没能顺利地从学生角色转换为一个社会职业人的角色，这必然会对毕业生的职业适应能力和后期的职业发展造成各种不良影响。因此，在两种角色的过渡阶段，毕业生一定要谨慎对待，同时采取必要的方法帮助自己平稳转换角色。

四、角色转换的途径与方法

很多毕业生在走上工作岗位后，会由于环境的改变产生诸多的不适应。其实，对于初入职场的大学毕业生来说，只要充分地认识自己、剖析自己，了解自身的优点与缺点、优势与劣势、所适与所不适，在这样一段特殊的转换时期内保持一颗学习、上进的心，完成角色的转换并非难事。

1. 调整心理状态，解除心理障碍

适应期的心理转换，往往伴随新观念的产生。当人们步入一个陌生的环境，或者加入一个陌生的集体，往往会很自然地产生一种戒备心理，这是人的本能反应。这种戒备心理表示对新接触的群体还没有予以心理上的认同，害怕所处的环境可能会对自己产生伤害。再加上没有工作经验，对新工作不甚了解，担心工作不能很快上手或者担心自己在工作中犯错误。现在的大学生都是天之骄子，在成长的过程中往往鼓励多于批评，尤其是一些名牌大学毕业的学生，刚进工作单位时往往让别人另眼相看，自己也想展示多年储备的学识，但同时又缺乏工作经验，想问别人又怕碰钉子，自己想干，又怕万一出了差错，闹了笑话，会更丢人。因此，思想上十分矛盾，工作上畏首畏尾。大多数毕业生能够较为顺利地度过适应期，但有些大学生面对新环境不能很快适应，做事缩手缩脚，甚至变得迷茫、自暴自弃，最终放弃新工作。所以，对于刚毕业的大学生来说，调整好角色转换期的心理状态相当必要。其实，大学生虽然在理论知识方面有过专业的学习，但在具体的实践和应用能力方面还是新手，没有

必要顶着"高才生"的帽子，在实际工作中捆绑住自己的手脚。要彻底地放下思想上的压力和心理上的包袱，面对现实，敢于大胆实践，善于向前辈们请教，在工作中不断探索，努力将自身的专业理论知识应用于实践、服务于实践，发挥出自己的优势。此外，还要正确地对待挫折，听从别人的批评和意见，不断追求进步。

2. 认识自我，主动适应新环境

首先，要认识到主动适应环境的重要性，对适应新环境有一个积极的心理倾向，把它视为自己成长的过程和需要。毕业生要正确认识到，认识社会、适应社会是自己毕业后的一门必修课，也是自己成长立业的前提条件。其次，应懂得把握机遇，调整心态。大学生毕业后的首次就业，并不一定都能找到自己理想中的工作，而自己从事的职业，也并非终身的选择。毕业生切不可因为没有从事自己满意的职业而充满怨恨、自暴自弃，而应该用积极的心态去面对职业，从中汲取社会经验和社会知识，不断完善自我。随着社会需求的变化，根据自身的实际条件，完全可以在适当的时候调整奋斗方向，找到理想中的职业。

再次，应努力培养自己的独立意识和责任意识。对大学生来说，走出校门意味着人生的独立性将进一步增强，在校园里形成的依赖性心理必须进行革新。步入工作岗位后，不仅要承担工作任务，更要承担一定的社会责任，社会上的人们也不会像对待大学生一样对毕业生充满宽容和谅解，而是把他们当作独立的个体来对待。毕业生在工作中必须独立承担一定的工作，还要对所做的工作承担相应的责任和义务，因为工作的好坏不仅关系着个人的前途和发展，更关系到公司的荣誉和利益。所以，步入工作岗位后，毕业生必须要培养独立工作的能力，以主人翁的姿态投入到工作中去，学会观察问题、独立思考，让自己在探索中不断进步。

最后，要培养自己的团队协作精神。在学校里，大学生主要依靠自己的努力获取知识，但走上工作岗位后，不仅需要个人的努力工作，更需要依靠集体、运用集体的智慧，这也是现代社会生存和需要。在工作岗位中，最忌讳的就是个人主义至上，将自己游离于集体之外，这样注定会一事无成。只有做到从整体利益出发，顾全大局，才会融入集体，实现自身的价值。

3. 完善自我，树立终身学习的意识

适应社会的过程，是一个不断学习的过程。作为职场新人，必须不断地学习。大学时期虽然掌握了一定的科学文化知识，但因缺乏实际应用，知识结构仍然不能算作完善，特别是解决问题的能力和适应社会的能力较差。而现代科技发展迅速，时代要求人才必须不断地更新知识、武装头脑，只有树立终身学习的意识，不断探索，丰富知识结构，提高自己的工作能力，才能顺应时代的发展、顺利地完成社会角色的转变。

作为职场新人，一方面要学习与本职岗位相关的知识和技能，另一方面，要向领导、同事虚心请教，学习他们工作上的经验和方法，通过不断的积累，尽快适应工作岗位。以谦逊的态度向别人请教并非什么难事，放下架子虚心学习，就会发现他人身上有很多的闪光点，也比较容易融入团队之中，赢得同事们的欢迎。如果一入团队就一派自命清高或者什么事情都不懂装懂的作风，势必招致同事的反感、排挤，也会被团队彻底地边缘化。所以，从一开始工作，就应该保持谦逊的态度和虚心学习的意识，才能顺利实现角色的转换。

4. 甘于吃苦，培养积极奉献的精神

人们从小就知道"一分耕耘，一分收获"的道理，但在现实生活中，有些毕业生心智尚未完全成熟，在工作岗位上拈轻怕重、怕苦怕累，斤斤计较，生怕吃亏。遇到困难只会退缩避让，总是抱怨工作任务多、劳动报酬低，总想着能够不劳而获，或者能够舒舒服服地工作，轻轻松松领取高额报酬。其实，对于职场新人来讲，敢于吃苦是顺利完成角色转换的重要条件。从事一个新的行业，唯有吃苦在先，从底层做起，在实践中不断摸索，积累工作经验，提升工作能力，才能为今后的职业发展打下良好的基础，俗话所说的"万事开头难"就是这个道理。

当然，"良好的开端是成功的一半"，吃得了苦、把握好开头，就意味着结局不会差到哪里去。此外，对于一个刚出校门不久、比较缺乏社会实践经验的职场新人来说，在能保证基本的生存条件的情况下，丰富自己的工作内容以利于自己的更快成长，理所当然地比纯粹的赚钱更为重要。所以职场新人一定要树立正确的金钱观，要从长远出发，不能鼠目寸光，只顾眼前利益。乐于奉献是职场新人完成角色转换的重要标志。毕业生进入新单位后，应该认清自己在工作环境中担任的岗位角色，弄清楚自己所应承担的权利和义务。在工作中应有明确的角色意识，树立高度的主人翁意识和责任意识，饱含热情、敢于奉献，不计个人得失、不怕吃亏，吃苦在前、享受在后，用实际行动完成角色的转换。

五、角色转换中常见问题与对策

大学生在从学生角色向职业角色转换的过程中，往往会面临新旧角色之间的冲突。离开熟悉的校园，步入陌生的社会，接触崭新的生活环境，往往会引发青年人在学校不曾有过的心理变化。这一阶段，是毕业生心理变化最不稳定的阶段，也是毕业生能否顺利完成转变、安心工作的关键时期。现实情况是，大多数毕业生能够较为顺利地度过适应期，独立地开展工作，但也有相当一部分毕业生难以适应新的环境，角色转换出现困难，甚至陷入来自外部环境以及自我内部的心理压力及情感矛盾中，出现一系列的问题。

1. 不适应环境怎么办

面对新的工作、人际环境，得心应手、顺利地适应新环境是再好不过的，但是如果尝试了一段时间，依旧适应不了新环境，新工作也无法顺利开展，那该怎么办？

首先，应该树立足够的自信心，要对自己解决这个问题充满自信，而不是自暴自弃。其次，要善于对自己的实际情况进行客观的分析，找出自己不能适应新环境的原因。是不是因为工作本身难度较大，自己专业知识欠缺，不能胜任新工作，导致苦闷、消沉的心理？会不会是因为职场生活节奏太快，自己因为紧张而跟不上？有没有可能是因为职场的人际关系复杂，自己不知如何处理，导致心理上的恐慌和无所适从？分析了原因之后，就可以对症下药了。

如果是因为不能胜任新的工作而感到苦闷，那就应该正视自己的不足，并且也无须给自己太大的压力，因为这样的困难并非个例，在刚入职的员工中是普遍存在的。大学培养的是专门性人才，所学的知识几乎是纯理论的，而实际工作中碰到的问题大多是综合性的，往往会涉及多学科、多领域，社会需要的往往都是复合型人才。而社会对于大学毕业生的期望值往往偏高，认为大学生一毕业就应当文武全能，这无形中也给了职场新人一定的心理压力。在此情况下，毕业生首先要对自己树立信心，因为这么多年知识经验的积累，已经让自己掌握了一套适合自身的学习方法，接受新事物、学习新岗位的工作内容并非难事。其次要不断学习，随时调整自己的知识和能力结构。只要自己耐得下性子、脚踏实地、勤奋苦练，多向同事请教，就一定可以顺利地掌握工作技能，完成角色的顺利转换。

如果是因为新的工作节奏太快，自己不能适应，那么就应该适当地调整自己的生活节奏，尽量地处理好生活与工作的关系。大学校园里的生活相对来说比较宽松自在，还有寒暑假可以调解，大学四年下来，也渐渐形成了一种生活习惯。但职场不一样，它需要员工提高工作效率，为企业创造效益，所以每天8小时的工作时间内，对员工的管理一般较为严格，并且会有一些配套的制度和规范。大学课堂上，学生还偶尔可以迟到、开小差甚至逃课，但在企业里不一样，员工不守时、不遵纪不仅要受到领导的批评，经济上也会受到损失。因此，步入工作岗位后，毕业生要充分认识到这一变化，切不可试图用习惯去改变环境，而是要学会入乡随俗，尽量适应新环境。合理地计划、安排自己的生活，处理好工作与生活的关系，工作时间要勤奋努力，工作外的时间可以通过业余活动进行适当的调节，做到松弛有度、有条不紊。

如果是因为复杂的人际关系而感到不适应，那可不必过于烦恼。社会是个大课堂，社会上的人形形色色，这是不可改变的现实。毕业生们最重要的事情是做好自己，完成职责内的工作。在为人处世方面，要懂得揭掉自我标签，低调做人。现代的大学生个性张扬，喜欢彰显自我，但工作岗位并非张扬个性的舞台，刚刚走上工作岗位的年轻人一定要注意自身形象，做事要低调。尽量少说多做，尽快熟悉人际关系。工作中做到遵纪守时，不贪图蝇头小利、不参与拉帮结派、搞小圈子，不参与同事间的纷争。在工作中处理好与同事之间的关系，做到平等对待，大方、热情待人，保持谦虚谨慎的作风。时刻牢记自己的重心在工作上，做到爱业、敬业、勤业、精业、乐业。此外，掌握职场的基本礼仪，一言一行都要符合职场基本道德规范。经过一段时间之后，就一定会发现自己能适应新的工作环境，而且必定会因为自己的热情、大方、礼貌而收获融洽的同事关系，也会因自己的精业、敬业而受到用人单位的好评。

2. 受到批评怎么办

面对上级的批评，不同的人有不同的态度。有的人善于正视自己、面对自己，诚恳地接受别人的批评和意见，及时改正，并加以总结和思考；有的人却因为受到批评而万分沮丧，丧失自信，闷闷不乐，萎靡不振；更有的人无法接受任何人的批评，对批评自己、给自己提出建议的人怀恨在心。这三种不同的态度在实际工作中都会存在，但无疑第一种态度是值得提倡的，后两种态度是不可取的，而且不利于职场新人的发展。面对批评，该有的态度应该是"有则改之，无则加勉"，对于批评自己的人，不应怀恨在心，而要换一种思维，要心存感激，因为有些批评往往会成为自己进步、成长的动力。

刚入职的大学生由于工作环境的变化、工作内容的陌生、工作艺术的欠缺，往往会有做得不好的地方。但即便这样，单位的领导也不会轻易地批评。除非犯的错误较为明显，或者是在较为敏感的时机做了不该做的举动。所以，在别人给出批评意见时，应该平心静气地聆听对方的意见。在对方给出批评意见后，自己要考虑对方的批评有无道理，如果是恶意的批评，完全是无中生有，那自可不必理会，因为那种不与人为善的人必定不会在用人单位长久立足；如果是善意的批评，就应该坦然接受对方的意见，并表达自己的谢意，感谢对方的提醒，以后会注意；如果对方由于某个误会批评了自己，可以做出委婉的解释，让对方知道事情的原委，消除误解，如果对方当时较为激动，可以事后待对方平静后，找合适的机会进行解释。

总之，面对别人的批评，特别是善意的批评，不能意气用事，当面顶撞，以免造成尴尬的局面，这样对双方都没有好处。当然最好也不要默不吭声，消极抵抗，而是要保持一颗谦虚诚恳的心，将批评作为自己前进的动力，并落实到实际行动中来，及时地进行改正。只有这样，才能不断进步。

第二节 职业适应能力提升与职业发展

职业不是一成不变的个体，职业发展都是一个循序渐进的发展过程，是个体在职业领域中不断学习与进步的过程。在职业发展的过程中，个体要想进步，就要不断学习，为实现职业顺利发展创造条件。因此，要不断加强自我职业发展规划管理，提升职业能力，获得职业发展的成功。

一、提升职业适应能力

大学生毕业进入职场，难免会有不适应的情况出现，这是每位职场新人必须跨过的一道坎，那么如何提升职业适应能力呢？

（一）要有虚心学习的心态

快速地适应新环境新工作，这需要自己有较强的学习能力，学习能力强的人若掌握了学习的方法和技巧，在花费同样多时间的情况下，会比别人学到更多的东西。所以在职场中，一定要去找到适合自己的一种学习方法和技巧，这样可以让自己学习起来事半功倍。别人需要学一周的时间，如果你在一天内就学会并适应了，那么你的能力自然就比别人提升得快。

（二）适时地进行自我总结

总结，是对知识和经验的梳理，通过总结可以理清各种工作、各种事件之间的相互关系，通过总结可以理清工作的步骤和先后顺序，通过总结可以发现自己的不足，以便在下次的工作中进行改进，从而实现能力在发现问题与改进问题的循环中不断提升。有人说"学习使人进步"，其实真正能够让人进步的是总结，通过总结才能将知识变成智慧。

（三）不推诿推脱敢于尝试

在职场中每天都会有你意想不到的问题发生，每天都会遇到新的工作任务，你若遇到这些情况千万不要推脱，不管会不会，都要迎头而上。你可以这样想"如果这次不做，下次遇到的时候还是会做，但这次去尝试了，即便失败了也会有些经验和教训，那么下次成功率就高了"。尝试就是实践，就是锻炼，把握住一切可以尝试的机会，去增加你的接触面积，提升你的能力。

（四）多参加一些行业活动

每个行业、每种业务都会有自己的"圈子"，你可以加入这些圈子，参加他们组织的一些活动，在活动中大家都会相互分享自己的工作经验、心得体会等，这些经验和心得体会都是实实在在从工作中提炼出来的，是精华。加入"圈子"可以让你快速学习到一些更高水平的知识和技能，对能力的提升有极大的帮助。

二、职业发展

职业发展就是在自己选定的领域里，在自己能力所及的范围内，成为最好的专家。所谓的专家并不一定是研究开发人员或技术顾问，而是在某一领域有深入和广泛的经验，对该领域有深刻而独到认知的人。至于行政管理能力、员工培养能力、团队建设能力、规划和沟通能力等，是个体在职业发展过程中必须培养的能力要素，它们是实现职业发展的重要工具，但不是职业发展的目标。

（一）职业发展的准则

人生的机遇有时候很难预料，但成功总有方法，只要你能把握住职业生涯中关键的几个准则，相信成功离你也就不远了。

1. 把握机遇

人生的机遇可遇不可求，当你碰到机遇的时候应该主动把握它，然后全力以赴调整自己，适应选择的机遇。在职业生涯中，不管这个关键时刻是否到来，当你决定接受它的时候，就应该全力以赴，去把握这个机遇，并且调整自己去接受机遇，接受机遇所带来的正面以及负面的问题。一个人如果不全力以赴，在竞争激烈的环境里面是很难成功的。

2. 掌握成功的标准

要在社会上取得成功，就要学会用别人的观点看事情。进入社会之后，除了自己的标准以外，成功在每个行业、每个公司、每一个时间点的标准都是不一样的，国内与国外的标准也不一样，这是随着环境的变化而改变的。很多人认为进入公司，只要做出好成绩就可以了，其实，除了让他人认可的成绩以外，我们还有很多事情要做。

3. 发挥自身优势

在工作中如果能充分发挥和利用自己的优势，那么就可以在职场的竞争中占据有利的位置。一方面，必须了解你所处职场的利益分配规则，在职场竞争中，你的价值在于将自己的优势换回尽可能多的利益；另一方面，必须展示你的优势，只有突出自己的优势，在工作中事半功倍，才能在激烈竞争的环境里脱颖而出。

4. 建立和谐人际关系

如何处理好与上级领导、同事、客户等方面的关系，其关键是要建立和维护良好的人际关系。吉米·道南在《成功的策略》一书中提出："无论你干哪一行，或者从事何种职业或专业，学会处理人际关系，你就在成功的路上走了85%的路程。"

5. 理解企业文化

不管是什么企业都有它的潜规则和自己的价值观，有成功和失败的标准，加入之后就要充分理解它。工作模式、思维方式都要尽量与企业文化相融合，认同和接受这种企业文化。我们要用心去体会，把自己真正融入到企业里，才能够成为成功的职业人士。

（二）职业发展中的职业挫折

每个人都怀有一个良好的心愿，希望自己的职业发展一帆风顺。但在一个人的职业生涯中，各种情况的变化往往是人们无法准确预料的，这就决定了在职业生涯中遇到挫折是在所难免的。既然无法避免，那就应该用正确的态度去面对它。

1. 要有从零开始的心态

大学生到了新的工作岗位后，不少人认为自己读了多年的书，对初入职场的事务性工作不屑一顾，总觉得做一些细微的工作是委屈了自己，甚至认为自己应该在工作中发挥独当一面的作用。对此，中国人力资源开发网CEO何国玉明确指出："大学生初入职场，虽然有着高涨的工作热情，但工作经验、实践能力、职场技能都欠缺很多，指望在开始时就承担重要工作是不切实际的。"因此，作为职场新人一定要找到自己适合的位置，踏踏实实地从一点一滴做起，时刻记住：工作是很朴素的，无论是什么样的工作，哪怕只工作了三天，哪怕做最琐碎的事，也会有收获的。只有以从零开始的心态用心学习，才能尽快适应工作。

2. 要有充分的自信

既然用人单位选择了你，说明你在某个方面具有用人单位所需要的特质。刚入职场的时候可能你会做错很多事情，但只要多向同事和前辈们请教，工作就会慢慢步入正轨，自信心也会逐渐增强。在平时的工作中，一是全面地认识自己并喜欢自己，找到自己最大的优点，将自己的注意力放在自己的优点上，给自己信心。二是凡事做最好和最坏的心理准备。做一件事情，做最好的心理准备，是为了给自己信心，给自己一个希望，有继续下去的动力；做最坏的心理准备，是为了让自己不至于在失败的时候一蹶不振，能接受最坏的结果，心理承受能力会不断增强。三是学会总结。俗话说"吃一堑，长一智"，在失败中吸取教训，总结经验，争取不要在同一个地方跌倒两次，这样就不会打击自己，不会对自己的能力产生怀疑，相反，会起到激励作用。

3. 要保持良好的精神状态

要使自己的精神、情绪经常处于积极向上、朝气蓬勃的状态，努力在工作中寻求乐趣，保持高昂的士气和很强的战斗力，给领导和同事一种精神振奋、耳目一新的感觉。这样，他们会对你做好工作充满信心。

4. 做事要有耐性

要充分发挥自己的主观能动性和创造性，凡事要具体分析、具体对待，然后脚踏实地地工作。在一个行业准备好从底层做起，不断积累经验、提升能力，就能为今后的职业发展打下一个良好基础，形成一个有延续性的职业发展历程。

5. 增强职业角色意识

年轻人容易将事情看得简单而理想化，在跨出大学校门之前，都对未来充满憧憬，初出校门的大学生不能适应新环境，大多与其事先对新岗位估计不足、不切实际有关。当他们按照这个过高的目标接触现实环境时，许多所谓的"现实所迫"让他们在初入职场时就走了弯路，以至于碰了壁还莫名其妙、不知所措，往往会产生一种失落感，感到处处不如意、事事不顺心。因此毕业生在踏上工作岗位后，要能够根据现实的环境调整自己的期望值和目标，明确在职场中自己该扮演什么角色，增强自己的职业角色意识，真正了解自己能做什么，该往哪方面发展。

6. 寻找和创造机会来证明自己的实力

有人说，机会就是替自己的才华安装聚光灯，确实很有道理。因为机会大半是由自己来创造的，命运往往掌握在自己的手里。一个具有才能的人也必须寻求到发挥才能的机会。作为职场新人，要毛遂自荐，积极承担、勇于接受新任务，并在完成新任务的过程中展示领导和同事不曾见识过的才华。领导在场时不要缩头缩脑，退到别人后面，而是要适度表现，敢于说话。开会时不妨坐得离领导近一点，尤其当领导让大家发言时，平时积累的几条合理化建议可以让领导刮目相看。当然，举止应稳重，不要随便打断领导的发言，更不可夸夸其谈，喧宾夺主。

（三）职业发展中的人际交往

与象牙塔里单纯的人际关系不同，踏入职场，人际关系也相应地复杂了起来。刚走上工作岗位的毕业生应该把姿态放低一点，恰当的礼貌往往会赢得好感。无论对领导还是同事，无论喜欢还是讨厌，都要彬彬有礼。对待年长的同事，如果没有职务，不妨称呼"某老师"或"某师傅"，因为他们有很多工作经验值得新人学习。同时，在单位里努力工作，适当表现自己，最大限度地得到上级和同事的认可是必需的，在论功行赏时应展现一个新人的宽广胸怀，赢得职场人缘。千万不要居功自傲，任何领导都讨厌自己的下属居功自傲，擅作主张，更没有人能忍受自己的下属对自己指手画脚。进入社会，不妨把自己的个性磨得圆滑一点。

大学毕业生要处理好职场中的人际关系，一定要跨出两个误区：一是过分地看中人际关系的作用，把它作为立足职场的全部，而忽视了工作内容本身；二是完全忽略自己的人际关系，认为只要做好本职工作，就没有必要与别人打交道、看别人脸色。这两种态度都是极不可取的，工作固然重要，但职场中的个人绝非独立的个体，没有和谐的人际关系和工作环境，孤军奋战注定会惨败。同时，人际关系也并非工作的全部，若每天忙着与人搞好关系，却不专心做工作，从根本上来说就是本末倒置。因为企业讲究的是效益，没有工作业绩的员工，很快就会被淘汰。

未入职场的毕业生，往往会对自己的工作环境和人际关系有一个好的期望，但等到进入陌生的职场之后，面对陌生的面孔、陌生的环境，会产生一种惧怕心理，让自己不由自主地退缩。建立良好的人际关系，要注意克服以下心理：

（1）性格过于内向，沉默寡言。拥有此种性格的人，一般不愿意主动与人交往，常常给人难以接近的感觉，很难引起同事的交往兴趣。

（2）猜忌心重，多疑。这种性格的人通常缺乏安全感，害怕受到别人的伤害，自我保护意识过强，不易相信别人，把注意力放在对别人的防卫上。

（3）心胸狭窄，嫉妒心重。这是典型的自私自利性格的表现。见不得有人做得比自己好，处处争名争利，凡事总是考虑自身的利益。当有同事受到表彰、表扬时，内心就不平衡，甚至怀恨在心。

（4）骄傲自大，目中无人。有的毕业生自命清高，认为自己名校毕业，拥有高学历，就都应高人一等。在单位看不惯这个、看不惯那个，唯我独尊。这种人特别容易引起别人的反感。

建立和谐的人际关系，要从以下几点努力：

（1）打破自我封闭，融入集体。放开心胸和怀抱，接受来自同事的关心和帮助。职场人际关系虽然较校园里复杂，但并非每一个人都不好相处。只有敞开心扉，将真实的自我呈现出来，主动与人沟通交流，才能找到自己的工作伙伴，融入集体才会成为可能。

（2）尊重同事，关心他人。想要得到别人的尊重，就必须先做到尊重别人。同事之间相处，不仅要尊重他们的工作，尊重他们的生活习惯、个人隐私，还要虚心向他们学习。尊重别人是搞好人际关系的基础，学会在适当的时候关心他人，给别人以帮助，将会获得别人的感激和信任，收获属于自己的友情。

（3）诚实守信，言行一致。诚实是做人的基石，它要求在与人相处的过程中，做到真心实意、实事求是，表里如一，不虚情假意、人前一套人后一套。守信是指恪守信用，言必行、行必果，说到做到，不打空头支票。在与人交往中做到诚实守信，才能得到别人的信任，才能得到同事、领导的肯定。

（4）谦虚谨慎，不骄不躁。在与人交往中，保持谦虚谨慎的作风，虚心学习、谦逊待人，会给人以亲和力，别人也会喜欢与这样的人相处。相反，如果自命清高、目中无人，会给人无法接近的感觉，同事们都会敬而远之。此外，在工作中取得成绩时，也不能过于张扬，要懂得低调做人、戒骄戒躁，同事们很快会对你刮目相看。

（5）忠于职守，勇于奉献。对于自己的工作，应保持一种极端负责的态度，做到勤勤恳恳、兢兢业业、忠于职守、尽职尽责。同时，还要培养工作中的角色意识，严格要求自己，树立主人翁的责任感，懂得自我奉献，在工作中吃苦在前，勇挑重担，不计个人得失、不计蝇头小利。职场新人若能做到以上两点，必然会得到领导的赏识和同事的尊重，也会为良好的人际关系打下坚实基础。

（四）职业发展获得成功的方法

职业不是一成不变的，个体职业生涯是一个循序渐进的发展过程，是个体在职业领域中不断学习与进步的过程。在职业发展的过程中，个体要想进步，就要不断学习，为实现职业顺利发展创造条件。要加强自我职业生涯规划管理，提升职业能力，获得职业生涯的成功。

教育学家康内尔曾说："现代社会，非学不可，非善学不可，非终身学习不可。"如果一个人一年不学习，你所拥有的知识就会折旧80%。一个人比另一个人水平高、能力强，在很大程度上，是他拥有更多的信息，能够站在更高层次上用不同的视角看待问题，拥有更多解决问题的途径。而这些能力的根源，都来自丰富广阔的知识学习。

对于大学毕业生来说，从小读书一直到大学毕业，很多人会持有这样一个看似自然的想法，读完大学书就算读到头了，参加工作则意味着学习生涯的终结。事实上，这样的观点既片面也狭隘。"活到老，学到老"，这句话虽然非常通俗浅显，但却是不争的真理，对于个人的职业发展来说也是如此。社会在不断发展变化，职业的结构、内容和用人要求也在不断地变化，而个人的职业意识、职业素质以及知识能力必须通过学习才能提高。大学教育固然重要，但毕竟只是短暂的一个阶段，大学毕业之后的延伸学习和重新学习，对于选择及重新选择职业岗位和取得职业成就，无疑具有更重要的意义。尤其是在当前的知识经济时代，获取知识、运用知识和创新知识的能力是一个人成功的重要因素。善于学习、有较强的学习能力和思维能力的创新型人才，才是知识经济时代的强者。

虽然我们都认可"活到老，学到老"的说法，也能认识到不断学习对于自己适应职业的重要性，然而更为关键的是要把终身学习的观念落实到实际行动中来，要合理进行有关终身学习的计划安排，要培养终身学习的好习惯。一份成功的学习计划应包括以下原则：

第一，要有清晰的人生蓝图。如果一个人连自己想要什么、想成为什么都毫无感觉，那么必然也搞不清自己应当学什么、怎么学。

第二，要有激励。终身学习不同于短时间的学习，更多的是需要一个人的意志力和持久性，因此制定一些能够自我激励的方法不失为督促终身学习的好助手。

第三，要明白自己的弱势。终身学习的内容已不单单是知识的学习，更多的是要学习如何更好地在职业和社会中求发展，所以必须明确自己在工作中的各种劣势，从而有目的、有方向地进行学习，逐渐将自己的劣势发展为优势，发挥自己的最大能力。

最后，要重视阅历和观摩。与学生时代的学习不同，终身学习更多伴随的是阅历的增加，视野的拓宽，要注意实践历练。同时，在终身学习中一定要学会广结良缘、寻找榜样。"独学而无友，则孤陋而寡闻"，学习不是一个人孤芳自赏，更多的是与身边的人沟通、交流，向有经验的前辈观摩、请教，如此才能较快地学到真本事。

总而言之，每个人都有属于自己的职业发展道路，道路的崎岖蜿蜒或者是平坦广阔并不是决定一个职业发展的根本因素。只要坚定自己最初的梦想，并沿着这条路不断学习、不断进步，终会取得属于自己的成功！

复习思考题

1. 如何实现学生角色转换与职业角色的转换？
2. 如何提升自身职业适应能力？
3. 如何更好地进行职业发展？

案例讨论题

谁更适合留下来

刘先生营业一家医疗器械代理公司，聘用了四名刚刚毕业的大学生：小赵、小孙、小李和小王。作为营销员，四个人的月薪相差无几，每月都在2000~2500元之间，并按销售业绩12%的比例提成。两个月后，四名营销员的业绩如下：

小赵：老实听话，但稍一放松管理就偷懒，工作不指派到头上决不会动手，叫苦的时间远比干活的时间多。来公司两个多月一无建树，业绩为零，没有完成一个订单。

小孙：为人聪明机灵，表面上对老板唯唯诺诺，其实自己另有主意，特别会干面子活，是得到老板夸奖最多的员工。自从进入公司以来，在第一个月和第二个月分别完成两笔订单，共售出产品 6 件。

小李：勤奋耐劳，善于死缠烂打，除了跑业务，还经常被指派其他工作，目前是唯一任劳任怨的员工。虽然来的时间不长，却也在第二个月勉强完成一笔订单，售出产品 3 件。

小王：为人心思灵活，"眼观六路，耳听八方"，有小孙的聪明，但不像小赵那样懒，只是工作时不像小李那样"憨"，目前正在和一家大客户商谈，对方有意向一次性订购产品 60 件。

讨论问题：

三个月的试用期马上就要结束了，刘先生决定四个人中只留下一个予以重用。那么，你认为刘先生会留下谁？请阐明你的理由。

附 录

附录一　中华人民共和国劳动法

部分内容摘选

第三条　劳动者享有平等就业和选择职业的权利、取得劳动报酬的权利、休息休假的权利、获得劳动安全卫生保护的权利、接受职业技能培训的权利、享受社会保险和福利的权利、提请劳动争议处理的权利以及法律规定的其他劳动权利。

劳动者应当完成劳动任务，提高职业技能，执行劳动安全卫生规程，遵守劳动纪律和职业道德。

第十二条　劳动者就业，不因民族、种族、性别、宗教信仰不同而受歧视。

第十六条　劳动合同是劳动者与用人单位确立劳动关系、明确双方权利和义务的协议。

建立劳动关系应当订立劳动合同。

第十七条　订立和变更劳动合同，应当遵循平等自愿、协商一致的原则，不得违反法律、行政法规的规定。

劳动合同依法订立即具有法律约束力，当事人必须履行劳动合同规定的义务。

第十八条　下列劳动合同无效：

（一）违反法律、行政法规的劳动合同；

（二）采取欺诈、威胁等手段订立的劳动合同。

无效的劳动合同，从订立的时候起，就没有法律约束力。确认劳动合同部分无效的，如果不影响其余部分的效力，其余部分仍然有效。

劳动合同的无效，由劳动争议仲裁委员会或者人民法院确认。

第十九条　劳动合同应当以书面形式订立，并具备以下条款：

（一）劳动合同期限；

（二）工作内容；

（三）劳动保护和劳动条件；

（四）劳动报酬；

（五）劳动纪律；

（六）劳动合同终止的条件；

（七）违反劳动合同的责任。

劳动合同除前款规定的必备条款外，当事人可以协商约定其他内容。

第二十条 劳动合同的期限分为有固定期限、无固定期限和以完成一定的工作为期限。

劳动者在同一用人单位连续工作满十年以上，当事人双方同意延续劳动合同的，如果劳动者提出订立无固定期限的劳动合同，应当订立无固定期限的劳动合同。

第二十一条 劳动合同可以约定试用期。试用期最长不得超过六个月。

第二十二条 劳动合同当事人可以在劳动合同中约定保守用人单位商业秘密的有关事项。

第二十三条 劳动合同期满或者当事人约定的劳动合同终止条件出现，劳动合同即行终止。

第二十四条 经劳动合同当事人协商一致，劳动合同可以解除。

第二十五条 劳动者有下列情形之一的，用人单位可以解除劳动合同：

（一）在试用期间被证明不符合录用条件的；

（二）严重违反劳动纪律或者用人单位规章制度的；

（三）严重失职，营私舞弊，对用人单位利益造成重大损害的；

（四）被依法追究刑事责任的。

第二十六条 有下列情形之一的，用人单位可以解除劳动合同，但是应当提前三十日以书面形式通知劳动者本人：

（一）劳动者患病或者非因工负伤，医疗期满后，不能从事原工作也不能从事由用人单位另行安排的工作的；

（二）劳动者不能胜任工作，经过培训或者调整工作岗位，仍不能胜任工作的；

（三）劳动合同订立时所依据的客观情况发生重大变化，致使原劳动合同无法履行，经当事人协商不能就变更劳动合同达成协议的。

第二十七条 用人单位濒临破产进行法定整顿期间或者生产经营状况发生严重困难，确需裁减人员的，应当提前三十日向工会或者全体职工说明情况，听取工会或者职工的意见，经向劳动行政部门报告后，可以裁减人员。

用人单位依据本条规定裁减人员，在六个月内录用人员的，应当优先录用被裁减的人员。

第二十九条 劳动者有下列情形之一的，用人单位不得依据本法第二十六条、第二十七条的规定解除劳动合同：

（一）患职业病或者因工负伤并被确认丧失或者部分丧失劳动能力的；

（二）患病或者负伤，在规定的医疗期内的；

（三）女职工在孕期、产假、哺乳期内的；

（四）法律、行政法规规定的其他情形。

第三十条 用人单位解除劳动合同，工会认为不适当的，有权提出意见。如果用人单位违反法律、法规或者劳动合同，工会有权要求重新处理；劳动者申请仲裁或者提起诉讼的，工会应当依法给予支持和帮助。

第三十一条 劳动者解除劳动合同，应当提前三十日以书面形式通知用人单位。

第三十二条 有下列情形之一的，劳动者可以随时通知用人单位解除劳动合同：

（一）在试用期内的；

（二）用人单位以暴力、威胁或者非法限制人身自由的手段强迫劳动的；

（三）用人单位未按照劳动合同约定支付劳动报酬或者提供劳动条件的。

第三十三条 企业职工一方与企业可以就劳动报酬、工作时间、休息休假、劳动安全卫生、保险福利等事项，签订集体合同。集体合同草案应当提交职工代表大会或者全体职工讨论通过。

集体合同由工会代表职工与企业签订；没有建立工会的企业，由职工推举的代表与企业签订。

第三十四条 集体合同签订后应当报送劳动行政部门；劳动行政部门自收到集体合同文本之日起十五日内未提出异议的，集体合同即行生效。

第三十五条 依法签订的集体合同对企业和企业全体职工具有约束力。职工个人与企业订立的劳动合同中劳动条件和劳动报酬等标准不得低于集体合同的规定。

第三十六条 国家实行劳动者每日工作时间不超过八小时、平均每周工作时间不超过四十四小时的工时制度。

第三十九条 企业因生产特点不能实行本法第三十六条、第三十八条规定的，经劳动行政部门批准，可以实行其他工作和休息办法。

第四十条 用人单位在下列节日期间应当依法安排劳动者休假：

（一）元旦；

（二）春节；

（三）国际劳动节；

（四）国庆节；

（五）法律、法规规定的其他休假节日。

第四十一条 用人单位由于生产经营需要，经与工会和劳动者协商后可以延长工作时间，一般每日不得超过一小时；因特殊原因需要延长工作时间的，在保障劳动者身体健康的条件下延长工作时间每日不得超过三小时，但是每月不得超过三十六小时。

第四十四条 有下列情形之一的，用人单位应当按照下列标准支付高于劳动者正常工作时间工资的工资报酬：

（一）安排劳动者延长工作时间的，支付不低于工资的百分之一百五十的工资报酬；

（二）休息日安排劳动者工作又不能安排补休的，支付不低于工资的百分之二百的工资报酬；

（三）法定休假日安排劳动者工作的，支付不低于工资的百分之三百的工资报酬。

第四十五条 国家实行带薪年休假制度。

劳动者连续工作一年以上的，享受带薪年休假。具体办法由国务院规定。

第七十条 国家发展社会保险事业，建立社会保险制度，设立社会保险基金，使劳动者在年老、患病、工伤、失业、生育等情况下获得帮助和补偿。

第七十七条 用人单位与劳动者发生劳动争议，当事人可以依法申请调解、仲裁、提起诉讼，也可以协商解决。

调解原则适用于仲裁和诉讼程序。

第七十九条 劳动争议发生后，当事人可以向本单位劳动争议调解委员会申请调解；调解不成，当事人一方要求仲裁的，可以向劳动争议仲裁委员会申请仲裁。当事人一方也可以直接向劳动争议仲裁委员会申请仲裁。对仲裁裁决不服的，可以向人民法院提起诉讼。

附录二　中华人民共和国就业促进法

中华人民共和国主席令

第七十号

《中华人民共和国就业促进法》已由中华人民共和国第十届全国人民代表大会常务委员会第二十九次会议于 2007 年 8 月 30 日通过，现予公布，自 2008 年 1 月 1 日起施行。

中华人民共和国主席　胡锦涛

2007 年 8 月 30 日

中华人民共和国就业促进法

（2007 年 8 月 30 日第十届全国人民代表大会常务委员会第二十九次会议通过，2015 年 4 月 24 日第十二届全国人民代表大会常务委员会第十四次会议修订）

部分内容摘选

第十六条　国家建立健全失业保险制度，依法确保失业人员的基本生活，并促进其实现就业。

第二十五条　各级人民政府创造公平就业的环境，消除就业歧视，制定政策并采取措施对就业困难人员给予扶持和援助。

第二十六条　用人单位招用人员、职业中介机构从事职业中介活动，应当向劳动者提供平等的就业机会和公平的就业条件，不得实施就业歧视。

第三十条　用人单位招用人员，不得以是传染病病原携带者为由拒绝录用。但是，经医学鉴定传染病病原携带者在治愈前或者排除传染嫌疑前，不得从事法律、行政法规和国务院卫生行政部门规定禁止从事的易使传染病扩散的工作。

第三十五条　县级以上人民政府建立健全公共就业服务体系，设立公共就业服务机构，为劳动者免费提供下列服务：

（一）就业政策法规咨询；（二）职业供求信息、市场工资指导价位信息和职业培训信息发布；（三）职业指导和职业介绍；（四）对就业困难人员实施就业援助；（五）办理就业登记、失业登记等事务；（六）其他公共就业服务。

第五十二条　各级人民政府建立健全就业援助制度，采取税费减免、贷款贴息、社会保险补贴、岗位补贴等办法，通过公益性岗位安置等途径，对就业困难人员实行优先扶持和重点帮助。

就业困难人员是指因身体状况、技能水平、家庭因素、失去土地等原因难以实现就业，以及连续失业一定时间仍未能实现就业的人员。就业困难人员的具体范围，由省、自治区、直辖市人民政府根据本行政区域的实际情况规定。

附录三　中华人民共和国社会保险法

部分内容摘选

第四条　中华人民共和国境内的用人单位和个人依法缴纳社会保险费，有权查询缴费记录、个人权益记录，要求社会保险经办机构提供社会保险咨询等相关服务。

个人依法享受社会保险待遇，有权监督本单位为其缴费情况。

第十一条　基本养老保险实行社会统筹与个人账户相结合。

基本养老保险基金由用人单位和个人缴费以及政府补贴等组成。

第十二条　用人单位应当按照国家规定的本单位职工工资总额的比例缴纳基本养老保险费，记入基本养老保险统筹基金。

职工应当按照国家规定的本人工资的比例缴纳基本养老保险费，记入个人账户。

第十三条　国有企业、事业单位职工参加基本养老保险前，视同缴费年限期间应当缴纳的基本养老保险费由政府承担。

基本养老保险基金出现支付不足时，政府给予补贴。

第十四条　个人账户不得提前支取，记账利率不得低于银行定期存款利率，免征利息税。个人死亡的，个人账户余额可以继承。

第十五条　基本养老金由统筹养老金和个人账户养老金组成。

基本养老金根据个人累计缴费年限、缴费工资、当地职工平均工资、个人账户金额、城镇人口平均预期寿命等因素确定。

第十六条　参加基本养老保险的个人，达到法定退休年龄时累计缴费满十五年的，按月领取基本养老金。

参加基本养老保险的个人，达到法定退休年龄时累计缴费不足十五年的，可以缴费至满十五年，按月领取基本养老金；也可以转入新型农村社会养老保险或者城镇居民社会养老保险，按照国务院规定享受相应的养老保险待遇。

第十七条　参加基本养老保险的个人，因病或者非因工死亡的，其遗属可以领取丧葬补助金和抚恤金；在未达到法定退休年龄时因病或者非因工致残完全丧失劳动能力的，可以领取病残津贴。所需资金从基本养老保险基金中支付。

第二十三条　职工应当参加职工基本医疗保险，由用人单位和职工按照国家规定共同缴纳基本医疗保险费。

第二十七条　参加职工基本医疗保险的个人，达到法定退休年龄时累计缴费达到国家规定年限的，退休后不再缴纳基本医疗保险费，按照国家规定享受基本医疗保险待遇；未达到国家规定年限的，可以缴费至国家规定年限。

第三十条　下列医疗费用不纳入基本医疗保险基金支付范围：

（一）应当从工伤保险基金中支付的；

（二）应当由第三人负担的；

（三）应当由公共卫生负担的；

（四）在境外就医的。

第三十六条 职工因工作原因受到事故伤害或者患职业病，且经工伤认定的，享受工伤保险待遇；其中，经劳动能力鉴定丧失劳动能力的，享受伤残待遇。

工伤认定和劳动能力鉴定应当简捷、方便。

第三十七条 职工因下列情形之一导致本人在工作中伤亡的，不认定为工伤：

（一）故意犯罪；

（二）醉酒或者吸毒；

（三）自残或者自杀；

（四）法律、行政法规规定的其他情形。

第三十八条 因工伤发生的下列费用，按照国家规定从工伤保险基金中支付：

（一）治疗工伤的医疗费用和康复费用；

（二）住院伙食补助费；

（三）到统筹地区以外就医的交通食宿费；

（四）安装配置伤残辅助器具所需费用；

（五）生活不能自理的，经劳动能力鉴定委员会确认的生活护理费；

（六）一次性伤残补助金和一至四级伤残职工按月领取的伤残津贴；

（七）终止或者解除劳动合同时，应当享受的一次性医疗补助金；

（八）因工死亡的，其遗属领取的丧葬补助金、供养亲属抚恤金和因工死亡补助金；

（九）劳动能力鉴定费。

第三十九条 因工伤发生的下列费用，按照国家规定由用人单位支付：

（一）治疗工伤期间的工资福利；

（二）五级、六级伤残职工按月领取的伤残津贴；

（三）终止或者解除劳动合同时，应当享受的一次性伤残就业补助金。

第四十五条 失业人员符合下列条件的，从失业保险基金中领取失业保险金：

（一）失业前用人单位和本人已经缴纳失业保险费满一年的；

（二）非因本人意愿中断就业的；

（三）已经进行失业登记，并有求职要求的。

第四十六条 失业人员失业前用人单位和本人累计缴费满一年不足五年的，领取失业保险金的期限最长为十二个月；累计缴费满五年不足十年的，领取失业保险金的期限最长为十八个月；累计缴费十年以上的，领取失业保险金的期限最长为二十四个月。重新就业后，再次失业的，缴费时间重新计算，领取失业保险金的期限与前次失业应当领取而尚未领取的失业保险金的期限合并计算，最长不超过二十四个月。

第四十八条 失业人员在领取失业保险金期间，参加职工基本医疗保险，享受基本医疗保险待遇。

失业人员应当缴纳的基本医疗保险费从失业保险基金中支付，个人不缴纳基本医疗保险费。

第四十九条 失业人员在领取失业保险金期间死亡的，参照当地对在职职工死亡的规定，向其遗属发给一次性丧葬补助金和抚恤金。所需资金从失业保险基金中支付。

个人死亡同时符合领取基本养老保险丧葬补助金、工伤保险丧葬补助金和失业保险丧葬补助金条件的，其遗属只能选择领取其中的一项。

第五十条 用人单位应当及时为失业人员出具终止或者解除劳动关系的证明，并将失业人员的名单自终止或者解除劳动关系之日起十五日内告知社会保险经办机构。

失业人员应当持本单位为其出具的终止或者解除劳动关系的证明，及时到指定的公共就业服务机构办理失业登记。

失业人员凭失业登记证明和个人身份证明，到社会保险经办机构办理领取失业保险金的手续。失业保险金领取期限自办理失业登记之日起计算。

第五十一条 失业人员在领取失业保险金期间有下列情形之一的，停止领取失业保险金，并同时停止享受其他失业保险待遇：

（一）重新就业的；

（二）应征服兵役的；

（三）移居境外的；

（四）享受基本养老保险待遇的；

（五）无正当理由，拒不接受当地人民政府指定部门或者机构介绍的适当工作或者提供的培训的。

第五十二条 职工跨统筹地区就业的，其失业保险关系随本人转移，缴费年限累计计算。

第五十四条 用人单位已经缴纳生育保险费的，其职工享受生育保险待遇；职工未就业配偶按照国家规定享受生育医疗费用待遇。所需资金从生育保险基金中支付。

生育保险待遇包括生育医疗费用和生育津贴。

第五十五条 生育医疗费用包括下列各项：

（一）生育的医疗费用；

（二）计划生育的医疗费用；

（三）法律、法规规定的其他项目费用。

第五十六条 职工有下列情形之一的，可以按照国家规定享受生育津贴：

（一）女职工生育享受产假；

（二）享受计划生育手术休假；

（三）法律、法规规定的其他情形。

生育津贴按照职工所在用人单位上年度职工月平均工资计发。

第八十四条 用人单位不办理社会保险登记的，由社会保险行政部门责令限期改正；逾期不改正的，对用人单位处应缴社会保险费数额一倍以上三倍以下的罚款，对其直接负责的主管人员和其他直接责任人员处五百元以上三千元以下的罚款。

第八十五条 用人单位拒不出具终止或者解除劳动关系证明的，依照《中华人民共和国劳动合同法》的规定处理。

第八十六条 用人单位未按时足额缴纳社会保险费的，由社会保险费征收机构责令限期缴纳或者补足，并自欠缴之日起，按日加收万分之五的滞纳金；逾期仍不缴纳的，由有关行政部门处欠缴数额一倍以上三倍以下的罚款。

第八十七条　社会保险经办机构以及医疗机构、药品经营单位等社会保险服务机构以欺诈、伪造证明材料或者其他手段骗取社会保险基金支出的，由社会保险行政部门责令退回骗取的社会保险金，处骗取金额二倍以上五倍以下的罚款；属于社会保险服务机构的，解除服务协议；直接负责的主管人员和其他直接责任人员有执业资格的，依法吊销其执业资格。

第八十八条　以欺诈、伪造证明材料或者其他手段骗取社会保险待遇的，由社会保险行政部门责令退回骗取的社会保险金，处骗取金额二倍以上五倍以下的罚款。

第八十九条　社会保险经办机构及其工作人员有下列行为之一的，由社会保险行政部门责令改正；给社会保险基金、用人单位或者个人造成损失的，依法承担赔偿责任；对直接负责的主管人员和其他直接责任人员依法给予处分：

（一）未履行社会保险法定职责的；

（二）未将社会保险基金存入财政专户的；

（三）克扣或者拒不按时支付社会保险待遇的；

（四）丢失或者篡改缴费记录、享受社会保险待遇记录等社会保险数据、个人权益记录的；

（五）有违反社会保险法律、法规的其他行为的。

附录四　中华人民共和国劳动争议调解仲裁法

部分内容摘选

第二条　中华人民共和国境内的用人单位与劳动者发生的下列劳动争议，适用本法：

（一）因确认劳动关系发生的争议；

（二）因订立、履行、变更、解除和终止劳动合同发生的争议；

（三）因除名、辞退和辞职、离职发生的争议；

（四）因工作时间、休息休假、社会保险、福利、培训以及劳动保护发生的争议；

（五）因劳动报酬、工伤医疗费、经济补偿或者赔偿金等发生的争议；

（六）法律、法规规定的其他劳动争议。

第十条　发生劳动争议，当事人可以到下列调解组织申请调解：

（一）企业劳动争议调解委员会；

（二）依法设立的基层人民调解组织；

（三）在乡镇、街道设立的具有劳动争议调解职能的组织。

企业劳动争议调解委员会由职工代表和企业代表组成。职工代表由工会成员担任或者由全体职工推举产生，企业代表由企业负责人指定。企业劳动争议调解委员会主任由工会成员或者双方推举的人员担任。

第十五条　达成调解协议后，一方当事人在协议约定期限内不履行调解协议的，另一方当事人可以依法申请仲裁。

第十六条　因支付拖欠劳动报酬、工伤医疗费、经济补偿或者赔偿金事项达成调解协议，用人单位在协议约定期限内不履行的,劳动者可以持调解协议书依法向人民法院申请支付令。人民法院应当依法发出支付令。

第十九条 劳动争议仲裁委员会由劳动行政部门代表、工会代表和企业方面代表组成。劳动争议仲裁委员会组成人员应当是单数。

劳动争议仲裁委员会依法履行下列职责:

(一) 聘任、解聘专职或者兼职仲裁员;

(二) 受理劳动争议案件;

(三) 讨论重大或者疑难的劳动争议案件;

(四) 对仲裁活动进行监督。

劳动争议仲裁委员会下设办事机构,负责办理劳动争议仲裁委员会的日常工作。

第三十条 劳动争议仲裁委员会受理仲裁申请后,应当在五日内将仲裁申请书副本送达被申请人。

被申请人收到仲裁申请书副本后,应当在十日内向劳动争议仲裁委员会提交答辩书。劳动争议仲裁委员会收到答辩书后,应当在五日内将答辩书副本送达申请人。被申请人未提交答辩书的,不影响仲裁程序的进行。

第五十三条 劳动争议仲裁不收费。劳动争议仲裁委员会的经费由财政予以保障。

附录五 女职工劳动保护特别规定

部分内容摘选

第五条 用人单位不得因女职工怀孕、生育、哺乳降低其工资、予以辞退、与其解除劳动或者聘用合同。

第六条 女职工在孕期不能适应原劳动的,用人单位应当根据医疗机构的证明,予以减轻劳动量或者安排其他能够适应的劳动。

对怀孕7个月以上的女职工,用人单位不得延长劳动时间或者安排夜班劳动,并应当在劳动时间内安排一定的休息时间。

怀孕女职工在劳动时间内进行产前检查,所需时间计入劳动时间。

第九条 对哺乳未满1周岁婴儿的女职工,用人单位不得延长劳动时间或者安排夜班劳动。

用人单位应当在每天的劳动时间内为哺乳期女职工安排1小时哺乳时间;女职工生育多胞胎的,每多哺乳1个婴儿每天增加1小时哺乳时间。

附录:女职工禁忌从事的劳动范围

一、女职工禁忌从事的劳动范围:

(一) 矿山井下作业;

(二) 体力劳动强度分级标准中规定的第四级体力劳动强度的作业;

(三) 每小时负重6次以上、每次负重超过20公斤的作业,或者间断负重、每次负重超

过 25 公斤的作业。

二、女职工在经期禁忌从事的劳动范围：

（一）冷水作业分级标准中规定的第二级、第三级、第四级冷水作业；

（二）低温作业分级标准中规定的第二级、第三级、第四级低温作业；

（三）体力劳动强度分级标准中规定的第三级、第四级体力劳动强度的作业；

（四）高处作业分级标准中规定的第三级、第四级高处作业。

三、女职工在孕期禁忌从事的劳动范围：

（一）作业场所空气中铅及其化合物、汞及其化合物、苯、镉、铍、砷、氰化物、氮氧化物、一氧化碳、二硫化碳、氯、己内酰胺、氯丁二烯、氯乙烯、环氧乙烷、苯胺、甲醛等有毒物质浓度超过国家职业卫生标准的作业；

（二）从事抗癌药物、己烯雌酚生产，接触麻醉剂气体等的作业；

（三）非密封源放射性物质的操作，核事故与放射事故的应急处置；

（四）高处作业分级标准中规定的高处作业；

（五）冷水作业分级标准中规定的冷水作业；

（六）低温作业分级标准中规定的低温作业；

（七）高温作业分级标准中规定的第三级、第四级的作业；

（八）噪声作业分级标准中规定的第三级、第四级的作业；

（九）体力劳动强度分级标准中规定的第三级、第四级体力劳动强度的作业；

（十）在密闭空间、高压室作业或者潜水作业，伴有强烈振动的作业，或者需要频繁弯腰、攀高、下蹲的作业。

四、女职工在哺乳期禁忌从事的劳动范围：

（一）孕期禁忌从事的劳动范围的第一项、第三项、第九项；

（二）作业场所空气中锰、氟、溴、甲醇、有机磷化合物、有机氯化合物等有毒物质浓度超过国家职业卫生标准的作业。

附录六　人力资源和社会保障部办公厅关于简化优化流动人员人事档案管理服务的通知

人社厅发〔2016〕75 号

各省、自治区、直辖市及新疆生产建设兵团人力资源社会保障厅（局）：

中共中央组织部、人力资源社会保障部等五部门《关于进一步加强流动人员人事档案管理服务工作的通知》（人社部发〔2014〕90 号）印发以来，各地认真贯彻落实文件要求，将流动人员人事档案管理服务纳入基本公共服务范围，及时取消收取人事关系及档案保管费，积极做好档案接收、整理、保管、利用和转递工作，取得明显进展。但是，目前流动人员人事档案管理服务中仍然存在手续繁琐、标准不统一、个别机构拒收档案等问题，与流动人员的期待还有一定差距。按照《国务院办公厅关于简化优化公共服务流程方便基层群众办事创业的通知》（国办发〔2015〕86号）和《人力资源社会保障部关于加强和改进人力资源社会保障领域公共服务的意见》（人社部发〔2016〕44号）有关精神，为进一步简化优化服务流程，创新和改进流动人员人事档案管理服务，切实解决流动人员存档过程中的问题，现就有关事项通知如下：

一、推进流动人员人事档案管理服务信息公开

（一）公布机构目录和办事指南。各地要汇总整理辖区内公共就业和人才服务机构以及授权管理流动人员人事档案的机构（以下简称档案管理服务机构）信息，包括机构名称、地址和联系方式等，并实行动态更新。要全面落实人社部发〔2014〕90号文件明确的基本公共服务内容，并结合本地实际，梳理服务项目，细化办事流程，编制服务指南，明晰办事时限和注意事项。要通过各级政府网站、相关专业网站、服务场所显示屏以及印制手册等形式，向社会公开档案管理服务机构信息和办事指南。有条件的地方可开通官方微博、微信公众号等，及时发布相关信息。

（二）加强对重点群体的指导。各地要积极做好面向高校毕业生等重点群体的政策解读，每年在高校毕业生离校前后，将档案管理服务政策作为就业创业政策咨询、就业指导等活动的重要内容，加大宣传力度，引导做好档案转递工作。

（三）宣传普及档案政策知识。各地要通过多种渠道组织形式多样的流动人员人事档案管理服务知识宣传，介绍档案材料内容、形成过程及主要功能，提高用人单位和存档人对档案重要性的认识，强化档案材料收集意识，营造良好工作氛围。

二、促进流动人员人事档案管理服务便民利民

（四）实行档案接收告知承诺制。档案管理服务机构在接收档案时，要本着实事求是、便民利民的原则，对缺少材料的实行告知承诺制。要认真审核和甄别档案材料，对缺少关键材料的，一次性告知所缺材料及其可能造成的影响，经本人作出书面知情说明、承诺补充材料后予以接收，或与原工作单位协商退回并补充材料。对缺少非关键材料的，采取先存后补方式予以接收。关键材料一般是指用于核定存档人的出生日期、参加工作时间、入党时间、学历学位、工作经历等重要信息的材料。

（五）取消办理转正定级等手续。为简化办事环节和手续，今后档案管理服务机构对初次就业的流动人员不再办理转正定级手续。机关事业单位和国有企业在招考、聘用、招用流动人员时，可参考档案中的劳动合同、企业录用手续等材料及就业登记、劳动用工备案、社会保险缴费记录，认定参加工作时间和工作年限。档案管理服务机构要通过多种渠道，指导、督促用人单位和个人及时将上述材料收集归档。流动人员人事档案存档期间，档案管理服务机构不再办理档案工资记载、调整相关手续。

（六）畅通档案转递渠道。档案管理服务机构转递档案时不再开具行政（工资）介绍信。应届高校毕业生档案被档案管理服务机构接收、成为流动人员人事档案后，即可按照有关规定进行转递。个人跨地区就业且按照有关规定办理入职手续后，其档案在有人事档案管理权限的机关事业单位、国有企业和流动人员人事档案管理服务机构之间可直接办理转递手续。档案转递时，转出机构要在档案内附上档案材料目录清单，通过机要通信或专人送取方式进行转递，不得个人自带档案。

（七）推进前台业务受理、后台政策协调。办理社会保险代缴、退休初审、专业技术资

格评定等其他基于档案延伸服务的档案管理服务机构，要加强前台服务和后台政策的协调，及时反映有关共性问题，并配合行政管理部门研究制定合理可行的解决办法，积极为存档人解决难题。

（八）强化人力资源社会保障系统信息共享。各地要建立人力资源社会保障部门内部信息共享机制。档案管理服务机构要加强与其他经办机构的信息互通和数据衔接，依据档案材料可出具相关证明的，不再转递档案。

（九）推进档案信息化工作。各级人力资源社会保障部门要加快流动人员人事档案电子化、数字化工作，建立全国流动人员人事档案基础信息数据库，推动数据向上集中，方便档案信息异地查询，加强信息安全管理。有条件的地方可开发流动人员人事档案管理服务网上办事平台，推广网上预审、网上受理、网上办理，提高管理水平和服务效率。

三、规范收费行为

（十）严格落实取消收费规定。档案管理服务机构要不折不扣地贯彻落实取消档案收费和人才集体户口管理服务费（包括经营服务性质的收费）的决定。各级人力资源社会保障部门要积极协调同级财政部门落实人社部发〔2014〕90号文件要求，将流动人员人事档案基本公共服务相关经费纳入同级财政预算，参考保管的档案数量等因素确定经费数额。

（十一）规范基于档案的延伸服务的收费行为。不得将参加社会保险、职称评审等业务与档案保管相挂钩，杜绝以档案为载体的捆绑收费、隐形收费行为。对基于档案延伸的其他服务，严格按物价部门核准的收费依据和标准进行收费，并且做到公开透明；没有收费项目和收费标准的，一律不得收费。

（十二）加大对基础设施建设的投入。各地要结合制定"十三五"规划、实施金保工程二期、加强基层就业和社会保障服务设施建设等，加大对流动人员人事档案库房、服务场所和信息系统等基础设施建设的投入，保障档案管理服务工作正常开展。

四、健全流动人员人事档案管理服务工作体系

（十三）建立科学合理的服务体系。各省级人力资源社会保障部门要根据当前辖区内档案管理服务机构现状，建立科学合理的流动人员人事档案管理服务体系，形成以县级及以上公共就业和人才服务机构为主体，授权管理服务机构为补充的流动人员人事档案管理服务工作格局。省级、地市级档案管理服务机构要充分考虑县级档案管理服务机构的实际服务能力和条件，不得强行推行档案属地化管理服务，对现已保管的流动人员人事档案，除因用人单位或本人申请档案转递外，一律不得以任何理由进行清退。

（十四）落实人事档案管理的主体责任。对用人单位集体委托存档的，原则上由用人单位工商营业执照或组织机构代码登记的同级档案管理服务机构负责；对个人委托存档的，按照本人自愿选择，由其现工作单位所在地或户籍所在地的档案管理服务机构负责。鼓励用人单位办理集体委托存档业务，加强档案材料收集，提高管理服务效率。有人事档案管理权限的国有企业、国有控股企业和事业单位，要依据有关规定做好本单位干部职工档案管理工作。

（十五）强化行政部门指导监督职能。各级人力资源社会保障行政部门要将流动人员人事档案管理服务作为公共服务的重要内容，切实加强组织领导，做好统筹规划，明确职责分工，完善政策制度，强化监督检查。对存在虚假宣传、推诿拒收、无故清理档案、违反档案保密纪律等行为的档案管理服务机构，要加强问责，督促整改。流动人员人事档案比较集中

的超大城市人力资源社会保障部门，要尽快制定并实施在本地就业的非户籍流动人员的人事档案管理服务相关规定。

各级人力资源社会保障部门要统一思想，提高认识，切实贯彻落实好简化优化流动人员人事档案管理服务的各项措施，加强服务窗口作风建设，创造性地开展工作，为人才流动就业服务，为大众创业、万众创新服务。各地在工作中遇到的新情况新问题，请及时向人力资源社会保障部人力资源市场司反馈。

人力资源社会保障部办公厅
2016年5月25日

附录七　国务院办公厅关于提升大众创业万众创新示范基地带动作用进一步促改革稳就业强动能的实施意见

国办发〔2020〕26号

各省、自治区、直辖市人民政府，国务院各部委、各直属机构：

大众创业万众创新示范基地启动建设以来，创新资源不断集聚，创业活力持续提升，平台能力显著增强，有力带动了创新创业深入发展。为进一步提升双创示范基地对促改革、稳就业、强动能的带动作用，促进双创更加蓬勃发展，更大程度激发市场活力和社会创造力，经国务院同意，现提出以下意见。

一、总体要求

以习近平新时代中国特色社会主义思想为指导，全面贯彻党的十九大和十九届二中、三中、四中全会精神，认真落实党中央、国务院关于统筹推进新冠肺炎疫情防控和经济社会发展工作的决策部署，深入实施创新驱动发展战略，聚焦系统集成协同高效的改革创新，聚焦更充分更高质量就业，聚焦持续增强经济发展新动能，强化政策协同，增强发展后劲，以新动能支撑保就业保市场主体，尤其是支持高校毕业生、返乡农民工等重点群体创业就业，努力把双创示范基地打造成为创业就业的重要载体、融通创新的引领标杆、精益创业的集聚平台、全球化创业的重要节点、全面创新改革的示范样本，推动我国创新创业高质量发展。

二、积极应对疫情影响，巩固壮大创新创业内生活力

（一）落实创业企业纾困政策。切实落实阶段性减免企业社会保险费、缓缴住房公积金等减负政策，根据所在统筹地区政策做好阶段性减征职工基本医疗保险费工作，落实好小规模纳税人增值税减免等优惠政策。落实承租国有房屋房租减免政策，确保惠及最终承租人。鼓励双创示范基地通过延长孵化期限、实施房租补贴等方式，降低初创企业经营负担。优先对受疫情影响较大但发展潜力好的创新型企业加大金融支持力度，简化贷款审批流程，提高信用贷款、中长期贷款比重。（有关部门按职责分工负责）

（二）强化双创复工达产服务。进一步提升双创示范基地服务信息化、便利化水平，充

分发挥双创支撑平台、工业互联网平台、电子商务平台等作用，推广"一键申领、网上兑现""企业网上跑、政府现场办"等经验，多渠道为企业解决物流、资金、用工等问题，补齐供应链短板，推动全产业链协同。鼓励双创示范基地积极探索应对疫情影响的新业态新模式。政府投资开发的孵化基地等创业载体安排一定比例场地，免费向下岗失业人员、高校毕业生、农民工等群体提供。引导平台企业降低个体经营者相关服务费，支持开展线上创业。（地方各级人民政府负责）

（三）增强协同创新发展合力。充分发挥双创示范基地大企业带动作用，协助中小企业开展应收账款融资，帮助产业链上下游企业和相关创新主体解决生产经营难题。在符合条件的示范基地加快推广全面创新改革试验经验，探索实施政银保联动授信担保、建立风险缓释资金池等改革举措，为中小企业应对疫情影响提供有效金融支持。（地方各级人民政府负责）

三、发挥多元主体带动作用，打造创业就业重要载体

（四）实施社会服务创业带动就业示范行动。顺应消费需求升级和服务便利化要求，重点围绕托育、养老、家政、乡村旅游等领域，组织有条件的企业、区域示范基地与互联网平台企业联合开展创业培训、供需衔接、信息共享和能力建设，打造社会服务创业带动就业标杆项目，及时复制推广经验成果，吸引社会资本发展社会服务新业态新模式，拓展更大就业空间。（国家发展改革委牵头负责）

（五）增强创业带动就业能力。加大创业带动就业支持力度，出台支持灵活就业的具体举措。（人力资源社会保障部牵头负责）盘活闲置厂房、低效利用土地等，加强对创业带动就业重点项目的支持。（地方各级人民政府负责）加强创业培训与创业担保贷款等支持政策的协同联动，提升创业担保贷款贴息等扶持政策的针对性和及时性。支持有条件的区域示范基地建设产教融合实训基地、人力资源服务产业园，加快发展面向重点群体的专业化创业服务载体。（国家发展改革委、人力资源社会保障部、财政部、人民银行按职责分工负责）

（六）加强返乡入乡创业政策保障。优先支持区域示范基地实施返乡创业示范项目。发挥互联网平台企业带动作用，引导社会资本和大学生创客、返乡能人等入乡开展"互联网+乡村旅游"、农村电商等创业项目。（国家发展改革委、文化和旅游部、商务部按职责分工负责）完善支持返乡入乡创业的引人育人留人政策，加大对乡村创业带头人的创业培训力度，培育一批能工巧匠型创业领军人才。对首次创业并正常经营1年以上的返乡入乡创业人员，可给予一次性创业补贴。对符合条件的返乡入乡创业人员按规定给予创业担保贷款贴息和培训补贴。（财政部、人力资源社会保障部、农业农村部、人民银行按职责分工负责）对返乡创业失败后就业和生活遇到困难的人员，及时提供就业服务、就业援助和社会救助。（人力资源社会保障部牵头负责）

（七）提升高校学生创新创业能力。支持高校示范基地打造并在线开放一批创新创业教育优质课程，加强创业实践和动手能力培养，依托高校示范基地开展双创园建设，促进科技成果转化与创新创业实践紧密结合。推动高校示范基地和企业示范基地深度合作，建立创业导师共享机制。支持区域示范基地与高校、企业共建面向特色产业的实训场景，加快培养满足社会需求的实用型技能人才。促进大学生加强数理化和生物等基础理论研究，夯实国家创新能力基础。（教育部牵头负责）实施双创示范基地"校企行"专项行动，充分释放岗位需求，支持将具备持续创新能力和发展潜力的高校毕业生创业团队纳入企业示范基地人才储备和合作计划，通过职业微展示、创业合伙人招募等新方式，拓宽创业带动就业的渠道。（国家发展改革委、国务院国资委、教育部、人力资源社会保障部按职责分工负责）

（八）发挥大企业创业就业带动作用。支持大企业与地方政府、高校共建创业孵化园区，鼓励有条件的双创示范基地开展产教融合型企业建设试点。（国家发展改革委牵头负责）对中央企业示范基地内创业带动就业效果明显的新增企业，探索不纳入压减净增法人数量。（国务院国资委牵头负责）发展"互联网平台+创业单元"、"大企业+创业单元"等模式，依托企业和平台加强创新创业要素保障。（工业和信息化部、国家发展改革委牵头负责）

四、提升协同联动发展水平，树立融通创新引领标杆

（九）构建大中小企业融通创新生态。鼓励企业示范基地结合产业优势建设大中小企业融通发展平台，向中小企业开放资源、开放场景、开放应用、开放创新需求，支持将中小企业首创高科技产品纳入大企业采购体系。（国家发展改革委、工业和信息化部、国务院国资委牵头负责）细化政府采购政策，加大对中小企业的采购支持力度。（财政部牵头负责）鼓励双创示范基地聚焦核心芯片、医疗设备等关键环节和短板领域，建立大中小企业协同技术研发与产业化的合作机制，带动壮大高新技术企业、科技型中小企业规模。（国家发展改革委、科技部、工业和信息化部按职责分工负责）瞄准专业细分领域，培育专精特新"小巨人"企业、制造业单项冠军企业。（工业和信息化部牵头负责）

（十）构筑产学研融通创新创业体系。加强双创示范基地"校+园+企"创新创业合作，建设专业化的科技成果转化服务平台，增强中试服务和产业孵化能力。（地方各级人民政府负责）鼓励企业示范基地牵头构建以市场为导向、产学研深度融合的创新联合体。（国家发展改革委、科技部、工业和信息化部、国务院国资委按职责分工负责）不断优化科技企业孵化器、大学科技园和众创空间及其在孵企业的认定或备案条件，加大对具备条件的创业服务机构的支持力度。（科技部、教育部牵头负责）中央预算内投资安排专项资金支持双创示范基地建设，降低对双创示范基地相关支持项目的固定资产投资比例要求。（国家发展改革委、科技部牵头负责）支持有条件的双创示范基地建设学科交叉和协同创新科研基地。（教育部牵头负责）优先在双创示范基地建设企业技术中心等创新平台。（国家发展改革委牵头负责）

（十一）加强不同类型双创示范基地协同联动。搭建双创示范基地跨区域合作交流平台，推广跨区域孵化"飞地模式"，探索在孵项目跨区域梯次流动衔接的合作机制，在资源共享、产业协同、知识产权保护和运营等方面开展跨区域融通合作。推动建设孵化器、加速器、产业园区相互接续的创业服务体系。（地方各级人民政府负责）中央预算内资金优先支持区域一体化创新创业服务平台建设。（国家发展改革委牵头负责）优化长三角、京津冀和西部示范基地联盟，支持建立中部、南部示范基地联盟。（国家发展改革委牵头负责）

五、加强创新创业金融支持，着力破解融资难题

（十二）深化金融服务创新创业示范。支持双创示范基地与金融机构建立长期稳定合作关系，共同参与孵化园区、科技企业孵化器、专业化众创空间等创新创业服务载体建设。（科技部、人民银行、银保监会、证监会按职责分工负责）鼓励以双创示范基地为载体开展政银企合作，探索多样化的科技金融服务。鼓励金融机构与双创示范基地合作开展设备融资租赁等金融服务。（人民银行、银保监会、证监会按职责分工负责）支持双创示范基地内符合条件的企业发行双创孵化专项债券、创业投资基金类债券、创新创业公司债券和双创债务

融资工具。支持在双创示范基地开展与创业相关的保险业务。（国家发展改革委、人民银行、证监会、银保监会按职责分工负责）支持将双创示范基地企业信息纳入全国知识产权质押信息平台。在有条件的区域示范基地设立知识产权质押融资风险补偿基金，对无可抵押资产、无现金流、无订单的初创企业知识产权质押融资实施风险补偿。（国家发展改革委、人民银行、银保监会、国家知识产权局按职责分工负责）

（十三）完善创新创业创投生态链。鼓励国家出资的创业投资引导基金、产业投资基金等与双创示范基地深度合作，加强新兴领域创业投资服务，提升项目路演、投融资对接、信息交流等市场化专业化服务水平。（国家发展改革委、财政部、工业和信息化部、科技部按职责分工负责）支持金融机构在依法合规、风险可控前提下，与科研院所示范基地和区域示范基地按照市场化原则合作建立创业投资基金、产业投资基金，支持成立公益性天使投资人联盟等平台组织，加大对细分领域初创期、种子期项目的投入。（国家发展改革委、科技部、人民银行、证监会、银保监会按职责分工负责）

六、深化对外开放合作，构筑全球化创业重要节点

（十四）做强开放创业孵化载体。鼓励有条件的双创示范基地建设国际创业孵化器，与知名高校、跨国公司、中介机构等联合打造离岸创新创业基地，提升海外创业项目转化效率。支持设立海外创业投资基金，为优质创新创业项目提供资金支持。（科技部、证监会、中国科协按职责分工负责）

（十五）搭建多双边创业合作平台。优先将双创示范基地纳入多双边创新创业合作机制，支持承办大型国际创新创业大赛和论坛活动。支持双创示范基地建立国际合作产业园、海外创新中心。加强与国际重点城市的创新创业政策沟通、资源融通和链接。支持双创示范基地依托双创周"海外活动周"等举办创新创业重点活动，对接国际创新资源。加强与海外孵化器、国际创业组织和服务机构合作，为本土中小企业"走出去"拓展合作提供支撑。（国家发展改革委、科技部、中国科协按职责分工负责）

七、推进全面创新改革试点，激发创新创业创造动力

（十六）探索完善包容创新监管机制。支持双创示范基地深化商事制度改革，营造良好营商环境。（市场监管总局牵头负责）在省级政府事权范围内，支持区域示范基地在完善创业带动就业保障体系、建立新业态发展"监管沙盒"、推动各类主体融通创新、健全对创业失败者容错机制等方面开展试点，加快构建创新引领、协同发展的创新创业创造生态。（有关省级人民政府统筹组织遴选方案）

（十七）深化双创体制改革创新试点。支持企业示范基地重点在建立大企业牵头的创新联合体、完善中央企业衍生混合所有制初创企业配套支持政策等方面开展试点，加快形成企业主体、市场导向的融通创新体系。支持企业示范基地率先试点改革国有投资监管考评制度，建立可操作的创新创业容错机制。支持在具有较高风险和不确定性的业务领域实施员工跟投机制，探索"事业合伙人"方式，形成骨干员工和企业的利益共同体。（国务院国资委牵头统筹组织遴选方案）

（十八）创新促进科技成果转化机制。支持高校和科研院所示范基地在建设现代科研院所、推动高校创新创业与科技成果转化相结合、推进职务科技成果所有权或长期使用权改革、优化科技成果转化决策流程、完善产学研深度融合的新机制、建立专业化技术转移机构等方

面开展试点,为加快科技成果转移转化提供制度保障。(科技部、教育部、中科院等按职责分工统筹组织遴选方案)

各地区、各部门要认真贯彻落实党中央、国务院决策部署,抓好本意见的贯彻落实。发展改革委要会同有关部门加强协调指导,完善双创示范基地运行监测和第三方评估,健全长效管理运行机制,遴选一批体制改革有突破、持续创业氛围浓、融通创新带动强的区域、企业、高校和科研院所,新建一批示范基地。对示范成效明显、带动能力强的双创示范基地要给予适当表彰激励,对示范成效差的要及时调整退出。

国务院办公厅
2020 年 7 月 23 日

附录八 中共中央组织部 中共中央人力资源社会保障部等十部门关于实施第四轮高校毕业生"三支一扶"计划的通知

国办发〔2020〕26 号

各省、自治区、直辖市及新疆生产建设兵团党委组织部、政府人力资源社会保障厅(局)、教育厅(教委、教育局)、财政厅(局)、水利(水务)厅(局)、农业农村(农牧)厅(局、委)、卫生健康委、乡村振兴局、林业和草原主管部门、团委:

为深入贯彻习近平总书记关于引导高校毕业生到基层工作的重要指示精神,落实党中央、国务院做好高校毕业生就业创业工作的决策部署,中央组织部、人力资源社会保障部、教育部、财政部、水利部、农业农村部、国家卫生健康委、国家乡村振兴局、国家林草局、共青团中央决定,实施第四轮(2021~2025 年)高校毕业生"三支一扶"(支教、支农、支医和帮扶乡村振兴)计划。现就有关事项通知如下:

一、总体要求

(一)指导思想。以习近平新时代中国特色社会主义思想为指导,全面贯彻党的十九大和十九届二中、三中、四中、五中全会精神,围绕实施乡村振兴战略,以培养党和国家事业发展需要的基层人才为根本,以服务基层、改善基层人才队伍结构为目的,以稳定规模、优化结构、提高质量、发挥作用为重点,引导和鼓励高校毕业生到基层干事创业,加快培养一支扎根基层、奉献基层的青年人才队伍,为全面推进乡村振兴、加快农业农村现代化提供人才和智力支持。

(二)目标任务。每年选派 3.2 万名左右,累计选派 16 万名,并结合就业形势和"三支一扶"事业发展需要,适时合理调整"三支一扶"计划补助名额。用五年时间,为基层输送和培养一批急需紧缺的管理人才、专业人才和创新创业人才,着力构建"下得去、留得住、干得好、流得动"的长效机制。

二、完善选拔招募政策

（三）拓展服务岗位。创新岗位开发模式，继续开发基层教育、卫生、农业、社会保障等服务岗位。加大社会工作、文化旅游、乡村规划、农技推广、法律服务等乡村振兴急需岗位开发力度。大力开发乡镇（流域）水利管理、林草资源管理、生态修复工程、营林生产等生态文明建设服务岗位。鼓励探索设置乡村振兴协理员等岗位。

（四）科学制定招募方案。结合基层人才需求和岗位空缺情况，合理确定招募规模、条件。各地可在下达的中央财政补助名额基础上，适当扩大招募规模。严格选拔招募程序，推进部、省联动发布招募方案、考试公告等工作。招募计划要向乡村振兴重点帮扶县倾斜，向脱贫地区、艰苦边远地区和少数民族地区倾斜。优先招募脱贫户、零就业家庭毕业生，免收报名费和体检费。优先招募已参加住院医师规范化培训的医学类毕业生。对招人难、留人难的艰苦边远地区，可适当放宽专业要求，降低开考比例，提高招募本地户籍毕业生比例。

三、强化培训培养

（五）提高培训质量。深入实施"三支一扶"人员能力提升专项计划，加强乡村振兴和农业农村现代化建设等重点领域的示范培训，中央财政按照每人每年3000元给予补助。省级人力资源社会保障部门要统筹推进岗前、在岗和离岗前培训工作，确保"三支一扶"人员每人每年参加培训不少于5天。强化专业培训，将"三支一扶"人员纳入相关行业人才培训范围。各地可根据实际，开展对口交流、跟班学习、调查研究等活动。

（六）加强锻炼培养。择优选拔"三支一扶"人员兼任乡镇团委副书记、河（湖）长助理、林（场）长助理、基层供销社主任助理等职务。强化岗位锻炼，建立导师培养制，推广"一帮一""传帮带"等结对帮扶做法。对符合国家执业医师资格考试规定的支医人员，凭服务地医疗机构出具的试用期考核合格证明，由县级卫生健康行政部门协助办理参加考试手续。推动"三支一扶"计划与基层青年干部队伍、人才队伍建设规划相衔接，对扎根基层的"三支一扶"计划服务期满人员在职称评定、人才项目选拔、进修学习、参加学术会议等方面优先考虑。

四、健全服务保障机制

（七）落实工作生活补贴。"三支一扶"人员工作生活补贴标准要按照当地乡镇机关或事业单位从高校毕业生中新聘用工作人员试用期满后的工资收入水平确定，并根据物价、同岗位人员待遇水平等动态调整。在艰苦边远地区服务的，享受艰苦边远地区津补贴。中央财政补助标准为西部地区每人每年3万元（其中新疆南疆四地州、西藏自治区每人每年4万元），中部地区每人每年2.4万元，东部地区每人每年1.2万元。地方各级财政部门要落实投入责任，安排相应配套资金，按月足额发放工作生活补贴。

（八）落实社会保险等待遇。"三支一扶"人员按规定参加基本养老、基本医疗、工伤保险。各地可根据实际，按规定为"三支一扶"人员办理补充医疗保险、重大疾病、人身意外伤害等商业保险以及住房公积金。中央财政按照每人3000元的标准，为新招募且在岗服务满6个月以上的人员发放一次性安家费。各地要为"三支一扶"人员提供交通、住宿和伙食等方面便利，参照本单位工作人员标准给予相应补助。

五、加强日常管理

（九）严格考核管理。"三支一扶"人员一般安排在乡镇基层单位服务，服务期为两年，期间原则上不得借调到上级单位帮助工作。要加强对"三支一扶"人员日常、年度和期满考核工作，对承担重点工作、重大项目的可开展专项考核，考核结果存入本人人事档案。各地要健全"三支一扶"人员考核奖励机制，对考核优秀的给予通报表扬，并可参照当地绩效考核实际，给予考核优秀及合格的一定奖励；对考核不合格的及时谈话提醒。

（十）做好日常服务工作。各地要定期开展走访、座谈、慰问等活动，听取"三支一扶"人员的意见和建议，掌握思想动态和工作生活情况。要关心关爱"三支一扶"人员，按规定做好户口迁移、人事档案转递、党团关系接转等工作。要加强对"三支一扶"人员的思想政治教育，及时吸纳符合条件的人员加入党组织。省级人力资源社会保障部门要及时为符合规定人员颁发《高校毕业生"三支一扶"服务证书》。

六、促进服务期满流动

（十一）加大机关定向考录和事业单位专项招聘力度。落实公务员定向考录政策，各省（区、市）每年应拿出公务员考录计划的10%左右，面向"三支一扶"计划等服务基层项目人员定向考录。各省（区、市）县乡基层事业单位公开招聘时，应根据本地区实际拿出一定数量或比例的岗位，对"三支一扶"服务期满考核合格的人员进行专项招聘，并增加工作实绩在考察中的权重，聘用后可以不再约定试用期；省市事业单位公开招聘时，对"三支一扶"服务期满考核合格的人员同等条件下优先聘用。

（十二）支持继续学习深造。期满考核合格的"三支一扶"人员，三年内参加全国硕士研究生招生考试的，初试总分加10分，同等条件下优先录取。已被录取为研究生的应届毕业生参加"三支一扶"计划的，学校应为其保留入学资格。高职（高专）毕业生期满且考核合格的，可免试入读成人高等学历教育专科起点本科。期满"三支一扶"人员可按规定享受学费补偿和助学贷款代偿政策。本科及以上学历毕业生参加支医服务的，期满且考核合格后由县级卫生健康主管部门统一安排参加住院医师规范化培训。

（十三）促进多渠道就业创业。各地要依托公共就业和人才服务机构，为自主就业的服务期满人员提供有针对性的就业服务。对就业困难的，提供"一对一"就业帮扶。及时将有创业意愿的服务期满人员纳入创业引领行动，提供创业培训、孵化等服务，鼓励创办家庭农场（林场）、农民合作社，按规定落实扶持政策。参加"三支一扶"计划前无工作经历的人员期满且考核合格的，两年内在参加机关和企事业单位考录（招聘）、自主创业、落户、升学等方面可同等享受应届毕业生相关政策。"三支一扶"人员在基层服务年限计算为工龄，其参加工作时间按其到基层报到之日起算。

七、工作要求

（十四）加强组织领导。中央组织部、人力资源社会保障部、教育部、财政部、水利部、农业农村部、国家卫生健康委、国家乡村振兴局、国家林草局、共青团中央成立全国"三支一扶"工作领导小组，按照各自职能，共同推进工作。各级人力资源社会保障部门要发挥牵头作用，进一步健全工作机制，加强宣传引导，搞好衔接沟通，抓好工作落实。

（十五）严格资金管理。各省级财政、人力资源社会保障部门要做好中央补助资金测算工作，按时申报年度补助资金。财政部根据人力资源社会保障部审核结果，向各省级财政部门下达当年中央财政补助资金，并按一定比例提前下达下一年度中央财政补助资金。省级财政部门要按照"三支一扶"计划中央补助资金管理办法，做好经费保障和管理工作，加强绩

效评价，加快执行进度，提高财政资金使用效益。财政部、人力资源社会保障部将加强对"三支一扶"工作的绩效管理和运行监控，并将绩效考核结果作为中央财政补助名额分配的重要参考依据。

2021年"三支一扶"计划实施工作启动在即，各地要高度重视，按照时间节点和工作要求，认真做好组织实施工作。工作中遇到的有关情况和问题，及时向人力资源社会保障部人力资源流动管理司反馈。

中共中央组织部

人力资源社会保障部

教育部

财政部

水利部

农业农村部

国家卫生健康委

国家乡村振兴局

国家林草局

共青团中央

2021年5月28日

附录九　公务员录用规定（试行）

中华人民共和国人事部令　第7号

《公务员录用规定（试行）》已经人事部部务会议审议通过，现予发布，自公布之日起施行。

人事部部长　尹蔚民

二〇〇七年十一月六日

公务员录用规定（试行）

第一章　总　则

第一条　为了规范公务员录用工作，保证新录用公务员的基本素质，根据公务员法，制定本规定。

第二条　本规定适用于各级机关录用担任主任科员以下及其他相当职务层次的非领导职务公务员。

第三条　录用公务员，坚持公开、平等、竞争、择优的原则，按照德才兼备的标准，采取考试与考察相结合的方法进行。

　　第四条　录用公务员，必须在规定的编制限额内，并有相应的职位空缺。

　　第五条　录用公务员，应当按照下列程序进行：

　（一）发布招考公告；

　（二）报名与资格审查；

　（三）考试；

　（四）考察与体检；

　（五）公示、审批或备案。

　　必要时，省级以上公务员主管部门可以对上述程序进行调整。

　　录用特殊职位的公务员，经省级以上公务员主管部门批准，可以简化程序。

　　第六条　民族自治地方录用公务员时，依照法律和有关规定对少数民族报考者予以适当照顾。具体办法由省级以上公务员主管部门确定。

　　第七条　公务员主管部门和招录机关应当采取措施，便利公民报考。

第二章　管理机构

　　第八条　中央公务员主管部门负责全国公务员录用的综合管理工作。具体包括：

　（一）拟定公务员录用法规；

　（二）制定公务员录用的规章、政策；

　（三）指导和监督地方各级机关公务员的录用工作。

　　中央公务员主管部门负责组织中央机关及其直属机构公务员的录用。

　　第九条　省级公务员主管部门负责本辖区公务员录用的综合管理工作。具体包括：

　（一）贯彻国家有关公务员录用的法律、法规、规章和政策；

　（二）根据公务员法和本规定，制定本辖区内公务员录用实施办法；

　（三）负责组织本辖区内各级机关公务员的录用；

　（四）指导和监督设区的市级以下各级机关公务员录用工作；

　（五）承办中央公务员主管部门委托的公务员录用有关工作。

　　必要时，省级公务员主管部门可以授权设区的市级公务员主管部门组织本辖区内公务员的录用。

　　第十条　设区的市级以下各级公务员主管部门按照省级公务员主管部门的规定，负责本辖区内公务员录用的有关工作。

　　第十一条　招录机关按照公务员主管部门的要求，承担本机关公务员录用的有关工作。

第三章　录用计划与招考公告

　　第十二条　招录机关根据职位空缺情况和职位要求，提出招考的职位、名额和报考资格条件，拟定录用计划。

　　第十三条　中央机关及其直属机构的录用计划，由中央公务员主管部门审定。

　　省级机关及其直属机构的录用计划，由省级公务员主管部门审定。设区的市级以下机关录用计划的申报程序和审批权限，由省级公务员主管部门规定。

　　第十四条　省级以上公务员主管部门依据有关法律、法规、规章和政策，制定招考工作方案。

设区的市级公务员主管部门经授权组织本辖区公务员录用时，其招考工作方案应当报经省级公务员主管部门审核同意。

第十五条　公务员主管部门依据招考工作方案，制定招考公告，面向社会发布。招考公告应当载明以下内容：

（一）招录机关、招考职位、名额和报考资格条件；

（二）报名方式方法、时间和地点；

（三）报考需要提交的申请材料；

（四）考试科目、时间和地点；

（五）其他须知事项。

<h3 style="text-align:center">第四章　报名与资格审查</h3>

第十六条　报考公务员，应当具备下列资格条件：

（一）具有中华人民共和国国籍；

（二）年龄为十八周岁以上，三十五周岁以下；

（三）拥护中华人民共和国宪法；

（四）具有良好的品行；

（五）具有正常履行职责的身体条件；

（六）具有符合职位要求的工作能力；

（七）具有大专以上文化程度；

（八）省级以上公务员主管部门规定的拟任职位所要求的资格条件；

（九）法律、法规规定的其他条件。

前款第（二）、（七）项所列条件，经省级以上公务员主管部门批准，可以适当调整。

公务员主管部门和招录机关不得设置与职位要求无关的报考资格条件。

第十七条　下列人员不得报考公务员：

（一）曾因犯罪受过刑事处罚的；

（二）曾被开除公职的；

（三）有法律规定不得录用为公务员的其他情形的。

第十八条　报考者不得报考与招录机关公务员有公务员法第六十八条所列情形的职位。

第十九条　报考者应当向招录机关提交报考申请材料，报考者提交的申请材料应当真实、准确。

招录机关根据报考资格条件对报考申请进行审查，在规定时间内确认报考者是否具有报考资格。

<h3 style="text-align:center">第五章　考　试</h3>

第二十条　公务员录用考试采取笔试和面试的方式进行，考试内容根据公务员应当具备的基本能力和不同职位类别分别设置。

第二十一条　笔试包括公共科目和专业科目。公共科目由中央公务员主管部门统一确定。专业科目由省级以上公务员主管部门根据需要设置。

第二十二条　笔试结束后，招录机关按照省级以上公务员主管部门的规定，根据笔试成绩由高到低确定面试人选。

面试由省级以上公务员主管部门组织实施，也可以委托招录机关或授权设区的市级公务员主管部门组织实施。

面试的内容和方法，由省级以上公务员主管部门规定。

面试应当组成面试考官小组。面试考官小组由具有面试考官资格的人员组成。面试考官资格的认定与管理，由省级以上公务员主管部门负责。

第二十三条 录用特殊职位的公务员，经省级以上公务员主管部门批准，可以采用其他测评办法。

第六章 考察与体检

第二十四条 招录机关按照省级以上公务员主管部门的规定，根据报考者的考试成绩由高到低的顺序确定考察人选，并对其进行报考资格复审和考察。

第二十五条 报考资格复审主要核实报考者是否符合规定的报考资格条件，确认其报名时提交的信息和材料是否真实、准确。

第二十六条 考察内容主要包括报考者的政治思想、道德品质、能力素质、学习和工作表现、遵纪守法、廉洁自律以及是否需要回避等方面的情况。

考察应当组成考察组，考察组由两人以上组成。考察组应当广泛听取意见，做到全面、客观、公正，并据实写出考察材料。

第二十七条 体检工作由设区的市级以上公务员主管部门负责组织，招录机关实施。

体检的项目和标准依照国家统一规定执行。

体检应当在设区的市级以上公务员主管部门指定的医疗机构进行。体检完毕，主检医生应当审核体检结果并签名，医疗机构加盖公章。

招录机关或者报考者对体检结果有疑问的，可以按照规定提出复检。必要时，设区的市级以上公务员主管部门可以要求体检对象复检。

第七章 公示、审批或备案

第二十八条 招录机关根据报考者的考试成绩、考察情况和体检结果，择优提出拟录用人员名单，向社会公示。

公示时间为七天。公示内容包括招录机关名称、拟录用人员姓名、性别、准考证号、毕业院校或者工作单位、监督电话以及省级以上公务员主管部门规定的其他事项。

公示期满，对没有问题或者反映问题不影响录用的，按照规定程序办理审批或备案手续；对有严重问题并查有实据的，不予录用；对反映有严重问题，但一时难以查实的，暂缓录用，待查实并做出结论后再决定是否录用。

第二十九条 中央机关及其直属机构拟录用人员名单报中央公务员主管部门备案；地方各级招录机关拟录用人员名单报省级或者设区的市级公务员主管部门审批。

第三十条 新录用的公务员试用期为一年。试用期内，由招录机关对新录用的公务员进行考察，并安排必要的培训。试用期满合格的，予以任职；试用期不合格的，取消录用。中央机关取消录用的，报中央公务员主管部门备案。地方各级机关取消录用的审批权限由省级公务员主管部门规定。

第八章 纪律与监督

第三十一条 公务员录用工作要接受监督。公务员主管部门和招录机关应当及时受理举报，并按管理权限处理。

第三十二条　从事录用工作的人员凡有公务员法第七十条所列情形的，应当实行回避。

第三十三条　有下列情形之一的，由省级以上公务员主管部门或设区的市级公务员主管部门，视情况分别予以责令纠正或者宣布无效；对负有领导责任和直接责任的人员，根据情节轻重，给予批评教育、调离录用工作岗位或者给予处分；构成犯罪的，依法追究刑事责任：

（一）不按规定的编制限额和职位要求进行录用的；

（二）不按规定的资格条件和程序录用的；

（三）未经授权，擅自出台、变更录用政策，造成不良影响的；

（四）录用工作中徇私舞弊，情节严重的。

第三十四条　从事录用工作的人员有下列情形之一的，由公务员主管部门或所在单位，视情节轻重，给予批评教育、调离录用工作岗位或者给予处分；构成犯罪的，依法追究刑事责任：

（一）泄露试题和其他考录秘密信息的；

（二）利用工作便利，伪造考试成绩或者其他招考工作的有关资料的；

（三）利用工作便利，协助报考者考试作弊的；

（四）因工作失职，导致招考工作重新进行的；

（五）违反录用工作纪律的其他行为。

第三十五条　对违反录用纪律的报考者，视情节轻重，分别给予批评教育、取消考试、考察和体检资格，不予录用或取消录用等处理。其中，有舞弊等严重违反录用纪律行为的，五年内不得报考公务员。构成犯罪的，依法追究刑事责任。

第九章　附　　则

第三十六条　参照公务员法管理的机关（单位）录用工勤人员以外的工作人员，参照本规定执行。

第三十七条　公务员录用所需经费，应当列入财政预算，予以保障。

第三十八条　本规定由中共中央组织部、人事部负责解释。

第三十九条　本规定自发布之日起施行。1994年6月7日发布的《国家公务员录用暂行规定》（人录发〔1994〕1号）和1996年9月10日发布的《公安机关人民警察录用办法》（人发〔1996〕84号）同时废止。

参考文献

[1] 李峻,范建礼.大学生职业发展与就业指导[M].北京:北京师范大学出版社,2017.

[2] 温建宇.大学生就业过程中的合同纠纷及对策研究[D].上海:上海师范大学,2016.

[3] 张世泽.大学生时间管理能力培养途径研究[J].经济师,2016(2):222-223.

[4] 刘平青,陆云泉.职业生涯与人生规划[M].北京:北京大学出版社,2014.

[5] 张兵仿.大学生职业生涯规划[M].北京:北京时事出版社,2016.

[6] 张宇,顾坚男.大学生职业生涯规划及就业创业指导[M].北京:北京交通大学出版社,2016.

[7] 黄东斌,黄琳.大学生职业生涯规划与自我管理[M].北京:人民邮电出版社,2017.

[8] 程玮,刘鑫.大学生职业生涯规划与发展[M].北京:科学出版社,2019.

[9] 彭文君,丁三伏.大学生职业规划与就业指导教程[M].北京:北京科学出版社,2005.

[10] 肖建中.职业规划与就业指导[M].北京:北京大学出版社,2006.

[11] 孙一平.职业社会学[M].北京:中国社会科学出版社,2021.

[12] 王俊.职业生涯规划[M].南京:东南大学出版社,2016.

[13] 于海波,董振华.职业生涯规划实务[M].北京:机械工业出版社,2018.

[14] 支音.新形势下企业人力资源管理的发展趋势及优化策略研究[J].山西青年,2021(20):106-107.

[15] 金广.新职业生涯时代职业核心能力初探[J].中国市场,2020(12):173-174.

[16] 姜楠,魏学艳,徐嘉."历史思维"视域下的大学生职业环境分析[J].青年与社会,2020(6):124-125.

[17] 郭孝玉.重新认识面试[J].科技导报,2014,32(19):89.

[18] 匡思蕾.当代大学生职业适应的内涵及现状研究[J].赤子(上中旬),2015(12):27.

[19] 霍雄飞,练飞.大学生就业形势与政策[M].上海:上海交通大学出版社,2017.

[20] 葛俊杰.心·行·动未来[M].南京:南京大学出版社,2020.

[21] 马骏.做最好的自己[M].成都:电子科技大学出版社,2020.

[22] 马士斌.大学生生涯辅导[M].北京:机械工业出版社,2007.

[23] 肖开宁.五维企业实习对民办高职院校毕业生自我认知偏差与就业质量的影响研究[J].教育与职业,2021(22):101-107.

[24] 徐艾学.大学生职业生涯规划影响因素的调查与研究[J].教育与职业,2016(12):104-107.

[25] 范媛吉,曹璐.基于社会认知职业理论的高校职业生涯教育模型构建[J].山东社会科学,2016(S1):365-367.

[26]郭韶敏.大学生自我认知偏差研究[J].新乡学院学报(社会科学版),2010(6):215-217.

[27]张氢.大学生职业生涯规划实效性探析[J].黑龙江高教研究,2009(9):163-165.

[28]刘远我.招聘面试:优秀面试官必读手册[M].北京:电子工业出版社,2017.

[29]胡敏.家有儿女要留学[M].北京:世界知识出版社,2017.